正值吐蕃人民的领袖达赖喇嘛 90 华诞之际，
我把此书献给尊者：

在离家的路途，您的勇猛智慧激励着流亡社区；
在沦陷的祖国，您的中间道路指引出永续和平；
在无常的世界，您的慈悲之心温暖了天下众生。
祝愿尊者健康长寿！

德庆嘉措
2025 年 11 月 1 日

༄༅། མི་རྗེ་དྲག་པོའི་གདུང་གི་གསེར་རྒྱུད་བོད་རྒྱལ་ཁབ་དང་། བདེ་གཤེགས་རྒྱུད་པའི་དངོས་འཛིན་ཞེས་པ་དེ་
དེ་ཕྱིས་དགོས་པའི་རྒྱུ་མཚན་གཙོ་བོ་ནི། རྒྱ་དམར་བཙན་འཛུལ་ཞག་ཚིགས་དེ་བའི་དྲག་པའི་སྤྱོས་
ཤུགས་དེར་རྟེན་ནས་བོད་ལ་བཙན་འཛུལ་གྱི་བྱགས་མེད་བྱུར་བཞོར་ཏེ། བོད་ནི་རྒྱ་ནག་གི་ཁ་
ཐབས་མེད་པའི་གནད་དོན་ཞིག་ཡིན་ཞེས་པའི་བཙན་འཛུལ་གྱི་ཁ་རྫུན་འཇོར་འདོད་རྒྱལ་ཆེད་དང་
བོད་བོ་ཆོ་སློང་དྲག་གི་རྒྱལ་ཁྱུད་བཙན་གྱིས་ཁབ་འཇིག་ཡིན་པའི་བདེན་དཔང་རུ་སྦྱོར་བྱེད་རྒྱུ་ཆེད་
དུ་ཟེར། ད་ཚོའི་མི་རབས་རྗེ་ཚོའི་མི་པོ་ཚོས་དགག་པ་རྒྱག་ཤུག་ཁྱོན་གཉིས་གྱིས་སློག་ལོང་སྦྱོང་
སློབ་བཏང་གིས་སྟེང་ཕོགས་རྒྱལ་འཛོང་བྱུང་ནས། བར་འགྱུར་རྟེན་མཁུན་གྱིས་རང་ཉིད་ཀྱི་རྒྱལ་ཁབ་གཙན་
བོད་བསྐྱར་བ་ཆེན་དུ་འཁབ་ཆེན་འདུས་ལྟ་ཕོ་དུ་འདི་ལོ་མཚོ་བོད་གཙན་གྱི་ཉུ་སྲུ་རྒྱལ་
བ་བསྟན་འཛིན་རྒྱ་མཚོ་མཆོག་དགུ་བཅུ་ཕེབས་ཡོངས་དང་དྲུང་བསྔ་གནང་བརྒྱ་འཆུག་
བཞུགས་ཡོང་བའི་ཞལ་བཞེས་གནང་བ་ལྟར་སྨོན་བཟང་པོ་ཞུ་རྒྱུ་ཆེད་དུ་ཡིན།

ཞི་བདེ་བདེ་ཆེན་རྒྱ་མཚོ།

燃烧的雪国青春
——贵族少爷、政治犯和流亡政府特工

Flames of Tibetan Youth
Young Master, Political Prisoner, and Special Agent

德庆嘉措 著
Author: Chede Dechen Gyatso

夏明 编译整理
Editor/Translator: Xia Ming

美国华忆出版社
Remembering Publishing. USA

Copyright © 2025 by Remembering Publishing, LLC. USA

ISBN： 978-1-68560-216-1 (Hardback)
　　　　978-1-68560-217-8 (Paperback)
　　　　978-1-68560-218-5 (eBook)
Remembering Publishing, LLC
RememPub@gmail.com

Flames of Tibetan Youth
　　Young Master, Political Prisoner, and Special Agent
Author: Chede Dechen Gyatso
Editor/Translator: Xia Ming

燃烧的雪国青春——贵族少爷、政治犯和流亡政府特工

德庆嘉措 著

夏明 编译整理

美术设计：Akatsuki Studio/晓 视觉工作室

出　版： 美国华忆出版社
版　次： 2025 年 11 月 第 1 版 第 1 次印刷
字　数： 245 千字

All Rights Reserved.
No part of this book may be reproduced in any form or by any electronic or mechanical means, including information storage and retrieval systems, without permission in writing from the publisher. The only exception is by a reviewer, who may quote short excerpts in review.

作品内容受国际知识产权公约保护，版权所有，侵权必究

作者介绍

德庆嘉措先生1950年出生在拉萨，成长于图伯特贵族大家庭，众多家人在噶厦政府任职。因为家庭背景，小学毕业后既无法升学，也无法就业，靠修水渠、砸石头等零活维生，亲眼目睹中共在西藏的统治。1970年因为参与组织吐蕃青年抵抗组织而被以反革命罪逮捕入狱长达六年之久，后在桑益监狱劳改场所继续接受改造九年。1979年在拉萨成立虎龙反帝爱国青年组织，并在流亡政府第二次探亲团访问期间贴出大字报，揭露中共统治的残酷和虚伪。1982年以探亲名义访问印度，一年后回到西藏。1984年再次偷越边界流亡到印度，加入西藏流亡政府，成为安全部雇员，在国外接受特工专业训练，并多次出入图伯特边境建立地下通道。1990年在边境被捕，在佯装接受西藏公安厅的线人招募后被释放回到印度。后再被西藏行政中央派往美国留学，1998年成为"美国之音"藏语部播音、记者、翻译和编辑，服务长达26年。现已成为美国公民，退休与妻女在弗吉尼亚家。

编译者介绍

夏明先生成长于四川成都，毕业于上海复旦大学国际政治系（学士1985，硕士1988）并留校担任教职；1991年赴美留学，获得费城坦普尔大学政治学博士学位。1997年至今在纽约城市大学任教，获得终身教授正教授职位。发表中英文著作十本，代表作有《二元发展型国家》（英文）、《中国人大和治理》（英文）、《中国梦释：制度的熵和虚幻政治》（英文）、《政治维纳斯》《红太阳帝国》《高山流水论西藏》等。

2018年作者德庆嘉措（左）和编译者夏明（右）在作者家中

编译者的话

二零一八年我拿到德庆嘉措先生的书稿《烈火中的图伯特和我的青春》。该书的藏文版已于 2015 年在印度达兰萨拉由西藏档案文献图书馆出版，我得到的是作者初译的中文文稿，有五百多页。当时我担任华盛顿的劳改研究基金会主席，既然作者作为中共前劳改体系下的西藏政治犯，我决定支持和启动翻译项目。但由于各种原因，作者决定推迟进行这项工作，等到退休后才决定重启这项计划。尽管此时我已辞去劳改研究基金会职务，意味着原有的资源消失了，我也无法照原来的想法邀请一位藏汉或者藏英的双语的助手帮助我完成这项工作。但在达赖喇嘛华诞九十周年之际，我决定投入精力把这本书用汉语呈现给读者。因为这本书是在达赖喇嘛八十寿辰时完成出版的，十年以后出版中文版也是很有意义的一件事。达赖喇嘛对本书予以了鼓励和支持，以我的亲身经历所知，尊者更希望"我的汉人兄弟姐妹"听到藏人的声音，包括达赖喇嘛的弘法和"中间道路"的藏汉和解主张。

中文版的必要是基于两个考虑：第一，由于中共政府有意压制藏语、藏文化和藏传佛教的延续和发扬，在中华人民共和国境内的许多年轻藏人已经失去了阅读藏语的能力。我们把这部重要回忆录翻成汉文，有助于阅读汉语的所有的藏人了解自己民族的苦难历史。第二，藏民族面临的压迫和苦难的根源还主要来自汉人政权（国、共两党政权皆如此）。汉民族有责任反思本民族和各个非汉族的民族关系，尤其是认识到中共政权对中华人民共和国境内的"少数民族"的强制甚至是残酷的同化政策，从而推动汉民族与兄弟民族的和解，共同构建一个自由、民主、多元、平等、开放的政治共同体。本书在海外出版，首先可以帮助海外华人群体听到一个真实客观的藏人的历史观，尤其是对中共政权的亲身直感和深刻认识。

  为了帮助汉语读者阅读本书，第一，我对原书做了部分调整和重新编排，所以严格说来，这不是翻译，而是重写。第二，为了忠实反映作者原意，在我完成第一稿后，我从纽约驱车前往弗吉尼亚，在作者家中花了四个整天的时间解决我的疑惑问题，并把书中的诗歌翻成中文。以后，我们又进行了无数次的网上会议、电话讨论，找到了我们都满意的中文表述。在中文稿第二稿完成后，我把全部文稿印出来寄给作者阅读修改。所以我们的最终翻译成果算是经历了三番五次的推敲。第三，为了帮助对藏文化较陌生的读者理解本书，我在适当的地方加了注释；同时，对藏人名、特殊的官衔和地名我用强调线标出，保证他们以完整名词出现。

  这个项目从启动到完成断断续续持续了七年，而集中精力高强度的工作主要是在2025年我的学术休假期间。对我来说，过去十五年我和达赖喇嘛结缘，闯入了对我陌生的藏学、佛学和印度研究多领域，一直是边学边运用。完成这个项目也是我的一个学习过程。我可以说，从我与作者互动和翻译研究过程，我至少学到了三样东西：第一，从德庆嘉措父母双方的大家庭，我看到了西藏文化的深邃、慈爱、优雅和坚韧。尤其是在中共彻底毁灭西藏传统文化之前，拉萨的贵族家庭和德庆嘉措家人和亲戚展现出的真正贵族气质让我对西藏文明有了更具体的认识。第二，作者的青年与长达十五年的监禁劳改经历同步开始，其实就是又一部"青春无比"的真实故事。从中，我看到了作者坚定顽强的品格深深根植于藏传佛教和藏民族历史。通过这本书，我认识和深入研读了米拉日巴的生平、教导，更增添了我对藏民族和西藏文化宗教的倾佩。第三，在西藏发生的灾难，无论是所谓的五十年代的"民主革命"、六十年代的砸烂传统文化、八十年代在拉萨开枪镇压，无不成为后来汉人本土遭受同样悲剧的预演。拉萨和北京相隔很近，两个城市在中共专制治理模式中互动很强。十几年前在拉萨就已出现的"监控仪比游人多"的局面早已成为内地城市的天网、雪亮工程的先头兵。所以，我们理解和看到藏人的苦难，绝对不要抱着侥幸心理以为那是于己无关的遥远故事。

　　作者在行文中表现出强烈的爱国主义和民族主义，所以我尊重作者的选择用"图伯特"或"吐蕃"来表述汉人习惯的"西藏"。因为中共对藏人理解的"博地""图伯特""雪域"采取了分而治之的策略，所以由四川、云南、青海和甘肃分解了历史上的"图伯特"，所谓西藏自治区成了仅代表卫藏部分，安多和康巴地区都没有被认定为西藏的有机部分。对此我希望汉语读者能够理解我只有在叙述中共官方视角时使用西藏，其他时候是把图伯特和吐蕃混用。我们取的书名《燃烧的雪国青春》，雪国是包括卫藏、安多和康巴三区的地理概念。从作者整个青年时期就有一大半在牢狱度过，可以说，作者是为了西藏自由和达赖喇嘛归家把自己的青春燃烧。同时，藏文明作为具有几千年演绎传承的古老文化在失去独立自由后进入到了痛苦的复兴再生过程。在达赖喇嘛的引导下，流亡藏人社区承载的藏文化和藏传佛教在全球化过程中爆发出了新的活力，我们可以期待雪国的第二次青春复兴。

　　我和达赖喇嘛结缘后，我一直把尊者视为我的上师。我很荣幸在达赖喇嘛八十大寿纽约长寿祈福会上能够与尊者同台分享尊者的生日蛋糕。在达兰萨拉庆祝达赖喇嘛九十华诞之际，我又有幸能够参与盛会，再次分享生日蛋糕，见证西藏历史、西藏佛教史、达赖喇嘛史上从未有过的盛事。所以，我能和作者在藏人行政中央设定为慈悲年的2025年完成本书的翻译出版，我是非常开心的。我必须说，米拉日巴的精神和达赖喇嘛的嘱托激励我克服困难，尤其是从感同身受的痛苦和抑郁中摆脱出来，完成了一项对藏民族自由、对汉人在反思中追求民主都有利益的项目。我还必须说，作为一个从小就接近藏人的成都人，我过去抱有对藏人的无知、今天怀有对藏人的愧疚，我必须做出更多努力促进汉藏和解。在达兰萨拉庆祝达赖喇嘛九十华诞时，我有幸从达赖喇嘛办公室的才嘉秘书长手中得到达赖喇嘛最新英文著作《为无声者发声》的签名本。我想，我作为一个生活工作在纽约的美籍华人，为弱小的藏民族、尤其是流亡藏人发声，也是达赖喇嘛鼓励和期许的。我在与德庆嘉措先生合作过程中，他一再要我确定，"我无意伤害汉人，也不仇恨中国。"但我们都不能接受中共的高科技新极权专制体制。正在这点上，我们看到许多遭受洗脑荼毒的年轻人有一颗冰冷铁石的心，而我相信，达赖喇嘛弘扬的那烂陀传承的佛教是可以极大帮助温暖和软化那颗心。

希望读者们都能得到我获得的收获，甚至更多！

夏 明

2025 年 10 月 28 日

于纽约家中竹林精舍书屋

2025 年 7 月编译者夏明在达赖喇嘛九十寿辰庆祝期间觐见尊者

作者前言

我1950年出生在拉萨。你读到的这本书是我在中共统治下的图伯特半个世纪的人生经历。它既是记录我在一个人间地狱经历的苦海波涛，也是见证我们吐蕃人的一段悲壮大历史，更是呈现无数的吐蕃青年为实现民族自由和达赖喇嘛回归圣城的英勇抗争。我写这段历史的原因和目的是：图伯特国有数千年历史，充足的证据证明它的独立国家地位。可是1950年，我们邻国统治者——中国的共产党——派军队开始侵犯图伯特，然后在1959年全面占领图伯特国。中共以千年来前所未有的、没有人性的、最野蛮的手段来统治图伯特，把一个佛国变成了人间地狱。侵略者共产党刚来到图伯特的时候，宣扬来帮助图伯特，会带来幸福，是为人民服务而来的。可是，这些说法只是"挂羊头卖狗肉"。他们的真正的目的却是，一边侵略图伯特国，却说是驱散帝国主义的势力。为了欺骗人民，他们说反对侵略和维护自由。这番话也是无中生有，是"没有影子制造影子"。另一方面，为了完全征服图伯特的国土，他们给抗争的人民戴上判乱分子的帽子，镇压和屠杀我们的爱国人民，侵占了我们图伯特的所有的国土和霸占所有的资源，剥夺了吐蕃人民的人身自由，吐蕃人民变成了亡国奴。而且中共殖民主义的统治者对吐蕃人民胡乱定罪，抓捕和关进监狱，任意残害和屠杀，用最恶毒和最野蛮的行为来统治图伯特，吐蕃人民过着人间地狱的生活。可是中共当局对外颠倒黑白，宣传说共产党给吐蕃人民带来了幸福生活。

世界屋脊的图伯特国，人口很少，四面八方有着世界最高的雪山和面积广大的喜马拉雅山。喜马拉雅山像个铁墙那样围绕着图伯特国的周围。他们有辽阔的草原，有丰富多彩的资源，有面积广大的森林；不同种类的鸟，像天上的星星那样数不清，辽阔的草原上有成千上万的野生动物。图伯特的水资源非常丰富，有数不清的湖泊和江河，是亚洲各大江河的发源地。这样一个雄伟壮丽的吐蕃国，在中共土匪军队占领以后，图伯特的所有的宝贵财物被抢夺。而且他们颠倒黑白，说国家大力帮助图伯特，给吐蕃人民带来了幸福。他们在图伯特新建了很多房屋，说是建设图伯特。事实上，千千万万的穷苦汉人被运倒图伯特，为了移民定居和破坏、抢夺图伯特的所有，而盖了千千万万新房屋。中共土匪集团把千百万无罪的吐蕃人关进监狱，进行屠杀和残酷折磨，剥夺了吐蕃人民的所有自由权，把图伯特变成了阴冷肃杀之地。他们还破坏我们的文化，破坏有千年历史的寺院，破坏了寺院里有千年历史的宝贵佛像和佛经，抢夺所有无价之宝的财物，全部运往中国内地，还谎称说建设发展西藏。事实上，他们在图伯特实行了最残酷、最野蛮、最反动的政策，他们是最没有人性的。可是，他们把自己罪恶的所作所为全部强加给吐蕃政府和吐蕃人民的政教领袖达赖喇嘛，欺骗全世界人民和汉人民，掩盖自己的真面目。

我是在中共殖民主义的统治下成长的，所以我了解他们的所作所为。为了帮助我们成长起来的新一代青年人了解吐蕃老一代的流血和流泪的痛苦经历，为了不要忘记中共殖民主义对吐蕃人民犯下的滔天罪行，我以自己亲身受苦受难的真事的情况来揭示和控诉中共殖民主义、和它对吐蕃人民犯下的滔天罪行。我们在历史上犯下了很多错误，为了从中吸取教训，为了沿着倒下的英雄们的脚印继续前进和继续奋斗，学习吐蕃王朝时代的祖先们的精神再接再厉地继续努力，为了促进我们图伯特恢复独立，为了图伯特独立而奋斗，我决定书写我的回忆录。

我们的敌人时常对我们说，他们的力量是无比的强大，我们根本比不上。所以图伯特恢复独立和自由是根本不可能的。可是实情并非如此。事实上，中共土匪集团强大的力量是暂时性的、相对性的，而不是永久性的。这个世界上根本没有不变的事物，有心无心都是要变的。共产党的哲学里面也说历史辩证法，事物都要变，没有不变的事物。所以，现在强大的中国社会帝国主义和殖民主义是暂时的，会变的，我们应该学习和懂得哲学的宇宙变数，这是很重要的。

我们应该学习和懂得，佛教里面也讲无常。这也是坏灭之法，变异于住，这个道理是很重要。现在共产党的寿命也不会持续长存，因为他们完全违背了从前宣誓的共产党是为人民服务。他们离异了他们政权的基础——广大工农，而且广大工人和农民成了这个独裁政权压迫和剥削的对象。广大汉人民和中共独裁政权的关系是敌对关系，像水火不相容。对广大人民群众来说，中共政权是剥夺人民的自由和所有权利、压迫人民最凶恶的敌人，所以，广大人民群众在无法生存的情况下，全国各地起来反对中共一党专制的独裁政权，人民争取生存权而展开示威运动连续不断地出现。但中共独裁政权不但不接受广大群众的请求和满足他们的愿望，反而动用武警和公安、甚至使用军队，用最凶恶的手段来镇压群众的和平运动，造成双方都出现伤亡，特别群众死伤很多。尖锐的矛盾深入和广泛地出现在全中国各地。面对这样的情形，对中共独裁政权来讲，他们其实内心很害怕和很恐慌。特别是现在的共产党变成了红色的封建独裁集团，而且国家的所有财产被独霸一方，共产党的所有的官员深陷了无法改变的贪污腐败，所以共产党的这个大树的根是全部腐烂的。这就为我们争取图伯特独立自由创造了机会，这是激励我们奋斗的好征兆。所以我希望所有的吐蕃人民，特别是青年们不要忘记了这一点，而是要放在心里。特别是1959左右反抗的人，除了少数以外已经离去了；我们中年人也是一年不如一年，开始变成老年人了。所以，我们的希望放在了生机活泼的青年们的身上。我希望你们一定要学习我们的吐蕃时代的祖先们的伟大精神，为了恢复图伯特的独立和自由继续奋斗。

我写这个历史还有另外一个目的：一方面，吐蕃人民的伟大的政教领袖达赖喇嘛今年到了八十岁的生日，为了报答他对吐蕃国和吐蕃人民的无比恩情，我要世人知道达赖喇嘛是吐蕃人民的希望和团结力量的象征。另一方面，今年是中共侵略军侵占领图伯特五十周年，也就是他们所谓的西藏自治区成立五十周年。所以，我要揭露在这个半个多世纪里中共殖民主义对吐蕃人民犯下的滔天大罪，戳穿中共独裁者还在境内外继续欺骗世人的真面目。

德庆嘉措，2015年于美国弗吉尼亚州

西藏行政中央安全部部长恩久·董忠推荐

2015年3月4日，本书藏文版出版之际，西藏行政中央安全部部长（噶伦）恩久·董忠书写了推荐语。他称赞德庆嘉措先生作为一个勇敢的吐蕃爱国者，不怕再次坐牢的危险，无畏地揭露中共的残酷统治和颠倒黑白的宣传。这本书正值西藏人民的政教领袖达赖喇嘛庆祝华诞80周年之际出版，也是非常殊胜的纪念。恩久·董忠部长希望西藏青年能够阅读本书，看到为西藏自由独立努力的学习榜样。

目　录

编译者的话　　　　　　　　　　　　　　　　　I

作者前言　　　　　　　　　　　　　　　　　　V

第一章　　祖父冤案和热振事件　　　　　　　　1
第二章　　贵族的童年　　　　　　　　　　　　18
第三章　　中共入侵和吐蕃起义　　　　　　　　24
第四章　　中共占领图伯特，民主改革成骗术　　27
第五章　　中共取消私有制　　　　　　　　　　35
第六章　　官办学校和全民杀生　　　　　　　　40
第七章　　中共国饥荒，图伯特生灵遭殃　　　　52
第八章　　中印边境战的期待和误判　　　　　　66
第九章　　大饥荒后遗症和拉萨穆斯林的灾难　　73
第十章　　班禅喇嘛七万言书和大恐怖　　　　　79

第十一章　　文革毁灭吐蕃文化宗教　　　　　　91
第十二章　　走上社会去找活路　　　　　　　　113
第十三章　　文革武斗：大昭寺"六七"屠杀事件　132
第十四章　　1969中苏边界战和吐蕃人民新希望　137
第十五章　　尼木、边壩武装起义遭遇大屠杀　　139
第十六章　　建立拉萨"争独立反帝爱国青年组织"　144
第十七章　　布丹拉山修公路遭遇怪事　　　　　148
第十八章　　因反革命罪坐监狱　　　　　　　　160

第十九章	从单人监房到集体监房	171
第二十章	劳教期间的牢狱大学	189
第二十一章	中共领导排队见马克思	199
第二十二章	"四人帮"、华国锋、邓小平	205
第二十三章	拉萨爱国虎龙青年组织成立	210
第二十四章	秘见流亡政府代表团	219
第二十五章	胡耀邦视察图伯特，调整对藏政策	228
第二十六章	组织重要成员连续到印度	233
第二十七章	觐见达赖喇嘛和萨迦大法王	240
第二十八章	喜闻时轮金刚和再次觐见达赖喇嘛	247
第二十九章	求助苏联无果，再回图伯特	254
第三十章	尼泊尔的秘密使命	268
第三十一章	西藏自治区成立二十周年的抵抗运动	276
第三十二章	打通尼泊尔秘密通道	282
第三十三章	三闯图伯特被俘	301
第三十四章	再陷囹圄，生死未卜	316
第三十五章	虎口脱险，尼泊尔凯旋	334
第三十六章	结尾和总结	340
索　引		344

第一章

祖父冤案和热振事件

我家族叫杰德，可溯源到今天中华人民共和国西藏自治区境内的扎囊县杰德（1959年以后中共设杰德公社[1]）。我们是第五世达赖喇嘛统治吐蕃时候的甘丹颇章政府官员的后代。我家族先人是甘丹颇章政权建立世纪的官员。据传说，杰德家族是吐蕃王朝鼎盛的国王赞布时期松赞干布和赤松德赞的臣子，也是很有名的翻译大师的后代。这也是第五世达赖喇嘛时候，跻身扎囊的四个英雄家族之列。第五世达赖喇嘛是1617年出身，而1782年去世。他25岁的时候正是藏历1641年，蒙古的固始汗的军队来到卫藏，打败当时的卫藏统治者宗堆王丹迥·旺布。在蒙古固始汗的支持下，公元1642年，第五世达赖喇嘛阿旺·罗桑嘉措建立了甘丹颇章政权，开始统治全吐蕃。

我的祖宗包括杰德·索南嘉措和洞波·顿珠旺杰，还有第五世达赖喇嘛去逝的时候对吐蕃贡献显著的第司（就是总理政务）桑结嘉措。第五世达赖喇嘛留话给第司，他去世的情况要秘而不宣。所以第司没有宣布他去世的情况。在寻找到六世达赖喇嘛以后，第司桑结嘉措才同时宣布第五世达赖喇嘛圆寂和六世达赖喇嘛仓央嘉措选定的消息。六世达赖喇嘛仓央嘉措于公元1683年三月一日出生在门隅达旺纳拉山下的宇松地区邬坚岭（今日为中印争议地区）。他15岁的时候，也就是1697年，被认定为第六世达赖喇嘛。第司迎接第六世达赖喇嘛，发挥了其他人想象不到的特殊作用，引起不逞之徒们的不满。1701年，固始汗的孙子达赖汗去世后，汗位传给了其子拉桑汗

---

[1] 现在山南贡嘎县杰德秀社/镇。

（他是固始汗的曾孙）。拉桑汗试图架空甘丹颇章政权，另立一个新的第六世达赖喇嘛（巴嘎曾巴·伊喜嘉措），和第司桑结嘉措发生冲突。桑结嘉措向准噶尔蒙古部落酋长噶尔丹求援，结局是蒙古军击败了藏军，拉桑汗的妃子命令处死了桑结嘉措。在拉桑汗被剥夺权力的时候，风云变幻，政府官员内部发生很多变故。蒙古君噶次旺绕登（又译策旺那布坦）派军队进攻拉萨，打败拉桑汗的军队，杀死拉桑汗夺取政权。以后到了康熙年间，清朝军队打败蒙古君噶次旺饶登的军队，基本结束了蒙古各部落分裂内争外斗，安稳了西部的混乱局面，选定第七世达赖喇嘛格桑嘉措，护送第七世达赖喇嘛回拉萨，在布达拉宫举行登基仪式，并规定政府的不少庄园奉送给达赖喇嘛家族。所以，很多庄园，包括我家族庄园扎囊，都奉送给了达赖喇嘛家族。这以后我家族和庄园都由第七世达赖喇嘛家族管辖的。[2]

到了第十三世达赖喇嘛时代，情况发生了变化。第十三世达赖喇嘛1876年6月出身于图伯特东南部达拉岗布山朗顿村（达布朗顿），父亲贡噶仁青和母亲洛桑卓玛。三年后他便被确认为第十三世达赖喇嘛，登上了达赖喇嘛的宝坐。他于1895亲政后，我的祖父杰德·丹增顿珠和洞波·顿珠旺杰的后人为了恢复两家的名誉打官司，具体争执内容是两家不属于七世达赖喇嘛家族，两家是甘丹颇章政府的公务员，并提供了充分的证据。比如，第五世达赖喇嘛给杰德·索南嘉措的兵器和鞋，亲笔写的信；洞波·顿珠旺杰是第五世达赖喇嘛的天文学老师，是一个很有名的天文学家，也很喜欢饮酒。五世达赖喇嘛特别喜欢这个老师，所以送他田亩供他饮酒。我父亲索南曲杰原来告

---

[2] 这段历史对汉语读者来说有点混乱和复杂。基本格局是：图伯特内部各教派分离（这里宁玛派和格鲁巴的矛盾突出）、政教权力矛盾冲突，同时政治势力与外部蒙古各部落汗国结盟或冲突。满清帝国作为驰骋蒙古大草原的金人/女真人/满人在康熙皇帝平息了中原汉人的反抗后，逐渐西进，力图驯服蒙古各部落、削弱图伯特的独立地缘实力和影响（藏传佛教在满蒙人群和清朝皇室中有巨大影响）、控制新疆，和迅速东进的俄罗斯帝国展开了所谓的"中亚帝国的大狩猎"时期。桑结嘉措家族和后人的兴衰沉浮就是这段历史变迁的反映。

诉过我，这个田亩 1959 以前仍然在洞波家族手里。所以，这些充足的证据帮助打赢了这个官司。我的祖父杰德·丹增顿珠再次当上了甘丹颇章政府的公务员。他担任过县官。在第十三世达赖喇嘛时候，满清的侵略军被赶出图伯特，那时侯我祖父杰德·丹增顿珠担任了代理答奔（军官名称）。我的祖父是很虔诚的佛教信徒。他的人生最后时期是噶厦政府驻在噶伦布的贸易处的官员，1955 他在噶伦布去世。这时候我的父亲已经担任了噶厦政府官职。

1988 年春我的父亲索南曲杰、母亲次仁央宗在达兰萨拉

我的父亲索南曲杰首先参加政府担任紫珠（最低级的俗官官职）。这就是所有噶厦政府官员必需要通过这个机关，这以后他担任噶伦热喀夏的守卫（森噶），还有他担任达孜县、琼结县和洛扎县的县官。洛扎县是一个与不丹接壤的边境地区，经济条件较好，商业贸易和宗教活动都很频繁。这时候我的父亲年龄是三十多岁。我的母亲和姐姐，我和我的三弟其美仁增、四弟噶玛赤林、五弟次仁桑珠都在拉萨。我的母亲次仁央宗是拉萨有名的贵族家族琼让家的小姐，我母亲性格温和，宽厚仁慈，所以下人们很喜欢她。比如我在桑益监狱时，曾经任藏军连长的拉珠，有一天没有其他人的时候问我，你是不是杰德家族的儿子？我说我是杰德家族的儿子。他又问我，你的母亲是不是琼让的小姐？我说是，我的母亲是琼让家的。他还说，我认识你的母亲，你的母亲是个慈善的人。在图伯特还独立的时候，我因公务去洛扎。当时县官是你的父亲，我的熟人都激动地说，我们县官的太太是活观音，她对下人不欺不骂，还有他们有困难的时候，她来解决困难和给予帮助。拉珠很激动地对我说了这些。

1988年春我和父亲在达兰萨拉

这些都是事实。我母亲她根本不分成分的高低,对所有亲属一样对待。她是一个忠诚的佛教徒,经常念佛经。她经常教导我们,说,我不会解释出佛经的具体内容,可是我知道佛经总的精神,就是,做事要实事求是地做,应该做多些善事,要有善意,善有善报,恶有恶报。我写到这里的时候,想起来一个事情。这是我的母亲和姨妈(我的姨妈是嫁给贵族家达布仲巴少爷)谈论遗憾的事情,留在我的心里还没有忘却。这就是我的忠诚、公正、勇敢的外公琼让的冤案。那时候的野心家和阴谋家们公仇私报,加害我的外公琼让·顿珠嘉布。为了我们从历史上犯的很多错误和不足的地方吸取教训,我必须介绍琼让·顿珠嘉布的冤案真实情况。

1988年我和父母在达兰萨拉儿童村学校

我没有见过琼让外公。可是我听说过我敬爱的、仙逝的母亲和达布仲巴姨妈介绍过真实情况,也从和琼让外公一起工作过的同事、还有他蒙受冤屈的时侯一起共事的官员听到他们介绍的很多真实的情况。我的外公琼让·顿珠嘉布对噶厦政府很忠诚。我可以来谈一下冤案的真相和我外公的悲惨遭遇。

这就是伟大的政教领袖十三世达赖喇嘛的时侯，满清侵略军队进攻图伯特。十三世达赖喇嘛为首的噶厦政府的重要官员去印度短期流亡，但是在中国内地的形势变化很大，这就是孙中山领导的辛亥革命推翻满清政府的革命运动在全国各地燃烧，所以在图伯特

我的外公琼让·顿珠嘉布，取自戈尔斯坦，《现代吐蕃历史》

的满清军队分裂成两个阵营。动荡不合的形势给了吐蕃人民从图伯特赶出侵略军的好机会，因此吐蕃人民开始了反抗、驱逐侵略军的运动。

在达兰萨拉出版的夏格巴（又译夏克巴）写的《吐蕃的政治历史》书第194页里这样写的：

"到了大吉岭，随行人员里一有些年轻的噶厦政府的公务员自愿去卫藏地区驱散满清侵略军，联系当地游击队进攻日喀则和江孜的满清军队，可是这个进攻没有成功，失败后不得不撤退，很惭愧地回地大吉岭。这些噶厦政府的年轻官员们包括琼让、哲通（又译宅同），汤本，缅本，达纳家族的人，以及孜仲喇嘛和俗官夏琼·旦巴次旺等。因此噶厦的元老们嘲笑他们，可是有一天伦钦夏札·班觉多吉叫他们到他自己驻地，可是他们很怕和又很惭愧，但是很有精神和心胸开阔的伦钦夏札没有批评他们，而且赞扬他们说，你们不怕牺牲而勇敢是个英雄，还又他安慰他们说，为了大胜利小失败是必然的，

不要失望,从失败里吸取教训,打起精神更加努力一定会完成任务。他用很多关于政教经验来鼓励他们。因此年轻的这些官员们加强了他们的精神勇气,他们再去卫藏为了驱散清军很好的指挥和领导游击战,所以他们赶走日喀则和江孜的清军侵略军,后来授予他们代本的军官职位和比这更高的职位。"

这就是夏格巴写出来的真情。

噶厦政府的军官达本琼让(右)和哲通(左),1917年在康区德格驱逐汉军

我的外公琼让·顿珠嘉布的性格是脾气倔强、忠诚,有英雄不屈的精神,这样一个忠诚的官员受到了冤枉、排斥和侮辱,是我们历史上经常看到的令人扼腕叹息的事情。特别是,在1986年《西藏文史资料选辑》第八集里刊登了拉乌达热·土登丹达写的文章,标题是

"台吉琼让·顿珠嘉布被免去职务关进监狱和流放的问题"。就我的外公琼让·顿珠嘉布的冤案的问题，这是当时的官员写出的纪录。在第115页这样写道：在寻找转世灵童有功的奖励会议上，色拉寺堆巴堪布·坚赞森格赞扬很多热振摄政，他详细列举了热振摄政政绩并大声说，至少应当授予热振50和60个政府庄园和宗区。但是绝大多数俗官都反对把50和60个庄园给热振摄政。

堆巴堪布·坚赞森格的无理的建议激起了几名俗官的公开反对。鲁康娃·泽旺饶登说，大家都在为了感谢热振，而不能浪费噶厦珍贵庄园。我们大家都是尊者达赖喇嘛政府的财产的守护者，我们一定要想方设法保存好所有资财，并移交给达赖喇嘛。我们必须从自己的鼻孔中拔出鼻毛来，意指所有政府官员都应当为摄政的奖赏献出各自的财物以示感激。全体孜仲，特别是仲译钦莫·多波也都反对授予热振摄政大量庄园。

当三大寺的堪布们继续要求给热振重大奖赏时，高级俗官的我外公琼让大声地说道，尽管他很清楚知道摄政在寻访达赖喇嘛转世灵童活动中做出了很大的贡献，但是仆人（噶厦政府的官员和寺院代表）并不能代表主人（达赖喇嘛）作决定，意思是说他们不可能放弃属于达赖喇嘛遗产的庄园和领地。接着他又说，金库是空虚的，而年幼的达赖喇嘛尚未进入寺院，未来所要作的每件事都需要大笔开支。我外公琼让指出，虽然他和民众大会的其他成员都非常感谢摄政所作的重大贡献，他当然应该受奖，但是如果民众大会现在答应授予庄园和领土，噶厦政府也不可能满足这种许诺。外公赞成鲁康娃的主张，即官员们都应当向摄政捐献现金作为感激他的礼品，或者应当向图伯特境内的每一个人收一次税。在我外公琼让长篇的发言过程中谈到了藏东藏军军官们在一次战争中的行为。他说，在一些指挥官战死，另一些指挥官丧失所有财产的情况下，少数指挥官只是命令他们的土兵去作战而自己躲得远远的。他说，这些军官怕参战受伤，反而他们冒称自己在战争中取得了重大胜利。说到这里，他引用了形容极其贪婪的一则西藏谚语：

吃下大山，依然饥肠辘辘。

喝尽海水，仍然不解干渴。

显然，我外公琼让这样说并没有直接谴责摄政贪婪的用意，但是他还不结束发言，因而堆巴堪布当即站起来大声插话，打断了琼让的发言。堆巴堪布要求知道，琼让的言伦是不是直接针对摄政的。堆巴堪布说，就我及众人所知，热振并没有为他所作的一切要求过什么，只不过是我们大家聚在这里要求给他颁奖，以示我们对他的热爱和尊敬，而你却公然滔滔不绝说了这么多，现在你必须说清楚，你的话是不是影射热振仁波切。如果不是你必须撤销自己的发言，收回自己所说的话。我外公琼让听了堆巴堪布的质问之后，回答说，你怎么理解、怎么解释，那就随你的便罢。你和你的支持者可以做你们喜好的任何事情。这个事情让热振摄政非常生气，此后不久，热振便找一个莫须有的罪名来报复我外公琼让。这时候急欲谋得噶伦官职的臭名昭著的噶雪·曲吉尼玛看准这是巴结讨好摄政的绝好机会，噶雪采用背后伤害我外公琼让的手法，诱使大批居住在那曲的显贵人家在巡游拉萨时提交指控琼让的请愿书，制造冤案，陷害我外公琼让。

噶厦接到诉状之后，便成立了审查委员会审理此案。审查委员会要我外公琼让交待罪行，叫了两次他都拒绝到审判厅来，主要是由于审查委员会是由两名仲译钦莫、两名孜本组成的，其中便有噶雪。我外公琼让确信，整个事件都是噶雪谋划的，因而他便暗自草拟请愿书准备呈送民众大会和三大寺，说明自己的行动动机，并且大肆抨击了热振的所作所为。此事噶雪知道了以后报告了热振，热振立即下令逮捕了我外公琼让，时间是1940年5月22日。

这份请愿书草稿除了我外公琼让的字体之外，还有几种手写体，表明还有人参与了原稿的删改校订。查清楚这些人便成为摄政所关心的问题。审讯者施以鞭笞之刑审问琼让，我外公否认自己有什么过错，也不透露其他草拟者的名字。但是最后还是判定他犯了阴谋颠覆噶厦的罪。我外公和我外公的家人都遭到了非常严厉的惩罚：我外公的庄园被没收；财产被拍卖；禁止我外公的后代进入噶厦担任公职；我外公本人则被当众鞭打 100 皮鞭，然后被流放到偏远的阿里的日土县一座寺庙，终生不得返藉。该寺由色拉寺的杰扎仓寺庙里的一个学院）即热振任扎仓主管的喇嘛管辖。所以打击对吐蕃国和噶厦的忠心耿耿的功臣官员，相反，危害了吐蕃国和人民的利益的自私自利的噶雪•曲吉尼马等受到奖励和重用，这种颠倒黑白的坏行为引起了民众痛恨。当时在拉萨出现了一系列反对热振的歌摇：

琼让台吉[3]官员，不要过度伤心。
噶雪两面派，会受到良心的惩罚。
鹏翅已折断，熊胆业已掏出。
谁若触犯神龙，定会脸上生疮。
不要触犯神龙，否则脸上生疮。
倘若伤害老熊，你会不得好死。
热振当政年代，日子不好过。
人们需要根本上师，也需要神龙下蛋。
公山羊已患重病，治疗疾病的良药。
需要老熊的胆汁，还需要神龙的顶髻。
生息在山一平原间的狼和豹。
出没于两川之间的狐狸能解渴。
（可是）摄政吞掉大山还嫌饿。
即使他喝干海水还会感到干渴。

前面的这些打油诗鲜明地指出，生息于偏远荒僻地区的狼和狐狸尚有满足之时，而摄政似乎没有知足的时候。这是群众同情和支持琼让，还痛恨、批评这些贪污国家财产、背判公民利益的野心家，表达了群众的心情。

这时候我们图伯特国的处境是，人们心疼和普遍失望的状态。对

---

[3] "台吉"是介于噶伦和四品官之间的职位，从清朝时期开始授封，是汉语中的的"太子"。

图伯特恩重如山的伟大的政教领袖十三世达赖喇嘛为了图伯特独立和佛教永远生存和发达，提出了吐蕃国改革的很多计划。这些计划是：扩大军队、加强国防力量；考察地质、修公路；为了将来建立民主制度，计划选地区人民代表；计划在拉萨建立英语学校等改革。他这些计划交给民众大会审议。可是民众大会不接受以上的建议计划，说开采矿山没有好处；修公路的话，地神不高兴；建立英语学校会让敌对宗教的思想传播图伯特，这对图伯特政治很不利；扩大军队加强国防是不需要，因为吐蕃国是宗教的圣地和和平的国家，不需要扩大军队和加强国防。所以十三世达赖喇嘛的挽救吐蕃国、图伯特国永远生存和佛教永远生存的伟大愿望没有实现。

还有夏格巴的《吐蕃的政治历史》书的第二本的 307 页里第十三世达赖喇嘛的遗嘱（水猴年遗嘱）中曾发出警告：

"吐蕃面临着共产党占领的威胁，存在着像发生在外蒙古宗教遭到毁灭的危险，其主要内容；毗邻之印度和中国，军事力量强大应与之和睦相处。为镇服周边的小仇敌，一定要驻扎装备精良、战斗力强的军队，兵精善战，方可克敌，尤为严重的是，当前五浊蔓延，赤色主义尤其猖獗。在外蒙古，禁止寻访杰尊单巴的转世灵童，随意没收寺院财产，强迫喇嘛仁波切当兵，佛教被毁灭，寺院荡然无存，据说这样一种制度已在库伦建立起来，将来，这雪城佛国的政教合一制度，必将遭到内外势力的践踏。

一旦这样的事件发生，我们无力捍卫故土，则达赖、班禅为首的高僧大德都将遭受灭顶之灾；各拉章寺院的财产将全部掠夺，更有甚者，祖孙三法王所创立的政教制度将衰微而徒具空名，我的臣僚们的祖业财产被劫夺之后将沦为敌奴，我的属民担惊受怕，痛苦不堪，将难以忍受昼夜的煎熬，这样一个时代必将来临。所以现在幸福美满尚在自己手里的时候，将来军事和非军事的所有的事情上，你们要通过拿出所有方法，为了政治顺利。这也是靠你们的公正无私的负责任的态度，吐蕃的将来的幸福美满是所有吐蕃的公民必须考虑周到继续努力的。我神给我保证,我保证一起去努力执行上师的教导。我愿你们在福星的护佑下,成为以正心为正义服务的公务人员。可是不正当两面派的人,你的愿望不会顺利而且会受惩罚的,对自己的公事和政治的真理,不负责任的话,将来我们无法实现我们的愿望,将来亏心也挽回不来了。我看到我生存的时候安稳坐站的,可是将来有什么事,有你们自己来面对和承当,我要说的就是以上说的,我没有比这个更好的道理要指出。从表面上,你们进行念经拜忏以消灾祈福了,但更要的是内因的念经拜忏以消灾祈福,这就是大家应该记住往事亏恨和总结吸取教训。如果这些你们做到的话,我在世的时候为了政教发扬光大而努力,我也扶助你们要做名正言顺的公务员,这就是生存百年幸福的公事,我没有比这个重要的教导,所以慎重细心审查自己的日夜行为,这就是很重要,不要忘记。"

以上的遗嘱是他以母爱般的心情来对吐蕃人民留下指导未来的宝贵思想。可是热振摄政和首席噶伦赤门·罗布旺杰、为了私利背叛公益的臭名昭著阴谋家噶雪·曲吉尼马、戴着宗教面具的权力野心家堆巴堪布·坚赞森格那些人,不但没有为政教发扬光大而努力,而且为了权力展开你死我活的斗争,还要想吞掉吐蕃国的很多庄园。他们报复抵制他们野心和阴谋的忠臣,像琼让那样的高级官员,制造冤案陷害我外公。特别是吐蕃国政府的法律规定,四品以上的官员不准罚鞭笞,所以高层喇嘛提醒热振摄政不准对琼让施用鞭笞,可是热振摄政根本听不进去。审讯者对琼让施以鞭笞之刑,审问琼让,而且没收全部财产,流放到偏远,终生不得返籍。

还有其他官员也受到了同样的陷害。另一个不得人心的冤案是,孜本(四品官)龙厦·多吉次杰为了吐蕃国永存和发扬光大,试图推动他的民主改革的运动,但因此受到了严重的打击。这也是噶雪出卖龙厦,当时热振摄政和首席噶伦赤门等根本不调查和不听改革的愿望,陷害龙厦,特别不可思议的是,用最野蛮的手段来挖出龙厦的两个眼睛,把他关在监狱。这样的挽救吐蕃国的最后机会也没有抓住,所以我们强大的邻国敌人来吞掉吐蕃国的时候，我们没有一点抵抗的力量。我们说我们的国家是圣地、和平的国家，可是我们的敌人不听这些，而且中共土匪集团给我们说，你们是封建农奴制度，你们是最反动、最落后、最黑暗、最野蛮的，所以我们来解放你们。他们这样吞掉我们的吐蕃国，从此以后，吐蕃人民开始在人间的地狱里痛苦地生活，直到现在。

昔日贵族，勇猛像熊豹虎。

今日豺狼，自私背弃天下。

以上的民谣是当时拉萨群众流传开来的，它嘲讽和批判当权者的现状。遗憾和痛苦的教训是热振和达扎[4]两代摄政时期，我们吐蕃大国的永存和发扬佛教的最后机会都毁灭了。图伯特和佛教永存发扬，这也是对吐蕃广大群众恩重如山的十三世达赖喇嘛一系列伟大的治国安民的国策和愿望。可惜，最后的最珍贵的母爱心的水猴年（公元1933年）遗嘱一句也没有执行，而且反过来这些珍贵的教导被当做耳边风。宝贵的时间都用在了摄政的权力争斗。他们做的事不是为了吐蕃国和吐蕃人民的利益，而是他们自己的权力和利益，为财产而内斗。

热振当摄政的时候做了一件大事，就是寻找十四世达赖喇嘛转世灵童。这是我们不得不承认的事实，这也是他的责任。但除此以外，我们可以说，他为吐蕃国和吐蕃人民没有做过一件好事。这个事实历史可以来作证明。比如《西藏文史资料》第6卷本的第8页里这样写道：热振摄政宝座让给达扎的时候，热振给达扎说，我还没有完成一件事，这是换选噶伦孜本的时候，噶雪接任噶伦，这是我给他保证过的。另一个事是，琼让的案件永远不得翻案。所以热振喇嘛把摄政让给达扎的时候，他没有追求图伯特的政教发扬光大，而且对背叛吐蕃国和人民的利益的噶雪·曲吉尼玛那样人给奖励和请求继续

4　"达扎"仁波切阿旺松绕图多旦巴杰增。

报复我外公。因为热振是喇嘛，喇嘛这个词的内容是学力无边和必须有母爱的心情，可是他的仇恨心情是不可思议的。热振当摄政的时候打击忠丞，忠诚的高级官员们受到了各种各样的罪名来制造冤案和关进监狱，打鞭笞审讯，挖眼睛，流放边远，没收财产等。

坏人得胜，黑白颠倒，读者想知道更多事实的话，可以看美国出版的英语的图伯特的历史书，戈尔斯坦著的，《现代吐蕃历史：喇嘛王国的灭亡》[5]。还有《西藏文史资料》里记载，当时的仲译钦莫·拉乌达热·土丹旦达[6]写出的"琼让台吉·顿珠嘉布被免去官职和关进监狱，流放边远"的文章。还有热振的问题上《西藏文史资料》第十六卷中噶伦拉鲁·次旺多杰写出来的文章"寻找达赖喇嘛转世灵童和认证问题的讨论和琼让免去官职"，还有《西藏文史资料》第6卷书中，热振派噶伦噶雪·曲吉尼马写出来的"前摄政热振和达札事件"一文，一样很清楚地写出了事情的来龙去脉。我读佛教经书的时候，我的心里自然地产生了问号，因为热振和达扎仁波切的关系是师徒关系，这是热振仁波切自己承认的，所以热振仁波切摄政的宝座是暂时让给达扎仁波切的，但是达扎仁波切没有按时把摄政宝座还给热振仁波切，所以热振仁波切为了摄振宝座，展开了相当激烈的斗争。而且摄政的特使支豁甲本·顿朗[7]和拉嘎土多派遣南京的代表以吐蕃的名称来参加国民党的国民大会，大会结束后他们没有回来，而是留在南京。他们一方面承认吐蕃是中华民国的一部分，还提出要求南京政府派军队进驻吐蕃，还要武器和金钱的帮助。这些史实在《西藏文史资料》选辑里噶雪·曲吉尼马写得清清楚楚。

我在这里提出我的思考，为什么我们有名望的一些大喇嘛们为了自己的小小的拉章出卖吐蕃国的利益，为了自己的权力和利益，进行你死我活的斗争。特别是师徒关系上，你拜师和选师以后，你应该

---

5 Melvyn C. Goldstein, *A History of Modern Tibet 1913-1951 : The Demise of The Lamaist State*, Berkeley, CA: University of California Press, 1989.
6 噶厦僧官官位，大秘书，曾参加在北京《17条协议》的谈判签订。
7 支豁是今天的甘孜藏区一带地名，甲本是百户长官，另一意思是家族名称。

听从老师，不能违背老师，这个道理佛教的经书里讲得很清楚的。这个原则所有的佛教徒都需尊重而不能违背。我们的很多圣者传记里有精彩的历史。比如米拉日巴拜师时，老师说什么和给他吩咐做什么，他没有二心听从老师的话去做。他根本不要名份和钱财，他专心一致地学佛，他为了学佛不怕苦、不怕死，最后他成了自在圣人。特别是印度的大学者和圣人的传记里也有很多精彩的历史。那洛巴拜师帝咯巴的时候，帝咯巴说，你要死，他就准备去死，根本没有二心地去做[8]。特别是，佛祖的传记里，佛祖是古印度北部刹帝利种姓王族的王子，还有他有了王后和王子，可是他不要王位，也不要王后和王子。他抛开全部去森林苦心学佛。佛祖苦心学佛的珍贵的地点现在我们也看到的。还有对吐蕃恩重如山的堪钦希瓦措（寂护）和尊者阿底峡也是孟加拉王子，他们不要地位也不要钱财和名称，他们远离所有这些。

可是我们的一些大喇嘛为了地位和权力、钱财互相斗争，那么尖锐你死我活的斗争，这是为什么？我不理解，感到很伤心。可是我认真地研究历史的时候，我不敢相信这些大喇嘛们为了权力和名声这样做的这些坏事，成为自私自利的、损坏国家和损坏人民利益的野心家和阴谋家。比如就热振摄政来讲，为寻找十四世达赖喇嘛转世灵童的时候，摄政亲自负责和关照，立了大功，这是不得不承认的。十四世达赖喇嘛的丰功伟绩像个太阳一样在全世界转开的，这给吐蕃人民创造希望，这就是摄政的立功。可是热振摄政对十三世达赖喇嘛的遗嘱里的一句话都没有实行，这就是最遗憾的事情。如果执行这个遗嘱的话，我们不可能落到现在这样亡国和流亡的下场。十三世达赖喇嘛的遗嘱是为了吐蕃国和吐蕃的政教永存的伟大的国策。我以上讲的这些不是毫无根据，也不是我不尊重和背判佛教。这些不用说几百年历史，就近代历史来讲，对我们吐蕃人恩重如山和为了吐蕃的佛教

---

8 那洛巴（？-1100）是12世纪的一位密教上师，那烂陀寺的守护者，噶举派创始人。他随从密宗瑜伽士帝咯巴修行。看似疯癫的帝咯巴时常给弟子提出奇怪的要求。

和吐蕃的独立伟大的立功者十三世达赖喇嘛的时期，原摄政德木·阿旺洛桑·赤列绕杰为了夺权，用宗教的手段来陷害十三世达赖喇嘛的计划[9]，可是他的最恶毒的计划没有成功。这个案情暴露出来以后，德木·阿旺洛桑·赤列绕杰为首的有关主要人立即被关押和审讯的时候，前摄政德木自己承认以上的阴谋计划。所以这个案情处理的结果，德木·赤列绕杰因禁在家，永远不准与外界联系。其他主犯按自己的案情轻重来惩罚，然后这个案情的事实在全吐蕃各地宣布。这个事实夏格巴的《吐蕃的政治历史》书75页里面写得清清楚楚，我不用多解释。

还有夏格巴的《吐蕃的政治历史》书里有关德木的问题上写了新的情况，这是丹吉林拉章（法苑）下属的一些人和结盟的片仓拉章的喇嘛秘密地给快要离开的驻拉萨的文海大使送黄金和钱财，为了他来帮助丹吉林拉章案情上歪曲事实，向北京告状。而且他们密谋想要在德木的案情上插手，希望文海大使来审问噶厦政府的主要官员。达赖喇嘛知道他们的阴谋诡计后，马上给新大使裕钢写两封信，在信里很严肃的说，前任文海大使拿金钱，把我吐蕃国的首脑不放在眼里，还说德木的案请要再审的说法是不合事实。还有吐蕃民众大会也写信给新大使裕钢，信里还有德木·赤列绕杰的坦白书和他的亲笔信，还有信里说他的案情和有关真相全部在吐蕃全国公开发布，在吐蕃社会的民众面前展示他们的罪行，所以社会群众对这个事实知晓得一清二楚。这个案情本已是从宽处理，但是这个案情一些涉案人想要翻案，所以，丹吉林拉章的案情没有一清二楚以前，我们不会放文海大使回去。玉刚大使拿到这个信以后，他们也没有办法改变事实。可是1913年在拉萨汉侵略军被赶出拉萨的时候，丹吉林拉章再联系清军反抗吐蕃军民，所以后果是丹吉林拉章自己摧毁自己。这些史实《西藏文史资料》选辑里，夏扎·甘丹班觉的一篇文章描述了丹吉林

---

[9] 1899年所谓的"妖鞋事件"，第十三世达赖喇嘛指控德木·阿旺洛桑赤列绕杰用鞋底夹咒语来伤害他。

德木拉章和扎仓受到惩罚的事实，在第 239 页里写的很清楚。

还有 1923 年 11 月 15 日班禅喇嘛曲吉尼玛率领部分侍从出走投靠国民党，背叛吐蕃国和吐蕃政府，他们承认吐蕃是中华民国的一部分，还在南京设了班禅办事处。国民党政府奉献班禅喇嘛国民政府的委员的职务，他的侍从人员参加国民党的国民大会。他们这样损坏了吐蕃国家的主权。国民党和后来共产党为了反对吐蕃国的独立利用了两代班禅。这些史实，历史书里写得清清楚楚的。还有热振和达扎的事件里说明什么呢？他们内部不合和产生矛盾的时候，立即背叛自己的国家，投靠国民党和共产党，损坏吐蕃国家的主权。种种这些的主要原因是，比如前任摄政德木为了夺权计划谋杀对吐蕃人民恩重如山的十三世达赖喇嘛的阴谋，这个目的是他想再当摄政，这个问题审问的时候德木自己承认的。

热振和达扎的你死我活的斗争是为了摄政的权力和自己的小小的拉章的利益出卖吐蕃国家的利益，从一个高尚和有名的仁波切来讲，这些行为完全背叛佛祖的教训。这个背叛佛教精神的行为，给后人带来的贻害无穷，这是不用解释的。我前面写了这些历史，我希望为了我们的后人们，我们不能以自己的想象歪曲历史。这些历史的事实可以作为镜子来帮助我们吸取教训。

我的母亲和贵族达布仲巴姨妈说，琼让在高层贵族里很多亲属，不敢说全部但大多数是琼让的亲戚。琼让有权有势的时候，亲属是来往不断；可是琼让受到惩罚和免去官职以后，亲属和宾客来往越来越少了。

第二章

贵族的童年

我是一九五零年吐蕃年一月三日出生在拉萨姨妈达布仲巴的宅院里。我的母亲次仁央宗生了我们姐弟七个，我姐姐叫德吉央宗，我是排行第二，三弟是其美仁增，四弟是噶玛赤林，五弟是次仁桑珠，六弟是丹增赤列，七弟丹增顿珠是最小的。

文革前我（右二）和姐姐（中）、弟弟们其美仁增（左二）、次仁桑珠（左一）、丹增顿珠（右一）在一起的合影

四弟噶玛赤林1965年得了肺病，治疗无效夭逝。所以，现在我们有姐弟六个。我出身的时候虽然图伯特是掌握在自己的手里，也是自由独立的时代，可是共产党打败了中国统治者国民党以后，1949年成立了中华人民共和国，共产党统治全中国。1950年共军的人民解放军开始侵略图伯特的多康（安多和康巴）地区的时候，当时我父亲担任拉萨附近的达孜县的县官，然后他担任琼结县的县官。我母亲说，那时候他带我们一起去赴任的。可是我太小了，记不太清楚。这以后他又担任洛扎县的县官，这时候我母亲和我们姐弟三个一起去陪父亲，我和我姐德吉央宗，三弟其美仁增。在洛扎的时候，我母亲生了四弟噶玛赤林。所以这时候有我们姐弟四个，当时具体的情况我记不太清楚，可是想得起一般的洛扎的情形。洛扎县是森林地区，县官住宅也是地形高。洛扎在不丹的边境，不丹人来洛扎的时候他们首先来县报道，拿做生意的许可证。县派人检查商品以后可以做生意。

不丹的主要商品是叫"布热"（茧绸）的布匹、"嘎查"（布料）、不丹米（一种半碾磨的白米或红米）、水果等，他们这些商品主要用来换盐巴。县当局和民众跟不丹人做生意的时候，主要买米和其他商品，我父亲说县政府买回来的米和水果送到拉萨噶厦政府，这些米和水果主要用于每年在拉萨吐蕃年元月份举办的默朗木祈愿大法会，三大寺庙几万的喇嘛齐聚在拉萨搞宗教活动默朗节的时候，送给这些喇嘛。

洛扎有个卡久寺，是一千年前莲花生大师在世的时候，他的二十五位名弟子中，一个叫朗开宁布建造的。这也是莲花生大师修行的圣地，也是很有神力的庙。这个庙每十二年猴年的时候举办一次盛大的宗教活动，持续好几天。在宗教活动和节日期间，这个地区的民众和其他地区的很多人都来参加。而且不丹的很多人也来参加这个宗教活动。宗教节日的时候，当时的两个县——洛扎县和森格县——的县官要参加这个宗教活动，而且县官的庄严的帐蓬打在此地，县官还要穿四品官的官衣和官帽，气派庄严地参加宗教活动。这是纪念莲花生大师对吐蕃国的恩情的宗教活动，活动的时间是吐蕃猴年五月十日，活动的主要内容是歌颂莲花生八相[1]的舞蹈。这年从康巴的德格，嘉央千孜曲格罗卓离开自己的家乡和寺庙，仁波切、仁波切之妻和随员很多一起来洛扎参加宗教活动和参见朗开宁布仁波切。我的母亲对我说过，这时候我的父亲不在，所以我的母亲代表县官隆重迎接和招待仁波切和随行人员。我母亲参见仁波切的时候，嘉央千孜曲格罗卓仁波切很高兴。他对我母亲说，您的先父大人琼让对我们德格地区的寺庙和群众恩重如山。

这个事情我的母亲对我说过，对吐蕃恩重如山的第十三世达赖喇嘛的时候驱逐清军时，我祖父琼让等吐蕃军队的军官们带军队和游击队参加驱逐清军的战斗。所以后来我祖父琼让·顿珠嘉布当上了该地区的吐蕃军队的总司令，他在康巴的德格停留多年的时候，德格地区的寺庙利养恭敬和保护该地区的人民，还有我母亲和达布仲巴姨妈说，后来我祖父琼让回到拉萨以后，在他受到冤案和撤销官职以前，很多仁波切从康区来琼让寨子。

所以，嘉央千孜曲格罗卓仁波切和很多随员为什么通过洛扎和不丹去印度？这是因为中共的侵略军1950年开始侵略吐蕃国的国土康和安多地区，他们带着解放的旗帜掩盖侵略的真目的，他们划分阶级，挑拨离间吐蕃民众，斗争上层人员，诬蔑信教和批判信徒，斗争圣者和堪布、喇嘛，破坏寺庙等。他们决定了侵占图伯特和吐蕃国的所有，这样的最严重的形势下，圣者和很多大喇嘛不得不离开自己的寺庙和家乡。嘉央千孜曲格罗卓和他的随员也同样如此。这时候，我的父亲不在洛扎，因为我的外公在噶伦布为噶厦政府办理商务的时候突然病逝，所以我的父亲去料理后事。

父亲任县官期间，我和我姐德吉央宗和三弟其美仁增，四弟噶玛赤林和我们的父亲一起在洛扎。这时候我们都不到四、五岁的时候，所以不到上学的年龄。这个时间是最开心的时候。我们的思想里只想

---

1 莲花生大师有八个化生，或称八变、八相，分别是：海生金刚、释迦狮子、日光上师、爱慧上师、狮子吼、莲花王、愤怒莲师和不动佛。

第二章 贵族的童年

玩,根本不知道人生的艰辛。自我父亲的任职到期了,所以噶厦政府给他新任县官,这是康巴地区加屯县[2]的县官。这个县是大县,所以派两个县官,也是僧俗两个五品官员,俗官是我父亲,僧官是觉日·坚赞索朗。

这时候我奶奶从我们的庄园来到洛扎。她待在洛扎一两个月以后,带我和二弟其美仁增还有一些下人,我们一起去山南朝山拜庙。噶举派的创始人马尔巴祖师诞生在洛扎,并在此地译经弘法。他的大弟子米拉日巴也在此地留下踪迹。朝山拜庙的时候,对我心理影响最深的是米拉日巴的苦行修行状[3],这也是米拉日巴寻访良师和苦行净障,获得成熟解脱教诫。还有米拉日巴亲自苦练建造的洛扎的色卡古托寺(九层公子塔,又译色喀古托寺),我的心里很清楚地记得。因为我很敬信米拉日巴,我读过很多次《米拉日巴传》。每次我读《米拉日巴传》的时候,我心里对米拉日巴都充满了尊敬。

当时我们朝山拜庙的时候,交通很不方便,没有汽车公路,所以靠马和牛。我们一起有两、三个下人,我们结束朝拜以后,我们的奶奶带我们去我们的庄园山南杰德村。奶奶对我们很疼爱,所以我们两个很调皮,我们两个有时候带下人去山上牧区看牛和羊。我们的庄园地区是很美丽,山上有牛群和山下有羊群,都是我们杰德庄园的。杰德寨院是在山坡上,前面是四层楼和后面是两层楼很壮美。杰德寨院是这个地区最大的和最高的,寨院的前后都是庄稼地和庄客的住宅。以前寨堡、庙、县城都建在山坡上,杰德寨院一样如此,还有杰德寨院前面有很大的林卡,里面有很多树林,这个林卡属于我们杰德家族,林卡里还有很大的一棵神树、一座天神和护法神的灵庙,用作祭

2　为历史地名,现归入昌都地区边坝县。
3　据《米拉日巴尊者传》描述,米拉日巴的妹妹瑟达在护白马岩窟看到苦修的哥哥时,米拉日巴的修行状是:"眼睛下凹,陷成两个大洞;身上的骨头一根根向外凸出来,像山峰一样。浑身一点肉也没有,皮肤和骨头像要脱离似的,周身的毛孔都现着绿茸茸的颜色;头发又长又松,乱蓬蓬的一堆披着,手脚都干瘦,显得要破裂也似的。"见张澄基译,《米拉日巴大师集》,北京:民族出版社 2001,第 780-781 页。

天、祀神、祷祭山川或家中神灵以祈福佑。如果有人不尊重而冒犯他们，在林卡里大声地叫、破坏林卡等行为，引起他们不高兴，他们就会加害于人。所以我们都很害怕，在林卡里不敢随便大叫大闹，还有我们的庄客在杰德寨院的附近，可是我不知道庄客人数，人数不是很多，有几百户人家，这时候我和弟弟带佣人去林卡里玩，可是我们不敢破坏树和大叫大闹，所以我们两个最多去山上和农田里。有时候我们两个去抓庄客的鸡和追庄客的牛，庄客们说我们两个很调皮。事实上我们两个不敢调皮，和奶奶一起，奶奶对我们很疼爱，我们干什么，她不骂不打，所以我们变调皮了。

这时候我们的父母从洛扎来到我们庄园，当时对图伯特不平静的岁月开始到来了。因为在中国共产党推翻中国的统治者国民党政府后，中共统治全中国，所以中共派军队开始侵略吐蕃国的安多和康地区，逐步侵占了该地区，所以该地区很不平静，吐蕃民众起来反抗中共侵略军，牺牲了千千万万的吐蕃民众。而且中共侵略军的人数特别多，还配备有最现代化的枪支，作战经验丰富，训练精湛；吐蕃军队根本无力招架、更没法抵制，所以吐蕃的多康的大多数地区很快被侵占，这以后侵略军还侵占了昌都。多康总管阿沛·阿旺晋美为首的多康（安多、康巴）总管的官员们投降以后，中共说为了吐蕃解放和噶厦政府谈判，在北京政权的枪炮刺刀的威胁下，北京和平解放（其实是占领）了图伯特。《十七条协定》后，中共派解放军到吐蕃的首都拉萨和卫藏各地，首先在多康地区搞民主改革的运动，这些地区的高层人士和寺庙的农田和财产被全部没收，这些财产里的无价之宝全部被偷运内地，其他农田和生产工具，还有没有价值的财产分配给群众，是为了欺骗群众。他们说共产党是人民的救命恩人，用"剥削阶级压迫人民"的理由来挑拨是非，搞阶级斗争的运动。所以在这个地区的上层人士和仁波切，地区的首领，很多民众离开自己的家乡，不断地来到首都拉萨，使拉萨局势日趋紧张。

形势这样紧张的时候，噶厦派我父亲和僧人官员觉日·坚赞索朗出任加屯县官，他们两人从拉萨出发去此地履职。这时候我母亲和我，姐德吉央宗，三弟其美仁增，四弟噶玛赤林都在拉萨。我母亲为了我们姐弟学文化，把我们送进学校。学校是私人办的，名叫佳巴康萨[4]，我们在这个学校上了两年学，此时正值中共帝国主义开始侵略享有几千年独立的国家图伯特。

4　藏文是佳巴家族的新住房的意思。

第三章

中共入侵和吐蕃起义

　　中共的军队1950年开始侵略吐蕃国以来,中共殖民主义利用自己的强大的武装军队来残酷地镇压1959年三月吐蕃人民的反帝爱国起义,剿灭吐蕃人民开始反抗侵略的战斗。可是,我们吐蕃人民几百年来强调我们图伯特是佛教的圣地,和平的国家。在这样一个宗旨下,没有进行政治改革,没有加强军事力量,也没有推动基本建设,我们最痛苦遗憾的是,没有遵命照办对我们吐蕃人民恩重如山的十三世达赖喇嘛遗嘱,所以强大的敌人来到我们面前的时候,我们没有办法抵抗敌人。赞布时代伟大英明的吐蕃国王和臣子们建造的文武方面都盖世无双的吐蕃国,被最凶恶的敌人来强占了。

世界屋脊的图伯特,
安详的雪山围绕。
政教合一,与世隔绝,
国家成为一个隐者。
这里的吐蕃人勤奋劳作,
已为善而又利他。
共产主义威胁像风暴一样降临,
最残酷独裁的暴力奴役了高原。
人民悲惨哭诉的血泪,
让洁白的雪山变了容颜。
如堕入地狱般的火焰,
无辜的人们遭受熬煎。
嗡嘛呢叭咪吽!

图伯特国家永存，
贯穿生活和工作的全部人生。

一九五九年三月十日，中共军队镇压了吐蕃人民的反帝爱国起义。在这个紧急关头，我父亲在康区加屯县担任县官，所以他不在拉萨，在拉萨有母亲和我们姐弟五个和还有三、四个佣人。这时候拉萨的形势很紧张，枪跑的声音不断，我们都在我的姨妈达布仲巴的宅子里，这时候我的记忆里外面听到枪声不断，可是中共军队和吐蕃军队的差别很大。吐蕃军队和人民没有办法抵抗强大的敌人的力量，所以我们吐蕃的政教领袖达赖喇嘛为首的噶厦政府的一部分重要官员，在敌人四处把守得很危险情况下逃出来，流亡到印度，这就是我们国家的失败里的一个胜利，也就是在中共殖民主义统治下，流亡政府可以给受苦受难的吐蕃人民带来希望和指引。

中共侵略军占领图伯特以后，夺去了千千万万的吐蕃人民的生命，大多数的吐蕃噶厦政府的僧俗官员被关进监狱，还有很多吐蕃民众被戴上了反叛分子的罪名，抓起来关进监狱。寺庙的管家和贵族家里的管家，很多无罪的民众被抓起来关进监狱。刚开始这些人被关在他们的军营里。以后以前吐蕃军队的军营扎基军营变成了监狱，叫扎基监狱，大量政治犯转移到此，关禁着原噶厦政府官员和其他政治犯。这里面有我父母亲的好多亲属，包括我奶奶的亲弟江让堪穹[1]，特别是还有我母亲的亲弟琼让•仁增南杰。所以我和母亲经常一起去监狱送东西。我母亲看望她弟弟，每月带我去送他吃和穿的东西。有时候我一个人去。

后来监狱里传出坏消息，仁增南杰等一部分年轻的噶厦官员自己立场不稳，做了敌人的狗腿子，并在监狱政治犯内部制造分歧和矛盾。开时我母亲和姨妈不相信，可是后来经过调查，真没想到这是真实的事情。所以我母亲和达布仲巴姨妈很伤心，可是没有办法。我也很伤心和很生气。我的外公琼让•顿珠嘉布为吐蕃政府和公众利益放

---

[1] 堪穹是四品僧官职位。

弃自己的官职、庄园、财产、自己的妻子孩子和整个家庭,是一个很勇敢的忠义之士。为什么琼让的后代有这样一个人?!

从此以后,我的心目中对舅舅没了感情。1979年中共当局释放监狱里所有噶厦政府的官员,仁增南杰也是如此释放了。我想今后我一定要小心提防这个人。

第四章

中共占领图伯特，民主改革成骗术

一九五九年中共侵占了图伯特后，为了巩固它的殖民主义政权，他们在全国上下搞各种各样的运动，把图伯特变成了最可怕的庞大的社会监狱，一座人间地狱。传说中有十八层的地狱。可是一般人没有看见过这样的地狱。中共却把慈善的吐蕃人送进人间地狱受苦受难。中共殖民主义在图伯特首先搞的运动是"三反和双减"运动[1]。当时在图伯特"民主改革"的时候，首先他们搞的是分阶级，领主、代领、商人、奴隶。商人又分三等：是富商、中商、小商。在牧区也是一样，农村划分出富农、中农、小农、贫下中农等。中共殖民主义统治者这样分阶级的目的是要制造吐蕃人民内部矛盾，违法的殖民主义统治变成了具有合法性的阶级革命，从而掩盖侵略者的真面目。这也是侵略和反侵略的真相被窜改成阶级矛盾，蒙骗吐蕃民众。所以真正的杀人凶手、侵略者和强盗，变成了给吐蕃人民带来幸福和解放吐蕃人民的救命恩人。还有他们鼓励奴隶要斗争三大领主，他们说三大领主压迫人民，他们喝人民的血，吃人民的肉，广大贫下中农没有人生自由等。他们假造很多罪行，鼓励人民要斗争贵族，如果民众不接受要斗争贵族的要求，他们威胁说人民立场不稳，思想不好，没有政治觉悟。

这时候我十岁左右。当时很多紧张和可怕的事情到现在还留在我的脑子里。我的脑子里很清楚地记着一个场景：布达拉宫前面曾叫鲁谷广场（现在是布达拉宫广场）很大的草地，在这里中共统治者召

---

[1] "三反和双减"是反叛乱、反乌拉（乌拉差役制度）、反奴役、减租、减息。

开了全拉萨人民参加的斗争大会，批斗前噶厦政府的噶伦拉鲁。鲁谷广场的中间搭上了很大的大会主席台，台上摆很多桌子和椅子，坐着中共当局的一些官员，拉萨市和城关区、地方办事处、居民委员会的负责人参加。他们还准备了一些控诉批斗人，这些人轮流讲旧社会的滔天罪行来批斗拉鲁。参加批斗会的全拉萨人民是在中共当局的胁迫下参加的。当时我在民办学校上学，我还很年幼，可是我们学校组织带领我们去参加批斗会。共产党所说的对"三大领主"的批斗不是群众自愿的，而是有计划的、有组织地给地方任务，地方当权者对人民强迫和威胁，地方办事处和居民委员会的这些人一个一个的去群众家里展开教育，作动员工作，说，"三大领主"剥削和压迫人民，他们吃人民的肉和喝人民的血，"三大领主"是阶级敌人，他们对国家和人民犯下了滔天罪行，等等。这一大堆说教目的是强迫人民接受对"三大领主"的批斗。如果人民不接受、不积极参与批斗"三大领主"，他们对人民威胁和指责说，这是阶级立场不好。他们这样把侵略者和被侵略者的矛盾转化成阶级矛盾和吐蕃人内部的矛盾，来掩盖自己的侵略、殖民主义、帝国主义统治的真面目，掩盖他们是杀害千百万吐蕃人民的凶手的真面目。

中共土匪集团这样的蒙骗人民，主要目的是要彻底搞垮吐蕃人民的合法的噶厦政府，所以批斗噶厦政府的大多数官员。同时，他们还有批斗各寺庙的高层喇嘛和管家。批斗这些高层的时候出现了很多惊讶的情形。比如，哲蚌寺的吉搜·达卡燃[2]遭批斗的时候，一个平民的哲蚌寺喇嘛对达卡燃说，"你压迫人民、剥削人民，你吃了人民的肉和喝了人民的血，是不是？"听到这句话后，达卡燃尖锐地回应说，"是，我压迫人民和剥削人民是结束了，你们的饭碗也从此以后结束了。"经受很凶恶的斗争的时候，他根本不服气，尖锐地一个一个地驳斥回应。当时他在监狱里，厨房送他饭，他不吃。他说这不是人吃的饭，他要人吃的饭，所以厨师改送他好的饭。因为他的年龄

2　吉搜是寺庙院务主管。

高、身体不好，如果他得了病去世，那共产党就失去了欺骗人的工具。当局带他去哲蚌寺的很多庄园，在这些地方开大会批斗他。这以后不久，他得了病去世。吉搜·达卡燃在吐蕃独立的时候，他有权力，有能力，也有威望。在中共殖民主义的监狱里，他勇敢不怕死的精神没丝毫改变。

哲蚌寺的堪布、外蒙古的蒙族人格西拉燃巴·勒丹³也深陷囹圄还遭批斗。批斗的内容是要他反对吐蕃的政教领袖达赖喇嘛和赤江喇嘛。堪布勒丹回答说，我从蒙古为了学佛来到拉萨，进寺庙我拜了达赖喇嘛和赤江喇嘛为师傅，所以我坚决不会反对我的两位师傅，而且我为了我的师傅愿意奉献我的生命。请你们杀我吧。当权者教育堪布勒丹也好，批斗也好，他回答就是一句话，说："请你们杀我吧！"他为自己的师傅愿意献出自己宝贵的生命，这就是真正的佛教徒和仁波切。我有个同事和他一起坐过牢，给我介绍这些故事的时候，我自然流泪出来了，因为我们要的就是这样的圣者和仁波切。我们不需要贪财图名、要地位权力、骄傲自大的所谓仁波切。看见这样的知名大仁波切我没有办法敬信，我想他们是佛教的败类和佛祖断定的妖孽。看到这样的仁波切，我很心疼和痛苦。

我在监狱里的这个狱友还给我介绍了更多的勒丹的事迹。这一个给我留下了很深的印象：1960和1962之间，中国内地最严重"大饥荒"的时候，也给图伯特带来了灾难，饿死了吐蕃人千千万万，监狱里饿死的人特别多。当局分给犯人的粮食很少，根本吃不饱。所以每天一个监狱里犯人饿死的人数高达十几个。可是，堪布勒丹不吃自己的饭，而给快要饿死的犯人。他自己用宗教的"石子避谷术"来填饱肚子⁴。我听到这些的时候，我真心诚意地敬信他。他的宗教学识很高，是一个真正的圣者。他这样的人是真仁波切和佛祖的继承人。

这时候中共的所谓的"民主改革运动"在全图伯特展开。这个运

3　格西拉燃巴是第一名最高级的格西。
4　密乘教有"吞纳石砾"，或吃花，或吃草，不食人间食物的各种办法。

动在农村比城市里推行得更严重和凶残，农村里批斗的时候打死很多人。比如山南地区的扎囊县，噶厦政府的俗官童波的母亲在扎囊"民主改革运动"批斗的时候被打死，这时候童波他本人在拉萨的监狱里。在扎囊的童波的母亲多次写信给拉萨的童波的太太，叫她来扎囊，尽管"民主改革"开始的形势很紧张，童波的太太不得不去扎囊。农村设立了村民委员会，村委会不准她再回拉萨，强迫她留在扎囊，因为她出生于贵族家庭，属于领主阶级。从此以后，她受苦受难，生活受尽折磨。中共划分阶级成分，领主阶级、代理，还有1959年参加起义反抗中共侵略行为的吐蕃人被划成叛乱分子，这些阶级成分的人也叫反动阶级，是中共殖民主义的打击对象。中共侵略军借此把杀害一百万吐蕃人的野蛮的罪行强加给吐蕃人民的伟大的政教领袖达赖喇嘛和他们所说的反动阶级的头上，掩盖自己的真面目。中共殖民主义为了转移视线，掩盖自己的狰狞面目，最野蛮地打击以上的阶级。比如，中共殖民主义者强迫和布置群众批斗童波的母亲。受批斗的时候，她的嘴巴里塞满了东西，最后活活地被打死在凶狠的棍棒下。农村居民委员会的人强迫童波的太太去做很重、很脏的活，可是不发给工资，说这是思想改造和劳动改造。有时候他们派童波的太太晚上八、九点钟送信到县城，路程三、四个小时，经常只派她一个人单独来去。她也不敢说"我怕"或"我累"。共产党所说的反动阶级为了自己的生活，白天要去田里工作以外，有点空闲的时间里，都被差使去做重活脏活。他们说这是反动阶级的劳动改造，所以不发工资。在共产党的眼里，反动阶级不算人，他们最多只是工具。这时候农村和牧区的一部分人，在中共当局的欺骗和鼓励下，变得像疯子一样。他们不知道谁是自己的亲人和自己的民族。共产党分给他们土地和生产工具、房子、牛羊等，所以在他们的思想里，共产党是他们所说的红太阳，共产党的恩情像是父母一样。可是这些农村和牧区的人根本不知道共产党欺骗人的行为。

一九六零年再次清查的运动开始了，这就是调查"叛乱分子"有没有藏匿武器。我父母曾经对我说，这时候抓了很多吐蕃人和批斗了一大批。当时我很年轻,晚上经常开会批斗折磨人。当时形势是很紧张,人们都很心神不宁。这是中共当局专门制造出来的恐怖,目的是打击吐蕃人民的独立运动。1959年的时候,我父亲不在拉萨,他在康区加屯县当县官。我父亲的同事是僧官坚赞索朗。当时中共当局把他们两个抓来,带到拉萨关在罗布林卡,六、七个月以后释放说没有参加叛乱,这因为1959年的时候我父亲不在拉萨。如果我父亲在拉萨,他一定会和其他噶厦官员一起去罗布林卡,那他就不会被释放,而是长期关在监狱里。

我的父亲被释放以后,新问题出现了,他有了再被抓进监狱的危险。大概在1954年,我的父亲在洛扎当县官的时候想要在拉萨盖新房子。他从洛扎买了很多木料和不丹的物产"布热"等布料。以后这些东西运到山南埴谷,借个仓库暂时存放。1958年在山南埴谷建立了"四水六岗"营地,所以"四水六岗"军营使用了我父亲放在这里的木料和全部物产。以后他们留下条子,说,我们"四水六岗"军营使用了这个仓库里存放的杰德的木料和全部物产,我们胜利以后,会用金钱来还给你们,偿还这些木料和物产。所以1959年中共侵略军到了埴谷的时候,他们拿到了这个借条,以后他们怀疑我父亲和"四水六岗"有联系,这也是他们所说的与叛乱分子有关系。因为这个问题,拉萨城关区的中共当局对我父亲说,你有很严重的问题还没有交代,你慎重地考虑。如果你不交代问题,你很危险,你会受到法律的制裁。就这个问题,他们连续问我父亲,像审问罪犯一样问了几次。可是我父亲根本不承认这个问题,因为当时我父亲不在埴谷。我父亲在遥远的康区加屯县,我们家没有一个人在埴谷。他们调查了很多次,可是没有找到足够的证据,所以我们逃脱了被消灭镇压、没收财产的下场,成了赎买政策的对象。他们没收了我们庄园的所有财产,只能就房子、地、牛羊赎钱给我们,可是这个数字很小。东西赎钱,当局的规定是一幢房子值中共的钱(人民币)三十块,一头牛三十块,一头绵羊五块,一头山羊三块。这是强迫贱卖东西。比如,当时一头牛的价钱是两百多块,一头羊三十多块。赎买的钱分期八年来赔给主人，这样的情况下，我们没有像大多数吐蕃人那样遇到饿死的困难。

可是当时有钱在市场上也买不到粮食和其他所有食物。吐蕃人的生活里离不开肉、酥油和糌粑。可是在中共侵略军的统治下，商场买不到粮食，群众吃不饱肚子。当局不分给城市群众肉，冬天的时候，当局准许一部分牧民去城市卖肉和羊毛，这时候城市群众可以买到肉、羊毛等。这只是一年一度的，当时牧民来城市有限制的，不准随便去。平日农牧的人不准去城市，城市的人也不准去农牧地区。如果城市的人和农牧的人要来往，必须要拿当局设立的居民委员会的介绍信和上面的办事处批准的介绍信。没有这样的批准的介绍信，你想去也没有办法去。如果你去申请这个介绍信，出行的目的和原因要解释清楚。当地居委会或者农村人民公社规定，这只能是探亲或看病，不准你做买卖、不准朝圣、不准旅游观光等。如果你去当地居委会说，我要去旅游或者观光，那他们会问你，你为什么要去旅游，你的目的是什么，等等。他们问你很多，所以这是自找麻烦。

这时候粮食短缺，市场买不到粮食，所以当局规定来配给粮食。当时能干活的大人一个月发给粮食二十六斤，小孩一个月粮食十斤左右；每个人酥油或者其他食用油一斤。粮食里大多数是黑豆的糌粑，很不好吃。黑豆磨糌粑的时候没有去皮，皮子一起磨出黑豆糌粑让人难以下咽，可是没有办法，不得不吃。我们小孩们很喜欢吃米和面。可是每个人规定的粮食里，面两斤左右。米一年只有一斤。这也是算共产党对人民的关怀和恩情。这时候汉人对吐蕃人说，你们有没有吃过米？你们有没有看过米？他们这样子欺负和看不起吐蕃人。在他们的眼里，吐蕃人是山上的野人，一贫如洗，什么都没有。但是图伯特的主要粮食是青稞、小麦、大麦和豆类，高原上不长米。可是图伯特的边疆地区和不是高原的山谷地区可以种稻米，图伯特独立的时候，自己有钱也可以随便买米。图伯特一般没有米的生产，可是可以通过做买卖从印度、尼泊尔和不丹买来米。中共没有侵占图伯特以前，贵族和商人，有钱人三大寺庙和各地庙里的向僧侣会众发放布施物品,这里面发放米饭、大米、钱等等。发放布施的僧侣的人数三大寺庙有两万左右,这也是拉萨的哲蚌寺的人数中共官方过去说是七千七百。可是五十年代里,其人数超过一万。同样,色拉寺的人数过去说是五千五,可是五十年代超过七千以上。甘丹寺也是过去说三千三百,可是五十年代超过五千。还有这些僧侣里百分之九十以上从农牧家庭来,也是中共所说的贫苦家庭,他们很多来自图伯特的安多和康地区,还有从蒙古来的人也不少。但是他们不但看到米,而且他们可以吃上等的米。以上的事实来证明,共产党对我们吐蕃人说,你们有没有看过米?你们有没有吃过米?这个话是颠倒黑白的谎言和对吐蕃人的侮辱和欺负。在他们的眼里,吐蕃人是他们奴役的工具,不算人。

这时候,听说是中国国内遭受大规模饥荒。所以图伯特的粮食大量运往内地,严重时连种子都不剩。五十年代末至六十年代初期,图伯特也发生了大规模饥荒,这是图伯特历史上的首次。图伯特全国普遍出现饿死的现象,这在吐蕃的历史上从未出现过。

这时候的中国的饥荒是人造饥荒,这是毛泽东搞"三面红旗"(总路线、大跃进、人民公社)运动的灾难后果。他的这个运动是不尊重实际情况,不符合事实,不但他的这个运动是极端手段,这个运动里他们的国内饿死了几千万以上的民众。为了挽救更多免于饿死,图伯特的小麦等粮食、肉类大量地运到内地去,所以数不清的吐蕃人饿死了。特别是中共在图伯特设立的近千个监狱里关押几万个吐蕃人,饿死了数不清的人。吐蕃的各地设立监狱,首都拉萨有扎基监狱、桑益监狱、谷察监狱、差任监狱[5],还有第一个设立的监狱是军区监狱,军区监狱是中共侵略军的军营,他们叫西藏军区,这时1959年的吐蕃人起义的时候抓起来的吐蕃政府的官员、这也是甘丹颇章政府的官员关押在西藏军区里,所以吐蕃人叫它军区监狱。吐蕃的其他地方还有那塘监狱、桑耶监狱、林芝监狱、扎模监狱、昌都监狱、那曲监

---

5 差任是一贵族世家,其家园变成了监狱。

狱等。这些是大的监狱，其他各县都有监狱，还有图伯特的安多和康的地区同样设立近千个大小监狱（包括收容所、劳教劳改场所等），这些监狱里关押几万个吐蕃人。在 1959-1960 之间，这些监狱里饿死的吐蕃人的准确数字无法证实，可是监狱里吐蕃人百分之五十以上饿死了。比如当时中共侵略当局抓起来的吐蕃人一部分转移到中国的甘肃省的酒泉监狱等，最后这些吐蕃的犯人返回图伯特的时候，原来的数字里活下来的人百分之十都不到。其余全部在甘肃等监狱里饿死了。所以这时候整个图伯特的监狱里，当局强迫犯人的劳动时间太长、工作太重，没有营养的东西吃，而且根本吃不饱肚子。所以很多犯人是饿死的。图伯特的百年历史上没有出现过饿死吐蕃人，也没有听到过饿死人的历史。但是声称解放西藏、让百万农奴翻身的中共土匪集团占领了图伯特以后，几万个吐蕃人饿死。这也使一百万吐蕃人遭屠杀、饿死和自杀。这时候全图伯特是一个让人发抖和害怕的社会，像个真正现实版的人间地狱。

第五章

中共取消私有制

　　中共当局 1965 年开始在图伯特境内展开社会主义教育和取消私有化制度的教育，设立人民公社。从文化大革命的时候，全图伯特开始设立和推进人民公社。人民公社的主要目的是抢夺人民的经济利益，这也是私人的所有利益变成国家的利益、国家所有的国有制。就这个问题，毛泽东曾经这样说过，实现共产主义必需通过三个阶段，这也是所谓的民主革命、社会主义革命，最后实现共产主义。

　　所以中共土匪集团首先在国内战争的时候，为了推翻当时的中国的统治者国民党，他们搞民主革命，实行民主改革。这时候他们没收国内的地主和富农的私人的农田、牛羊马和生产工具，所有财产分给广大农民。他们动员广大农民接受和欢迎中共独裁政权。

　　还有中共侵略军侵占图伯特、内蒙、东突厥斯坦（或新疆）的时候，也是同样搞民主改革。中共当局强迫没收吐蕃政府和私人、寺庙的农田和房屋、生产工具、牛和羊，这些财产全部没收以后分给人民，他们假装成为吐蕃人民带来幸福的恩人。很多人民根本分不清敌我，他们认为共产党是真正带来幸福的，它也是红太阳。中共侵略军利用这段时间，侵占吐蕃国的各地，设立了他们的非法政权机构，图伯特的边界设立了大量的军营和集结军队驻军，各地设立公安机关和法院、检察院等。他们镇压人民的工具全部建立起来以后，他们说现在要搞社会主义革命，他们建立起来人民公社。他们民主改革的时候分给人民的农田和生产工具、牛羊鸡等全部收回。他们说收归国有，还有，他们说反对私有化和反对资本主义。从此以后，中共当局所说的百万翻身农奴只有劳动和做牛做马的权利，没有享受自由的权利，广大农民什么都没有，只有两只手。城市里也是同样。以前的商人管得很严，商人当中分了阶级——大商、中商和小商阶级以后，除了在政府规定的范围内做生意以外，不准做买卖。这样子商界的生意前途都堵住了。如果一般的群众做了买卖，那当局会没收商品和惩罚罚款，还有在自己所在地区遭批斗，说做买卖是走资本主义道路，是反对社会主义的。

我自己1984年离开拉萨去印度以前，我出身和成长在拉萨，我亲身经历过当时事实。社会主义革命的时候，在拉萨，其它拉萨以外的地区的人—从农村和牧区—来拉萨的时候，中共当局各地设置检查站，检查站的人对去拉萨的吐蕃人一个一个的检查，检查的时候他们看到送亲人的礼物，一点酥油和肉、羊毛、羊皮等农牧民的产品，都没收。还要给他们扣上投机倒把的罪名来惩罚收钱，还说这是搞资本主义和破坏社会主义。中共土匪当局用这样的理由来打击去拉萨探亲、看朋友、看病的吐蕃人。同样，城市里的民众没有当局的准许，不准去城外做买卖。如果没有当局的准许做买卖，一样会受到打击。

所以中共初期建立政权的时候搞民主改革，对农民分给田地和生产工具，给牧民同样分给牛羊。以上的事实证明了这是中共的最恶意的欺骗人的手段，搞了社会主义革命，对广大群众而言，除了自己的手以外，什么都没有得到，而且还制造出哀鸿遍野的社会。这个问题上，我用自己亲身体会到的事实来证明。我家的庄园在山南扎囊，中共没有侵占图伯特以前，扎囊是生意很活跃的地区，这也是在扎囊每年物资交流会活动持续一、两个月左右。这时候拉萨的商人和各地的很多商人去山南做买卖。

扎囊的主要商业是氆氇，氆氇是一种手工业厚毛织品。它在图伯特的各地都是很有名的商品。氆氇有好几种等级，很多人很喜欢扎囊的氆氇，扎囊人织氆氇来做买卖。这时候在拉萨的尼泊尔商人很多也去山南做买卖，而且当时尼泊尔商人和吐蕃的女人结婚的有好几家，后来他们的国籍是尼泊尔。当时扎囊人民的生活比其他农村好，但是中共当局搞民主改革、搞社会主义革命、设立人民公社的时候，每个家庭的氆氇织造机全部收回公社，不准织造氆氇。只是一年一度还给织造机，每个家庭有一个星期，这个时间里织造氆氇做自己的衣服，不许用做买卖交易。所以扎囊的人民吃不饱肚子，而且没有好的衣服穿。他们穿的衣服是破破烂烂的。扎囊的农田灌水很困难，所以扎囊人民的买卖生意是他们生活中不可分割的很重要的一部分。设立人民公社禁止个人做买卖，不准个人经济发展。在这样的政策下，人民只能剩下空手之外什么都没有。人民公社对农民发给粮食是一个人一年84斤（公斤42斤），每月粮食7斤。所以农民根本吃不饱。遇到灾难的情况，人们只好把自己的祖宗留下的所有东西卖出去换吃的东西。可是这也只是短暂的方法，最后一群一群的农民只得出去讨饭，整个村庄都变成了讨饭村庄。这就是中共殖民主义带来吐蕃人民的幸福。

还有我向大家讲述我亲自看到的另一个事实。这个问题应该讲到"农业学大寨"运动。首先我介绍大寨。大寨是地区的名字，这是中国的山西省的一个乡村，也叫大寨公社。大寨公社的党支部书记的名字叫陈永贵。

陈永贵在西藏和山南隆子县先进模范列麦乡/公社书记仁增旺杰见面

大寨的地区是山地，种田很困难。为此陈永贵带领公社的群众进行农田改造，造梯田这个方法给山地带来了很好的效果，所以共产党的上层很重视这个方法。毛泽东亲自号召"全国农业学大寨"，不但很重视下层的农村的领导，还给连自己的名字也写不出来的陈永贵国家副总理的职位，派他到全国各地推广经验，根本不考虑各地区的地形和生态，也不考虑科学的事实。中共也强迫图伯特各地开展"农业学大寨"。1974年文化大革命的时候，陈永贵来到图伯特山南地区，展开"农业学大寨"的经验推广。他看到扎囊地区缺水以后，说解决缺水的问题，要大规模规划建引水渠，取雅鲁藏布水。这引水渠建设通过贡嘎县、扎囊县和乃东县，引水渠的上面宽度是18至20公尺左右，下面8至10公尺左右，全长从贡嘎县通到乃东县，修水渠的人数一、两千左右，工作时间是一天十四个小时左右。早上开始工作的时候，天还没有亮，天上有星星；工作结束的时候，天黑了，天上星星也出来了。这样子工作时间太长和工作太累了，还没有营养的东西吃，而且吃不饱肚子，所以参加这个水渠建设的大多数人得了胃病、关节炎、腰子和腰椎疾病。特别是给扎囊县的员工们发放的粮食根本吃不饱，所以他们放假的时候还不得不出去讨饭。这样子干两年多的时间，结束了水渠工程。后来，从贡嘎县引进雅鲁藏布水，开始灌水的时候水流不到扎囊县，而贡嘎县的农田半数以上被水淹没。在这样的情况下，贡嘎县的群众用土、垃圾和人力堵住水渠，挽救他们自己的农田。可是扎囊县的人苦干了这么多的时间，最后水渠建成的时候看不到结果，人们根本不服气。扎囊县的领导去贡嘎县谈水被堵住的问题。他们到贡嘎县的时候，贡嘎县的民众拿石头和棍子来迎接他们，贡嘎县的人用石头打扎囊县的县长的车子。所以扎囊县的这些领导逃跑了，没有办法谈这个问题。最后扎囊县的人们上报所谓的自治区当局，扎囊县缺水，可是贡嘎县有足够的水不要水，因为扎囊县的地形高可是贡嘎县的地形低，所以这个问题没有办法解决。这个问题的主要根源在毛泽东身上，因为他根本不看各地的实际情况，派陈永贵四处强迫推广"农业学大寨"。连自己的名字也写不上来的文盲陈永贵按照老毛的指示，去各地强迫开展他的"农业学大寨"的经验，最后造成了这么大的损失、灾难、破坏和痛苦。

在牧业上根本没有知识和经验的陈永贵，还把"农业学大寨"的样板推行到吐蕃的牧区和草原上。他鼓励牧民们，说，为了维护草原，草原上要打上墙。还又说，草原翻起来种田。他的这个做法是很愚蠢的。他根本不知道高原、草原上根本长不上粮食。而且破坏了千年和万年的自然草原，草原变成了沙滩，带来了自然界灾难和破坏。这个问题表现最严重的是在内蒙古。陈永贵去内蒙古的时候，他强迫蒙古人大规模地把草原翻起来种田，所以如上所述，草原上长不上粮食，不但长不上粮食而且大规模的草原普遍沙漠化。在中国北方的内蒙古的风沙每年吹到北京的时候，严重损害和破坏了北京的环境安全和卫生。中共自己的报纸上刊登和承认这个事实。老毛的"农业学大寨"样板和他的指示不符合各地的实际情况，违背科学。这是帽子的模板用鞋上，也是顽固糊涂的强迫症行为，对人类的繁荣和生态环境犯下了不可原谅的罪行。

第六章

官办学校和全民杀生

　　一九五九年的年初开始,当局派工作队到图伯特的各地。为了设立殖民主义的政权机构,首先他们把图伯特叫成西藏。他们把西藏分成五个地区:西藏自治区,青海省,四川藏族自治州,云南藏族自治州,甘肃藏族自治州。他们承认的西藏是西藏自治区,设立了自治区人民政府,下面分了五个专区,也就是山南地区,日喀则地区,那曲地区,昌都地区,林芝地区。这些地区设立地区人民政府,地区下面设立了县、区的人民政府。拉萨设立了拉萨市人民政府,下辖三个城关区(东城、南城、北城)和西城的拉萨雪人民政府,各区下面四个办事处,也是公安机关的下属。一个办事处下面设四个居民委员会,是最低行政机关的人民群众组织。这些最低的委员会群众组织以外,所有正式任职的人员全部是国家干部。居民委员会里的工作人员都是群众里面的积极分子。里面的吐蕃人是没有知识、也没有自己的民族同情心的。给他们一点的利益,他们什么都干,这些人最卑鄙。在上级中共当局的指示下,他们关注监视居民委员会下面的吐蕃群众。另外,在设立政府机构以外,中共当局还有设立了民办学校。

　　我的父母送我、姐姐德吉央宗和弟弟其美仁增去学校上学。这时候我们的地区受南区办事处管辖,民办学校也刚开始建立起来。我们学校的吐蕃语言的老师是十三世达赖喇嘛的宠信,名字叫扎西顿珠,我们的数学老师是蒙古人大马的两个女儿:仁珍卓玛和央坚卓嘎。大马是蒙古人,共产党统治外蒙以后,大马从外蒙古逃出来到图伯特。他雕刻石头和玉的技术很好,所以他在达赖喇嘛的夏宫罗布林卡雕刻石头和玉器。他还和吐蕃的女子结婚。后来他仿造吐蕃的一百钱币,吐蕃政府快要抓捕他的时候,他逃跑到了噶伦布。后来他去世以后,他的太太带三个女儿回到拉萨。三个女儿是前面讲到的我们的两个数学老师和她们的大姐。大姐的名字我不曾知道,只知道她和噶厦政府的一个僧官结婚了。这个僧官名叫洛桑次旺,他是十四世达赖喇嘛寻找小组里的一个成员。他和大马的大女儿结婚生了一个男孩。1959年,洛桑次旺和噶厦政府的其他官员一样,被中共当局关进监狱。他在监狱里被折磨至死。他的儿子于1970年被中共土匪集团屠杀了。

我区的民办学校里有三十到四十个学生。学生们主要学习吐蕃文字,这也是和1959以前拉萨私人学校里的教法一样:初期学习的时候,学生们在木板上书写吐蕃文字大写字母;一段时间以后还有中写,小写写得好后,开始在纸上写。还有每天都读记下来吐蕃文的语法。1959以前,我在拉萨私人学校里读了两年的书,所以有点基础。民办学校里,我们学吐蕃文字以外,还有仁珍卓玛和央坚卓嘎老师教我们基础的数学和画画。当时当局在拉萨周围规划修公路,我们学校在修公路的规划里,所以学校搬到其他地方后,校园扩大了很多,学生也增加了很多。学校的名字叫南区民办学校。

当时拉萨每个城区下面的四个办事处,每个办事处都办了民办学校。学校里的老师大多数是过去的旧知识分子,吐蕃文学方面的知识很高,他们对我们的吐蕃文学方面帮助很大。当时我们学校教吐蕃语言和基础数学,没有其他课。我很喜欢、也很积极学习,如果继续留在民办学校我想是没有前途的。所以,我和姐姐德吉央宗去拉萨第二小学的办公室,求他们说,我们要上你们的学校。办公室的干部答复我们可以,可是首先应该要考试。所以我们去参加了考试。考试以后老师给我们说,你们的吐蕃文的水平可以达到六年级和五年级,可是你们的汉文和数学的水平很低,所以他们安排我进二年级、我姐进三年级。这时候我感到很遗憾,我想如果一、两年前我们去这个学校考试,现在我们就跟上四、五年级了。

一般一个人的人生里,童年时代是最幸福的。但是我们的童年时代是以痛苦开始的，因为自己的故乡在自己手里的时候，可以享受一切自由和幸福。可是我上学的时候，我们的故乡被中共帝国主义占领，各种各样的运动展开。首次运动是"三反和双减"的运动。这时候全社会都很紧张，人们感到害怕，在不得安宁的恐惧的社会里过生活。特别是领主阶级、代理、大商、叛乱分子的家属、富农、富牧是中共当局划定的反动阶级。中共说，这个阶级是革命的对象，也是打击和阶级斗争的主要对象。连我们这些小孩，他们也说是阶级敌人的儿女，我们在社会上根本抬不起头。人家随便骂和打，自己也无法抗拒。如果我们抗拒和不服，只会是自己倒霉。而且，比这个更坏的是，当局对我们的父母说，阶级敌人尾巴翘起来了，开会时会遭批斗，还要写检讨书。如果检讨书他们不满意，那就继续批斗。

在小学里，我经历了学校和全社会上展开杀狗、杀苍蝇、杀鸟、杀老鼠的运动。

> 共产党消灭善良，自己作恶，
> 对现在和未来皆无好处。
> 恶行遍布全西藏，
> 众生的和平乐园变成地狱，
> 鸟儿惊恐的叫声萦绕全境。

中共侵略者占领了图伯特后夺取了人类的自由幸福，而且我自己上民办学校和拉萨第二小学的时候，中共当局在全拉萨展开了杀狗、鸟，杀苍蝇，杀老鼠的运动。这是 1956 年中共开展的"除四害"运动在图伯特的延续。杀很多狗、鸟、苍蝇和老鼠的学生会得到学校的奖励和表扬。可是对我来说，这时候年纪很小，特别是我的父母经常对我们教育佛教里的善恶关系，常对我们讲，多做善事不能作恶事，作恶时不但对别人没有好处，对自己也没有好处，做多一些善事，对别人有好处，特别对自己也有好处。这样的故事讲很多，所以这时候我也没有去杀这些狗、鸟、苍蝇和老鼠，学校也没有给我说什么，因为我很小。

第六章　官办学校和全民杀生

　　杀这些动物的运动期间，我有一个事情到现在也没有忘记，在我的心目中，它好像最近发生的。这就是1959年和1960年展开杀动物的时候，朗顿宅子前面有个大洞，我们区域灭杀的狗的尸体都吊在这个洞里。我们居民委员会的人把这些狗的尸体交给琼扎老爷，叫他把狗的皮子剥下来。这时候夏天的天气很热，所以这些狗的尸体臭得很，有时我们经过这个旁边的时候，一、两分钟都呆不下去，还有很多苍蝇和蛆虫。看到这些情形的时候，我很同情他，可是没有办法。我也是贵族出生的，为什么叫琼扎老爷干那样脏的工作，他也是贵族和噶厦政府的官员。1959拉萨起义的时候，琼扎老爷也参加起义，所以中共侵略军把他抓起来关在监狱里，一年多后释放回到社会上，可是给他扣一顶"叛乱分子"的政治帽子。戴上这个帽子的人和在监狱里面没有什么区别，甚至有些方面比监狱还苦。因为他们家的全部钱财在1959年被没收了，所以他自己找工作来过生活。可是居民委员会安排他们一个月里工作四、五天或者七、八天，但是不给他们工钱，说这是劳动改造。所以戴上"反动分子"帽子给这些人生活带来了很大的困难。有些人实在没有办法，他们对当局提出自己的困难。这时候，那些中共的狗腿子们说，你们是反动阶级，必须要接受劳动改造和思想改造。在他们的眼里，反动阶级是只当工具不当人来看，这时候领主阶级、代理、大商、富农和富牧等，是他们所说的所有的反动阶级，是压迫、剥削、侮辱、欺负和打击的对象。

　　他们杀动物的目的说是，鸟吃粮食，狗破坏环境清洁，苍蝇带来传染病，老鼠破坏农田，因而要杀这些动物。这时候汉人来得很多，可是大多数是军人、干部、其他工作人员和他们的家属。这些汉人天上看见的众生都杀，地上的生物都要杀，更不用说抓水里的鱼。从前中共侵占图伯特以前，拉萨江河没有人看过抓鱼，可是汉人到了图伯特以后，他们不但抓鱼，而且用炸弹来杀鱼。汉人眼睛看见的都要吃，汉人爬上山去杀兔子，还有杀狗和猫等，看见的都要杀和吃。特别是图伯特的山上有种岩石蜥蜴（藏爸给热，西藏岩蜥）的小动物，汉人们说这是很贵重的药材，所以他们遍地寻找这个动物，杀了很多很多，晒干后他们还带到内地去。他们就这样子消灭吐蕃的动物。

一九五九年以后，拉萨的天空很多珍贵的鸟消失了。比如以我自己的亲身经历来说，过去我小时候拉萨美丽好看的鸟种类很多，比如天空雨雀、鹞鹰、老鸦、喜鹊、戴胜鸟、红嘴乌鸦、雁、杜鹃、鹩等。但是这些鸟类在吐蕃的边远地区也许存在一些，可是从拉萨的天空全部消失了。

我讲一个鸟的故事：第十三世达赖喇嘛的时候，有一次一个老鸦坐在布达拉宫的金顶上。第十三世达赖喇嘛看到老鸦在金顶上，他很生气，叫极具威望的仲译钦莫·阿热嘎布[1]传令把这个老鸦流放到偏远的地方。所以老鸦脖子上带着传令书，被流放到偏远地方。后来老鸦飞去奋朴地区林周县[2]的屋顶上坐着，停留在此不去其他地方。一个县官随从觉得很奇怪，他报告了县官，县官叫他回去找到老鸦。随从回去，看到老鸦仍然在那里。随从把老鸦脖子上的令书取下来，老鸦还是根本不动。随从把令书给县官，他们才知道这个传令是十三世达赖喇嘛的。当时这样如此奇特的事情也出现过。对吐蕃人来说，这不难理解。我们认为老鸦和喜鹊是护法和佛母的鸟，它们叫的时候，声音高低和东西、南北位置有区别，对人可以转送喜事或警告坏事的来临。它们的叫声有时候很准，所以人们相信他们能预报忧喜。在图伯特尚未失去独立自主时，图伯特有野生动物千百万，在吐蕃的高原上自由自在地过生活，对他们来说没有来自人的危险。我很小的时候，父亲对我们讲很多好听的故事。我记得父亲对我们讲的吐蕃国的辽阔的草原上许多野生动物的故事。当我父亲年轻的时候，我爷爷当县官赴任。爷爷带我父亲一起去。我父亲说，爷爷在阿里地区的萨嘎县当县官的时候，阿里北方的荒地草原上野生动物：鹿、黄羊、麝、野马等到处都有，看到千百个动物成群结队，当时没有人猎杀动物。特别是吐蕃政府，也是甘丹颇章政府法令规定，不准杀野生动物。如

---

[1] 仲译钦莫，又译大仲译，是接待宾客、传达命令的官员，阿热嘎布意为"白胡子"。
[2] 现在的甘曲，甘单曲果镇。

果随便杀野生动物，违法者会受到严厉的惩罚。所以在保护野生动物方面，这个世界上没有谁比图伯特做得更好。我们在环境保护方面做得太过分了，因为我们吐蕃国家为了不杀生，在建设发展现代化上没有前进一步。在这样错误的路线指引下，我们的国家沦于敌手，我们国内的人民在中共殖民主义独裁统治下过着人间地狱的生活。我们被迫离开自己的家乡在他国过流亡生活的时候，中共土匪集团随便杀尽和消灭无辜的天上和地上、水里的所有动物，还有他们随便挖掘矿产破坏环境。这对世界上的所有有情众生带来了灾难。我们的吐蕃国是高原地带，是世界屋脊，有千万年的森林，无价之宝的矿产和清纯的江河到处都有，有足够的各种各样的粮食。

千百万年的雪山环绕图伯特四周。
四水藏和八德甘泉³在图伯特。
药到病除无价之宝药材图伯特各处都有。
贵重矿产图伯特满地。
黑白畜牧盖上青色草原。
森林像个海洋那样盖上全工布。
图伯特大地有各种各样的粮食。
图伯特各地有用不完的宝藏。

吐蕃国有这样取之不尽、用之不绝的宝藏，可是我们自己意识不到这样的宝藏，也不会有效利用。自己有了宝藏不珍惜不利用，到了别人滥用宝藏的时候悔之莫及。现在中共侵略军强取我们的所有财产，它们继续随便破坏我们的环境，这个问题我上一章讲过，我在此不必再多谈。

我年少的时候，1960年到1961年里，中国国内遭遇天灾人祸，全社会粮食不够，人们吃不饱而出现了大量饿死的情况。特别是中共

3　四水藏：四水包括康区的怒江、澜沧江、金沙江和雅砻江；八德甘泉又称八功德水，具备"凉、香、轻、柔、清、净、饮之不损腹和饮之不伤喉"等八种特性。

侵略军说吐蕃的反侵略的起义运动是叛乱运动，他们把千千万万的吐蕃人关在监狱里残暴地折磨，用饿肚子的饥饿手段虐待政治犯，饿死的人数达十分之一左右。社会上也是缺粮食，粮食供应很不足。食品都需要凭当局发下来的票证限额供应，没要票证买不到吃的东西。图伯特的粮食产品青稞、小麦、豆类、肉、酥油等，没有粮票、肉票、油票买不到。从真实情况来讲，当时图伯特没有受到自然灾害的影响，事实上中国内地受到严重自然灾害，所以中共殖民主义当局把图伯特的大量粮食和肉、酥油、清油等产品运到他们国内，他们抢夺我们的粮食和所有，所以饿死了千百万的吐蕃人民。

吃的东西都要凭当局发放的粮票限量供应。连当时食品商店里各种类的饼子，没有粮票也买不到。粮票是当局发放的购买食品的证件，专门发放给政府工作人员、工厂工人、医院医护人员、商店职工、学校教职员工（民办学校除外）。当地群众必须拿户口簿去当局规定的商店里去买粮食。粮食种类是有规定配给的，有粮票的可以买米和面粉。可是实际上群众买不到米和面粉。图伯特没有米和面粉吗？不是，图伯特的主要粮食是青稞和小麦面，图伯特的小麦面大多数运到中国内地去了。图伯特海拔高不长稻米，可是中共侵略军未到图伯特以前，当时吐蕃人做生易，从尼泊尔和不丹运回米。吐蕃人自己有钱，米随便可以买到。这个情况经历过那段时期的人都很清楚。中共侵占图伯特以后，没有当局发下来的证件买不到粮食。图伯特的粮食大多数运到中国内地，吐蕃人甚至青稞也吃不到肚子饱，所以当时真正出现了吃不饱和穿不暖。当时吐蕃人的生活，吃得还不如中共侵略军饲养的猪。我要给大家讲出来亲自看到的事情。

我家的邻居是过去噶厦政府的僧官噶伦喇嘛柳霞·土登塔巴的院宅，后来住扎着中共的军队。从1959年后的一、两年，我家的东南方向贵族然巴的住所也住扎了军队。中国的军队住在那里，配有食堂和建有养猪场。养猪是给军人提供肉食品。这时候军队的生活很好，吃得很有营养，经常吃肉，各种疏菜、米和面可以吃饱为止。他们的食堂门口放在一个大泔水桶，他们把吃不完的剩饭菜倒在桶里喂猪。在拉萨，饥饿的小孩去偷吃军队食堂门口的桶里喂猪的剩饭菜。这是在没有人的时候，他们悄悄地拿去吃的。如果厨师和军人看到小孩们拿桶里的剩饭，他们会抓住、殴打小孩们。这些小孩的帽子和衣服都是油，因为他们把剩饭放在帽子里和装在衣兜里。

那时候我自己没有去拿过剩饭。可是我想要讲小的时候去买饼的故事。当时拉萨有几个商店卖饼，当局给这些商店卖出去的面粉有配额规定，所以人们打听到什么时候卖饼，知道明天卖饼以后，今天晚上带棉被去饼店门口排队。第二天卖饼的时候，一个人只能买一个饼或者最多两个饼，所以我和姐姐、弟弟都要去排队。为什么买饼这么难？因为我们图伯特的粮食都运到中国国内去了，所以图伯特缺粮，特别是面粉根本买不到，卖饼的商店也没有足够的面粉。结果，他们一个月卖饼一、两次，最多两次。以上的这些真实情况说明了什么呢？这就是吐蕃人生活在水深火热、饥寒交迫之中的真实写照。中共土匪集团经常挂在口头宣传说，他们是吐蕃百万翻身农奴的救命恩人，是给人民带来幸福的红太阳。而他们造成的这些荒诞事实，只能来证明其宣传完全是骗人的、颠倒黑白的谎言。

比如，看看白纸黑字写明的图伯特的千年历史书和近代百年的历史书，特别是问八十、九十高龄的老人们，中共侵占图伯特以前，在图伯特有多少人饿死的？他们的回答是，在图伯特没有看见过饿死的人，也没有听到过。我是可以百分之百肯定他们这样的回答，甚至找不到一、两个吐蕃人饿死的例子。我这样讲的是过去的图伯特，但我没有说它是幸福美满、资财富饶、享受无穷。我承认过去的图伯特在现代经济和新生文化上是落后的。但是我们吐蕃国国土广大，人口稀少，这个国土上的自然产品足够满足吐蕃人民的需求。同时，图伯特没有进步的问题根源也出在这里。因为进步有内因和外因，在出现了很多动荡和问题的时候，社会自然会进步的。比如，第一，自己国家的政府是专制、野蛮，压迫人民和剥削人民的。这样一个政府必然促使人民起来反抗。或者，自己的国家解决不了吃穿问题的时候，很多人去国外流亡，或者国内战争的原因逼迫很多人跑到国外去了，以后他们学习外国的新生文化和事物，把这些新东西带到自己的国内，推动国内的进步或者搞革命、改造社会。拿中国来讲，中国的人口太多了，相对国土面积太小，解决不了人民的吃穿问题，所以出现了农民起义推翻政府、改朝换代，起义和内战里很多人躲避内战的灾难去到国外，去国外的一部分人学习国外的新生事物，并带回自己的国家推动国内的进步。

可是中国的进步和发展是很畸形和危险的，中国现在的经济建设是光看眼前的经济发展和光看钱财。不用说考虑世界和亚洲的未来，他们甚至不考虑自己国家的长远未来，肆意破坏环境和消灭生灵。这样破坏性的发展对世界和亚洲、特别是对中国自己都带来了长久持续性的灾难。他们侵占图伯特以后，破坏了图伯特的环境和带来了环境灾难，中国当局组织勘探队伍到图伯特的森林区，特别是工布，砍掉图伯特的千万年森林。几十年继续，这些木材汽车车队来，月月年年地运到他们的国内，还没有计划和不考虑环境到处都挖矿产，这是为了他们国内的经济发展的需求，却破坏和消灭了图伯特的经济和环境。

现在中共在占领的内蒙古做法和以上是如出一辙。他们把内蒙的草原翻起来造农田，他们的粗暴强制的办法不符合科学，不但长不出粮食，而且破坏和毁灭了千万年的草原。其后果是，每年北方内蒙古的风沙吹到北京和好多其他城市，甚至给东亚国家朝鲜和日本带来了很多灾难的影响。这问题中国自己也承认，它自己的报纸上也刊登过。中国自己的环境专家们和科学家们调查以后警告：如果这个风沙每年继续，不用好多年北京城会被风沙淹没。

所以中国共产党对中国和对人类制造危害、破坏人类的繁荣是显而易见的。可是相比较，日本不是这样的。日本正面的发展自己的国家，日本的国土是很小可是人很多，所以自己的国土上供不上需求，为了克服这个困难，他们去外面做生意，外面的科学和先进的知识拿到国内发展工业和经济建设，把自己的国家建设成为先进的国家。可是我们吐蕃人自己的资源产品足够自己的需求，所以我们关门隔绝，远离世界。这对我们有很大的负面影响。我们落后了，我们没有进步，我们吃了很大亏。

中共殖民主义吞掉图伯特以前，我们自己有钱和粮食。吃的东西可以随便买，不会有吃不饱和讨饭的人，也不必焦虑。因为吐蕃人信仰佛教，大多数吐蕃人上供三宝，下施乞丐，所以乐于供施等善业。吐蕃人相信善有善报、恶有恶报。一个乞丐来到自己的家门口，自己没有给他吃的东西实在是因为没有办法。如果自己有吃的东西和钱财，一定会给他的，特别是吉庆之日时候，大多数吐蕃人全面地参与上供三宝，下施乞丐的活动。对一个吐蕃人来讲，因果，业果，公道是基本教导。善恶和苦乐，善有善报，恶有恶报。大多数吐蕃人不像那个作恶多端、诚善行恶、从恶去善的中共土匪集团，吐蕃人是戒恶行善，从善去恶的。

所以如上所述，图伯特的历史上没有听到过和没有看过饿死人，中共侵占图伯特以后几万个吐蕃人饿死了，特别是在中共的监狱里，1959到1962之间，吐蕃人饿死人数是百分之四十到五十之间。1959年一部分吐蕃人被送到中国的甘肃省的酒泉监狱里。这些吐蕃人当中有达兰萨拉的前任噶伦习沃·洛桑达杰，他的自传把监狱里的很恶劣的、严重的状况写得很清楚了。我们从这里看到的是送到甘肃监狱里的吐蕃的大多数犯人饿死在此地。比如，我知道的一个事情是：中共没有侵占图伯特以前，我的奶奶的大哥杰德在扎囊一个黄教寺庙强巴林当僧人，人家尊敬地称呼他"顷则古秀"[4]。我现在也想起来，我小的时候在他的庙里住过一两个星期。1959年的时候他没有参加起义。可是他是贵族家庭成员，所以成为中共的打击对象。当局抓他并把他关在监狱里，我们家经常给他送食物和衣服。以后当局转送他到了其他监狱，当时我们不知道他被送到了哪个监狱。我的父母很多次试图找到他。后来我们才知道，他在监狱里因吃不饱饿死了。

---

[4] 顷则古秀，顷则是高级喇嘛，因为已经捐了很多钱财的缘故获得上层地位，所以不用做寺院杂务工作。古秀既可称为先生，也可称为出家人的尊称。

还有很悲伤的一个事情：我们杰德庄园德沟头山上有一个小庙，叫桑珠曲宗，这个庙的主人是我们杰德庄园，这个庙的护法神是罗睺罗[5]，它的庙里，除我们家的妇女外，其它妇女是不准进去的。这个庙的仁波切是可以结婚传代的。这个庙的仁波切的性格很好，他不看人的高低，不分高层和底层人，谁叫他，他都去传法诵经；谁需要他，他就要去帮忙。可是中共侵占图伯特以后，民主改革的时候，人们都像疯子一样，仁波切村庄的人把他送进了监狱。后来仁波切转移到拉萨监狱的时候，我的父亲带我去看仁波切，并送吃的和穿的东西。去了好几次，三、四个月后，仁波切又被转移到工布林芝监狱。从此，我们没有办法去工布林芝看仁波切，因为我们不是仁波切的家庭成员，如果我们请假去看仁波切，当局不会批准。因为旅行到拉萨以外，要到居民委员会和办事处去请假，请假的时候，父母和亲属关系或者看病的原因可以请假，不是亲属关系来请假，是自己给自己制造麻烦。因为这些居民委员会和办事处的人问各种不相关的问题，他们会问，你为什么要去，你有什么目的等，这样子他们不但不批准，而且以后还会找我们的麻烦。从此以后，我们没有办法去看仁波切和送东西。我们断了联系。

后来一九六一年，桑珠曲宗仁波切的儿子从扎囊中共当局请假去探视监狱里的父亲。仁波切的儿子为了探视林芝监狱里的父亲来到拉萨的时候，他来到我家探视我的父母，以后他去工布林芝看父亲。到了林芝以后，他马上去林芝监狱去探视他的父亲。不可思议的是，他的父亲快要断气的时候，话都讲不出来，可是以他的眼神来讲，他看到自己儿子的时候完全认识，还有仁波切眼泪流出来以后，他才断了气。这好像是他那样一直等待着自己的儿子。仁波切的儿子回到拉萨的时候，他又来到我家，他告诉我的父母仁波切去世的悲伤事情。仁波切的儿子还说，他父亲去世的时候，他的坐垫下面有日记本。他生前在监狱里的时候，在他的日记本里把送他东西的人的名字

5　罗睺罗，又叫罗怙罗，是佛陀释迦牟尼的独生子，宁玛巴的主要护法之一。

写得清清楚楚的，特别写出来我家的名字。他还说，日记里写的是，我在拉萨监狱的时候，杰德的家里经常送我吃的和穿的东西，以后我要报答他们。我母亲对我说，仁波切的儿子说了以上的悲伤的事情以后，他什么话都讲不出来了。从他的眼神来看，他太悲伤了。当然这样的悲伤事情谁也受不了，我自己的心脏像扎了一针一样。仁波切儿子很快回到山南去了，到了山南的时候他没有直接去他的庙，而是在庙下面他的太太的家里过夜。这晚他在这里去世。他有一个儿子，后来也死了。这些悲伤的情况是由山南来拉萨看病的人对我母亲讲出来的。就这样子，中共土匪集团制造冤屈，把无辜的千百万吐蕃人关进监狱受苦受难，吃不饱肚子，饿死和折磨死的吐蕃人千百万。这就是中共帝国主义对吐蕃人民犯下的滔天罪行和欠下的永不能忘的血债。

第七章

中共国饥荒，图伯特生灵遭殃

为了摆脱中国人自己制造的灾难，图伯特的大量粮食运到中国国内。而且中共土匪集团为了他们填饱肚子和吃肉，开始大规模消灭吐蕃北方草原上的各种野生动物。这时候中共当局各机关给一部分人发出枪支子弹，猎杀无数的草原上的麝、鹿、岩羊、黄羊和野马，杀死这些野生动物，用汽车运到当局的各单位的厨房。特别是军队用机枪来杀害千百万的野生动物，运到各军队的厨房和运到他们的国内，用这样残酷的手段来消灭吐蕃高原草原上的千百万的野生动物。比如，我在拉萨去民办学校和拉萨第二小学的时候，我们家邻居的柳霞的住宅被霸占成了中共军队的宾馆，还有然巴的住宅也变成军队的宾馆。每次我去学校和回来的时候，这些宾馆的门口经常有运输车，运载着满满的杀死的鹿、岩羊、黄羊、麝和野马的肉。他们这样杀死吐蕃草原上的无数的野生动物，消灭了草原上自由自在的过生活的宝贵的吐蕃的野生动物。比如，吐蕃北方的野牛现在看不到了，消失得无影无踪。当今图伯特安多的青海的有些地区一些野生动物数目已经很少，中共当局经常用这些数目很少的野生动物在电视节目里宣传，好像是中共当局变成了保护野生动物的英雄。他们这样宣传的目的是掩盖自己的罪恶和虚伪的真面目。可是现在吐蕃北方的千百万的野生动物完全消失了，他们也没有办法拿出来宣传。

我的父亲生前对我们说，杰德爷爷当那曲县官和阿里萨嘎县官的时候，爷爷带我父亲一起去。当时我父亲很年轻，这时候经过那曲草原和阿里的荒地上，鹿、岩羊、黄羊、麝和野马，还有很多野牛，一群一群的千百个野生动物自由自在地在大草原上过生活，千千万万的野生动物遍布了草原。我亲自到过阿里荒地。我1984年从图伯特逃跑来到印度的时候，路过阿里地区北方的荒地，可以看到很远的地方有一两个岩羊和麝，根本看不到一群。还有我1989年和1990年两次路过多地，去容辖和昆布雪山的时候，在无人的荒地和山上有时候看到的麝和岩羊只是一两个，根本看不到一群和甚至十几个都看不到。这让我们清楚地知道，草原上的野生动物已经被彻底消灭了。

中国帝国主义没有侵占图伯特以前，我们的家乡在自己手里的时候，图伯特有湖泊几千个，在这些湖里大多数吐蕃人不捕抓鱼，有些牛皮船的划船的人也只抓自己吃的鱼，可是不做买卖，这因为很多吐蕃人有不吃鱼，不吃鸡蛋，不吃猪肉的习惯。还有很多吐蕃人认为，湖泊算是神仙的住处，是神仙的湖。比如，那曲草原上的纳木错、玛旁雍错、青海湖等湖里，不但不许捕抓鱼，而且不允许各种各样建筑。可是中共当局不尊重吐蕃人的信仰和宗教，他们在图伯特的湖泊和江河里随便抓鱼，甚至用炸弹来杀鱼。他们不顾吐蕃人的信仰和风俗习惯，让水里的动物也不得安宁，甚至带来了毁灭性的破坏。从以上的实事来证明，中共殖民主义对吐蕃人民执行最野蛮、最恶毒的各种各样手段来犯下了滔天罪行和欠下了无法偿还的生命血债。

> 图伯特是观世音圣地，
> 菩萨的大爱福佑众生。
> 无数天上的鸟、水中的鱼、地上的野生动物，
> 很快乐地生活，勿忧杀生之祸。
> 中共的仇恨心态、灭绝行为，
> 伤及善良的人和无辜有情众生，
> 野蛮地把图伯特抛进黑暗深渊。

我在十岁多的时候，开始上拉萨市第二小学。人的一生当中，童年时代一般是最欢乐和最美好的一个时间，但是我们的儿童时代是最坏的，是遭受一系列挫折的开始。大家吃不饱，天天生活在饥饿当中。共产党在社会上搞划分阶级来破坏社会和谐和制造邻里矛盾，人

和人之间没有信任,只有相互怀疑,其目的是有利于他们顺利地搞独裁政权。比如,有一次我们居民委员会的一个居民委员洛桑念扎,从前他是朗顿的佣人,他来到我们家。他说通知我父母今天晚上要来开会。这时候我弟弟很小,他去抓洛桑念扎的衣服的时候,我对弟弟说不要抓衣服,过来。可是弟弟不听我,也不过来。我对他用威胁的语气说,"过来"。当时我的心里没有什么其他的想法。一岁、两岁的小孩大部分什么都拿、什么都摸。这就是小孩子的习惯。所以大人对小孩威胁说,这是脏的,不要摸和不要拿,这不好。这时候我年龄很小,所以就学着父母。可是一个多小时后,洛桑念扎再来我家,叫我的母亲说,你要出来到外面;然后他对我母亲说,你的儿子看不起我,小看我。你们领主阶级小看和看不起我们劳动人民,是不是我们劳动人民是脏的吗?歧视和小看劳动人民是你们贵族的坏习惯,还没有改变。他这样子指责训斥很多后,他说,你好好想一想。我母亲赶快对他说,对不起,我好好管教我的儿子。这样子说了很多次后,洛桑念扎才对我母亲说,你回去好好想一想,他也回去了。可是我母亲担心和害怕,因为这个问题来把她送到群众大会上批斗。但这以后,好在洛桑念扎再也没有说什么。

当时领主和代领,凡是他们所说的你是属于反动阶级,你在任何问题上差错一点,他们就拿这个问题来给你找麻烦,打击你。这时候所谓的反动阶级的人行动和说话各方面要很注意,甚至我们反动阶级的小孩各方面也很注意。在家庭内外,自己的所作所为都很注意,不得乱说话和乱行动。我们小孩不注意一点,他们会找我们父母的麻烦。这时候我们没有办法过上儿童时代自由自在的快乐生活。还有在拉萨,我们的处境比农村好,我们是属于反动阶级,可是文化大革命以前,当局没有说你们不准上学。但是在农村,属于反动阶级的小孩无法上学,甚至没有办法同其他小孩一起去玩。中共当局这样做法的目的是在吐蕃人内部制造矛盾,削弱吐蕃人民的反抗力量和破坏吐蕃人民的团结一致的力量,还有把反侵略和侵略者的民族矛盾变成阶级矛盾。当局欺骗吐蕃人里的敌我不清的人,利用他们来分化打击

第七章　中共国饥荒，图伯特生灵遭殃

吐蕃内部，掩盖侵略的残酷。

当时我们家里有九个人：父亲和母亲，大姐德杰央宗，我德庆嘉措，三弟其美仁增，四弟噶玛赤林，五弟茨仁桑珠，六弟丹增赤列，七弟丹增顿珠。中共当局对我们赎买政策执行的情况下，他们赎买我们的庄园房子和牧区的牛羊。尽管分给我们钱，可是这个数字太少了，不够我们全家的生活的开支。为了解决这个问题，我父亲在1959年以前从印度买了一台缝纫机，他会用缝纫机。当时西藏自治区政府需要很多帐篷，所以他们需要制造帐篷的员工。熟悉的人给我父亲介绍了这个工作。父亲很高兴的去做这个工作，父亲干这个工做不到一年，我们的居民委员会强迫叫我父亲加入他们做衣服的缝纫合作社。还有他们说，你把缝纫机一起带过来。我父亲只能放弃原来的工作，不得不去居民委员会的缝纫合作社。尽管原来的工作工钱多，工作也较轻松，可是我父亲不得不听居民委员会的话。如果不听，会自找很多麻烦的。他们会指责说，你们剥削阶级不听人民的教导，是不愿意改造，我们可以给你批斗，还有写检讨反省自己的反动思想。他们这样压制和欺负他们所说的反动阶级，我父亲不得不听他们的话。

从此，我父亲去了居委会的缝纫合作社工作了好几年，我父亲学会了做衣服。他都是自己裁剪、自己做衣服，做的手艺很好，既有吐蕃的衣服，也有现代人穿的衣服等。我父亲还学会了修缝纫机，这个合作社的缝纫机坏的时候，都是我父亲来修。我父亲做什么事，马上就学会。他很聪明。这时候我母亲养奶牛，用卖牛奶来补贴生活。我母亲是原来大家族的贵族的小姐，她本来什么事都不需要干的，可是在中共殖民主义的统治下，为了生活，无论是脏的还是重的，她什么工作都要干，吃了很多苦。她开始养奶牛的时候挣不到钱，还有亏本。可是她逐步知道了养母牛的窍门，积累了经验，挣到了钱可以补贴家里生活。奶牛有牛奶和牛粪，牛粪可以当燃料，那是当时城市和农村、牧区用的最好的燃料。当时图伯特是一个落后的国家，图伯特过去没有天然气和石油，但是吐蕃国的国土上没有燃料矿产吗？不是。图伯特有丰富矿产，而且世界上稀有的矿产很多，但是吐蕃人过

去离开近代化，关上门不接触这个世界，也不关注其他的新的事物和新的变化，所以没长见识。

第十三世达赖喇嘛建议挖矿产和修公路等伟大的国策，成为图伯特未来发展的指路明灯。可是三大寺庙的堪布代表为首的和一些高层保守人士利用宗教的名义来抵抗伟大的国策，所以吐蕃国永存发展和佛教永存和昌盛的伟大的思想没有实现。我们图伯特没有改变落后的状况，我们没有能力开发我们的资源。在此复杂情况下，中共帝国主义侵占了我们的国家，而且他们挖掘我们的矿产。这些矿产运到他们的国内去，还有他们建造铁路以后，中共当局全面地继续把我们吐蕃的宝贵的矿产运到他们的国内。而此时，我们只能看着干着急而没有其他应对办法。我们没有办法给他们讲明白，我们是佛教的圣地，你们挖矿产，地神和龙王爷会生气动怒。

当时我们没去改造落后的局面，所以广泛的农产品无法运到牧区，牧区的产品到不了农村和城市里，也推动不了农牧之间的交易，推动不了人民的生活改变。图伯特当时没有修公路，运输只能靠牛和马等。这些运输工具没有办法满足人民的需求，甚至为了解决城市里的燃料问题，牧区的牛粪运不到城市里，工布的建筑木料运不到城市里，城市里和农村燃料很贵。还有电也很贵，也未普及。吐蕃第十三世达赖喇嘛的时候建立起多德水电厂，它的发电量很小，除了供应噶厦政府的机构、罗布林卡和一些贵族家庭外，没有办法广泛供电，所以牛粪是吐蕃人的生活中不可缺少的一个重要的燃料。我母亲养奶牛，牛粪干了以后用做燃料。这对家里使用燃料方面有很大帮助。还有学校放假的时候，我去拉萨周围的山上找木柴，当时我十一、二岁左右，幼小的年龄看到父母辛苦持家，我很心疼。我要做一点事情减轻父母的负担，工作根本没有一点偷懒。这时候我们家里人多，所以父母一方面照顾家里的生活，另一方面天天晚上要和成分不好的去参加群众的大会。这也是他们所说的反动阶级的学习批斗会。开会是强迫成分不好的开。没有特殊情况下，会上经常讲的内容是一样的，他们说你们是剥削阶级，你们吃了人民的肉和喝了人民的血，你们对人民犯下了滔天罪行，你们必须好好地反省，要思想改造和劳动改造。成分不好的人经常遭批斗写检讨等，许多人思想上压力很大。有时候有些人受不了选择自杀。

还有当局经常分派安排成分不好的人做其他各种杂活。这样的成分里有领主阶级和代理阶级，大商、中商，戴上了判乱分子的帽子的家庭。春天，经常差遣他们种植树。好几天根本不给工钱。秋天，成分不好的人又被派到农村帮助农民收割，时间长达一、两个星期，说是支援广大农民。还有强迫他们到公共街道扫地。这些工作根本不给工钱。他们在生活上增添了很大的困难，但自己有天大困难也没有说话讲理的地方。当局说，这就是反动阶级的思想改造和劳动改造，这就是共产党对剥削阶级的征税。

共产党的作法是打击反动阶级，威胁人民，这就是他们的殖民主义统治人民的最恶毒的一个做法。这时候全图伯特搞阶级斗争，他们说图伯特是封建农奴制度，这个制度是最反动、最野蛮、最黑暗、最残酷的制度，所以共产党来解放图伯特，百万农奴翻身变成了国家的主人，共产党对吐蕃人民的恩情是比天大，父母的恩情也比不上共产党的恩情。这样黑白颠倒的宣传天天讲，夜夜讲。在共产党欺骗人的宣传和教育下，一部分吐蕃人接受共产党的欺骗，认为侵占自己家乡的敌人是带来幸福和恩情的人。在最野蛮的中共当局背后操纵下，他们破坏吐蕃的千百年的数不清的宝物，这也是民主改革的时候贵族和寺庙，各农村的富农的数不清的财富被没收的时候。有千百年历史的古董和无价之宝被中共当局和官员们强取豪夺，运到他们的国内去。为了欺骗人民，没有多少价值的东西分给了群众。特别是在寺庙里，保存着吐蕃的大多数宝物，各寺庙里的财产，和以上无价宝物和古董命运一样，大多数被中共当局运到内地去了。现在中共当局拿出来一、两个他们以前偷到的宝物，他们说是中国的古董展览，还有说中国的文化是丰富多彩的。中国帝国主义偷窃和强取豪夺人们的东西，变成了自己的东西，他们就这样欺骗外国和他们的国内的人民。他们对人民教育说，宗教是个毒，所以不要迷信这个毒；宗教是三大领主压迫人民和剥削人民的工具。所以，中共土匪当局鼓励人民要反对宗教和破坏寺庙。

一九五九年民主改革的时候，也是在中共土匪当局背后操纵下，在寺庙附近村庄里的贫下中农和积极分子的带领下，广大的农牧地区的寺庙开始遭到破坏。寺庙拆建以后，寺庙的石头和木料全部被拿回自己的村庄，他们盖自己房子的时候派上用场了。很多人认为吐蕃的寺庙是在文化大革命的时候遭到破坏和毁灭的。人们没有想到，图伯特的几千个寺庙从1959年民主改革的时候就开始遭到破坏毁灭。就这个问题我讲个例子：我家的庄园所在山南地区扎囊有很多寺庙，有宁玛、格鲁、噶举等大小寺庙。这里面有我的叔叔所在的格鲁巴的寺庙强巴林[1]。这个寺庙在山上还有分支。这个寺庙里有个很大的佛塔。这个佛塔五、六层高，很壮观美丽。佛塔里有尊很大的嘉华强巴（噶哇强巴）的佛像。1959年的民主改革的时候，这个佛塔遭拆迁破坏。寺庙的石头和木料都用在当局的其他建筑上。这个事情是由从山南扎囊来拉萨看病而住我们家里的农村客人给我母亲说的。山南扎囊来拉萨的看病的很多人，住我们家里。所以，他们给我们的父母讲述山南发生的很多事情。强巴林寺的佛塔里面的东西全部在民主改革的时候被洗劫了。可是这个佛塔很大，当时拆迁破坏了一部分，并没有全部毁掉，因为光靠人工太危险了，所以残留下来。可是文化大革命的时候，红卫兵用炸药毁灭了这个佛塔。

在山南扎囊还有噶举巴的顶波切庙。这也是1959年的民主改革的时候破坏的，破坏拆迁的木料全部用在中共当局建政府的房子上。这时候出现了很奇怪的事情，这个寺庙的僧人1959年以前去世了，可是他成了鬼，危害他人，所以大家都很害怕。当时民主改革的时候，中共当局把没收寺庙的不贵重的东西分给群众，所以成鬼的僧人钻入人体内，他说你们拿走了寺庙的东西，所以我一定要给予你们难堪。他说了以后，一些人得了疼痛难忍的疾病后死亡。很多人很害怕

---

[1] 强巴为藏语弥勒佛。

和恐惧，所以把当局分给他们的东西再送回到寺庙去。这个事情是从扎囊来的看病的客人讲给我父母听的，我当时也在场。现在国内外的很多人认为，这些图伯特的几千个寺庙是文化大革命的时候被破坏和摧毁的。可是事实上，除了图伯特的首都拉萨等几个大城市以外，图伯特的农村和牧区的百分之九十以上的寺庙从1959年民主改革的时候就被破坏和摧毁。当时我们从表面上看，这些寺庙是吐蕃自己的人破坏和摧毁的，可是真实的情况不是这样。真实情况是，中共土匪集团颠倒黑白的宣传，对广大群众说，宗教是三大领主压迫和剥削人民的工具；这些寺庙是寄生虫，僧侣自己不劳动，靠剥削来生活，喝人民的血和吃人民肉。在这样的宣传教育下，在吐蕃人里面最卑鄙的一些人的带动下，有组织有计划地破坏了寺庙。你看这个中共土匪集团很狡猾和很卑鄙，自己要做的坏事借别人的手来做，最后把自己犯下的滔天罪恶推到人民的头上去。

这时候，首都拉萨周围的三大寺庙——色拉寺、哲蚌寺和甘丹寺——文化大革命以前还没有遭到破坏。可是寺庙里的僧人和尼姑被强迫下放到农村和牧区。各乡村当局宣传说，寺庙里的僧人和尼姑是靠剥削来生活的，现在是新社会，我们要消灭剥削阶级，剥削的时代结束了，所以你们要自力更生，把你们的力量贡献给社会主义事业。中共当局的宪法里讲得很清楚，说信教自由。可是实际上，当时当局派工作队到寺庙里，他们说：宗教是个毒；寺庙里的僧人和尼姑是寄生虫，所以你们不要享受别人辛辛苦苦劳动得来的成果，要自力更生；你们要结婚生子，为社会主义事业做贡献。还有，他们安排僧人和尼姑一起开会。当局说，你们选择你们的男人和你们的女人，这样成亲的僧人和尼姑、还有没有成亲的年轻的僧人和尼姑被下放到农村和牧区，没有办法回到农村和牧区的年轻的僧人和老年僧人、尼姑留在寺庙里。可是他们被组织起来进生产队，他们打石头、种苹果，做各种工作。这些僧人天天去劳动，寺庙里没有体力参加生产劳动的老人们被组织起来看守苹果，做整理羊毛工作。他们平时都没有念经和打坐的时间。当局通过这样的手段来破坏宗教和宗教的正常程序，所以寺庙不再是宗教的圣地，寺庙是个生产队。还有寺庙里设立寺庙的民主管理组织，他们管理这些少数留在寺庙里的僧人和尼姑，还有他们灌输社会主义和共产党的观点和主张，教育改造僧人和尼姑的宗教的观点，以致那些留在寺庙里的少数僧人和尼姑都没有办法平静地过生活。三大寺庙里百分之九十九以上的僧人被流放到农村和牧区，他们的住房大多数是破破烂烂的。文化大革命以前，拉萨的群众可以去寺庙朝拜，还有一两个僧人照顾寺庙的佛堂。这样表面上看起来共产党尊重宗教和信仰自由，但是实情恰恰相反，寺庙里没有宗教活动的机会，也没有学宗教的机会，寺庙变成了生产队，这时候当局没有说不准宗教活动，可是他们批评宗教、诬蔑宗教是经常性的。

　　我的父母是很虔诚的佛教徒。这时候我的母亲经常带我去朝拜、烧香和给神灯添油点灯（神灯点滴）。如果我母亲没有时间去烧香和做神灯点滴，母亲就叫我去烧香和做神灯点滴。所以，我常去拉萨大昭寺和大昭寺周围的佛堂去朝拜。拉萨大昭寺里主要的佛像是佛祖的佛像和十一面大悲观音菩萨的佛像。在一层楼，还有很多其他佛像。我们去见大昭寺里佛祖像的时候，佛祖像的大门顶上挂了一个牛角，它还戴上了五色哈达。这个牛角是有米拉日巴道貌的牛角。这后面有一个很长的故事：米拉日巴的最亲近的弟子（"心子"）惹琼巴去印度学佛经后回来，他的师傅米拉日巴接他的时候，惹琼巴的心生我慢，有点骄傲。他给米拉日巴说，他学了很多佛经和见了佛教上的很有名的喇嘛，在他们那里学佛，特别他见了喇嘛弟普巴。喇嘛弟普巴是佛教里很有名的、学问很高的一个高层喇嘛等。说了很多后，米拉日巴对他说，我比你更了解喇嘛弟普巴。为什么米拉日巴这样说呢？因为喇嘛弟普巴是米拉日巴的师傅马尔巴大译师（洛扎玛巴）的儿子达玛多第。米拉日巴在马尔巴身边的时候他仆从达玛多第。有个译经师热罗杂瓦[2]对达玛多第施咒杀害了他。有一次达玛多第在回家的路

2　热译师，全名热罗·多吉扎，是藏传佛教伟大的佛学家、高僧、大成就者，享年182岁。

上，忽然来了一群鹞鹰，他的马受惊吓突然乱跑，摔下并拖曳着他直到他的头全部烂成九块了，没有生还的希望。当时米拉日巴是仆从身份，在此紧急关头，米拉日巴用神秘教法快速去请马尔巴喇嘛，马尔巴喇嘛看到自己的儿子没有活过来的希望，他给米拉日巴说，你马上去找一个没有损坏的人的尸体。米拉日巴马上去寻找没有损坏的人尸体，可是没有找到。但他找到了一个鸽子的尸体，交给马尔巴师傅。马尔巴对自己的儿子说你用往生夺舍，你进到鸽子的尸体后，前面有个江河，你同这江河一道去。听到了父亲的话以后，达玛多第去世了。可是鸽子醒过来以后，他飞去了同一道江河，进到了印度版图。印度的一家人准备焚烧火化死去儿子的尸体的时候，鸽子飞到了这里。鸽子点头三次后，就在这里倒下去了。可是死者的尸体醒过来了。后来这个小孩成了很有名的喇嘛弟普巴，所以米拉日巴说，喇嘛弟普巴我比你了解更多，原因就在这里。喇嘛弟普巴也知道米拉日巴，所以他通过惹琼巴送给米拉日巴礼物。

至于牛角的来源，是当时惹琼巴从印度带来了很多很珍贵的佛经，他也一起带来了恶咒书籍。米拉日巴知道他带来的恶咒的书籍，惹琼巴到了米拉日巴身边一口水没有喝到。米拉日巴对惹琼巴说，你自己去拿水。惹琼巴服从米拉日巴，他去拿水的时候，米拉日巴烧毁了惹琼巴的恶咒书藉。惹琼巴拿水回来，他闻到了烧纸的气味。惹琼巴知道米拉日巴烧毁了他的恶咒的书藉，他很生气。他对自己的师傅回嘴。在他出去的时候，米拉日巴对他讲很多道理。米拉日巴说，我过去曾学黑道，在这方面作恶种种，所以我苦练了这么多年修行白道，以我自己的事实经历来教育你。惹琼巴跟本听不进去，他不回头继续走的时候，到了没有避风处的空旷平原。米拉日巴用诛法咒术降下冰雹。当时米拉日巴突然不见了，惹琼巴找米拉日巴的时候，他听到米拉日巴讲经的声音，可是见不到人。惹琼巴能看到的是平原中间的牛角，惹琼巴拿起牛角仔细看的时候，牛角里面米拉日巴小也不小、大也不大，和他原来一模一样在讲经。米拉日巴说，弟子，像我一样，你来牛角里。这就是牛角的来源。所以这个牛角是个很珍贵的，可是现在我不知道这个牛角还在不在。

大昭寺二层楼还有莲花生八相的佛像，五勇猛明王庙，特别是松赞干布庙，这里面有松赞干布的像，他的左右有尼泊尔的公主和唐朝的公主，还有吐蕃的芒妃墀江（猛萨赤姜）和她的怀抱里有小儿，这就是王子共松共赞，这是很重要的。平时吐蕃人很尊重尼泊尔的尺尊公主和唐朝的文成公主，是因为吐蕃人认为她们两个是尊救度母分别是白度母和绿度母的化身，所以用宗教的观念来尊重她们两人，不是政治上主人和佣人的观念来尊重的，还有尼泊尔公主和唐朝文成公主是个小太太，也就是汉人讲的小老婆。猛萨赤姜是松赞干布的最主要的太太，也就是王后，为什么讲赤姜是个王后，因为她是王子共松共赞的母亲。还有松赞干布妃子有祥雄王李米加的公主李特曼，还有米雅王的公主儒泳萨•甲莫尊，所以松赞干布有五个太太。可是中共帝国主义根本不提松赞干布其她妃子的名字，光说唐朝的公主文成公主嫁给松赞干布，却说从此西藏属于中国的。这个话是不是很荒唐的、可耻的？他们说自己的女儿嫁给别人，所以这个国家属于自己。世界上哪里有这样的道理？这就是中共土匪集团的无耻的道理。

如果中国帝国主义用这个理由来讲，文成公主没有嫁给松赞干布以前，尼泊尔公主嫁给松赞干布，用你中共帝国主义的说法来讲，西藏就是属于尼泊尔的。还有印度、台湾、柬埔寨等都不是独立国家，因为印度的前总理拉吉夫•甘地的夫人是地地道道的意大利人，所以印度是属于意大利的，不是独立国家。还有台湾前总统、蒋介石的儿子蒋经国的太太是个苏联人，那你中共承认台湾是苏联的不可分开的一部分吗？还有柬埔寨的前国王西哈努克亲王的太太是个法国人，那柬埔寨该属于法国的。如果中共帝国主义那样的逻辑在全世界执行，这个世界就变成了人吃人的恶魔的社会。在这样的社会里，社会和解是永远不可能的。

大昭寺的三层楼上还有护法神的庙。三层楼的中间有个祭祀神的地方，特别是星期三拉萨人来这里的很多，因为星期三是达赖喇嘛出生的一天，对吐蕃人来说是一个好日子，所以这个时间拉萨的群众就在拉萨周围的山上焚香祭祀、祈祷达赖喇嘛身体健康。吐蕃人民日日夜夜的愿望是早日从吐蕃国土赶走中共帝国主义，早日恢复图伯特独立，达赖喇嘛早日回到吐蕃国，他们能早日见到自己的伟大的政教领袖达赖喇嘛。这时候大昭寺的三层楼的祀神地来的人很多。吐蕃人民的祈祷是很显而易见的，深刻地表达出来，他们永远不愿意生活在中国殖民主义的统治下。他们祈望马上实现图伯特独立，日夜渴望和他们想念和尊敬的达赖喇嘛早日相见。

文化大革命以前，我还很年轻，可是思想感到背上了包袱、有很大压力。在学校里，万事都得很小心谨慎，如果一点疏忽，有中共看不惯的行为，中共的狗腿子们就会找我门的麻烦。所以，我们要看他们的脸色来行事，如果他们一点看不惯你，他们马上说，阶级敌人翘尾巴了。对我们教训以后，经常还要批斗我们，强迫我们写检讨。当时我们还是小孩，不但得不到自由社会里的自由生活，而且生活失去了所有自由。当时我的心里最喜爱的是在自己家里与父母在一起，可是父母的心情很不愉快，因为社会上领主阶级是打击的对象。居民委员会每天晚上开整治反动阶级的会议，会议的内容经常是千篇一律：学马列主义和毛泽东思想，靠马列主义和毛泽东思想来改变自己的反动的世界观，接受阶级斗争学说，在自己的改造过程中听到的、看到的、怀疑的，全部要向人民政府交代出来。还说，要靠拢人民政府和相信人民政府，意图是在人和人之间制造矛盾和不信任。因为当局强迫群众斗争剥削阶级、揭发三大领主的罪恶，广大群众也是没有办法过平静的日子。他们所说的三大领主是贵族、寺庙僧侣和军队。如果哪一个群众不接受当局的要求，他们说这个群众的阶级立场不稳，甚至说那个群众站在阶级敌人的立场上，有时候也会批斗他们。这样做的目的是为了巩固他们的殖民主义的非法政权，掩盖他们的非法的侵略行为，有意预防性地把反侵略的行动变成阶级斗争。这也是把侵略和反侵略的斗争改变成阶级斗争，欺骗吐蕃人民，在全社会制造恐惧威胁，变成一个野蛮的社会，在人和人之间增加不信任。如此，中共当局容易实现自己不可告人的目的。

中国共产党是最黑暗、最反动、最野蛮、最狡猾的欺诈者。在这个最不人道的社会里，我们小孩也没有自由，而是生活在黑暗中。当时我听到汉人共产党的时候，心里充满恐惧、反感和愤恨。我经常想，什么时候我们能摆脱中共土匪集团的统治，获得自由？我的父母也经常说，什么时候能够逃脱这个汉魔鬼的魔爪，什么时候能见到尊者噶哇丹增加措？当时社会上没有自由的环境，全社会变成了大监狱，任何吐蕃人从自己所在地方不准去图伯特境内其他地方，如果一定要去其它地方，你一定要到自己所在的居民委员会和公安机关的办事处去请假，请假的时候你要说清楚请假的原因，然后你拿他们批准的请假条子去你要去的地方。你到了某地，一定要去当地管理委员会登记，在批准的时间内，一定要返回。这时候你想抓住机会，带点做生意的东西，可是他们不许你做生意，而且会没收你的东西和处以罚款。还有当局说，你走资本主义的道路，就给你批斗。这样的批斗中，很多人因心情沉重而自杀，还有很多人险些疯了。这样的例子当时到处都有，因为中共侵略者在全图伯特制造了一个大监狱，在他们的眼里，吐蕃人是能说话的畜生和一个工具。他们杀我们的人，把我们的人关进监狱，折磨和批斗我们的人。他们强夺我们的所有无价之宝带到他们的国内去，还有他们颠倒黑白地说共产党是人民的救命恩人，共产党帮助百万农奴翻身变成了国家的主人，他们说毛主席的恩情比父母还要亲，所以共产党的所有的讲话和所作所为都是极端狡诈和颠倒黑白的。在共产党的面前，人们不准说真话，要说假话；要说赞美话，要说共产党好，共产党是人民的恩人等。

　　事实上，中共侵略者杀死和折磨千千万万的吐蕃人，关进监狱，饿死，批斗等干了无数坏事，而且整个吐蕃社会变成了人间地狱，可是吐蕃人还必须说共产党是吐蕃人的救命恩人，共产党的恩情给吐蕃人带来了幸福生活。如果吐蕃人说真话，他们不管什么成分，就把这个人变成阶级敌人，还说他散布反动谣言，把他批斗和关进监狱，甚至判处死刑。这时候图伯特境内的人不但不准去国外，而且图伯特境内各地区也不准去。不用说外国人不准来图伯特境内，这时候即便外国人准许来图伯特境内，他们也没有办法了解吐蕃人民在人间地狱里受煎熬的真实情况。共产党所有的所作所为是说假话骗所有的人，不但他们骗外国人，中央政府带头骗外国人，而且中央骗地方的官员、地方骗中央的官员，这就是共产党的逻辑和他们的高明的手法。这里我介绍一个真实的情况。1979年年底，当时的中国最高领导华国锋来到图伯特的时候，他要访问的地点和吐蕃人的家庭都在他没有到之前准备好的。华国锋到拉萨的时候，当地当局决定带他去拉萨附近村庄一个贫穷的藏人农夫家。这个农夫家很穷，什么都没有。所以当地当局带新的棉衣、新的铺盖、收音机和自行车等到这个农夫家，把这家装点好。地方当局还教这个农夫家人，说：华主席来看你们的时候，你们一定要说，在党的关怀下，现在我们过上了幸福的生活等。指导他们很多颠倒黑白的话，这样做的目的是让华国锋看所谓的吐蕃的百万翻身农奴在共产党的恩情下过上了幸福的生活。地方当局还带他去事前精心准备好的农田去参观。在华国锋没有来以前，地方政府挑选了十几个农民，对他们说，华主席来参观的时候，你们一定要穿新衣服来农田里干活，以高兴的姿态和表情来欢迎华主席参观农田。华国锋来参观的时候，地方当局给他汇报百万翻身农奴在共产党的关怀下，过着幸福的生活。他们颠倒黑白地演戏，在拉萨天天放出来拍摄的电影，我也亲自看过。华国锋回去的时候，地方当局从农夫家里把这些新的家俱全部拿了回去。

在文化大革命结束后的1979年，尼泊尔国王比兰德拉受邀到拉萨参观。拉萨的中共当局命令拉萨八角街的商店全部关门，严加控制管束整个拉萨城市。当局准备拉萨学校的几百个学生来欢迎尼泊尔国王，还带国王去拉萨大昭寺和小昭寺参观。参观时防范很严密。中共当局为什么这样做？很明显就是因为共产党的所作所为都是说假话和欺骗人，颠倒黑白的。诸如，在共产党的关怀下，吐蕃人民过上了幸福的生活。他们说，旧图伯特的社会是最反动、最落后、最野蛮、最黑暗的。其实，共产党害怕这些谎言被外国人知道，所以他们不准外面的人随便进来，更不准里面的人随便去国外，原因就在这里。

第八章

中印边境战的期待和误判

为了自己眼前利益，
违反历史真理，
构建印-中兄弟关系。
图伯特有过充足历史事实，
那是给最凶恶的狼喂食。
抛弃为自己守门的吐蕃。
期待狼来守护家门。
相反的结果，
搬起石头砸了自己的脚。

一九四七年印度从英国手里得到了独立，印度独立国家的第一任总理是尼赫鲁。中国共产党打败了国民党，1949年建立中华人民共和国以后，在印度总理尼赫鲁的思想里，中共是自己最好的朋友。尼赫鲁根本不懂和不了解中共土匪集团的扩张野心和极端狡诈的行为，说印度和中国是兄弟，两国可以一起推动建立不结盟国家的国际组织。尼赫鲁认为他自己的威望传遍全世界，中共土匪集团是最好的伙伴和朋友，所以接受中共土匪集团的愿望，无视图伯特几千年的悠久历史，忽略直到1959以前吐蕃人有能力保护自己的国家、是自己国家主人的真理。尼赫鲁不但没有支持图伯特独立，而且把她抛弃、推到中共土匪集团的手里。虽然我们不会忘记尼赫鲁政府接纳和帮助十万左右的吐蕃的难民，这事我们记在心里，可是遗憾的是，他不支持图伯特独立的真理。不支持图伯特独立不仅仅是不管吐蕃人民的利益，而且也是伤害印度国家的安全和利益，印度人民的利益。印

第八章　中印边境战的期待和误判

度和图伯特利益不可分开，这是了解军事知识的一般人也该知道的一个道理，更不用说军事家和战略家。中共土匪集团的领导人是在很险恶的大战里面成长起来的，所以他们有很丰富的军事经验和战斗的经验，他们有军事战略的学问，战略目标上很有远见。他们是有野心、行奸诈之徒，表里不一、说话不算数的两面派。为了自己的利益，他们不顾别人的利益，什么事都干得出来。比如，他们知道吐蕃国是无价之宝，她的辽阔的国土有取之不尽的宝藏，尤其是有海洋那样辽阔的森林，水源资源很丰富等，所以他们侵占了图伯特，在实现了他们的目的以后，就违背中国-印度兄弟的称呼，开始军事威胁印度。

这也是1962年中国和印度在图伯特的边境首次打仗了。这时候中共殖民主义当局在图伯特境内实行了很严的管制，召开了群众的大会小会，还特别召集了"成分不好的人"开会。会上当局的干部说，印度反动派来侵犯中国的领土、挑起战争，所以你们这些人里面有复辟阴谋的梦想，这是白日做梦，实现不了的，强大的人民解放军一定会打败印度反动派的入侵。他们这样子威胁吐蕃人民和他们所说的反动阶级，可是图伯特的很多人对这次战争抱了很大的希望，吐蕃人民错误地判断印度和中共的军事力量，认为印度肯定打败中共的军队，因为当时中共殖民主义在世界上是孤立的，周围都是敌对国家。还有像英国为首的西方国家支持印度的，特别是尼赫鲁总理抛弃不可磨灭的图伯特独立的真理，吐蕃人民根本不知道，因为中共当局控制很严密，吐蕃人根本不知道国外的事。

图伯特与印度的关系有几千年的历史。吐蕃的佛教是从印度学回来的。现在我们用的吐蕃文字也是吐蕃的伟大和英明的国王松赞干布派图密·桑布扎[1]去印度，图密·桑布扎研学印度的各种文字创造出了现在的吐蕃文字。所以，吐蕃人像对待自己的老师那样尊敬和爱戴印度，吐蕃的佛经、文学、戏剧和诗歌等，写的时候都首先写印度圣者，这些尊名表现出对印度的赞扬和尊重。吐蕃人百分之百地相

---

[1] "图密"意为"代表"。

信印度政府还在支持图伯特独立的真理，所以边境打仗的时候，吐蕃人开始不相信中共的宣传。中共当局很骄傲地说，我们打败了印度扩张主义的侵略，中共的《西藏日报》每天都刊登我们这个和那个战地胜利的消息，拉萨的广播里也天天讲捷报。因为中共当局的宣传是颠倒黑白、说假话不说真话，所以人们根本不相信他们的宣传。即便他们说真话，人们也不相信他们的话。另一个原因是，中共殖民主义在国际上很孤立，甚至它和帮助、支持中共建立取胜、教导自己社会主义的苏联都翻脸变成了敌对国家。他们之间的矛盾很尖锐，中共刚开始骂苏联是修正主义，在国际上反对苏联。中共还反对东欧国家，说他们是修正主义国家，是苏联修正主义的帮凶，所以当时中共在东欧只有一个朋友，这就是贫穷弱小的阿尔巴尼亚。特别是，美国是中共的最主要的敌人，所以中共反对美国，说，美帝国主义和西方国家是资本主义和殖民主义国家。他们说日本，就用日本军国主义；说到印度，就是印度扩张主义；中国的周边国家南朝鲜、泰国、缅甸、柬埔寨、老挝和印度尼西亚等国家，都是反动派国家，是帝国主义的狗腿子。所以他们反对所有国家。这说明中共殖民主义在国际上很孤立，吐蕃人在中共殖民主义压迫和剥削下生活在水深火热之中，所以我们吐蕃人很关心国际的形势变化。我们期待什么时候中共土匪集团被赶出我们的国家。这时候我很年轻，可是我经常幻想，我什么时候能够离开中共的统治和享受自由。

中印边境上打仗的时候，当时图伯特各地没有健全公路，特别是有些边境地区，根本没有汽车公路。所以，中共当局为了把他们的武器弹药运到边境，在拉萨和农村里征收劳力。征收的时候有条件的，这也是征收阶级成分好、没有历史问题的人。这时候我想，如果他们把我征收派往边境，我要逃去印度。可是，这是不可能的妄想，因为我的出生不好，是领主阶级，也是贵族的儿子。中共当局为什么征收人的时候看阶级成分，因为他们处处都疑心，他们不相信成分不好的人，他们想成分不好的人到了边境，他们会逃跑和甚至找机会反抗。

当时看中印的战略对比和国际的状况，印度有一定优势。首先，

第八章 中印边境战的期待和误判

原来中共的导师、支持者、帮凶苏联是支持印度的，还有不结盟的大多数国家也支持印度。如果有需要，印度提出要求，美国为首的西方国家会支持印度的，因为美国在朝鲜战争、中国的内战、台湾的问题等，和中共的矛盾是很深的。还有地缘战略状况，也是印度占优势。因为中共侵略者占领吐蕃国家只有三年，所以图伯特各地的公路条件很差，更不用说没有火车铁路。可是印度的运输条件比中共好，靠近图伯特的边境西里古里有铁路。因为图伯特境内吐蕃人民日夜期盼中共侵略者早日被赶出我们的家园，中共军队在外要对付印度军队，在内要防范吐蕃人民，并且考虑以上两国之间的对比，图伯特境内的吐蕃人民估计印度军队肯定打败中共侵略军。可是事实上，中共侵略军在各个战地打败了印度军队，他们缴获大量武器弹药，武器里面重型的、轻型的种类都有。中共军队夺回来的各种各样的武器和军车在拉萨展览，他们还把战地抓来的很多印度军人带到山南地区的泽当，拍摄成电影向全国宣传。我们看到电影里面抓来的印度俘虏的时候，真是觉得不可思议。在拉萨地方居民委员会召开群众大会和小会，还有召集成分不好的开会。会上地方干部说，你们期待的这些人能给你们带来希望吗？还说，他们自身都保不住，给你们帮助是白日做梦。他们这样子嘲笑和污蔑印度兵。这时候我们才知道，印度军队的官兵的打战训练、经验很差，根本没有打仗的能力。可是我们吐蕃人民恢复吐蕃独立、真理最后能胜利的决心却没有动摇。

中共侵略军占领图伯特以后、1962年印度在图伯特边境和中共侵略军打战后，印度政府不得不开支庞大，耗费大量的资金，在自己的边境地区部署几百万军队。还有印度的阿萨姆邦等地区的毛主义游击队运动很猖狂，毛反抗组织蔓延到印度二十八个邦里面的二十个。中共占领图伯特后，尼泊尔国家的形势紧张，政治没有安宁，毛反抗组织扩张到这个地区，而给尼泊尔政府带来了挑战。所以，尼泊尔政府不得不靠拢中共，听从中共政府指挥，这预示将来尼泊尔有很危险的可能，变成中共红色政权管制下的帮凶。这些状况对印度是很不利和很危险的，过去的地缘政治状况今天变成了中共的势力已经包围印度。比如，印度的邻居巴基斯坦是听从中共的，他们仇恨印度，两国之间的矛盾很深。中共扩张主义的魔手也已伸到斯里兰卡，这也解释了为何斯里兰卡政府和反政府组织打了几十年的内战，可是没有胜败的解决。但是，中共当局2008年给斯里兰卡政府十亿美元的军事援助，斯里兰卡政府在很短的时间里消灭了反政府组织。所以斯里兰卡政府不会忘记中共当局的救命之恩。

可是尼赫鲁政府的做法却是负面的。比如1959年十月十二日，以萨尔瓦多为首的一部分国家在联合国提出支持图伯特的正义议题的时候，真是不可思议的是，它未能得到印度的支持。图伯特和印度之间有着千年历史的深远文化和宗教关系。在英国统治印度期间，图伯特和英国之间有了百年的外交关系，英国在首都拉萨设有大使馆。印度独立以后，这个大使馆转换为印度大使馆。所以印度的尼赫鲁政府和英国政府明明知道图伯特是有主权的独立国家，可是他们违反印度人民支持图伯特的真理和世界人民对图伯特的支持，却反而支持中共扩张主义的侵略行为。这就是他们搬起石头砸自己的脚。尼赫鲁政府抛弃图伯特是抛弃印度自己的安全和印度人民的利益。中共当局是说话不算数、罔顾事实的狡诈之徒，他们占领图伯特并在吐蕃国土上站稳后，中共土匪集团实现了他们的愿望。世界宝物的集聚地，世界水源的发源地，世界屋脊和军事战略重点，亚洲的和平堡垒，特别是印度的千年门卫，这样的吐蕃国家遭受中共军队侵略的时候，印度的尼赫鲁政府不但不支持吐蕃人民，不谴责中共的侵略行为，而且把图伯特移交给中共野狼。尼赫鲁政府这样的愚蠢行为是很令人遗憾的。尼赫鲁政府给中共这么大的帮助，可是狡诈之徒的中共土匪集团没有报恩，而是恩将仇报。中共1962年在图伯特边境发起侵略战争，这个恩将仇报的行为打破了尼赫鲁愚蠢的白日美梦。我现在都想不明白，为什么尼赫鲁政府不支持吐蕃的正义事业？我认为不支持吐蕃的利益是根本没有道理的，因为抛弃吐蕃的利益就是抛弃印度自己的安全利益，抛弃图伯特是百分之五十抛弃印度的安全利益和印度人民的利益。这个问题到现在印度的领导和印度人民才理解和认识到。这里我特别要说明的是,很多气量宽宏的印度著名人士和印度人民对吐蕃人民亲如兄弟那样的真诚支持,是吐蕃人民永远不会忘记的。例如,当时的印度国大党的领导、对印度国家真诚、有政治远见,为印度统一做出卓越贡献的印度人民的伟大领导者萨达尔·瓦拉巴伊·帕特尔,后来的印度的有胆量和有远见的伟大的印度总理夏斯替日,还有卓越领导者杰比·克里帕拉尼(1888-1982,曾任国大党主席)、查克拉瓦尔蒂·拉贾戈巴拉查理(1878-1972)等,都给予了吐蕃人民明确的支持。我现在都想不到的是,英国政府很清楚图伯特的真情,可是他们不但不支持吐蕃的真理诉求,而且它鼓励其它国家不要支持吐蕃人民的正义事业。英国政府这样的行为是不可思议的、没有人性的和没有道德的最毒辣的手段。当时的英国政府用粉碎吐蕃人民灵魂的行动来谄媚中共侵略者,可是中共侵略者对英国政府的恩情没有给以奖励和回报,他们的历史书和学校教科书里面到现在都书写着历史上的仇恨,说英国帝国主义给中国人民带来了很多灾难和破坏。比如,英国占领了中国的国土,压迫和剥削中国人民,还有英国人运雅片到中国境内危害中国人民,发动鸦片战争,领导八国联军烧尽圆明园,偷窃王宫里面的珍贵的宝藏,等等。中共这样宣传和写作目的是鼓励仇恨,教育他们的后代不要忘记英国人对中国人民带来的灾难和做出的坏事。这些历史的仇恨在中国的电视节目里播出,也在中央电视台对外广播的英文和中文节目里播出的。这也是英国对中共侵略者帮了大忙、可是中共侵略者对英国恩将仇报的一个例子。

我们吐蕃人对印度的忠诚是不用解释的。吐蕃人对印度的尊敬就像是看待自己的老师和父母一样。图伯特尊称印度为"圣者国"和"佛教圣地"。吐蕃民众去朝圣的时候是去印度,不去中国。赞布时代,吐蕃国和唐朝之间几百年里打仗的历史冲突很多。现在我们吐蕃人又面临存亡的时代,可是我们吐蕃人民有决心和自信看到自己正义的事业最后必胜。这个世界上没有不变的强大的霸权国家,也没有不变的无能和贫穷的国家。比如第一次世界大战以前,英国的势力在世界五大洲扩张，很多国家变成英国的殖民地，有说法是英国的国旗可以不见日落，英国有"日不落帝国"之称。可是第二次世界大战的时候，英国的实力全面崩溃。所以它侵占的国家和殖民地全部获得了自由独立，印度就是如此。同时，德国和日本的军事力量迅速增强，所以他们扩张和侵略野心也无限膨胀。德国发动侵略战争，侵占了西欧和东欧的大多数国家。面对着这样的危险，在欧洲，美国和苏联、英国联合起来对付德国希特勒的侵略野心，打败了希特勒的军事力量。日本同样在亚洲侵占和吞并了大多数国家，而且还袭击、摧毁了美国夏威夷的海军基地。在这样严重危险情况下，美国不得不宣战，派遣军队对付日本的侵略行为。可是，日本还不停止侵略战争，所以美国才使用两颗原子弹摧毁日本的城市，展示致命的军事力量优势。日本才不得不投降，结束了第二次世界大战。

现在中共扩张主义正在走历史的老路。到时候中共殖民主义的统治也会结束的，这就是宇宙观的特性。图伯特的正义事业实现的时候会到来，吐蕃人民相信这么一天最后会到来。1959 年中共扩张主义侵占图伯特以后，图伯特的局势相当险恶，吐蕃人民没有人身自由，没有说话的自由，没有宗教信仰自由，没有来往自由等。人们被剥夺了所有人权自由，过着水深火热的人间地狱的生活，可是吐蕃人民日夜想念的是吐蕃人民的政教领袖达赖喇嘛丹增加措归来和恢复图伯特独立，这两个目标是吐蕃人民永远不会抛弃的诺言。

第九章

大饥荒后遗症和拉萨穆斯林的灾难

一九六二年当时的中国的领导人、第二把手刘少奇发表了发展私人经济的文件。刘少奇当时提出发展私人经济，是因为国民经济出现危机的大背景。中国共产党夺取政权以后，毛泽东亲自发动"三面红旗"运动，这就是发扬总路线、大跃进、人民公社的运动。毛泽东说工业要"超英赶美"，他的指示导致农业停滞，农村各地没有计划地盲目修建钢铁厂房，狂乱地追求不符合科技规律、没有质量、没有规划的工业发展。结果，毛的运动没有发展工业，而且还给农业生产带来了灾难性后果。与此同时，中国部分农村地区旱灾相当严重。在这双重的天灾人祸里，汉民众饿死了几千万，人民的生活水平低于国民党统治时期。在吐蕃的历史上从来没有听见过、也没有看见过的饥荒发生了，很多吐蕃人饿死。特别是中共的监狱里，吐蕃犯人饿死了百分之四十到五十。全吐蕃人民的生活水平低于图伯特独立时期的水平。这时候我们吐蕃人民吃不饱、穿不暖，受苦又受难。这时候拉萨的处境是更不用说：没有图伯特独立的时候那样吃饱穿暖，可是比农村地区的处境稍好一点。许多人在家乡山穷水尽，不得不从农村地区一家一家都来到拉萨讨饭。我们问讨饭的人从哪里来，他们回答说，藏托杰[1]、武唷、直贡，或者说墨竹工卡、康区的贡觉等地区，讨饭来的这些人没有饭吃，有的鞋子都没有，穿的衣服都破烂不堪，很悲惨可怜的。拉萨的有些人有了剩下的吃的东西，可是没有办法给他们满足。拉萨城市里面的处境也是很困难，比如政府规定的粮食之

1　现日喀则市南木林县一地名，是第八世达赖喇嘛绛白嘉措的诞生地。

外买不到粮食,有很多小孩和有老人的家庭也许可能剩下一些粮食,干粗活的家庭自己的粮食也就不够吃,所以他们没有办法给别人东西。这就是共产党带来的图伯特的所谓的幸福的生活。

所以,在中国国内恶劣的形势下,刘少奇不得不对中国国内和吐蕃人民的经济实行开放政策来改善人民的生活。这时候我上拉萨第二小学,从家里走路到学校时间大概十五分钟左右,早上九点钟上学到十二点中午饭,下课以后到三点钟之间是休息时间。我们的学校的位置是在拉萨的伯林卡[2]的旁边,伯林卡后来被中共当局改造成拉萨体育场,是中共叫的西藏自治区的体育运动员的训练场和比赛场。它靠我们学校很近,这里体育运动的玩具、器械很多,所以我们去体育运动的时候很方便。我和我的同学们经常一起去伯林卡玩会儿足球,有时候玩一会儿篮球,有时候打乒乓球,我乒乓球打得很好。这个体育场是中共当局用于庆祝国庆节的地点,也是他们屠杀吐蕃人民的法场。

我上学的时候通过汽车公路,公路旁边有电线杆,电线杆上安装喇叭,喇叭里面经常播放对国外流亡藏族同胞广播的节目,这个节目里所谓的爱国人士和所谓的爱国活佛宣称,在毛主席和共产党的领导下,西藏翻天覆地变化,百万翻身农奴变成了国家主人,西藏人民有了人身自由和宗教信仰自由,而且百万翻身农奴过着幸福生活。这些都是颠倒黑白、欺骗国内外人民的宣传。当时我的记忆里印象最深的是恰巴·格桑旺堆[3]的讲话,他在对流亡的西藏同胞的节目里说,鸟呀老了想鸟窝,人老了想家。所以流亡在国外的西藏同胞们,离开达赖集团,回来祖国的怀抱里。在西藏伟大领袖毛主席和共产党的领导下,百万翻身农奴变成了国家的主人而且过了幸福生活。以上的讲话真的不可思议的,完全是颠到黑白。当时吐蕃人民吃不饱、穿不暖;粮食要票,没有票买不到粮食;做衣服没有票买不到布。因为中

---

2   伯林卡(也有译为柏林卡、波林卡)是霍康噶厦的爷爷居住的地方,所以叫"伯"林卡。

3   1927-2015,曾任噶厦扎吉造币厂总管,西藏政协副主席、全国政协委员。

第九章　大饥荒后遗症和拉萨穆斯林的灾难

国国内缺粮食，人太多了供不应求，所以没有票什么都买不到。还有说到图伯特内部往来，人人都要到地方机关请假、拿介绍信以后才可以往来。没有介绍信，不用说图伯特以外的地方，图伯特内部也不准去。宗教信仰自由、言论自由、人身自由等，什么人权都没有，而且全社会变成了庞大的社会监狱。在中共侵略者的最野蛮的统治下，吐蕃人民受苦受难，在水深火热之中痛苦过生活。可是用共产党的说法，要说这些都在伟大领袖毛主席和共产党的恩情下过着幸福的生活。这说明共产党是行为反常的，是和人类的行为背道而驰的，人类普遍认为白的东西，在共产党的统治下要说成黑的。如果图伯特内有了这样的幸福生活和自由，为什么这么多的吐蕃人逃往国外过流亡生活呢？逃亡的这些吐蕃人有时候被中共的边防部队抓起来，送到监狱以后判刑，有时候判处死刑，说是叛国罪。这个问题我下面还要详细介绍，如果有了这样的幸福生活，那为什么出了沃巴林回族的事件呢？

所谓的沃巴林事件是指拉萨的吐蕃穆斯林们不承认他们是中国公民。事件发生后他们遭到镇压。在拉萨有两种穆斯林：一种是八角街的喀什米尔穆斯林，另一种是沃巴林穆斯林，沃巴林的穆斯林是中国内地来到青海延续下来的穆斯林的家族血统，所以他们是和汉民族亲近。比如他们的名字上面有汉人的名字，他们中间很多年轻人1959年以前上中国的学校。所以他们的汉文水平一般很好，他们在中共的各机关里工作。1959年，吐蕃人民全面反抗中共违法侵略图伯特的行为，首都拉萨的人民举行大游行反对中共的侵略，游行的人们呼喊汉人从图伯特滚出去，图伯特是独立国家。当时两方面对峙，局势相当紧张。中共侵略者拿大炮和机枪来对付吐蕃的正义行动，血腥镇压吐蕃人民。这时候沃巴林的一部分回族带着枪，积极配合中共的军队血腥镇压吐蕃人民。因为这个原因，吐蕃人很愤怒，所以他们烧毁了沃巴林的清真寺。

可是1959年中共全面占领图伯特以后，当局重建恢复起来沃巴林的清真寺。当时沃巴林的回族有这种想法：他们是共产党培养起来的先进人群。可是八角街的回族们在1959的时候,他们通过在拉萨的印度大使馆向中共当局请求,声称他们不是中国的公民;他们是属于喀什米尔的人。他们要回印度。中共当局同意了他们的请求,他们回到了印度。沃巴林的回族大多数并非共产党的狗腿子,可是在他们的思想里,他们自认是先进爱国的中华人民共和国的公民。在他们的意识里,他们没有看到自己是和吐蕃人民一样被镇压的对象,在中共的血腥统治下同样受苦受难。中共利用他们和欺骗他们,他们根本不知道其间的阴谋。中共侵略军武装占领图伯特两年以后,沃巴林的回族开始闹起来了。他们说他们不是中国的公民,他们是外国人,喊出他们要回到外国的请求。他们经常去所谓的西藏自治区的外事处的门前喊冤。可是中共当局根本不承认和不理睬他们的诉求。沃巴林的回族们开始抵制,不拿中共当局分给他们的粮食,他们悄悄地买价钱很贵的粮食。还有沃巴林的回族全部搬到拉萨北方的扑布角山下的沃巴林回族的墓园林卡,继续反对中共当局。最后中共当局派军队镇压他们,抓了主要的部分领导人关进监狱,其余留在社会上,可是给他们戴上了现行反革命分子的政治帽子。戴上这个帽子的人和关进监狱没有什么两样,同样被剥夺了所有的自由。1970年关进监狱的沃巴林的回族宣判判决,他们里面一部分人判了二十年、十五年和十年不等,特别是他们里面两个人被判了死刑。死刑犯一个叫阿杜,阿杜的同事的名字我不知道,他们两个的事情是从嘎扎监狱转移到桑益监狱的吐蕃犯人对我们说的。他在嘎扎监狱的时候,阿杜和他的同事犯人在判处死刑以前,也在嘎扎监狱里。据说,阿杜的人格是气量宽宏,胆量大,品质很好,大家都喜欢他。他很有口才,他会把回族和汉人的故事讲得很好听。以前图伯特独立的时候,阿杜和拉萨大贵族家庭的关系很好,贵族的老爷们喜欢听阿杜讲的故事,也很喜欢阿杜这个人。

阿杜很喜欢玩儿,也很会玩儿。有一次他在印度的时候,有桌子上的玩具比赛,阿杜得了第一名。记者问你是从哪里来的?他回答说,我是吐蕃人。他平时很乐观,当时其他回族人不太相信阿杜,可

第九章 大饥荒后遗症和拉萨穆斯林的灾难

是事实上,在凶恶的敌人面前,阿杜是一个不低头、很有胆量和的英雄。1970年中共土匪集团在图伯特各地屠杀很多吐蕃人的时候,阿杜和他的一个同事也被屠杀了。阿杜被处决,他和他的同事一个星期以前也许就知道自己会被屠杀。阿杜在拉萨的家里人说,他要一套新衣服。可是当时他的表情上根本没有紧张和害怕的样子。他还有跟其他犯人游戏玩笑。当时其他犯人根本想不到阿杜的不幸的灾难,阿杜给同事随便玩笑似地说,阿杜要上路,请你们放心。

可是其他犯人同事根本不知道阿杜被判处死刑。所以,阿杜和他的同事死刑执行的当天,他们很早起床洗身、祈祷,吃饱饱的。阿杜还穿上西式的新衣服和新鞋子。当时从监房出来的时候,他走路是军人走路那样迈步。以后民警、军人捆住阿杜手脚的时候,阿杜给名叫巴桑的监狱长说,巴桑拉,这些小孩不要捆住我,我不会跑的,你放心吧!所以巴桑同意阿杜的请求,没有捆住他。阿杜和其他死刑犯人一起被装进大车里,在拉萨街头游行后,在伯林卡召开全拉萨人民的宣判大会。宣判大会上,他们带出来了死刑犯阿杜。法院的头子们宣判死刑后,再说立即执行!以后死刑的犯人被带到拉萨东部的蔡公堂的山下。死刑执行的时候,阿杜给监狱长巴桑说,巴桑拉,请你来对准我的头后面开枪吧,不要这些小孩军人门开枪吧!因为他们开枪不准,我死的时候难受。这句话监狱长回到嘎扎监狱的时候,他给其他犯人说的。他还说,我去过死刑犯刑场很多次,可是我从来没有看见过这样胆子大的死刑犯人。这些关于阿杜的真实情况,是由嘎扎监狱转到我所在的桑益监狱的一个犯人同事给我介绍的。

沃巴林穆斯林的问题,是首先他们自己太相信和信赖中共侵略者。比如他们里面的很多人有两个名字:有一个穆斯林名字、一个汉人名字。在他们的穆斯林名字前加个汉姓。这也是我在监狱的时候,有一个沃巴林的穆斯林回族,他的回族的名字是阿布,他的汉人名字是丁明西。所以他们首先太相信中共统治者,他们里面的很多回族的年轻人在中共的党、政、军机关里工作,有些人还在高级机关里工作。可是中共土匪集团是言行相悖,共产党的作法里没有公正和公平，完全是骗人，特别是他们的宪法里有宗教信仰自由，民族平等，尊重民族的风俗习惯、民族的文化，等等。这些在他们的目的没有实现以前，为了骗人会装着依照法律执行，可是达到了自己的目的以后，他们的大民族主义和最凶恶的真面目就显露出来了。他们的宪法是骗人的工具，所以沃巴林的穆斯林们被逼迫搞出争取他们是外国人的运动。吐蕃国独立的时候，或者中共没有侵占图伯特以前，吐蕃的噶厦政府都平等对待在图伯特的沃巴林穆斯林和有尼泊尔血统的卡扎拉人（藏人和尼泊尔人的混血）。不同宗教和不同民族享受所有自由，没有欺压，吐蕃的噶厦政府尊重在吐蕃的穆斯林和尼泊尔人的宗教、文化风俗习惯，大家自由平等。

可是沃巴林的回族们受骗于共产党的革命宣传，跟着共产党，结果是搬起石头砸了自己的脚。

第十章

班禅喇嘛七万言书和大恐怖

　　班禅事件是指班禅喇嘛 1962 年写了七万字的报告，向中央反映当时吐蕃人民的真实情况，并提出自己的意见。班禅喇嘛为什么写七万字的报告？是因为中共侵略者占领了图伯特以后，共产党在图伯特搞民主改革和阶级斗争等运动，吐蕃人民深受其苦。班禅喇嘛把吐蕃人民受苦受难的真实情况一清二楚的写下来报告中央。尽管中共中央和中央政府的官员们大肆地宣传自己是为人民服务和为人民谋幸福，他们也得到了班禅拉章[1]的信任和成为后者的靠山。但是，对班禅喇嘛写的吐蕃人民的真实情况的报告，他们不但没有接受，而且把班禅喇嘛一下子以"班禅集团"的罪名，变成了打击的对象。

　　一九六四年九月十八日开始，所谓的西藏自治区筹备委员会对班禅喇嘛批斗逐步展开。全社会对班禅喇嘛展开大规模批斗以后，班禅喇嘛被强加上了"反共产党和反人民、反社会主义和叛国罪"。他的全国人民代表大会副务员长的职务、所谓的西藏自治区筹备委员会的主任的职务被撤销，随后被关进监狱。这就是中共土匪集团用完了班禅喇嘛的价值，共产党是没有人性的，他需要的时候和对他有用的时候，他什么都给：金钱和职务都要给的。可是，他不需要和用尽价值的时候，就要打倒和消灭不听共产党的人。他不会看以前是否为共产土匪集团立了很大的功。所以当时全社会批斗班禅喇嘛的运动在包括学校等各机关和群众基层组织里展开。这时候我上拉萨第二小学，学校的学生们被带去看中共当局安排策划的班禅喇嘛叛变祖

---

[1] 又译拉让、喇章（佛官），主要负责教务，是班禅私有财产的管理机构，而班禅堪布会议厅（朗玛岗）主要负责政治经济和庄园事务。

国的罪行展览。这个展览里所谓的班禅喇嘛罪行的证据展览了很多,这里面有班禅的骑兵和国旗标志、交杵金刚[2],军帽和军衣都有交杵金刚标志,还有九世班禅罗桑·曲吉尼玛背叛吐蕃国,投靠国民党,在南京设立了班禅办事处。国民党政府任命班禅·曲吉尼玛为西陲宣化使的官衔,和班禅喇嘛的主要随从人员被国民党的国民大会任命职务的照片等详细情况,都在里面展览了。当时班禅·曲吉尼玛和他的随行人员们出卖自己的国家吐蕃和投靠国民党,来对付吐蕃的噶厦政府。这是很遗憾和羞耻的。

可是,这时候国民党也在打内战,还有第二次世界大战爆发,日本军队强大的军力来侵略中国,中国国内的形势紧张和不得安宁。所以,国民党政府没有办法对班禅喇嘛和他的随行人员给予有力的支持。这样的情况下,班禅喇嘛曲吉尼玛带国民党的护送队五百人到达吉果多。吐蕃的噶厦政府知道班禅喇嘛到达吉果多以后,一方面官民两方面真诚地准备欢迎,另一方面,班禅喇嘛到吐蕃以后官民两方面保证欢送班禅喇嘛回到自己管辖的扎什伦布寺,并要求护送班禅喇嘛的国民党军队抵达吐蕃边境后立即返回中国,国民党的一个兵也不准越境进入吐蕃境内。我们发誓要坚决抵制汉人军队越境,吐蕃民众大会的协议的报告也送给了班禅喇嘛。协议内容在夏格巴写的《吐蕃的政治历史》里面有的,可是班禅喇嘛和他的随行人员或者班禅办事处的人不接受吐蕃噶厦政府和吐蕃民众大会的请求。班禅喇嘛和他的随行人员坚持,护送他们的国民党军队一定要把他们带到扎什伦布寺,可是吐蕃噶厦政府和吐蕃民众大会根本不接受侵略者的鬼手伸到吐蕃境内,从而损坏吐蕃国的主权。由于中国国内日本的侵略战争大大加深,所以护送班禅喇嘛的国民党的五百个军人撤回了。这样的情况下,班禅喇嘛的病情一天比一天严重,最后在1937年十二月里去世。这就是班禅喇嘛洛桑·曲吉尼玛时候的历史,这是班禅喇嘛投靠日夜想吞掉吐蕃的敌人——汉人侵略者和损坏吐蕃国的遗憾

---

2 又叫十字金刚杵,是由两个金刚杵垂直交叉成十字形。

第十章 班禅喇嘛七万言书和大恐怖

作为。为了大家知道，我顺便写出这段实情。

中共当局对两位班禅喇嘛，无论是第九世班禅曲吉尼玛还是班禅·额尔德尼·确吉坚赞（十世班禅喇嘛），强加的所谓罪行是无中生有，无事生非。你看共产党有人伦底线吗？他们需要的时候，对班禅喇嘛最尊重和最重视，利用班禅喇嘛对抗吐蕃人民的政教领袖达赖喇嘛。班禅拉章的这些人也相信和依靠中共侵略者。他们为了中共当局和服务中共当局的野心，甚至试图对抗吐蕃人民和抵制吐蕃人民的合法政府噶厦政府。班禅拉章的主要人物还在他们自己的名字前面加上一个汉族的姓。

自己的名字冠上汉人的姓。
侮辱自己的祖先和自己的民族。
吐蕃祖先的名望丢进了水底。
侵略者的姓氏抬举上了高山。

比如班禅拉章的主要人物计晋美[3]是汉人的姓名，还有拉敏·益西楚臣在的他的自己的名字上面加了一个汉人的王姓。还有其他人的名字上加上张、何等汉人的姓氏。班禅拉章的这些人背叛了自己的民族和国家，拍了侵略者的马屁，可是对中共侵略者来说，这些人有用的时候给他们虚名职务和金钱，高高抬举赞颂他们。他们被用完了和没有价值的时候，如果共产党眼里有一点看不顺，就马上翻脸说，班禅集团叛国、反对共产党和反对社会主义等。共产党把这些罪名强加给他们，并施予没有仁慈的残酷打击。从这一点看共产党，我们看到的是共产党没有人性，是最野蛮的、最反动的、最残酷的、最狡猾的大民族主义的霸权，全部恶性地暴露出来了。我们实实在在地来讲，班禅喇嘛的七万字报告里没有反对共产党和反对社会主义，没有一个字反对人民、背叛祖国，不但没有，而且他写的是为了人民，他

---

[3] 詹东·计晋美（1910-1978）藏文名字是晋美查巴，是班禅堪布会议厅的核心人物，"詹东"（咋萨）是班禅拉章的二品高级官员，他曾担任过中华人民共和国人大常委和政协常委委员。

要求共产党改变错误的民族政策，号召面对吐蕃人的真实苦难情况。对中共来讲，别人不准指出和批评他们的错误，如果其他人真诚地批评他们的错误，他们认为这是反对共产党和反对社会主义，以背叛祖国来定罪打击。所以，对共产党来讲，自己有求于人的时侯，他们的朋友也好盟友也好，谁提出什么要求他们都接受。他们利用完了和自己的事业完成以后，立即过河拆桥，改变他们的行动和语气，最终暴露出来共产党的真面目。可是对民主国家的人民来讲，他们政府制定的政策也好，他们的议会制定的法律也好，只要不符合人民的利益，人民都有权提出批评和反对，也可以游行抗议。有时候在广大人民的压力下，政府不得不辞职。共产党统治下的中国人民没有这样的权利。

可是，在中华人民共和国的宪法里，他们写上了言论自由，结社自由，宗教信仰自由，民族平等。可是事实上这些根本不执行，所谓中华人民共和国的宪法像个花瓶是给别人看的，是他在国内、国外用作表演和欺骗的面具，事情上人民没有权利批评共产党，甚至人民说苦乐的权利都没有。比如，班禅喇嘛看到吐蕃人民的痛苦的真情，他写信给中央报告、要求改变错误的政策。可是中共当局不但不接受他的呼吁，而且打击班禅喇嘛。本来中共侵略者在侵占吐蕃以前为了制造分裂，在屠刀的威胁下逼迫吐蕃人签订《十七条协议》的时候，他们故意制造出达赖喇嘛和班禅喇嘛的分歧。吐蕃的噶厦政府选定的班禅转世的两个候选人：一个是康区理塘的候选人，一个是昌都地区八宿县的候选人。在已有两个候选人的情况下，中共当局为了破坏吐蕃团结，他们拿出原来班禅·罗桑·曲吉尼玛的南京办事处找出来的、经国民党蒋介石批准的候选人班禅·额尔德尼·确吉坚赞来对付达赖喇嘛。因为蒋介石逃到台湾后，南京的班禅办事处的人员马上投靠共产党。共产党中央如获至宝，马上接纳南京办事处支持的候选人班禅·额尔德尼·确吉坚赞，马上用他破坏吐蕃内部的团结。南京班禅办事处的人们投靠共产党以后，作出的第一件事是出卖吐蕃国家和吐蕃人民的利益。班禅喇嘛确吉坚赞两次写信给共产党中央和毛泽东，要求西藏解放，作出了大错特错的危害吐蕃主权的事情。因为班禅喇嘛确吉坚赞年幼，毫无疑问，这个事情该是班禅南京办事处和他的随行人员干下的阴谋。因为班禅·确吉坚赞喇嘛自己懂事以后，亲身看到共产党在吐蕃内部搞各种各样的运动，剥夺吐蕃人民的人身自由，破坏宗教信仰。当这些真面目暴露出来的时候，班禅喇嘛无法忍受，所以写出七万字的报告给中共中央，批评和抵制当局的作法，反映吐蕃人民真实的痛苦状况。他维护吐蕃的宗教和文化，显现出来了一个圣者的精神。所以中共当局看到班禅喇嘛是抵制他们压迫人民政策的最大障碍，在这样的情况下，中共土匪集团暗杀班禅喇嘛是很明显的。原来班禅拉章的愿望是吐蕃的合法的政府——噶厦政府被消灭以后，班禅拉章可以代替噶厦政府来统治图伯特。可是班禅拉章的梦想和愿望和中共土匪集团的目的是恰恰相反的，中共土匪集团的目的不是把噶厦政府消灭以后建立新的吐蕃替代政府，而是为了消灭吐蕃的合法政府噶厦，占领吐蕃国后把它变成自己的殖民地。班禅喇嘛和他的拉章都只是他们利用的一个工具，因此中共土匪集团借口七万字的报告来制造班禅喇嘛的冤案，用关进监狱来打击班禅喇嘛和消灭班禅拉章。

在还没有判刑以前，我一个人关在看守所的一个单间里。这里有一排一排很多的房子，一排里十栋房子，犯人一个一个关在房间。我关在这一栋房子里，班禅拉章的最主要的人计晋美和班禅喇嘛的师傅恩久仁波切[4]关在我的左右。我们关在一排房子里，隔着墙但相互之间不准说话和大喊大叫。房间外面有监狱的干部监听，所以鸟声也听不到，恐惧可怕的像个人间地狱。这时候什么声音都很清楚响亮。给我们送饭的时候，我听到一个老年犯人大声乱叫，经常对送饭的厨师说，这是什么样的饭？这不是人吃的饭，我不吃。有些厨师骂他说，你不吃饭，你自己吃亏。可是一、两个小时以后，他们再给他送饭。有时候我听到年轻的公安干部审问这个老年犯人的声音。这个老

4　又译"欧曲"，日喀则的欧曲寺（水银寺）。

年人大声地回答说，这些问题是我要给中央讲的话，我不给跟你们小孩讲。

我不知道这个老年犯人是谁。后来对我的判决做出以后，我问当时看守所犯人的厨师、我的亲戚原噶厦政府公务员恰日巴·洛桑朗杰[5]，我旁边房子里关的老年犯人是谁？他回答说，他是班禅拉章的最主要的人物詹东·计晋美。我知道，共产党监狱里给什么吃什么，没有选择的权利。如果我们说，我不吃这个饭，那他们不但不给饭，而且还会骂，有时候还会打你。可是计晋美为什么能这样做呢？因为计晋美以前做了国民党、后来做了共产党的忠诚的狗腿子，中共当局也知道他给共产党贡献很大，所以中共当局容忍他在监狱里大叫大闹地抱怨，并且特殊对待他和班禅的师傅恩久仁波切两人。比如，詹东·计晋美和恩久仁波切的监房里有桌子、水瓶和多条铺盖。他们提个要求，当局会适当地考虑解决，比如，他们提出送他们的饭没法下咽，厨房会重新做饭送给他们。以上的这些情况洛桑朗杰给我讲的，因为我在看守所的时候，洛桑朗杰是看守所犯人的厨师。班禅拉章的詹东·计晋美的卖国的行为没有得到回报，后来他在监狱里得了病，尽管准许监外就医看病，可是没有效果，在七十年代他病死了。

中共土匪集团搞批判班禅喇嘛的运动的同时，还开始搞了批判吐蕃人民的政教领袖达赖喇嘛的运动。

如前面所说，当时中共当局在全图伯特推动批判班禅喇嘛，而且也开始了批判吐蕃人民的政教领袖达赖喇嘛的运动。这也是在每个单位、工厂、军队、医院、各群众组织、学校等全面展开谴责和揭发所谓的达赖集团的罪行。当时如果哪一个人、哪一个群体不接受中共当局的无事生非和无理指责的所谓的罪行，中共当局就会指责这个人和群体的阶级立场不稳、阶级斗争的觉悟不够。还有，如果不接受教育和批评，那结局会是大会上斗争、甚至关进监狱，说这些人站在达赖集团的立场上反对共产党和反对人民，从而犯下了罪行。当时吐

5　"恰日巴"是家族的名字。

第十章　班禅喇嘛七万言书和大恐怖

蕃人的心里有千千万万的困难和痛苦，而最困难、最痛苦、最不愿意的是批评和无理指责自己的伟大政教领袖达赖喇嘛。因为全吐蕃人民日夜想念、渴望获得解脱，日夜祝愿达赖喇嘛身体健康、万寿无疆，期盼早日见到达赖喇嘛和图伯特恢复独立。这是全吐蕃人民的愿望。我的父母也如此。他们希望达赖喇嘛万寿无疆。早日见到他，早日恢复图伯特独立，这就是我父母念念不忘的愿望。改革开放以后我父母来到印度，见到了日夜想念的自己的领袖达赖喇嘛。可是遗憾的是，尊敬的伟大领袖达赖喇嘛没有回到自己的国土和没有实现图伯特独立以前，对我恩重如山的父母过早离开了人间。我经常祈祷，有坚定不移的信念，我的父母来生的时候他们的愿望会实现。

吐蕃人大多数像我的父母一样，对自己的领袖达赖喇嘛和吐蕃独立抱有坚定不移的信念。可是在最残酷和最野蛮的中共统治者的压迫、打击和折磨下，信念纯净的吐蕃人大多数口头上不得不批判达赖喇嘛。若某一人说我不批判达赖喇嘛，中共土匪集团会说他是个达赖集团的追随者，给他批斗甚至关进监狱判刑。可是有胆量的、不怕苦和不怕牺牲的一部分吐蕃人还会坚持说，我不反对和不批判自己的政教领袖达赖喇嘛，你们对我做什么都可以。这样的不屈不挠的英雄故事出现了很多，我下面就介绍给读者们。

班禅喇嘛的事件出现后，所谓的爱国人士一部分被抓了关进监狱。班禅拉章的主要人士计晋美被抓捕关进监狱外，还有所谓的一些爱国人士也被抓捕关进监狱。这里面有朗顿的旺堆先生，他是第十三世达赖喇嘛的侄子朗顿·贡嘎旺秋家族的总管。朗顿旺堆拉当时在干部大会上遭到批斗，不到一年就死在了监狱里。还有反中共侵略军的游击队领导桑培，许多人称呼他为加巴桑培[6]。从 1959 到 1960 年之间，他在吐蕃的番布地区打游击战，反对中共侵占图伯特。后来没有办法抵抗中共的军队，所以投降。中共当局安排桑培到所谓的西藏自治区政协，给他政协委员的职务。1971 我刚关进监狱，在桑益看守

6　"加巴"是土匪的意思，更多是中共对反抗侵略游击队的蔑称。

所里。我关在的监房很小,只能住一个人。监房的窗户向北方。我住的监房对面是集体住的监房,集体监舍的犯人里有过去噶厦政府的一部分官员,康地区的一些地方头领,原噶厦政府的一些军人,仁波切,特别是还有美国训练过的几个特工。当时从我窗户里可以看见集体监房。里面关押的犯人去劳动的时候,我曾看到里面有个身体很强壮、个子高大,手上(右手或左手我已记不清楚)有个大伤疤的人。后来我判刑以后,洛桑朗杰对我说,有伤疤的这个人是桑培,桑培也死在监狱里。还有原噶厦政府的俗官敢堆加查·边究拉、索拿曲陪、哲玉等被抓起来关进监狱。我不知道他们因什么问题被关进监狱。当时说他们和班禅事件有关,可是详细情况我不知道。

热堆·赤琼仁波切被关进监狱和最后迫害致死的事件也反映出一个僧人对达赖喇嘛的忠诚。热对·赤琼仁波切是泥塘热对寺庙的喇嘛,1959的吐蕃人民起来反对中共侵略的时候,他在哲蚌寺里。中共占领图伯特执行户口制度以后,赤琼仁波切的户口划归在哲蚌寺,不在拉萨。可是赤琼仁波切住在拉萨,最初他住在恰巴的院子里。恰巴·格桑旺堆是原噶厦政府的俗官,因为他是亲中共的,所以成了爱国人士。他的钱财没有被没收,而留给了他。赤琼仁波切在恰巴的房子里住了一段时间后,他搬到了我姨妈达布仲巴的房子里。赤琼仁波切是忠诚的佛教徒,很多吐蕃人经常请他讲经,他都乐意去的。仁波切的性格很好,谁需要他,他都愿意去帮忙,还印发佛经和制做泥菩萨。当时仁波切住在我姨妈达布仲巴的一栋房子里。因为我们的住所跟达布仲巴是邻近的,还有我们同属一个地区和一个小组,所以联络走动很方便。有一次我们听说仁波切制做了很多觉沃且尊者阿底峡的泥菩萨,那时我去看到达布仲巴的僧众会堂里有很多半尺大小的觉沃且尊者阿底峡的泥塑。文化大革命以前中共当局批评和辱骂宗教,可是还没有直接对群众说不准参与宗教活动,私家宗教活动也没有禁止。有一天突然传出了说赤琼仁波切有问题,然后有一次晚上,群众小组开会批评赤琼仁波切,说:你有问题,自愿坦白问题!可是赤琼仁波切说,他没有隐瞒自己的问题。在这个问题上针对赤琼仁波切批斗了一、两个月,可是赤琼仁波切只讲了我没有隐瞒问题。会上有人审问似地对他说,你有犯法的行为,你必须要交代清楚。如果隐瞒犯法行为,对你没有好处。对赤琼仁波切,不但小组批斗,而且群众大会上也批斗。群众大会上要成分不好的领主阶级、代领阶级、大商和中商阶级等的阶级成分人都要参加。对赤琼仁波切来讲,大会和小会没有什么两样。他都讲一样的话:他没有隐瞒问题。他说,我平时去讲经,或者有人去世后主人请我去念经超度,我做的都是宗教活动,没有犯法行为。他不断重复讲这个话。我自己也有时候参加对他的批斗会,因为居民委员会说成分不好的子女要参加会议,所以我们不得不去。这样子对赤琼仁波切在大小会议上批斗持续了一个多月以后,我们邻近有布德康萨寺的大院子,突然召开了一个群众大会。当天是学校放假还是我自己请假,我记不清楚了,反正我在家里。所以我跑去我们房子的屋顶上,看究竟开什么大会。这个大会看起来好像气氛很紧张的样子,杀气腾腾。到处都有很多带枪的公安干警。大会开始了,开会的主持人大声地说,把反动分子赤琼喇嘛带出来。然后赤琼仁波切被押出来。他被捆绑得很紧,他本来就个子高大,胖胖的身体,手上的绳子深深地勒进到肉里面。会议组织者当场宣读赤琼仁波切的判决书,说:反动赤琼喇嘛为了勾结达赖集团,他向达赖集团写报告,还有私自隐藏杀人的手枪。这时候他们拿一把手枪,高高地举起来给大家看。判决书还说,赤琼喇嘛背叛祖国、反对人民、反对社会主义,是个顽固不化的达赖集团的狗腿子,所以给他判处十五年的徒刑。然后,军警把赤琼仁波切送到嘎扎监狱。我记得当时仁波切被判刑的时候是 1964 年,文化大革命还没有开始的。1970 年左右,赤琼仁波切在监狱里去世。

关于赤琼仁波切的事情,当时社会上流传他是被恰巴顷则送监狱的,恰巴顷则是恰巴·索准(她是恰巴·格桑旺堆的妻子)的弟弟,他原来是哲蚌寺的僧人,而且还当了顷则(寺庙里家族用钱买的僧人高级职位)。他出生贵族,文化程度很好。而且他还是一个医术很好的医生，是吐蕃有名的医生、原十三世达赖喇嘛私人医生钦绕诺布[7]的徒弟。热堆寺的赤琼仁波切和恰巴顷则的关系很亲密的，赤琼仁波切百分之百的信任他。因为顷则的吐蕃文化修养、写字书法各方面的水平很好，所以赤琼仁波切写信给达赖喇嘛时，信是由顷则帮助书写的。赤琼仁波切有把手枪，1959年以后他并没有上交给中共当局，而是藏在拉萨一个关系密切的朋友家里。这些都是顷则知道的。所以顷则把这些事情全部暗地里向中共当局告密。我也基本相信流传的这些说法，因为赤琼仁波切关进监狱以后，市公安局和居民委员会相当热情地照顾和关怀顷则和他的家族。顷则是个贵族，他的阶级成分是领主阶级。平时剥削阶级的家庭经常晚上参加成分不好的会议和经常安排不给工钱的工作。当局说这是对反动阶级的思想改造和劳动改造。可是，自从赤琼仁波切被关进监狱以后，顷则家族都不再要求参加思想改造和劳动改造，特别是市公安局和居民委员会的人还经常去顷则家问寒问暖。因为我的家和顷则的家相距很近，我们是在同一个居民委员会和同一个居民小组，所以顷则家族的事情我知道得很清楚。这也是后来世人皆知的，大家都说这是政府给顷则把赤琼仁波切送监狱的犒劳奖赏。

紧接着赤琼仁波切的事件后，拉萨的一个家族的全部家人跳进拉萨河自尽。自杀的这个家族是住在拉萨南八角街的噶如厦（又译葛如厦）商人的家族。这个家里的家长名字叫仁庆。这个家里父母带着子女五个，小孩里最大的大哥名字叫格桑曲旦，是和我同在拉萨第二学校。他比我大三、四岁和比我高两个班，他小学毕业上了拉萨中学。当时父母带领子女自尽的时候，他恰巧不在家里。这时候我中午放学回家去吃饭的时候，突然有人喊，有人跳进拉萨河里自尽。很多人跑去看，我也跟着他们去。到了拉萨河的时候，我看到很多人拉了一个推车，也有很多人围着这个车。我去这个推车的旁边去看，一个女孩躺在车子里。人家说，这个女孩的母亲背着她跳进拉萨河，在水

---

[7] 曲巴·钦绕诺布（1883-1962），西藏乃东泽当人，近代藏医学的奠基人。

里被冲走的时候，一个汉族河堤队的队长马上跳进江河，救上了这个女儿。母亲已经死了。我看见的地点是有名的格伦擦绒宅院。贵族大家庭贡嘎嘉措的大院后来变成了民办小学所在地，它和擦绒宅院相距很近，我上学的拉萨第二小学和拉萨河靠得也很近。全家自尽的详情听人们议论说，当天早上父母穿上新衣服，子女们也穿上了新衣服后，全家一起去到拉萨河。到了拉萨河后，全家一起跳河自杀。

为什么全家会这样跳河自尽？很多人说，悲惨和痛苦的一个原因是和赤琼仁波切的事情有关系。因为赤琼仁波切在世的时候经常去仁庆家里，可是年老的赤琼仁波切尽管被批斗长达两个多月之久，我听到赤琼仁波切根本不承认和仁庆家族有关系。所以最后当局说，赤琼喇嘛是顽固不化的反动分子，并判了他十五年的监禁。仁庆家族看到眼前残酷的镇压，绝望地感到，在这样残酷和野蛮的统治下，活着已经没有意义。所以他们带着小孩一起自尽。表面上看起来，这样带小孩一起自尽的行为是很残酷的。可事情不是这样简单。这个世界上哪一个父母不疼和不爱自己的小孩？可是在中共的统治下，父母自尽留下小孩，这个小孩被当局认定为反动分子的子女，所以在政治和生活上根本就没有活的机会。与其要在残酷和野蛮的人间地狱里过生活，还不如不让自己的小孩继续受苦受难，这是父母带着小孩一起自尽的原因。以上的这些事实说明了什么呢？说明中共土匪集团是最残酷、最野蛮、最反动、最狡猾、最黑暗的没有人性的统治者。

这时候我们被定位为剥削阶级的子女，所以没有像其他小孩那样，有随随便便和自由自在的生活的环境。我们面临着很大的思想上的压力和社会的压力。当时我在心里想，我好好地学习，将来我会做一个有文化的知识者。我的学习上父母根本不需要督促、鼓励，我主动性很强。我的学习成绩也很好。当时学校里一年级到三年级主要教吐蕃文、数学、画画和体育运动。四年级继续教吐蕃文、数学，也开始教汉文、自然、历史和吐蕃文语法等。这时候教学的办法很好，学生们的学习成绩也很好。我上学的时候，根本没有偷懒的行为。放学后有空的时间，我去达布仲巴的少爷家，向我姨妈的儿子、我的大哥班旦次仁请教吐蕃文的《虚字论》《三十颂》，学习吐蕃语的语法。我还去找学问很高的先生请教吐蕃文的语法、历史、宗教和哲学。我读五年级和六年级的时候，我们班的老师叫次丹，他原来是班禅喇嘛的秘书，吐蕃文的程度很高，特别是写字书法很漂亮。我经常模仿他学写字。还有我有时候自己写诗，去向老师请教。可是我当时根本没兴趣学汉文，这是因为中共土匪集团吞掉我们的吐蕃国家，杀死我们的人，镇压我们的人民。在这样的残酷的压迫下，我心里不愉快，如同胸中垒块，所以对汉人的文化也没兴趣。

第十一章

文革毁灭吐蕃文化宗教

一九六六年五月十六日毛泽东正式展开文化大革命的运动。首先，什么是文化大革命？这就是毛泽东亲自推动和展开的中共内部的残酷的权力斗争。文化大革命的目的是什么？那毛说要"破旧立新"，这就是打倒"旧思想、旧文化、旧习俗"，立"新思想、新文化、新风俗习惯"。对吐蕃来说，打倒破坏吐蕃人民的灵魂——佛教、无价之宝的文化资源、吐蕃人的道德风尚、风俗习惯，破坏社会和家庭的和睦，制造父母和子女之间的矛盾和敌对，制造夫妻之间、上下长幼之间、师徒之间的矛盾，彻底破坏社会和谐价值，是毛泽东为了个人权力和地位的打砸抢的破坏运动。这就是文化大革命。

文化大革命在图伯特开始的时候，我在拉萨第二小学上学，正好快要毕业。当时所谓的《西藏日报》刊登了批评"三家村"的评论。我看到这个评论的时候，我的思想第一反应是，"三家村"是三个村子，可是我还搞不太清楚。后来经过解释后我才知道，"三家村"的含义是指邓拓、吴晗、廖沫沙三个人。邓拓是北京市宣传部的部长和《人民日报》的总编辑；吴晗是北京市的副市长、文学家、历史学家和有名的诗人；廖沫沙是北京市统战部的领导。文化大革命开始的时候，毛首先提出打到"三家村"的号召。后来毛说北京市是"水泼不进、针扎不进"的独立王国，继续说中共中央政治局委员、北京市党委书记和北京市市长彭真是党内走资本主义的当权派。所以"批斗"和"打倒"开始点燃文化大革命的烈火。

文革不是突然出现的问题，而是多年来毛泽东的极端危险的极左路线和反对阻止这个路线的高层领导之间的尖锐政治斗争，也是

1957年加强"反右"斗争的极端政策的后果。从此，二十世纪六十年代里北京副市长、有名的作家和历史学家吴晗先后写了《论海瑞》《海瑞骂皇帝》和京剧《海瑞罢官》等作品。毛泽东担心自己遭到批判，对此恨之入骨。毛泽东命令江青找姚文元组织批判吴晗的这些作品。江青按毛的指示找姚文元，给他交待毛的指示。姚文元按江青的指示办，组织写作批判评论文章。首先想要把些批判评论在北京市里先发表，可是没有办法在北京市里通过，毛泽东恨得要死，所以说北京市是个"水泼不进，针插不进"的独立王国。《海瑞罢官》的剧作里，主要是罢官这两个敏感字，这简直是直言1959年撤销彭德怀的党政军的职务。毛泽东曾说彭德怀是海瑞。彭德怀是当时中华人民共和国的国务院副总理兼国防部长，也是十大元帅之一，朝鲜战争时候中国人民解放军的志愿军的最高领导——总司令。撤消彭德怀的党政军职务的缘起是1958年毛泽东发起"三面红旗"运动，这也是总路线、大跃进和人民公社。这个运动给中国国内带来了想像不到的灾难。彭德怀了解了事情真相和知道了问题的严重性后，直接就这个问题写出详细的报告交给毛泽东，要求停止"三面红旗"的运动。可是，毛泽东不但不接受这个批评、请求，反而说彭德怀是右派分子，反党、反社会主义。当时中央的高层在庐山会议上批斗彭德怀，后撤消彭的党政军的职务。毛泽东还说过，彭德怀是个海瑞。所以，毛泽东认为吴晗是在为彭德怀翻案。在北京无法推动批判海瑞的文章写作和发表的情况下，这个大批判运动首先在上海发难。以后在全国推广后，毛泽东严厉批评彭真，而且打倒彭真和打倒北京大学的各层领导，号召高举文化大革命的旗帜，彻底揭发文化领域的反党、反社会主义的资产阶级的路线，彻底批判文化、教育、新闻工作、文艺各领域的资本主义的思想，要夺取这些领域的领导权，夺取北京市的领导权，打倒北京市领导。其主要目的是试图制止、并最终打倒抵制毛泽东的盲目和极端行为的刘少奇和邓小平为首的党政军领导。所以，在以北京大学附中、清华大学附中为首的各个学校里，风暴掀起，打倒

第十一章 文革毁灭吐蕃文化宗教

不紧跟毛主席的路线的所有的人。清华大学附中最早出现以红卫兵署名的大字报，北京大学、清华大学、北京师范大学附中等都首先建立了革命的红卫兵组织。这个红卫兵组织很快蔓延到全国。在图伯特，根据毛泽东的指示，中共中央文化大革命小组有计划和有组织地在拉萨师范学校和拉萨中学建立革命的红卫兵组织。他们是按毛泽东的指示办事的革命造反派，是夺取党政军领导权力的小将们，是"破旧立新"的主要领导者和执行人。

自 1966 年五月 16 日毛泽东亲自发动文化大革命后，最野蛮的独裁者毛泽东在北京天安门城楼上多次接见全国的革命红卫兵，他号召他们夺权，打倒党内的走资本主义道路的当权派，砸碎旧世界和建立新世界。1966 年八月五日，毛泽东发表"炮打司令部：我的一张大字报"，他继续指控说，他们的国家主席刘少奇是党内的走资本主义道路的头号代理人。在"打倒"的号召下，图伯特的红卫兵们心里魔鬼附体，他们响应毛的指示，一方面打倒党内走资本主义道路的当权派，另一方面搞"破旧立新"运动。当时的情形我写下一首诗来展现给大家：

> 文化大革命的妖气鬼风吹到图伯特大地上。
> 他们说雪山祖先优越传统就是旧文化，必需破坏打倒。
> 卑劣行径大行其道，抛弃旧的风俗习惯实质是背叛道德高尚，
> 魔鬼附体吐蕃人跟着独裁野蛮中共。
> 无价之宝的吐蕃宗教文化被贬为毒素。
> 野蛮行为被算做宝物推进发扬。
> 慈悲观音菩萨加持的吐蕃国遭遇浩劫。
> 亲见可怕之事内心恐怖，毛骨悚然。

以上的诗反映的就是当时的社会现实。紧接着，所谓的西藏自治区 1966 年八月 19 日拉萨伯林卡召开了几万人参加的群众大会，响应毛泽东的号召，公开宣布文化大革命在图伯特开始。

1966年西藏文革群众大会

这时候的在吐蕃的中共土匪集团的党政军的领导参加了大会，以所谓西藏自治区的主要领导人张国华为首。张国华是中共当局1950开始侵略吐蕃国时打头阵的第十八军军长。全拉萨各学校和各居民委员会的广大群众，中共土匪集团的党政军各机关，包括拉萨市的各机关人员，工厂工人参加了这个大会。当时我所在的学校，在上级的安排下，也和其它学校一起参加了大会。这个大会是毛泽东亲自发动文化大革命、"破旧立新"运动开始的证明。大会上，革命的红卫兵发誓紧跟着毛泽东的革命路线，从此以后最凶恶的"打砸抢"运动开始了。革命的红卫兵左手佩戴着写有黄颜色的红卫兵字样的红袖标，右肩背着红颜色的书包，这个书包里有毛泽东的著作和语录本。革命热情高涨的红卫兵敲锣打鼓、挥舞旗帜举行大游行，开展"破旧世界、立新世界"的宣传，还高举毛的语录："凡是反动的东西，你不打，它就不倒。这也和扫地一样，扫帚不到，灰尘照例不会自己跑掉。"在街道的墙壁上，他们贴满了毛的语录，革命激情的批判旧世界、创造新世界的各式标语和文告,上面写着"彻底地打倒旧思想,旧文化,旧风俗,旧习惯,旧传统,旧道德"。社会上文化大革命的运动搞得轰轰烈烈,在我们学校里也要写歌颂文化大革命和批判旧社会的作文。为了所谓的"看旧社会的苦难来比较新社会的幸福",请一些所谓的贫下中农和奴隶,叫他们讲批判旧社会和歌颂新社会,来教育我们,并打击剥削阶级和他们的子女。

当时我在拉萨第二小学六年级,也快要毕业。我也是小学六年级班的班长。我的最好的朋友次赖加措(次赖加措是喇嘛的转世)和旦杰(他的家是商人)是学习委员。我们三个人都不仅是最好的朋友,平时学习上我们三个人都很积极努力,是班里学习成绩最好的。当时我在心里经常想,现在我好好学习,以后我靠知识来为生。我们根本不浪费学习的时间,有时候我们在学校里晚上自学三、四个小时。如果学校里晚上不方便,我们去次赖加措的家去自学。次赖加措的家里只有他和他的叔叔江白,没有其他人。说到这里,我想介绍江白叔叔。次赖加措和他的姐妹们平时称呼他叔叔,不叫他的名字,我也叫他叔叔。1959 年以前,江白和次赖加措都是出家在寺庙里。因为次赖加措是仁波切转世,所以他在寺庙的时候,江白是当时为他掌管饮食的人。1959 年"民主改革"的时候,次赖加措的父母被中共当局定为代领阶级成份,所以次赖加措是代领阶级的儿子。剥削阶级的子女是当局的打击和压迫的对象,从此以后江白不得不把他代养起来。江白叔叔关怀次赖加措的生活,而且对他在佛教学习方面也很关照,江白叔叔是对次赖加措很有恩情的。江白叔叔也很喜欢我,我也对他很尊重。江白是个虔诚的佛教徒,他日夜想念图伯特恢复独立,日夜渴望获得解脱,想念自己的政教领袖达赖喇嘛。他是一个品德高尚的人,遗憾的是现在他已不在人世。像江白那样的人很少。次赖加措的家里只有江白和他两个人,所以我们晚上去次赖加措家里自学的时候,江白叔叔总是很高兴地欢迎我们。有时候在学校晚上自学到了半夜一、两点钟的时候,次赖加措怕鬼,不敢自己一个人回家。所以我送他回家以后,我一个人回自己的家。我们两个年龄一样,没有相差几天。我是胆子大，我不怕鬼。可是在吐蕃很多人怕鬼。

文化大革命刚开始，社会和学校里文化大革命的运动日夜增强，学校里逐渐重视政治，经常倡导和学习所谓的伟大领袖毛主席的思想，歌颂文化大革命和"破旧立新"、阶级斗争这些东西，不重视学文化、数学、科学、历史等学校的科目。这时候学校里有这样的说法：主要思想红就行了，其他科目自然会。如果一个学生重视学文化不重视政治，就会被文化大革命的红卫兵小将们扣上政治帽子，说：不重视政治、只重视学文化，目的是为了资产阶级服务。

有一次上课的时候，班主任要看学生出勤数目，老师来的时候我要报告。我一看女同学卓嘎没有来。我问其他同学，卓嘎到哪里去了？其他同学说，卓嘎到学校的菜地浇水去了。她平时学习成绩不好，所以当时我说，她的学习成绩那么差，还想着浇水，真是不可思议。可是老师没有来班里以前，其他同学把我以上的话悄悄地状告老师。当时数学课的老师叫阿旺，他是学校办公室的主任，共产党员，也是文化大革命的积极分子。他进班里的时候点我的名，说：德庆嘉措，你站起来吧！他还说：少爷，先生，老爷，你看卓嘎是为了学校去菜地浇水的。她的思想是正确的，思想是红的。你的学习成绩好，可是你学习的目的是为了自己，为了资产阶级服务，对我们劳动人民没有好处。如果你的资产阶级的世界观不好好改造的话，你是很危险的！他这样子批斗了我半个小时左右。他还就文化大革命的重要性讲了很多，鼓吹文化大革命，利用贫穷出生的学生打压和打击我们出生不好的学生。阿旺对我批斗后的第二天，学校里张贴出大字报，大字报的内容是六年级班的权力交在了剥削阶级的子女手里，我们要夺回他们手中的权力。从此以后，我的班长的职务被撤销了。我们成分不好的学生们成为学校里受欺压和打击的对象。

后来学校办公室的主任阿旺被选定为学校的校长，在阿旺的指导和推动下，学校里开始歧视和排斥我们出生不好的学生。阿旺校长专门办了一个"控诉旧社会的痛苦，想念新社会的幸福生活"的活动。他邀请一些所谓的贫下中农阶级，叫他们说共产党和毛主席是人民的大救星,要揭露旧社会的罪行来搞阶级斗争。这也是和当年"民主改革"派工作组一样,通过宣传来教育贵族的仆人和庄园所属没有差地的小户农奴家,要他们揭露过去旧社会"三大领主"压迫和剥削人民的罪行。有时候这些"贫苦人"不接受他们的宣传和教育,还有些人说,过去我们的老爷没有剥削和压迫过我们,我们没有办法说他们的罪行。他们说真话的时候,这些工作组的人对他们说,你们没有阶级觉悟,甚至说你们的阶级立场不稳,用扣帽子来上纲上线。"贫苦农奴"谁不听共产党的话却说真话,一下子就变成了打击的对象。当局说这些人站在敌人的立场,用这为理由来打击和批斗他们。很多吐蕃人不得不听共产党的话、说假话,另一些人为自己眼前的利益拍马屁,说没有共产党,就没有今天的我的一切。他们过去没有受苦受难,可是这些人说旧社会里他们受三大领主的压迫和剥削。有的人当面一套、背后却另一套。比如我讲一个两面三刀的真实例子。有一次上课的时候,阿旺校长对学生们诉说他在旧社会的苦难。他说,吐蕃的旧社会是一个黑暗的社会。当时广大劳动人民过着畜生那样的生活。他的家庭是贫苦的家庭,在阿旺自己很小的时候,他的眼睛病了。可是他说,我们没有钱,所以母亲带我到一个喇嘛那边去看眼睛。喇嘛一看我的眼睛,刚开始他吐口水喷我的眼睛后,然后又用刀捅我的眼睛,从此以后我的眼睛瞎了。我听了以上的说法,我根本不相信。我想喇嘛无冤无仇的不可能用刀捅他的眼睛,这是他说假话骗我们。可是我不敢说,如果我说真话,肯定班里会批斗我,而且会带到全学校里批斗。还有比这个更危险的是,他们会说父母教唆你,以此为由来批斗父母。这个时候文化大革命正是如火如荼,所以,红卫兵小将们什么都可以诬蔑构陷。

阿旺校长的一个眼睛确实有毛病,所以我们背地里叫他阿旺瞎子。阿旺很相信共产党,他认为宗教是个毒,他杀动物没有一点仁慈,而且很残酷和最恶劣。他没有当校长以前是我们班的数学老师。我们做练习题和学习上有疑问,有时候我们会去他的宿舍请教。我看到他的桌子上有几张照片,其中有一张穿白色衬衣的半身照,大概是他十九岁左右在北京中央民族学院拍的。照片里他的两个眼睛都没有毛病,很正常,这是在文化大革命以前。可是到了文化大革命,他给我们讲旧社会的苦难,说他小时候得了眼病,母亲看病的钱也没有,所以带他去喇嘛那里。喇嘛不但没有治病,而且用刀捅他的眼睛。这照片证明他的说法是完全骗人。这以后我们调查他的一个眼睛瞎的原因,知道了事情的真相。这是1959年三月,吐蕃人民带着武器全面起义反抗中共侵略图伯特。在拉萨的很多吐蕃人为了维护达赖喇嘛,集聚在罗布林卡、布达拉宫和大昭寺的周围。中共侵略军选出了一些他们的狗腿子吐蕃人,给他们穿康巴的衣服派到大昭寺,为了侦探维护大昭寺的吐蕃人的内情。这时候,拉萨各地枪声和炮声不断,一个子弹打到大昭寺的墙的石头的时候,粉碎的石头打到阿旺的眼睛,这就是他的眼睛受到伤害的真正的原因。这也是他背叛吐蕃人民、当中共的狗腿子受到了惩罚的证据。阿旺为了掩盖和逃避自己背叛吐蕃人民的罪恶,制造出他小时候喇嘛用刀捅他的眼睛的假话来骗所有人。

  我们不浪费时间、积极学习的时候,有些人开始议论说这些成分不好的学生晚上去自学,还有些人问我是不是你们晚上去自学?问这个问题的言外之意是说我们去自学是错误的。当时我很年轻,可是我想学文化是学校的重点,为什么学校里不学文化,那学什么?为什么他们打击学校里学生学文化的积极性?因为老毛为了自己的权力疯了,而且为了他的权力,叫他们汉人民和吐蕃里没有脑子的中共的狗腿子们一起发疯,他们就都疯了。还有号召所有的人学老毛的著作和迷信老毛,说毛主席指示"打到所有,破坏所有,打击所有,立新破旧,打倒一切"。这也是"打砸抢烧杀"的运动。这时候人人都没有安宁,很讨厌和心烦的,特别是我们成分不好的子女们,更是心烦意乱。加上这时候是学校毕业时期,更是很痛苦的时候。我们成分不好的学生没有办法继续上学,因为当时不看学习成绩,而是凭成分好、思想红,才可以升高中和上大学。这时期小学和中学里展开了轰轰烈烈的文化大革命运动,学校也不正常上课。老师里面成分不好的

第十一章 文革毁灭吐蕃文化宗教

下放到农场劳动改造。我们班的次丹老师就被下放到农场劳动改造。次丹是我前面所说的班禅喇嘛的秘书，所以他的吐蕃文的学问造诣很高，我对他特别尊重。他也是我们班的吐蕃文老师和班主任老师。次丹老师教我们吐蕃文的《虚字论》《三十颂》、诗歌、写作论文等。对我来说，我很喜欢学吐蕃文的各项内容，我有空的时候就练习写诗，写论文等。写了以后我去次丹老师那里，让他看我的诗和写作，按他的要求改。次丹老师的性格很好，他仔细看了以后，错字全部改好，还耐心地教我。这么好的有学问的老师不留学校放到农村是很遗憾的。我抓住这个机会，在此我纪念和感谢次丹老师！当时文化大革命的时候，不但学校而且各个层面不要知识，不要经济，不要科学技术，不搞农业，不搞工业，学红色的观念，这也是学毛泽东的思想，搞打砸抢烧杀。

课业结束后，我和我的最好的同学朋友次赖加措、旦杰还有洛桑旦巴我们四个在 1966 年七月被学校派到《西藏日报》的出版社实习训练三个月。这时候文化大革命正是高峰，有一次我去日报社工作的时候，在德木拉章的前面我听到敲鼓、呼喊打倒牛鬼蛇神的声音。我去前面看的时候，人很多，游行队伍来了。游行队伍的前面一个人的头上戴着纸高帽，上面用吐蕃文写著，"彻底打倒反动农奴主丹增嘉措！[1]"，胸前挂着很多东西，还有穿着护法神吉祥天母（孜玛热[2]）的法衣。还有德木仁波切的太太穿上了贵妇的衣服，手上带着很多东西。这个问题上，吐蕃的著名作者唯色的《镜头下的西藏文革》的书里写的很清楚，德木仁波切游行的时间是 1966 年七月 27 日。这是我亲自所看见的事实。还有我有一次我去八角街，到了大昭寺讲经场"松郤绕瓦"的时候，看到台阶上一个贵族老人被批斗。我待在这里仔细看，他就是吐蕃的历史上自私自利的、毁灭吐蕃国家的罪魁祸首之一的噶雪·曲吉尼玛，人家叫他噶雪·达玛茹。这个意思是他是一

---

1 第 14 世达赖喇嘛的名字简称为丹增嘉措。
2 吉祥天母（班丹拉姆）是桑耶寺的护法神。

个噶雪两面派，以讽刺他是一个善於投机的两面派。

噶雪·曲吉尼玛文革遭批斗

还有人说一九五九年以前，噶雪拿吐蕃噶厦政府的钱来为自己造富丽房子，所以红卫兵批斗噶雪的时候，一个人拿来达玛茹（汉人称之为拨浪鼓的捶击膜鸣乐器）给噶雪，说，你是噶雪·达玛茹吗？你敲这个达玛茹，噶雪立即敲这个达玛茹。我这里想起来觉得很奇怪，这其实是很大的程度上讽刺了共产党。当时红卫兵抄家的时候，抄出来过去的服装和宗教上用的各种各样的东西等，就把这些东西挂在主人的脖子上和手上，还有头上戴高帽带去游行批斗。高帽上写着"牛鬼蛇神"和"反动"等字样。押解游街、戴高帽子的手法是不是文化大革命的首创？这是毛泽东1927年三月三日写的《湖南农民运动考察报告》，里面有这样的字句："戴高帽子游乡。这种事各地做得很多。把土豪劣绅戴上一顶纸扎的高帽子，那帽子上面写写土豪某某或劣绅某某字样。用绳子牵着，前后簇拥着一大群人。也有敲打铜锣，高举旗帜，引人注目的。"文化大革命的时候戴高帽子是在仿效

第十一章 文革毁灭吐蕃文化宗教

湖南农民革命运动的做法。当时拉萨戴着游行的叫"牛鬼蛇神",大多数是中共侵略军的狗腿子和吐蕃人民的叛徒,当局叫的"爱国人士们"。文化大革命以前,中共当局给了这些"爱国人士"大量的特殊关怀,比如为了特别关照他们的生活,当局办了一个爱

噶雪·曲吉尼玛文革遭批斗

国商店。群众买不到的东西这个商店都有。这些东西买的时候没有特殊证件不会卖给你的。这个证件是所谓的"爱国人士"的证件,有了这个证件可以买东西。当时中共当局自己的国家里短缺粮食和商品供应不足,所以当局发放证件。没有证件什么都买不到。可是文化大革命的时候,这些中共的跟随者、所谓的"爱国人士"全部被交给各居民委员会,让他们参加劳动改造。以前中共侵略者的宝贝、这些爱国人士们一下子变成了牛鬼蛇神。红卫兵给他们戴上了纸作的高帽子,拉出去游街。这些"爱国人士"里面,除去阿沛·阿旺晋美以外,大多数所谓的爱国人士戴上了纸作的高帽子被带去游行。红卫兵原来也计划让阿沛·阿旺晋美经历这样的礼遇,可是当时人家说,当天晚上中共西藏军区的人到了阿沛·阿旺晋美的家,带阿沛去机场然后送到北京。还有消息传来说,周恩来保护了阿沛·阿旺晋美。当时我在拉萨,知道红卫兵们急不可待要阿沛·阿旺晋美戴上了纸作的帽子去游行批斗,可是这个宝贝是中央保护的,红卫兵们也无可奈何。所

以从 1959 以来中共的各种运动里，所谓的"高层爱国人士"里，从来没有受到批斗和打击的只有阿沛·阿旺晋美。

　　还有日夜想念图伯特独立和想念自己的领袖达赖喇嘛和爱吐蕃国家和爱吐蕃人民的一部分真正的爱国人士，借此机会机智地惩罚背叛吐蕃、投降中共的叛徒。批斗和打击曾经陪伴达赖喇嘛学经的侍读经师江措林就是这样的例子。文化大革命以前的六十年代初期，班禅喇嘛为了吐蕃人民写出来的七万字报告的事件发生后，江措林背叛吐蕃人民，响应中共当局的号召批斗班禅喇嘛。还有批判达赖喇嘛和班禅喇嘛的运动开始的时候，他又积极地响应中共独裁者的号召，他东跑西跑，没有影子制造影子，诬蔑、诬陷和批判吐蕃人民亲爱的领袖达赖喇嘛。对江措林的卑鄙无耻的做法，当时吐蕃人民恨之入骨，可是没有办法，因为他是中共独裁者的一个宝贝。文化大革命的时候，等待的机会到来了。爱吐蕃国家和爱自己领袖的一部分年轻人乘着这个机会，高喊"打倒牛鬼蛇神！"的口号，来给江措林戴上了纸作的帽子带去游街，并批斗很多次。批斗的时候殴打他，有时候他去外面街上的时候，有些青年人说这个牛鬼蛇神在这里，马上对他吐口水，有时候还打他。这样的事情出现很多次。我有一个朋友亲自看到过这样的情境，这些情况是他给我介绍的。鉴于以上的种种原因，这样做法不是无缘无故的。这也是僧众败类和民族败类江措林应该得到的惩罚。当时我听到江措林得病的时候，中共的所谓西藏军区专门给他补贴人民币几万，以照顾生活。可是这以后他的病情恶化，他很快就在 1974 年死了。

　　当时说"破旧立新"，在这样的口号下抄家。抄家的主要对象是领主、代理和参加过反对中共侵略军的侵略行为的人们的家。红卫兵们看见当地吐蕃人家里宗教上常用的东西和佛像、佛经，甚至过去贵族穿的衣服，照相机和手表等东西，统统收走，还把这些东西挂在主人的脖子、背上和手上，满身披挂着这些东西被押去游街批斗。毛泽东的红卫兵小将们的野蛮行为将几千年的宝贵的佛像和佛经全部毁灭掉。佛像被砸碎磨成灰尘散布路上，佛经被烧毁当灰尘丢到积肥坑。这些做法是对吐蕃宗教极大的侮辱。当时我们家里有佛像,尽管不是太大,但是无法藏匿保存,所以我的母亲叫我和弟弟凌晨悄悄地带走家里这些佛像扔到拉萨河里。因为如果红卫兵抄家的时候看到这些佛像,他们会马上把这些佛像砸烂。泥佛像被磨成灰尘散布路上。如果是铜佛像的话,他们砸烂然后一起运倒内地工厂去融化,这就是恶业造孽。所以我母亲说,这些佛像和佛经丢去拉萨河是很干净的,不会在人的脚底下被踩踏,从而避免带来恶业造孽。

当时我经常看的书是《虚字论》《三十颂》[3]、小说《青春无比》[4]《水木论》[5]、传奇史诗《格萨尔》的专辑,《萨迦格言》[6],还有汉族的有名故事《红楼梦》等。我很喜欢这些书,这些书是属于旧文化,是批判的对象,所以我母亲和家里人不知道,我把它们悄悄地藏起来的。一天早上我还在睡觉的时候,我母亲带弟弟把我的这些书丢到了拉萨河里,因为我母亲也没有办法。这些书如果红卫兵看到,一定会把我父母带去游街批斗。我小时候不喜欢去玩,我会坐在家里看书。我的父亲教我佛经,我要每天晚上读佛经,特别是我父亲很信奉米拉日巴,他经常讲米拉日巴的故事,还有教我读米拉日巴的故事。他时常对我们说,喇嘛就要像米拉日巴。所以文化大革命的时候,我父亲想方设法把经常使用的这些佛经藏起来,其他更多的佛经无法收藏起来。

还有我的达布仲巴姨妈的佛堂里像人一样大的佛像很多。我、我

---

[3] 《虚字论》和《三十颂》是图密·桑布扎(公元七世纪吐蕃内相)著的藏语构词造句语法书。

[4] 《青春无比》(Unrivaled Youth)是一部有名小说。

[5] 《水木论》(又译《水木格言》),藏文"区性单曲",是一部诗歌、文论兼有的有名著作,又可译为《芭蕉树》(Plantain Tree)。它通过芭蕉树结果而后死亡表达世界的无常,也用芭蕉树的水、木二特性,传递佛教不可分割的关联性,教导眼见的事务表面可能是幻想,并不代表事物的全部意义。

[6] 十三世纪萨迦·班智达所著有关世俗道德论述的书。萨迦·班智达·贡噶坚赞(1182年—1251年),藏传佛教萨迦派第四祖,出身昆氏家族,他所著的《萨迦格言》《正理藏论》《三律仪论》。他将衣钵传给侄子八思巴,八思巴成为第五祖,并被元世祖忽必烈尊为帝师。汉译本《萨迦格言》,仁增才郎译,西宁:青海人民出版社,2020年版。

的母亲，还有我姨妈的女儿我的姐姐纳卓一起早上很早起身，带着这些佛像去拉萨河里扔掉。这样子花了数日扔出去的。佛堂里有整套《甘珠尔》和《丹珠尔》，这些没有办法搬运。所以这些佛经在红卫兵来后被烧毁在达布仲巴的院子里。当时1966年六月左右开始打砸抢烧的运动，这就是毛泽东亲自发动和指挥，中央文革小组有计划组织领导下，在拉萨首次推动的文化大革命运动。这时拉萨中学的学生红卫兵和拉萨城市的各居委会的红卫兵带头迫害各寺庙里的僧人，包括拉萨大昭寺。

拉萨大昭寺是七世纪吐蕃历史上很有威望和卓越贡献的松赞干布建造的，到现在有一千三百多年的历史。大昭寺里有很多无价之宝，佛像里有文成公主嫁给松赞干布的时候唐朝皇帝送给她的佛像，这个佛像是佛祖在世的时候由当时有"工匠王"之称的碧秀嘎玛以佛祖十二岁等身标准建造的。拉萨大昭寺是尼泊尔公主嫁给松赞干布的时候，尼泊尔王送给她的佛祖像，这一佛像由工匠王碧秀嘎玛以佛祖八岁等身标准建造的。当时这个佛像在大昭寺里。起初，小昭寺是为文成公主建造的，是她带来的十二岁佛祖等身像住处。但是后来吐蕃的很有名的吐蕃的国王赤松德赞年幼的时候，政府里的一些苯教信徒的臣子搞毁灭佛教的运动，特别是在朗达玛（赤达玛·乌东赞）毁灭佛教的时候，两个佛祖像被转移隐藏在其他地方。后来恢复佛教的时候，后人无意中调换了位子。尼泊尔公主带来的佛像放在位文成公主建造的小昭寺里，文成公主带来的佛像放在为尼泊尔公主建造的大昭寺里。这个事实，几本吐蕃的历史书里都有说明。大昭寺里佛祖像为主，此外还有很多珍贵的佛像，里面特别主要的另外一个佛像是千手千眼的观世音佛像，可是当时文革的时候，除了佛祖的佛像以外，历史悠久的其他佛像全部被破坏了，大昭寺的墙上的壁画都是用铁锹和铁杵来破坏的。墙上的壁画是政教的历史，比如，大昭寺里面的环形路的墙上的壁画都是佛祖的传记，还有大昭寺大门进去以后转身的时候，大门的右边墙上第五世达赖喇嘛和蒙古的固始汗坐在一起的壁画。固始汗和蒙古的王族家庭都是忠诚的黄教信徒。固始汗

第十一章　文革毁灭吐蕃文化宗教

辅助甘丹颇章统治全吐蕃立下了很大的功劳，所以固始汗的吐蕃名字叫大法王丹增曲杰。这个名字是五世达赖喇嘛送给他的。这样的历史性的壁画全部毁灭了。毁灭的不只是拉萨大昭寺一个，全吐蕃的六千多的寺庙全部遭到毁灭性破坏。这些寺庙里除了有珍贵的佛像以外，还有吐蕃的信徒们捐赠给寺庙的宝石、黄金、玉、玛瑙、珊瑚、珍珠等数不清的宝物。那么多，现在一个都没有了。这些谁拿去的呢？红卫兵拿的吗？不是，这些全部被中共当局和那些当官的抢夺和带到他们的家乡去了。

图伯特境内的寺庙被毁甚至大多数发生在文化大革命以前，中国侵略军占领全图伯特后，也就是 1959 到 1961 年之间所谓的民主改革的时候，农村的寺庙大多数都已经被毁灭了。比如我介绍吐蕃的山南地区的情况，过去我们的庄园在山南的扎囊，所以庄园的熟人和亲人等为了来拉萨看病的时候住在我们家里，他们对我父母介绍山南的情况的时候说，扎囊地区的大多数寺庙在民主改革的时候就被破坏毁灭了。寺庙里面的所有珍贵的宝物被政府拿去的。还有我想说我亲自去扎囊看到的情况。如我前面说的那样，1959 年三月份里，拉萨吐蕃人起义战斗、反抗中共侵略者的时候，我父亲不在拉萨，所以中共当局认为我父亲没有参加叛乱，我父亲是赎买政策的对象。可是我们庄园的所有财产是被没收的，因此赎买政策对象的财产如果被没收的话，这些财产定价后一部分要退回的，可是没有退回。文化大革命结束后，邓小平实行改革开放的时候，当局讲他们要落实政策，这也是落实和纠正文化大革命的时候没收财产和房子，还有文化大革命以前赎买政策不公正。所以我父亲通过自治区政协联系扎囊县，要求赎买政策不公正的问题得到解决。当时扎囊县的领导说，这个问题他们来调查。关于这个问题，我两次去扎囊，最后扎囊县的领导说，我们派一个我们的干部，陪你一起去你们以前的庄园杰德公社调查。所以我和他们派的县的干部一起去以前的杰德庄园和当时的杰德公社。我们到了杰德公社的时候，他们叫了一些老人问当时的情况，他们是过去我们的佣人。他们说，当时民主改革的时候，杰德庄园的房子和生产工具分给好几户贫苦农民。羊和山羊，母牦牛和公牦牛，母黄牛，马和驴，还有其它不珍贵的物资和衣服全部分给了大家。其它宗教上实用的金银东西，满满一个房子的没有用过的新的垫褥，还有很多值钱的东西全部用十几头驴马十几天运到县里去了。这些百姓们回答的内容是和我的观察一致的。

还有一九五五年左右，图伯特的形势越来越紧张，这时候我父亲是噶厦政府任加屯县的县官，所以他要去加屯县。我们庄园只有我的祖母、管家和一些佣人。我的母亲和我们姐弟们在拉萨，我们去那里上学。我父亲没有去加屯以前，在庄园里我们有金子和几千个大洋，我母亲的很珍贵的两个珠冠，纯金的两、三个项链盒，还有珍珠和珊瑚，很多天珠等很珍贵的东西。数量很多，所以这些珍宝装饰品放在很大的铜罐里，埋在我们仓库的地下室里。这些工作做好后，我父亲去担任加屯县的县官。"民主改革"的时候中共当局怀疑我家隐藏枪枝弹药，他们把我们的仓库彻底清查和到处都挖找，可是没有找到枪和子弹。他们找到的是我父亲埋在地下的这些珍宝。当时这些珍宝全部被当局拿回县里去了。这个事实是由当事人的老百姓讲给我们听的。我讲这个事实的原因是，当时中共当局没收的贵族、富家、各寺庙的财产里面的宝石、黄金、银器、珍珠、珊瑚、天珠等珍贵的东西，这些全部没收的东西根本没有用于图伯特的建设发展或帮助贫苦大众。中共土匪当局和这些官员们把这些珍贵的宝物偷窃抢夺拿回他们的家乡，特别是全图伯特有大大小小的寺庙六千多个，这些寺庙是图伯特的宝藏地，因为吐蕃人信佛教，所以吐蕃人平时自己珍贵的东西一定送给寺庙和仁波切，用作佛像的装饰品。特别是人死了以后，家人把逝者的贵重的东西送给寺庙和仁波切。这些寺庙有一千多或一百多年长短不同的历史，寺庙里的珍贵的东西数不清，千百年的无价之宝的古董很多。可是文化大革命的时候，全部被中共抢夺拿到他们的家乡去了，甚至文化大革命的时候，砸烂的佛像和寺庙的屋顶上的铜皮都装进几百个大卡车里运到他们的家乡陕西和北京。

拉萨附近的寺庙和山上小庙在文化大革命以前，一些没有被破坏，可是大多数损坏相当严重。文化大革命的时候，拉萨附近的寺庙全部被彻底破坏，比如格乌仓日追山上的寺庙和卡多寺等这些寺庙都被彻底毁灭了。当时我看到的时候，留下的只是残垣断壁。这些佛像砸烂的时候，佛像的肚子里有很多珍贵的东西，比如小昭寺里的八岁等身佛像摧毁的时候，切断成了两截，佛像肚子里有很珍贵的粉碎的黑金。破坏佛像的红卫兵根本不知道这里面的珍贵的东西，他们将这些倒在积肥坑里。有人知道这是无价之宝的珍贵的黑金，可是没有人敢去拿或带回家去。如果有人拿这个黑金，那红卫兵说这个人迷信宗教，他是一个牛鬼蛇神，给他戴上纸做的高帽子带去游街和批斗。所以没有人敢拿这些珍贵的东西。还有拉萨附近的三大寺庙里，甘丹寺是文革的时候遭到全部彻底的摧毁，甘丹寺是吐蕃的四大宗教里黄教创立者宗喀巴建造的。中共的这些做法，对吐蕃全体的佛教信徒，特别是黄教信徒来讲，痛苦的感觉就如同自己的心被挖出来一样。这就是中共土匪集团的红卫兵有组织、有计划、有次序地鼓励、激发、动员吐蕃人当中的恶劣卑鄙人和积极分子来摧毁甘丹寺。寺庙里的佛像和佛经全部被砸烂，寺庙里的很珍贵的宝物全被中共当局抢夺拿回他们的国内。比如我举例说明，北京民族文化宫抢夺甘丹寺的纯金写的《丹珠尔》。近几年前才还给甘丹寺。中共土匪集团抢夺吐蕃的无价之宝的珍贵的宝物数不清，那么多没有归还。为什么把《丹珠尔》归还给甘丹寺呢？因为国外和国内很多人在全世界人民面前揭露中共土匪集团迫害和摧毁吐蕃宗教和文化的时候，他们才将抢夺的吐蕃的宝物还给寺庙一两个，他们还装模作样地说，他们是吐蕃文物的保护者。而真正的吐蕃的宗教文化破坏的罪魁祸首被栽赃推在了吐蕃人的头上。比如这个问题上，吐蕃的女作家唯色的《杀劫》[7]的书里这样写的，在她采访中，

"一位藏族学者对我说，在2002年西藏社会科学院举办的《格

---

7 《杀劫：四十年的记忆禁区，镜头下的西藏文革》，泽仁多杰摄影，唯色文字，台北：大块文化，2006。

萨尔》史诗千年纪念学术研讨会上，原西藏自治区党委书记和后来安徽省的党委副书记郭金龙到会讲话，谈及'达赖分裂集团'在国外宣称西藏的传统文化遭到破坏，非常生气地说，国外总说我们破坏了西藏文化，砸了多少寺庙。可是难道是我们吗？是解放军去砸的吗？是汉族去砸的吗？"

以上的情况是在唯色写的汉文的《杀劫》书的第八十页里看到的。郭金龙的讲话内容似乎是说，图伯特搞打砸抢杀破坏的人不是汉人，不是军队，而是吐蕃人自己。你看他的话是很漂亮的，好像煞有介事。事情上他的话是颠倒黑白，把自己的罪恶推到别人的头上，因为在共产党独裁统治下，人民哪里有自由自在的行动？！你不用说行动，说话的自由都没有。比如就文化大革命以前的班禅喇嘛事件来讲，班禅为了吐蕃人民，写出中共所说的西藏解放以后的吐蕃人民的痛苦，一个一个写出来报告中央，要求落实党的民族政策，落实宗教政策，改善人民的生活等。他只是提出要求，没有反对共产党，也没有想推翻共产党的统治，只是提改正共产党的错误政策。可是中共最高当局不但没有接受班禅喇嘛的合理要求，而且把班禅喇嘛投入监狱。对共产党来讲，班禅喇嘛有用的时候，可以抬到天上去；没有用、没有价值的时候，班禅喇嘛被打入地狱。所以，在共产党的统治下，人民哪里有随随便便地搞运动、搞组织、搞破坏、说话、写作等自由？！文化大革命以前和文化大革命以后都一样，一切听党的指挥，听毛的教导。文化大革命的时候听毛和中央文革小组的话。如果你不听他们的话，他们说你是反对党和背叛国家，是右派分子、反革命分子、达赖集团的狗腿子、坏人坏分子，总之用各种罪名来打击迫害你，把你打入监狱判刑、杀头。所以文化大革命是毛泽东亲自发动和指挥的，在老毛"破旧立新"和"破四旧"的指示下，文化大革命的打砸抢的运动才开始的。如果你不参加打砸抢的运动，他们说你的思想有问题，你迷信宗教，你站在了反动立场。他们扣帽子来打击你。很多人心里不愿意，可是不得不接受毛的指示，参加这个打砸抢的文化大革命运动。这个运动毛和中央文革小组诡计多端,有计划、有次序地利用吐蕃里面的没有头脑的卑鄙的一部分人,给他们下指示带来灾难结果。这也是中共土匪集团对吐蕃人民犯下的罪恶和欠下的孽债。

甘丹寺的一部分是在八十年代里重建起来的。可是这个又成了中共土匪集团的宣传工具。下面我谈这个问题真实的情况。在1979年,中共的领导邓小平带话联系吐蕃人民的政教领袖达赖喇嘛,他说:不谈西藏独立,什么都可以谈。所以中共当局邀请吐蕃的流亡政府的代表参观图伯特。流亡政府的代表好几次来了图伯特境内,还有在邓小平的国内和图伯特境内实行的改革开放政策下,图伯特境内也可以搞宗教的活动、集会,所以佛教信徒的吐蕃人为了恢复破坏的寺庙,有钱出钱,有力出力,有技术的人出技术,来开始甘丹寺的部分重建。恢复重建的时候,以拉萨人为主和加上拉萨以外来的群众,包括木匠、石匠、土石工们成年累月里不取工钱志愿来工作,恢复起来一部分寺庙建筑。还有布达拉宫对面药王山腰的扎拉鲁固[8]寺重建的时候,拉萨的民众也自己来掏钱捐献来重建寺庙,没有当局一分钱的帮助。事实上,甘丹寺和扎拉鲁固寺的重建,中共当局一分钱都没有支援。随着开放政策的实施,很多外国人来图伯特参观,特别是来拉萨的外国人越来越多。中共当局对外国人说,文化大革命当中,西藏和中国国内遭到很多破坏,可是现在国家支援西藏重建了几个寺庙。他们这样子宣传来欺骗外国人和他们自己的国内人。重建寺庙是吐蕃人自己出钱出力来启动完成的,可是就这点中共当局一句话都不提。吐蕃人民的功劳被它贪天之功为己有,来宣传欺骗所有人。

在文化大革命的"破旧立新"、打砸抢烧杀斗争的恐惧和迫害下,吐蕃家庭日常生活都不能幸免。比如,吐蕃人的服饰和佛龛立柜上都有"和气四瑞"和"虎狮鹏龙"、寿星老人等的画像,这种有画像的佛龛立柜都没有办法留在家里,所以这些珍贵的东西都被悄悄地当

8　扎拉鲁固,扎拉是山腰的意思,鲁固是山神。

作柴火来烧或丢进拉萨河里。这些都被认定属于破旧的东西，甚至外国的货物都不许留在家里。在破旧立新宣传下，吐蕃的宝贵文化被彻底破坏。

说是迷信，无罪受罚摧毁佛教。

吐蕃的传统属于破旧，发扬卑鄙恶劣。

说反父母、反老师是革命。

还有大概一九六六年的七、八月份里，"破旧立新"的运动走向高潮的时候，我们阶级成分不好的人被派到拉萨河边做砸碎石头工作，碎石为了修公路用。有一次我、我母亲和我弟弟一起砸碎石头的时候，拉萨要饭的乞丐、流浪者还有很多贫苦的人在拉萨河里打捞东西。这些人拿了绳子，绳子上有铁丝铁钩，这个绳子丢在河里拉起绳子就钩上了不同的东西。有一次一个乞丐把绳子丢进水里，钩上了一个麻袋，打开麻袋一看，里面有十几个印度制造的新铝锅。还有另一个人从水里捞到了女性的服饰、纯金的宝盒。还有其他各种珍贵的和宗教的服饰被丢到水里，所以很多贫苦人和乞丐在河边寻找打捞这些东西。这些东西是中共当局声称的反动阶级家庭和商人剥削阶级的物品。红卫兵抄家，成分不好的家庭有了以上的东西，红卫兵说这些东西是破旧，所以家里的主人会被带去游街和批斗。如果家里有外国的东西，红卫兵说这是里通外国，与敌对势力勾结和串通，也会无罪受罚。所以旧的服饰、宗教服饰等传统的东西都包括在破旧的东西一类，所以人们不敢把这些东西留在家里。请读者们看一看、想一想，中共土匪集团带来的图伯特的幸福生活是什么样子啦！自己的财物留在自己家里的权利都没有，甚至自己活命的权利都没有，这样的情形在吐蕃的历史上还未曾看到过和未曾听见过。还有文化大革命以前，我的姨妈达布仲巴的院子里出租的住宅住有一个康区理塘的康巴人名字叫根沃饶。他是1959年以前住在大布准巴院子里，文化大革命以前，大概是1963年他突然自杀了。后来我的姨妈告诉我父亲和母亲，说根沃饶自杀的原因好像是他原来有只手枪，这个手枪

1959 年以后他没有交给中共当局，后来当局怀疑他隐藏枪，所以找他讯问好几次以后，根沃饶选择了自杀。

还有一九六五年我们住宅的邻居的房子也发生了自杀悲剧。因为这个房子的主人是拉达卡其⁹，所以人们称呼这个房子名字叫拉达卡其。1959 年后这个房子成了群众的住宅，房子的南方对面是马路，这个房子的南面一层楼是居委会办的合作社。这里面有个理发店，有三个人上班；还有鞣皮革合作社，有五、六个人。他们当中有一对六十岁左右的老夫妻，大家叫妻子阿妈才仁，她是我们居委会的积极分子。人家说她平时尖嘴厉舌，可是她的心不太坏。有一次丈夫不在的时候，阿妈才仁在家里用刀子切断脖子自杀了。她自杀的原因不是家庭的问题，因为他们两个夫妻平时很恩爱，所以该是其他解不开的心病或社会的压力。当时很多吐蕃人自杀，可是这个问题没有办法公开讨论，如果这些问题公开流传，中共当局会以阶级敌人造谣破坏社会秩序的罪名来打击，所以会带来很大的麻烦和痛苦。有些人说真话受到打击和批斗，因此自杀的人也有。还是文化大革命时，尤其 1967 至 1968 年之间，自杀的人很多。拉鲁的管家旦巴跳拉萨河自杀的。彭康赞拉是所谓的西藏自治区的政治协商会议的委员，当时文化大革命运动中在紧张学习的压力下，他用绳勒脖上吊自杀的。还有原噶厦政府的公务员叫嘎素，他服毒药自杀。还有布达拉宫的后面鲁康林卡里面几户人家，据说自杀的人也很多。有一次，拉萨吉日区的两个年轻夫妻穿上新衣服去色拉的天葬场自杀的。这样令人想象不到的、很痛苦的悲剧经常发生。还有我的亲叔习沃·洛桑达杰¹⁰有个妹妹，也就是我的姑姑，结婚后有了四个子女。无法承受激烈的政治运动冲击，姑姑抛弃四个子女和丈夫而自杀。悲剧留下来的四个小孩光靠父亲来照顾。文化大革命和改革开放后，四个小孩里两个来到了印度，

---

9 "卡其"是称呼穆斯林，这里是指来自拉达克的穆斯林，几个家庭居住在这里，所以得名。
10 习沃·洛桑达杰（1932-2024），前西藏流亡政府官员，曾担任外交部长、最高法院法官。

他们得到了在流亡政府办的学校里学习的机会。后来我接他们到美国,现在他们两个已经成家,过着自由的生活。这就是与吐蕃人民的政教领袖达赖喇嘛的恩情和失去自由人民的救命者和保护者美国的恩情是分不开的。以上的痛苦和恐惧的情况已经达到极端,可还有比这个可怕和恐惧的事。一听见就让人怕得要死的痛苦的真实故事说也说不完。

第十二章

走上社会去找活路

　　我学校毕业以后去找工作,也有许多真实的遭遇。如上章讲的那样,我和我的同学们在《西藏日报》社的工作实习结束了。我们是小学毕业的学生,可是因为我们的家庭成分不好,所以没有继续上学的机会。我们找印刷厂的领导,提出我们喜欢这个工作,我们需要工作。能不能我们留在这个工厂?印刷厂的领导说,可以,你们工作表现很好。可是首先我们要你们学校的介绍信,你们拿到介绍信,你们可以在这里工作。我们很高兴的去找学校的教务处,学校的教务处的工作人员说,你们找校长去吧。我们给你们开介绍信,一定要校长的允许。我们去找校长,当时学校的校长是阿旺。我们对阿旺校长说,《西藏日报》社印刷厂的领导说,"你们可以留在印刷厂工作,可是我们要你们学校的介绍信。"所以,我们请求校长给我们出具介绍信。这时候他好好仔细地看着我们,面露讥笑和耻笑,他说,"哦,你们说要介绍信吗?"他又用很不好的态度恶狠狠地说,现在贫苦出身的学生都找不到工作,你们要介绍信?不行。我说我们没有要求学校给我们工作,《西藏日报》社印刷厂的领导说,你们可以留在这里工作,可是我们要学校的介绍信,所以请校长给我们介绍信吧。他对我们说,学校不会给你们介绍信,你们要介绍信,你们去居委会拿介绍信吧。我再给阿旺校长说,我们现在是学生,所以居委会说这是学校的工作,我们居委会不允许干涉学校的工作。他又用很恶劣的态度对我们说不行。

　　当时我的心里很愤怒和很痛苦。我想什么时候能离开这个黑暗的社会!很遗憾不能去日报社的印刷厂,我们给印刷厂领导说,学校不给我们介绍信，所以我们能不能做零时工？印刷厂的领导说，没有介绍信，留在这里工作不行。所以很遗憾的，我们的希望落空了。

我们的家庭成分不好，所以没有继续学习的机会。我们一定要找工作。我和次赖加措（次赖加措是数年前汽车冲撞去世的）、旦杰（是个商人家庭）、洛桑旦巴（是个代理家庭，我听到他也是数年前病死的）一起去找工作。这时候次赖加措的姐姐在拉萨西郊军队的农场里工作，次赖加措对我们说，他姐姐说这个农场要民工，她姐姐可以来给我们帮忙。因此，我和旦杰定个时间和次赖加措一起去他姐姐那里。我们到次赖加措的姐姐那里的时候，他姐姐首先接待我们后，她说，工作的问题我问了办公室，办公室的干部说我们要民工。首先你把他们带到这里来。所以她带到我们一起去办公室，办公室里有一位穿军服的年里大一点的军官。次赖加措的姐姐给军官说，他们要工作和他们是小学毕业等。介绍完我们后，这个军官问我们，我们的历史。这也是我们的名字和成分，学校，地区，住所等一个一个地记下来后，他说如果工作确定以后，也许可能在拉萨以外的地区安排工作。这时候我们说，最好我们留在拉萨工作，如果实在不行的话，没有办法，我们听你们的安排。还有这个军官对我们安排时间，说，这个时间你们带来学校的介绍信。我们说可以，下次我们准时到这里，谢谢。我们回去后，我们再去学校找阿旺校长要介绍信。我们对阿旺校长把工作问题解释清清楚楚以后，他马上给我们开了介绍信。这次这么容易的给我们介绍信，不是他照顾我们，因为我们找的工作是很多人不愿意干的体力劳动，所以他给我们出具介绍信。阿旺不愿意照顾成分不好的人，我的家庭成分是领主，旦杰家庭是商人，次赖加措是仁波切转世，所以阿旺校长不愿意帮助和照顾我们。当然我们剥削阶级的家庭成分的人没有前途和没有活路。我们拿着介绍信来，按原规定我们去农场和农场的办公室。我们到了办公室的时候，办公室关门了，所以次赖加措的姐姐问其他办公室，上次和我们交谈的军队干部在哪里的时候，人家的会答是，今天召开文化大革命的批斗大会，和我们交谈的这个军队干部是当权派，今天的会议是对他的批斗大会。因此，我们的工作再次落空了。

一两、天后，次赖加措对我和旦杰说，她的姐姐工作农场要人，工作是收集拉萨厕所的大小便作肥料运到农场。这个工作是又臭又脏，也是为了自己的生存自己去找到的工作，所以我们自己还有干还是不干的选择。我没有干这个工作，旦杰也没有干这个工作。可是有时候居委会强迫我们做清理厕所的工作，这时候我们不得不干。如果我们说不干，他们会对我们说，你们反动阶级的世界观没有改造好，必须要干这个工作！而且他们还会加大我们的工作量却还不给工钱。他们说这是对反动阶级的劳动改造。

我和我的其他同学通过朋友找到个做土墙的土工工作，工作地点是拉萨附近的四大林之一的策觉林。策觉林原来是寺庙，寺庙里的佛像和其他物件全部在1959年以后被破坏了。当时这个寺庙由中共所谓的西藏自治区公安厅管辖，我在这里干了一年左右打墙的工作。文化大革命当中，这个农村地区像拉萨一样，也展开了"破旧立新"的运动，破坏佛像和所有的宗教和旧的传统的东西。还有有些人被说成是牛鬼蛇神，经常看到带着他们游行批斗的运动。可是我们从拉萨来的土工不是这一个地区的人，所以没有人来找我们麻烦。我这个工作还没有结束，我们的居委会强迫派我去工布修公路。

一九六六年六月或者七月份里，我们辖区居委会强迫派我去工布密林修公路，所以我不得不去。当局说这个公路是国防的公路，是有政治意义的公路，要基层民工修公路是上层当局下达的任务。基层的各居委会首先强迫自己居委会的成分不好的家庭里派一、两个人。这时候我们家里我不得不去。尽管当时去修公路是我首次只身被迫离开拉萨去其它地方谋生，但是我的心里没有不敢去和害怕的，因为我们家里父母以外，我们有姐弟六个。姐姐以外我是最大。如果我不去的话，我父母不得不去。我为了减轻父母的负担，我愿意去的，所以我心里没有不愿意和不敢去，这是为了我的父母在家里能好好休息。我们施工队的民工们从拉萨的冲赛康坐着汽车去修公路的。我们是属于拉萨南区办事处的鲁固居委会，此外还有八角街（八廓）居委会、冲赛康居委会、绕赛居委会的民工,一共有49人。我们的领队是八角街居委会的领导岗珠,当时岗珠很年轻,我听说岗珠现在仍然是八角街居委会的领导。修公路的还有拉萨附近的农村一部分的民工。我们修公路的管理单位是军队,运民工的汽车队是十六团的汽车队,十六团所在地是拉萨西郊和哲蚌寺的下面。汽车不是公共汽车,是物资运输的货运车,所以各民工带自己的行李、棉被和常用东西等大箱子。这些东西放在车厢的地上,民工们坐上面。一个汽车里有二十个民工。这时候没有现代的公路,都是土石公路,所以汽车里东西上面坐人很危险。我们出发的时间是1966年七月底或者八月初,我们从拉萨出发,中午的时候到了墨竹工卡的兵站,在这里吃中午饭。这时候很多人先去抢饭,像狼看见肉一样地狼吞虎咽。因为军队的伙食很好,有米,有肉,有油,油菜伙食相当好。可是百姓平时根本吃不上这么好的饭菜,所以民工们抢饭。我不好意思去抢饭,我没有吃这个中午饭。我吃一点家里带来的饼子。民工们吃完了饭以后再出发,开到了工布地区。工布地区那时山上山下全是绿色的树林,流下来的水像哈达那样洁白,所以我自己自然地热爱和亲近这个地区,可是自豪骄傲的心里也有自然的悲伤,因为现在我们的吐蕃国家被中共土匪集团占领,他们抢去所有,我们什么都没有。

  工布碧水青山,美丽盛情动人。
  树林覆盖江山,风吹高低起伏似海浪。
  满地香味,多种美丽的花争艳像天堂。
  山上流下清新药水,像挂上洁白的哈达。
  盛情的山顶传来优美感人的鸟声,听见犹如天堂那样舒畅。
  顿时忘却了压迫下身心俱劳的苦难悲伤。
  满地桃花,美丽家乡。
  啊,这样迷人的工布,吐蕃人民的宝藏。

我们的汽车继续开到了工布松多军队的兵站。这里吃了晚饭以后,晚上入住,第二天早上很早起床,吃了早饭出发。当天下午七、

第十二章 走上社会去找活路

八点钟到了林芝兵站。吃了晚饭住在这里。早上很早起床,吃了早饭后继续出发三、四个小时,到了达木码头。这里有很大的木船,用钢铁绳子来拉的,这个木船里载三个运输大车和一个小车,还有民工坐在船上,带我们一起过去。我们刚到这个港的时候从汽车上面,我们看到了雅鲁藏布江,这一个江有两个颜色,一个像土颜色,一个是像蓝色,我想一个水沟里有不同的颜色是很奇怪。两个颜色,一个是拉萨江河和一个是后藏流出来的江河,这个雅鲁藏布江通过白玛贵或者墨脱县流出进入印度,这个东面是墨脱县和西面是米林县。我们渡过雅鲁藏布江后我们面向西面去米林修公路。我们的汽车开了快到夜晚的时候,到了一个路边我们下车。这里树林很多,这是我们修公路的地点。这里有公路,可是公路狭窄和破烂,所以公路要扩大和修复。我们下车后马上搭帐蓬,各个小组分给帐蓬后,所以准备好帐蓬里自己睡的地方。天时太晚了,我们没有吃饭就睡觉。第二天早上很早起来,搭起厨房的帐蓬,做早饭吃。工地管理办公室开个大会,大会上做工作安排和宣布纪律。公路的管理单位是军队,所以他们很小心。军队领导宣布纪律的时候说,这个地区是边防地区,原来印度反动派的特务秘密来过这个地区,大家一定要警惕。这个地区,你们要出去十五分钟以上的话,一定要向你们队伍的队长请假。还有,一个人不准单独出去,必须两个人以上一起去。我们从拉萨出发前,居委会的领导对我们威胁说,去不去修公路是政治问题。我听到这个话的时候心里有一点高兴,我心想可能我得到了逃跑印度的机会。但是我到了修公路地点的时候,这个地区的一面是雅鲁藏布江,一面是密林,所以如果要去印度,应该要通过这个密林。可是我不熟悉路,因此这方面我想了很多方案,如果要去应该要有伙伴,没有伙伴不行。但是我们民工里我没有熟悉的人,因为我来修公路以前,我是学校里的学生,所以在社会上我没有熟悉的人,而且我年轻没有经验。如果我给同事讨论逃跑的问题,如果这个同事汇报当局的话,那我进监狱是不用说,而且会牵连父母。如果我一个人逃跑的话,碰到树林里各种野兽,会损坏自己的一生。所以我的梦想没有办法实现。

修公路的时候，山沟里流水的地方要做很多水泥的小桥梁。一个星期放一天假，这时候我们去米林县买牙膏和肥皂等，从修公路处到米林县要走路三、四个小时，我们去的时候向队长请假，三、四个人一起去的。还有我们民工一个月分给酥油三斤，糌粑四十五斤或者二十二多公斤。这个糌粑是过时发臭的，我们民工们要求军队领导换这个糌粑，我们没有办法吃，还有对身体没有好处。可是这些合理的要求根本不被接受。没有办法，不得不吃这个糌粑。所以有些胃病的人病情发作，经常吃药和请假休息。他们遭遇了很大困难。中共当局根本不解决这个困难。从这个方面说明，这是中共经常说的百万翻身农奴是国家的主人是骗人鬼话，他们把吐蕃人不算人、只算使用的工具。其他米、面粉、肉、菜都没有，所以我们从拉萨带来一些猪肉罐头和四、五斤面粉，我们修公路，三个月后结束了。

我们首次来修公路的时候，在拉萨，文化大革命开始一、两个月了，可是边防地区一点没有看到文化大革命的影子。这个地区吐蕃人的村庄不多，有的还是散开的。可是这个地区兵营很多，走路一个半小时的时候就有一个兵营。我们去米林县买东西的时候，山沟里看到两个兵营。我们问这里的老百姓，为什么这里吐蕃人的村庄不多？他们回答说，这个地区的有钱的人家1959年时逃跑去了印度，在米林地区从康来到朝圣的人很多，没有回去的家庭很多。

我们修的公路上面，向东去可以到墨脱县（白玛贵），向西方去通过朗县（达布）和乃东（泽当）到拉萨，所以这个公路是军事战略上很重要的通道。这个公路是从中国内地直接可以到达印度东部阿萨姆邦的重要公路，还有从中国四川通过昌都和工布林芝到达米林的边防，还有中国甘肃通过图伯特的安多、那曲和山南到达米林和墨脱县（白玛贵）到达印度东部。

一九六六年的九月底，我们修公路完成以后开始返回拉萨，我们修公路里拉萨来的民工以外还有纳金、蔡公堂、策觉林的民工。送我们的车队是军队的汽车队，拉萨附近的农民民工们比我们早两个小时出发的，最后我们出发。这也是我们修公路来的一样，我们的汽车

第十二章 走上社会去找活路

经过达木恰那从达木码头搭乘汽车轮渡后,我们继续坐汽车到了林芝,时候很早所以没有停下来,继续开车三、四个小时。那时候一个空车大车返回到我们的卡车,有两三个人在车上,一个人喊我们的队长说,队长我们的车子翻车了,很多人受伤了,请你们帮助他们吧。我们的车子开两个小时,快到松多兵站的时候,可以开两个车的很宽很低的桥上面,他们的车翻车了。我们开到前面把受伤的人送医院去。我一看两个受伤的人躺在车子里,头流着血;一个人抱着受伤的头。民工平时使用的棉被和箱子,木料,锅,杯子等被河水冲走了。这个桥很低,不高,可是水从山沟里出来得很凶猛,这个水的深度大概有三、四公尺,掉下水里的大车水面上很清楚地看到流血,这是一个人的尸体压在车的下面流出的血。

从这里我们半个小时后到了兵站,翻车里的民工大多数都有大小各种受伤,汽车翻车的原因是军队汽车的驾驶员从林芝开汽车的时候已经喝酒了,又从这里开两、三个小时的时候,这个驾驶员把汽车停在路边,从军队小商店里买瓶酒,又一边喝酒一边开车。到了工布阿沛桥的时候,车子撞了路边的大石头。没有这个大石头,车子掉到桥下水里,那没有一个人活下来的机会。因为这个桥很高,水里有很多大的石头,所以不用说人,车子也残碎的。继续开车到了松多的时候,一位驾驶员开车到桥的路边的时候,车子失控开到水里去了。一个人死了和其他人程度不同的撞伤了。这晚上我们住在兵站,第二天早上很早起床,早饭后向拉萨出发。这天中午我们到了墨竹工卡的兵站,在这里我们吃中午饭后,我们当天晚上到了拉萨。

我回到拉萨的时候,文化大革命的运动继续展开和深入。我自己继续在找工作。我通过朋友找到了造砖坯的工作。造砖坯是很困难的工作,但它比土工赚钱多。它也不是公家的,是私人的工作,所以靠自己的能力吃饭。假如这个工作有个帮手的话,可以轻松一些,可是赚钱少了。所以我不带帮手,我一个人去做这个工作。我第一去的造砖坯的地点是拉萨河对面的拉通显卡。造砖坯地点需要水的条件要好,挑水方便,土的质量要好,地方要大。这里造砖坯的地大,可是挑水不方便，所以我在这里干了一个星期以后，我再去拉萨附近的杨然找造砖坯地点。这里有很多造砖坯的人，可是我找不到合适的地点。最后我去拉萨附近的桑益，找到我造砖坯的地点。所以我在这里开始了造砖坯的工作。刚开始，干这个工作的时候我感到太辛苦了，可是一个月熟悉和习惯的时候，工作才没有无法忍受的困难。造砖坯自己还得负责找买家和做销售，这时候正值文化大革命，很多建设工地停工。因此销售有困难，到处去找买土砖的地方机关和军队机关，还有些建筑机关。找到买砖坯的买家后，首先要把拿砖坯的时间定下来，然后我准备好干的砖坯，来人的时候我拿钱，砖坯交给他们。晒干完的砖坯砌成砖墙等买家的时候，我父亲来帮我，这时候土共的人一天工资九毛，十个毛子是一元人民币，一个砖坯两分钱，十分钱是一毛钱。刚开始我造砖坯一天一百五十左右，后来习惯了，我一天造四百到五百砖坯。我附近其他造砖坯人看到我造那么多的时候，他们很惊讶。造砖坯的时候，工作很多，它要干，它要翻过来干，它要做得干净，它还要垒墙。造砖坯的工作是很困难的工作，可是造砖坯自己一天不做那么多的话会容易一些，但也赚不到钱。我这样子造砖坯拼命工作两个多月后，我们的居委会差派我去修水渠。

我造砖坯工作开始不到两个月，当局计划扩大纳金电厂的水渠。当局要求居委会把任务安排给修公路的民工。居委会按上级当局安排，问民众有没有要去，如果没有人去，居委会命令成分不好的领主、代理、大商和中商、叛乱分子成分的人去修电厂水渠。因为群众里面不愿意去干这种工作，原因是这种公家的工作是工资低，工作时间长，再加上每天晚上都有开会，很麻烦。除了没有工作的人外，几乎其他群众都不愿意去。所以当局强迫地命令所谓的成分不好的家庭摊派修电厂水渠，对我们来讲我们不得不去。如果自己有比这个好的工资的工作也得放弃，听从当局安排我去纳金电厂。

这个修水渠的工场除了派全拉萨的群众以外，还有拉萨附近的堆龙德庆、达孜、哲币、蔡公堂等属于拉萨市的各县，招收民工共有几千人。这些民工里大多是当局所称的成分不好的人，农村也如此，富农和中农等家庭里派出一、两个、甚至三、四个人都有。还有民工的数量不够的时候就动员群众加大工作力度。这样的公家的工作工资低和工作重，每天晚上还有开会，心里压力也大，谁也不愿意干。还有这个修水渠的工地上前所未有地出现了当局称呼的爱国人士，这可能就是他们人生里第一次参加体力劳动。因为1959年中共侵略者镇压吐蕃人民的起义的时候，噶厦政府的大小官员大多数为了保护达赖喇嘛到了罗布林卡对抗中共侵略军，最后以达赖喇嘛为首的一小部分噶厦政府官员流亡国外。到达罗布林卡的噶厦政府的大多数僧俗官员和来支援的拉萨和其它地方来的广大群众，受到中共侵略军的镇压，很多人遭到屠杀和大多数被关进监狱后，心里折磨和身心俱劳，在吃不饱的情况下，数不清的噶厦政府的官员和广大群众在监狱里饿死和折磨死。

一九五九的三月份的吐蕃人民起义的时候，人人面前有两个选择：一个是抛弃吐蕃国家的利益，跟着中共侵略军走，一个是维护吐蕃国家的利益跟着达赖喇嘛和吐蕃人民走。可是，有些人在1959年以前亲中共侵略军，以后，抛弃吐蕃人民的利益，跟着中共侵略军。中共称呼这些人为所谓的爱国人士，当局给他们虚名职务和很高待遇，他们成为中共的宣传工具。中共利用他们来欺骗国内和国外。当时我在当局办的拉萨第二小学上学，午饭后上学的路上，每天都听见电线杆上大喇叭播放对国外流亡藏族同胞广播的节目。这个节目是所谓的爱国人士讲的共产党的宣传。这时我是十二岁，但我已经感到很惊讶，因为他们宣传说，共产党恩情，给西藏带来了天翻地覆的变化，百万农奴翻身变成了国家的主人，享受人身自由等。可是，当时吐蕃人民吃不饱肚子、穿不暖身子。图伯特的产品青稞和面粉，没有足够吃。面粉给我们分的很少。大多数是有皮黑豆粉。这个黑豆粉很难吃，在1959年以前图伯特仍然独立的时候，那是给牛、狗等畜生吃的东西。可是当时饥肠辘辘，饿得要死的时候不得不吃，吃得还很香。中共侵略者把大部分小麦运到了他们自己的国内。我们上学的时候，穿的衣服和鞋子都破破烂烂，衣服和鞋子上打补丁。共产党的官员和他们的爱国人士的生活上却有很多特殊待遇，这个问题我前面解释过的。比如爱国人士享用的特供商店，这个商店里共产党称呼的国家主人、翻身农奴买不到的东西都有。当时这些所谓的爱国人士是共产党的工具，共产党侵略军的狗腿子，所以当局对他们特别重视，给他们特殊待遇。但是文化大革命的时候，共产党内勾心斗角，搞权力斗争，在老毛的推动下，党政军的大多数高级官员被打到，自己的权力都保不住，谁还保护所谓的爱国人士呢？所以这些所谓的爱国人士被各居委会接管，强迫去参加劳动改造和思想改造。平时中共当局宠爱的这些所谓的爱国人士，在文化大革命当中吃尽了苦头。

我在纳金电厂修水渠的时候，早上六点种起床，吃早饭以前，大家在毛泽东的照片前面排队站好，以后大声地读老毛的语录，还有唱语录的歌和祈祷老毛万寿无疆。你们看共产党批判所有的宗教，说宗教是迷信和骗人的工具，可是他们强迫人民迷信毛泽东和祈祷老毛长命，这就是背叛他们自己的言论和宣传。祈祷老毛万寿无疆以后，吃完早饭后七点钟上班，到下午七点钟下班。下班以后马上吃晚饭，饭后还要去开会。这时候十二月份冬天已经开始，很冷，早上很早起床。我们民工住的帐篷在拉萨河的旁边，所以冷风吹得凛冽刺骨。

这时正值文化大革命运动发展很紧张和激烈的时候，在北京的直接指挥和影响下，图伯特所谓的革命的红卫兵里面形成了两个派系："拉萨革命造反总部"（造总）和"无产阶级大联合革命总指挥部"（大联指），他们说自己是维护毛泽东的思想和对方是保皇派，来展开激烈的批评辩论。还有他们说革命无罪，造反有理。在这样的口号下，共产党的党政军的高层、中层、基层的大多数领导被扣上"党内的走资本主义道路的当权派"的罪名，被带来游街和批斗。比如1950年带军队的中共侵略军的主要的军官，这一所谓的西藏自治区党委的副书记王其梅和文化大革命时候从内蒙古调来的周仁山等领导们受到了批斗和游行。这时，红卫兵的革命组织"大联指"（无产阶级大联合革命总指挥部）保护王其梅，说王其梅是革命的好同志，可是"造总"说王其梅是党内走资本主义的当权派，把他带去批斗和游街。"造总"把他关进监狱后,有人说王其梅在监狱里自杀了,还有人说他因心脏病发作死了。还有周仁山,"大联指"说他是党内走资本主义的当权派,给他开斗争会和带去游街;可是"造总"说,周仁山是革命的好同志,来保护他,这些在图伯特沾满吐蕃人民鲜血的屠夫——中共的很多领导人,在毛泽东的权力斗争中成了牺牲品。比如1950年首次带军队入藏的张经武是北京政府驻藏代表,所以人们叫他张代表。毛泽东的老婆江青说,张经武参加反革命组织"571工程",以这项指控定罪被关进监狱,最后被折磨至死。特别是沾满吐蕃人民鲜血的屠夫范明,在文化大革命以前就被关进监狱,他在监狱里度过很长时间。我写这个历史的时候,我想起来很稀奇的事情,这就是中共的十大元帅之一、国务院的副总理兼国家体委主任贺龙的人生的结局。

我想介绍读者们,这是1956年世界佛教大会和印度政府邀请吐蕃的政教领袖达赖喇嘛参加纪念佛祖去世2500年的纪念活动。当时图伯特内的形势一天比一天动荡激烈和险恶,康和安多地区中共当局不顾吐蕃人民的心愿,用强迫和镇压的手段来搞"民主改革"。吐蕃人拿起枪起义对抗中共侵略军,形势变得特别危急紧张。因此,在印度的达赖喇嘛的随行噶厦政府的官员里,就达赖喇嘛返回图伯特还是继续留在印度出现了不同的意见。这个问题达赖喇嘛的自传里写得很清楚。中共当局很紧张,担心达赖喇嘛继续留在印度。所以中共当局的总理周恩来专门赶来印度后,有一次周恩来特意请达赖喇嘛到中国驻印度大使馆,他对达赖喇嘛说,达赖喇嘛,请您不要留在印度,一定要返回西藏等要求。还有他保证会改变西藏内不符合西藏人民的心愿的政策。与周恩来一起还有副总理贺龙元帅。贺龙对达赖喇嘛威胁和诬蔑地说,雪山狮子在雪山上是雪山狮子,如果他来到平地狗都不如。请你们看这个中共土匪集团的军阀的霸道和残暴,侮辱我们吐蕃的雪山狮子。达赖喇嘛不但要做我们吐蕃的雪山狮子,而且现在变成了全世界的狮子。他的威望像个太阳那样照耀着全世界,甚至汉民众也信仰和尊敬他。相比之下,贺龙的人生的后果却是不堪设想。文化大革命的时候，在林彪和老毛的老婆江青为首的"四人帮"的鼓动下，红卫兵抓捕了贺龙，带他批斗好几次后关进监狱折磨他，还有给他的饭不是人吃的饭，有时候根本不给他饭和水。他病的时候，既不给他治病，也不给他药。在这样的折磨下最后他饿死了。他死的时候真不如狗，一条狗也不会饿死的。一个有名的大元帅死于非命，在打倒"四人帮"、文化大革命结束后，贺龙的这段经历编成了一部《元帅之死》的电影，我在拉萨的时候看过。文化大革命当中，人人都变成了毛的权力斗争的工具，人人都疯了。自己没有理智，他们高声呼喊：我是革命的造反派"造总"，我是革命的"大联指"，疯狂一般高举五星红旗、毛语录、毛画像，标语牌上写着"造反有理，革命无罪"和"破旧立新"，喊着激进口号，街道都贴满标语，打到所有，摧毁所有。

这时候居委会里的一些贫苦的人乘此机会，到阶级成分不好的人住宅，抢夺他们好的东些，搬到自己家里。或者强迫房子主人搬出去，住在没有窗户、黑暗和小小的房子里。主人没有办法讲，我不搬，我要我的房子。这个问题上，我把自己亲自经历过的事实讲出来。这也是我们住的房子，是不大不小，有院子。一个家庭住宅很适和。房子是我们私人的，所以文化大革命的时候，我们辖区居委会的一个委员名字叫阿妈德庆，她的脸上有麻子，她抢了我们的房子里很好的又大又好的三个房间。她和丈夫、两个女儿搬过来了，还要强迫我们搬出去。我们院子里有一大一小的两栋房子，当时我们家一共有六个人，阿妈德庆有一个男孩和三个女儿，大女儿已经结婚了，不和她们住在一起。男孩名字叫扎西旺扎，也结婚了，他在《西藏日报》社工作，也不和他们在一起。下面两个女儿没有结婚，他们住在一起。文化大革命的时候，阿妈德庆和她的丈夫是"革命大联指"组织的积极分子；男孩是革命造反派"造总"组织的成员，他来自己父母家里时，一家经常辩论，有时候很激烈。有一次扎西旺扎从日报社来到父母家，这时候父亲也在家。父亲在国营的食品公司工作，当时我们听到他们家里吵得很厉害，可是我们也不敢去看，如果我们去看的话，他们反过来说，你们阶级敌人想给我们捣乱吗？所以我们悄悄地静听和观察。这时候母亲和妹妹拉扎西旺扎出门外去，里面有父亲，他的女儿把门关起了。可是他们的父亲从窗户里出来，去打他的儿子。他的儿子扎西旺扎从外面进里面，打他的父亲。因此，她们想一切办法来拉开架。这个情形是两个仇家你死我活的搏斗那样相当紧张，真的不可思议。从另一个方面来讲，父子中间没有利害冲突的矛盾，也不是家庭的问题，更不是吐蕃人民的利益和吐蕃国家的利益，就是为了毛泽东的权力斗争。他们是毛泽东权力斗争的牺牲品，这些人简直是疯了，这些人没有道德，没有人性，不如畜生。当时这样的情形，不但图伯特而且全中国都一样，全中国为了毛泽东的权力斗争而疯了。我这时候在纳金电厂修水渠，修水渠的工作两、三个月后停止了，所以我再去造砖坯工作。

　　此后没有多长时间，我自己的工作又被打断，再被居委会差派我到夺底电厂修水渠。1968年的年初，夺底修水渠工作开始了。这时候居委会派我去参加修水渠。夺底的位置是纳金电厂的下面和柏荣的上面，离拉萨不远。我周末可以回家，同时可以看到和听到拉萨发生的许多事情，目睹文化大革命的内讧升级到血腥的武斗。

　　当中国文化大革命的"文斗"运动变成了"武斗"的时候，拉萨文化大革命的两大组织——革命的"大联指"和造反派"造总"之间武斗爆发。刚开始劫持对方的人士，暗杀和公开杀了一些人，这时候各个组织举行大游行和报仇的宣誓，游行的时候把被暗杀自己人的尸体用担架拿起来，放在大车的板子上游行。游行的人拿来大喇叭，在喇叭里唱悼念歌和高喊宣誓报仇的鼓动。声音大得全拉萨都能听到，全城气氛很紧张。各组织开始使用枪支和自己制造的炸弹、小炮来对付自己的敌人。当时革命造反派"造总"的武器比不上革命"大联指"的武器，据说是军队秘密给"大联指"武器。"造总"一样拿到了武器，可是"大联指"的武器更多、质量更好，这也是因为两个组织都去军营抢武器。知情人家说，这也只是表面上抢武器，事实上军队暗中给武器。尽管最高当局规定，军队不准参加文化大革命的任何组织，事实上，军队在外面不知道的情况下给各组织武器等支持。比如，所谓的西藏军区支持革命"大联指"，还有拉萨附近的在卑定的十一师支持革命造反派"造总"。十一师军营不是西藏军区管辖的，这个师是中央直接管辖的军营，它的任务是保卫边疆。当时吐蕃的首都拉萨是文化大革命的两大组织的战地。在拉萨的喜德[1]里面是"大联指"的革命司令部，全名是革命大联指农牧司令部，这个位置是大昭寺的东北方向。"造总"的司令部的位置是在拉萨鲁固的饶西达孜[2]，拉萨鲁固在拉萨的西南方向。有一次造反派从鲁固用自己制造的炸药炮打拉萨雪村的"大联指"总部，可是炮打得不准，它打到了娘绒厦（家族名）医师的药房上爆炸。娘绒厦医师是很有名的私人医生，他的姓名是仁增·伦珠班觉。误炸伤了他的大儿昆九的腰，他的二儿强巴欧珠伤了一只眼睛和瞎了一只眼睛。

炸药包里有炸药、钉子、碎铁片、碎玻璃等一起混起来后，用麻袋包起来，绳子好好捆起来，再安装导火线。炸药炮攻打发射的时候，要用两个炸药包，一个是针对敌方打的炸弹，一个是要推动炸弹的小一点的炸药包，两个包之间用板子隔开。然后炸弹放在板子上，推动炸弹的放在板子下面。发射打击的时候，对方的位置远和近主要决定了板子位置的高低。打远程的话，板子放低；打短程的话，板子立高。炸药包后面还有导火线，打远的话，导火线用长；打短的话，导火线用短；还有导火线的长短也取决于算好炮打时间，导火线太短的话，天空中爆炸没有用。所以算好时间，爆炸的威力很大，破坏性也很强。它爆炸时附近的房子都振动起来，房子的玻璃都碎了，还有门都拔起来的。算不准的话，以上那样没有打到目的，打了平民的房子上，破坏相当大。当时人家说，有一次造反派炸药炮弹打西藏歌舞团的住地，爆炸的时候他们的房子的门都拔起来，玻璃都碎片了。因为西藏歌舞团的大多数人是革命大联指的，所以"造总"攻打他们。

1　喜德，意为"和平"。
2　达赖喇嘛家族的府邸。

第十二章 走上社会去找活路

这时候拉萨鲁固社区是造反派"造总"占领的。当时革命的"造总"也好,革命的"大联指"也好,都宣传自己是维护毛泽东思想和坚持革命,为人民服务的。但是这两个组织是听老毛的号召的、打砸抢烧杀的、搞破坏和强奸妇女等作恶多端的土匪集团。这时候人人都非常憎恨和厌恶它们。就这个问题,我把自己亲自知道的两个事例介绍给读者们。文化大革命的时候,"造总"占领的鲁固地区有叫颇章萨巴[3]的住宅,这里面住满造反派的人。1968年武斗的时候,这个住宅原来是坚塞·土登贡培(1905-1963)的家。土登贡培是十三世达赖喇嘛的时候很有名的达赖喇嘛的随从僧官,后来他结婚了,他的太太的名字叫拉宗卓嘎。贡培1963年底去世的,他和他的太太之间大概有二十或着三十岁的差别。所以在颇章萨巴住的红卫兵强奸了拉宗,让她怀孕了。拉宗到现在还在世,她是所谓的西藏自治区政治协商会议委员、副主席和忠诚的当局的狗腿子。还有另一个是原噶厦政府的官员,1959年中共侵略军把他关进监狱二十年后,邓小平的改革开放后他来到印度达兰萨拉。他是当过流亡政府噶伦的习沃·洛桑达杰的大哥。习沃的大哥也是原噶厦政府的官员,他也是在监狱里,后来监狱里折磨下去世的。可是他的女儿(名字叫次白)、女儿的后妈、还有后妈的儿子(名字叫司习)在社会上。当时,我们居委会造反派一个绰号叫马日[4]的成员要去找次白。可是次白当时怀疑纠缠她的这些人,所以她搬去了她的朋友家。有一次红卫兵来到她家里找次白,可是她不在家里,次白的后妈在。所以这些红卫兵里的马日强奸了次白的后妈,后妈是六十多岁满头白发、满脸皱纹的老人。强奸的问题不是特殊的问题,世界各国都经常出现的问题,大家也知道强奸者是有罪的,强奸的对方是受害者。可是当时强奸者没有罪,反倒是被强奸的妇女有罪。这也是1969年文化大革命武斗降温、军队接管后,中共声称的反动阶级被召集开会的时候,居委会的领导对成分不

---

3 达赖喇嘛家族的官邸,意为新寝宫。
4 马日,红的意思。

好的人说，检讨你们的错误；你们一定要坦白交代。还有他们直接点名拉宗和次白的后妈，说，你们欺骗劳动人民，你们一定要交代清楚，一定要承认你们的犯罪的行为。请你们看，世界上哪里有这样的道理，强奸犯有功，被强奸和受难者有罪。这样的共产党的颠倒黑白的行为是最反动和最野蛮的没有人性的兽行。拉宗和她被强奸后怀孕出生的儿子现在都在拉萨，而且拉宗仍然当她的拉萨市政协委员。这就是文化大革命时数不清的罪恶一部分。

当时文化大革命进入紧张的时刻，我在夺底工作修水渠。星期六完工后回家，因为星期天放假。这时候文化大革命的两个红卫兵组织打起来了，武斗的枪声和炮声不停歇。我们提心吊胆地回家，有时候看见路边死人的尸体。有一次我在拉萨河边看到两俱尸体，而且尸体已经发臭，变了颜色。这是各派组织把对方的人暗杀以后丢在河边的。这时候，被称为"剥削阶级"和"反动阶级"的我们，也是最受苦受难的。地方居委会里也有两个路线和两个观点，他们各自对"成分不好"的开批斗会。会上批评和教训成分不好的人们。还有强行安排不给工钱的工作，说是劳动改造。两个组织轮流这样做，他们对成分不好的人不当人来对待。他们对待成分不好的人只是当作使用的工具。他们的所作所为是他们表现出来的阶级立场和革命的立场，似乎天经地义，成分不好的人平时失去所有的自由，急需时当局更把他们当工具来使用。文化大革命以前，罗布林卡外面种了很多树，有些树干了需要浇水。有一次我们居委会的革命"大联指"组织把居委会的领主阶级、代理、大商和中商阶级、叛乱分子家庭的人等带去浇水，带队的是抢我家房子的居委会委员阿妈德庆和另一个积极分子。当时我们家里有我母亲、我的姨妈达布仲巴、卡丹的夫人、习沃·洛桑达杰父亲的太太阿妈巴桑等，还有代理和成分不好的人有十几个人在闲聊。我母亲对我们说，这天啊，阿妈德庆根本无需原因就生气，她脾气暴躁，对成分不好的人无缘无故地谩骂和批评。这天作完工作后，我母亲回到家，居委会"大联指"派人来通知，今天晚上阶级成分不好的在达布仲巴的正厅里开会。这次开会我父母都去了。开

第十二章 走上社会去找活路

会的时候，我们居委会的女党支副书记格桑也在。她1959年以前是尼姑，她对共产党很相信，是跟着中共土匪集团的积极分子和吐蕃的卑鄙小人，她是我们居委会的一把手。开会的时候首先她来发言。她辱骂和批评在场的成分不好的人，她讲完后，阿妈德庆发言。她发言的时候像个疯子一样谩骂和攻击成分不好的人。她说，你们没有好好改造，还有你们翘尾巴，我们一定要断掉你们的尾巴等等。说了很多话后，突然她像似要倒下去的样子，支部书记和旁边其他人马上扶她站起来，帮她坐在垫褥上。我母亲心想，今天阿妈德庆喝了很多青稞酒，所以倒下去了。开会也马上停止，大家都回家了，我们根本不知道这天晚上出了什么事情。

  第二天早上院子里很平静，平时阿妈德庆很早起床后就大声喊叫，这天早上没有看见、听见阿妈德庆。四周很平静，我们也不敢问。按道理来讲，我们是在一个院子，互相照顾、互相帮助很平常，可是事实上不是这样的。如果我们问他们的情况如何，需不需要帮助，他们的回答肯定是说，你们问什么？你们剥削阶级看我们笑话吗？所以我们一个院子里也没有办法帮助他们、安慰他们。对我们来讲，这些问题看见和听到了，只能装聋做哑，装做没有看见、没有听见。这天中午的时候，阿妈德庆的儿媳妇给我母亲说，阿妈德庆昨天晚上开会的时候突然中风，所以会上讲话的时候倒下去了。当时在会议上的大多数人没有注意，平时阿妈德庆喜欢喝青稞酒，人们只是想阿妈德庆今天喝醉了。所以她的同事们在人家不注意的情况下，马上扶住她以后，送她去人民医院。当时阿妈德庆一个字都讲不出来，陷入昏迷状态。我们这才知道昨天晚上发生了什么事情。

  阿妈德庆在人民医院住院三天，她看着亲人可是根本说不出来话。这样子她死在医院里。当时阿妈德庆年龄不大，可能五十多岁左右，她们家的媳妇不是贫苦家庭的，所以有时候趁他们家里没有人，她对我的母亲讲了她自己的情况和聊聊家常。可是他们家里有人的话，她不敢和我母亲聊天。文化大革命当中，阿妈德庆抢占我们的家以后，他们家里灾难连续不断。阿妈德庆死了一、两年以后，她的丈夫也死了。她的丈夫在国营食品公司里工作，公司里他有宿舍，所以工作的时候他不回家，他住在公司的住所里。星期天休息的时候他才回家。他的老婆死了以后，有时候星期天休息他也不回家。有一次上班时间，到了中午的时候，阿妈德庆的丈夫也没有来上班。他的同事找他没有找到，所以人们去他的住所。门关着的。人们敲门和喊他，都没有回声，因此人们怀疑可能出事了。人们推门进去的时候，发现他倒在地上，鼻孔出血，已经断气死了。死因和他的老婆一样是中风病。这个人平时似乎热爱共产党，他是不信宗教的共党的积极分子。

　　这对夫妻死了以后，他们家里留下两个女儿。本来他们家里有一男三女，男孩早就结婚离开了家，大女儿也是早就结婚了不在家住，家里留下的两个妹妹都在商店工作。大多数的时间，她们两个住在商店的住所，回来的很少。因此已经出嫁搬走的大女儿、她们的姐姐骗两个妹妹，又搬回来住到她的娘家。她们的母亲强占了我们家的房子，她们的姐姐一家三口人，也就是她和丈夫带一个小孩，手里也有我们的房子。1976年九月九日中共的独裁者、吐蕃人民的公敌毛泽东死了以后，当局执行落实党的政策，其中一项内容是文化大革命的时候抢夺成分不好的房子和财产应当归还主人。所以当局往下面派出工作组，我父亲抓住这个机会给当局打报告，请求归还自己的房子。工作组来到住在我们房子里的阿妈德庆的大女儿那里，给他们说，你们一定要搬出去，住自己的房子。这个房子必须还给主人，这是党的政策。文化大革命当中抢夺的私人房子和财产全部还给主人，这是落实党的政策，你们一定要执行。这就是政府的要求。但是他们根本不愿意搬出去。他们没有当面讲我不搬，可是他们故意拖时间不搬。因此工作组来到他们家两、三次以后，没有办法，他们才不得不搬，把房子交给我们。他们搬出去的时候，她有个婴儿。她们搬出回到自己的房子以后不到一年时间，有一天早上她的婴儿在自己的怀抱里死了，婴儿死后不到一年，婴儿的母亲也得了中风病死了。

　　因此，文化大革命当中，阿妈德庆和她的大女儿抢夺我们的房子后，她们住在这个房子里八、九年，死了阿妈德庆和她的丈夫，她的大女儿和她的婴儿。他们一家最后落得人死宅空。这不是他们因为年老有病而死的,他们是年壮无病的,这是非常奇怪的。我们吐蕃人是信佛教,我们相信护神,也相信有鬼,我父亲说这是我们的护神不高兴,所以惩罚他们。我们的护神是罗睺罗,是我们家族有关系的护神,因此他们的灾难是我们的护神不高兴的结果。可是辩证唯物主义和科学家们不会承认上面的事情,因为这是唯心主义的观点。

第十三章

文革武斗：大昭寺"六七"屠杀事件

　　1968年拉萨的武斗是很激烈的，各派系加强自己的宣传工具，互相指责和辱骂。宣传工具双方分别使用十六个喇叭，后来升级到二十四个喇叭，喇叭的声音震耳欲聋，全拉萨的人不得安宁。心脏不好的人心脏病的病情都出现了恶化。"造总"的广播电台不但指责革命"大联指"，而且指责所谓所西藏军区，说西藏军区是保皇派。这时候拉萨革命造反派—"造总"——占领大昭寺，他们把历史悠久的吐蕃人民的佛教圣地和文化圣地当成他们的战地，广播电台的喇叭安装在大昭寺屋顶上，指责他们的对手"大联指"和西藏军区。我的家距大昭寺很近，所以每天都面临高音轰炸。广播电台里读毛泽东的语录和唱语录红歌，鼓吹和推动武斗。因为大昭寺的位置是拉萨的心脏中心，大昭寺比其它房子高大，上面广播全拉萨都能听到。用二十四个喇叭广播的时候，全拉萨都震动起来，全拉萨的居民一秒钟都不得安宁。从此以后，"大联指"的广播电台失去了功能，大联指好几次冲击大昭寺都没有成功。当时我从"大联指"的广播电台里听到，说大昭寺里的"造总"造反派的人员被赶出去的消息，还听到枪声。可是我们没有注意到这个枪声是大昭寺里的，因为当时武斗激烈的时候，到处都有枪声和炮声不断。可是这次的枪声是大昭寺里的枪声，这就是1968年六月七日所谓的全副武装的人民解放军冲进大昭寺里，乱开枪打死了很多吐蕃人。后来人家说解放军冲进大昭寺，打死了十二个造反派的藏人，很多人受了伤。这就是震惊拉萨的"六七事件"。

　　对这个事件我们一定要正确地对待和给予正确的定性。杀人事

第十三章 文革武斗：大昭寺"六七"屠杀事件

件出现的时候，我不在场。因为第一，我是领主阶级的儿子，第二，我没有单位，是在居委会手下，所以红卫兵的两大组织不能接受我们参加他们的组织。我们也不愿意参加这样的组织。但是"六七事件"发生的时候，我在拉萨家里。大昭寺里解放军杀吐蕃人的情况和这些打死的人是谁现在都已经真相大白了。这些人是居委会的领导和积极分子，相信毛泽东和共产党，是共产党的走狗。他们里面有我们居委会的一个流氓。他是一个红卫兵的积极分子，他带领居委会的一部分老人积极分子参加"破四旧"的打砸抢烧运动。他们这些人摧毁佛像、破坏佛经。死者的尸体和受伤的人装进了马车里面，以后放在拉萨藏医院的门口。这件事是我的姨妈达布仲巴的大儿子班旦次仁、我的表哥亲口给我讲的。班旦次仁在拉萨藏医院工作，他亲眼看到马车里的这些尸体和受伤的人。杀人的是所谓的人民解放军，在他们眼里，一个吐蕃人对他们全心全意的忠诚也没有一点价值。在他们的眼里，一个吐蕃人不如一条狗。对吐蕃人来讲，这些死者不是为了争取图伯特独立和为了吐蕃人民的自由，也不是维护吐蕃的宗教和文化，或者也不是维护一千三百多年的历史悠久的无价之宝大昭寺。相反的，他们使用吐蕃人民的心脏地大昭寺作为战场，破坏大昭寺。当时拉萨人民很恨这些人的所作所为。我讲过多次，他们的行为是罪恶的。他们死的是没有一点的价值。死者里面有个女的播音员，吐蕃的名字叫赤列曲珍。因为她的音调有很好的高音，所以她有个汉人的名字"高音"。军队镇压大昭寺里"造总"的时候，子弹打中了她的肚子。尽管她的肚子里的肠子开始滑出来，这时候，她用手阻挡肠子外出，还高喊"毛主席万岁！"她还坚持读老毛的语录。这个新闻传出的时候，人们都很惊讶。她为老毛的权力斗争而疯了。真的这些红卫兵是魔鬼附体的，所以大昭寺里的杀人凶手是他们经常标榜的人民的救命恩人——人民解放军，这些死的人是吐蕃人民的卑劣和神经错乱的人，还把最大的杀人凶手头子老毛算做救命恩人的这些人。这就是合情合理的解释和总结。

"六七屠杀"死亡的"造总"十二个死者在拉萨西郊的烈士陵园

军队占领大昭寺以后,在大昭寺里养猪,还建了屠宰房,把佛堂当厕所使用等。这些最反动和野蛮的行动践踏吐蕃人民的宗教和文化,伤害了吐蕃人民的尊严。当时革命的造反派"造总"受到了沉重的打击,"造总"不服气,所以他们把状告到中央文革小组。中央文革小组的成员、老毛的老婆江青和中央文革小组组长康生支持他们和批评所谓西藏军区,所以这时候"造总"的广播里天天播江青的讲话和康生的讲话。他们播的江青的名字和康生的名字到现在都深深印记在我的心里。江青是不用说了,康生也是老毛的最野蛮的凶恶帮手。因此后来所谓的西藏军区对造反派"造总"道歉,请求原谅,大昭寺里打死的十二个吐蕃人也被追认为英雄而且给家属补偿抚恤金。他们被埋葬在拉萨西郊的烈士陵园,里面一个特别修建的小陵园,西藏军区和西藏革委会为其立碑,还有这时候西藏军区发行(或者"造总"发行,我不太肯定)徽章,徽章里画了十二个松树,代表造反派"造总"的十二个死者。造反派人人都在胸脯上戴着这个徽

第十三章 文革武斗：大昭寺"六七"屠杀事件

章，这就是他们的英雄的象征。从此，革命的造反派"造总"抬起头了。当然，毛泽东死了以后，江青为首的"四人帮"倒台了，康生的名字也自然消失。康生死的时候没有开追悼会，而且最后他成了邓小平一伙的打击的对象。但不管是中共的"极左"还是"右倾"占上风，中共自己国内政策的急转弯都没有促使中共公开重新评价自己文革中在图伯特的错误。中共悄悄地将错就错，被追认的所谓英雄的墓园也没有铲除。

当时的"造总"也好，革命的"大联指"也好，都是维护毛泽东思想的、神志不清的疯狂的破坏组织。这些红卫兵为了消灭吐蕃的宗教、文化、道德、慈悲的优良的传统，听老毛的指示，对中共土匪集团献出想象不到的愚忠。既然吐蕃的宗教文化、优良的传统在1950年中共侵略军侵略图伯特的时候开始受到严重破坏，为了欺骗国内外人，还留下了一些，可是留下的这一点也在文化大革命当中被全部破坏了。这就是中共侵略军一直想达到的目的实现了。可是现在中共的这些头子们把文化大革命的打砸抢烧破坏的责任推到吐蕃人的头上，他们歪曲事实地说，破坏吐蕃寺庙是吐蕃人自己，这就是地地道道的无耻的谎话。中共侵略军独裁者的统治下的社会里，人民哪里有自由发动运动的权利，甚至说话的权利都没有，哪里有全面性的破坏的权利？搞运动，搞破坏，搞"破四旧"运动，搞打砸抢烧杀运动，所有这些都是为了听从所谓的伟大领袖毛泽东和党中央的号召。一切都在老毛和党中央的指挥和号召下。如果没有老毛和党中央的指挥和号召，群众自愿地搞运动，搞游行，搞群众大会，提意见，批评政府等就只能是自作自受，甚至自取灭亡。当局会立即上纲上线，说反革命分子搞复辟封建农奴制度，搞反动活动，用分裂国家等罪名来折磨、批斗、关监狱、暗杀和杀头。没有共产党独裁者的允许，搞运动会受到独裁者军队的残酷镇压。比如我前面所说的那样，班禅喇嘛为了解脱吐蕃人民的苦难、改善他们的生活，他如实写出了反映时弊的七万字报告，他指出共产党民族政策的错误，他要求纠正错误、减轻人民的痛苦。这些是他的愿望。当时共产党独裁者感到班禅喇嘛已经没有利用的价值了，而且他们认为班禅喇嘛是他们对吐蕃人民实行最残酷和最野蛮政策的障碍，所以独裁者以班禅喇嘛的七万字报告为借口，诬陷班禅喇嘛是要复辟封建农奴制度。班禅喇嘛被定罪，后来在各种各样的场合被批斗，最后被关进监狱。班禅拉章的两代人士出卖吐蕃国家的利益，积极跟着中共侵略军，为侵略军立了大功。可是中共侵略军的目的实现以后，他们的立功没有一点价值了，该打倒的时候打到，这最后结局就是班禅喇嘛被关进监狱和他的班禅拉章的制度被彻底打倒了。

还有巴塘的平措旺杰（1922-2014），开时他站在共产党的立场为共产党服务。中共侵略图伯特的时候，当时中共侵略军还不熟悉吐蕃的风土人情，平措旺杰对中共侵略军帮助和贡献很大。最后中共土匪集团熟悉了吐蕃的人文地理，在图伯特站稳脚跟以后，他们的真面目逐步显示出来。中共践踏吐蕃人民的宗教文化、风俗习惯的时候，平措旺杰本人是吐蕃人，所以他很不愉快。他敦促中共当局落实党的民族政策和民族自治，并提出意见的时候，中共当局很生气的说，平措旺杰是民族主义和右派分子，对他扣帽子和定罪，关进监狱很长时间来折磨他。从这些实事来证明，中共土匪集团的统治下没有提意见的权利，哪里有搞破坏运动的权利？比如文化大革命，这也是毛泽东亲自为了他自己的权力巩固和永存，为了打倒展开批评他的极端的政策和立场的国家主席刘少奇为首的党政军里的高层官员的运动，说"破四旧立四新"，这也是旧思想、旧文化、旧风俗、旧习惯，吐蕃的宗教、文化、风俗、习惯都包括在这上面的"四旧"里。当时毛泽东的指示像汉人历史上的帝王御令那样，排山倒海、势不可挡。如果谁不执行这个指示，那给你违抗圣旨的定罪来打击你。在中共土匪集团的内心深处，千年和百年历史悠久的吐蕃的寺庙和无价之宝的佛像、佛经、佛塔等，必须通过文化大革命的运动来有计划、有组织、有秩序地破坏和摧毁。文化大革命当中全面性、大规模性、彻底性的破坏，就是中共土匪集团对吐蕃人民无法偿还的欠债。这个债某一天吐蕃人民和吐蕃国家一定要清算。

第十四章

1969 中苏边界战和吐蕃人民新希望

中国和苏联之间从 1950 年代开始产生了矛盾。这是因为苏联的领导斯大林死后，赫鲁晓夫当选为苏联的最高领导人，开始反对和批判斯大林独裁极端的做法，逐渐改革了苏联的政策和经济。这些非斯大林化的做法遭到毛泽东为首的中共领导们的反对。毛泽东开始批判赫鲁晓夫和苏联，说苏联是修正主义，苏联领导集团试图修正马克思列宁主义，走资本主义道路，还又说苏联是社会帝国主义。双方 1956 年开始论战后，争论越争越严重和激烈，最后 1969 年三月二日在靠近中国的黑龙江省的珍宝岛上大战一场。这个战争爆发前夕毛泽东说，"深挖洞、广积粮"，在搞备战的号召下，拉萨到处都开始挖地道。这时候各居委会在上层当局的强迫下组织挖地道，特别是拉萨雪居委会在布达拉宫山下挖地道。他们用炸弹来挖地道的时候，导致上面布达拉宫的一部分建筑开裂，所以这个地道工程不得不停止，太危险了。如果继续爆炸的话，会破坏布达拉宫。这时候在农村地区开展各种各样的征税，这也是战备税、防止饥荒税、爱国粮食税、余粮卖给国家等的很多征税。当局征税的时候用漂亮的借口，把农民一年辛辛苦苦劳作的成果都抢去了。当时中共土匪集团很重视战争和战备，因为当时苏联是世界上两个超级大国之一，是共产党创造的世界上第一个社会主义的国家，还是帮助创立中国共产党的主要国家，它的军事、科技、经济等各方面都比中国强。如果不注意好好准备的话，中国方面会有失败的结局。当时的这个战争对中共殖民主义独裁政权带来威胁，却对其统治下受苦受难、生活在水深火热之中的吐蕃人民带来了希望。

吐蕃人民对这个战争抱了很大的希望，这不是吐蕃人民爱战争不爱和平。自从印度佛教传入吐蕃以后，吐蕃人变成了在慈悲为善宗旨下爱和平的民族，把和平的价值放在很重要的位置上。甚至在加强维护自己国家的军队力量方面，寺院的代表都坚决反对，他们说吐蕃是神圣的佛教圣地和和平的国家，所以加强军队和扩张军队是不允许的。最后强大的敌人来侵略吐蕃国家和吞掉我们的国家的时候，我们根本没有抵抗侵略者的力量。在此情况下，中共殖民主义占领了我们的国家，我们的人民失去了自由和自己家园，变成了中共殖民主义的农奴。这时候我们吐蕃人民抱着很大的希望，因为中苏战争里中共必定失败。当他们的力量被削弱时，我们就有机会实现图伯特独立。所以怀抱着这样的希望，图伯特各地爆发了武装起义。在拉萨，为了图伯特独立，勇敢的年轻人也建立起了不同的图伯特独立青年组织。

第十五章

尼木、边壩武装起义遭遇大屠杀

1969年的六月份,在阿尼·赤列曲珍[1]的领导下,尼木爆发了最尖锐激烈的反帝运动,震撼全图伯特。赤列曲珍带领中共所说的一部分翻身农奴,突然袭击解放军和中共土匪集团的狗腿子,打死十几个人。这个事件让当局很惊讶,因此我们对这个事件怎样去判断和解释就变得很重要了。我的看法是:这是爱国运动试图通过武装起义来争取独立。这个运动是没有外面的支援、组织和训练的群众的自发性的爱国反帝运动。没有得到权力认可的中共土匪集团,不但侵占我们的吐蕃国家,而且他们对吐蕃人民实行最野蛮和最没有人性的统治,把吐蕃社会变成了人间地狱,吐蕃人民无法过上起码的人的生活。所以,吐蕃人以不怕牺牲的大无畏精神,用大刀长矛和绳索石块来杀死十四个所谓的解放军和中共的九个狗腿子干部来报仇雪恨。

最终,尼木武装爱国运动受到了解放军的最残酷的镇压。他们杀死了二百多吐蕃人,比这个数目更多的人受伤。到了1970年二月份里,参加尼木反帝运动的爱国英雄阿尼·赤列曲珍和怒主举、诺奇、噶吗次仁、大杰、扎堆等被抓起来并带到拉萨。他们和拉萨的一部分爱国青年和试图逃往国外的一部分青年一起在宣判大会被公审、处决。当时我自己也是被关在监狱里,后来我的父母和我的好友等把以上的残酷事情介绍给我说,处决的这些吐蕃的英雄爱国人士,处决以前宣判死刑,布告到处张贴,被处决者照片或名字上划有一个醒目的红叉。举行群众性的公审大会之后,便由解放军士兵押上卡车全城游

1　"阿尼"意指尼姑。

街,再驶往刑场施行枪决。有些人未到刑场就已经被铁丝或绳索活活勒死。无论公审还是处决,父母亲属必须陪绑站在前排,既不准他们收尸,还要上交绳索费与子弹费,而且他们必须公开表态感谢党消灭了阶级敌人。请你们看一下,这样的最野蛮和最恶毒的行为,千年和百年历史上没有听说过和没有见过。当年世界上人们都

尼木反帝起义的女英雄赤列曲珍被中共枪决

认为希特勒算世界上最恶毒的人,可是希特勒没有想过和没有做过的最野蛮和最恶毒行为,都由中共侵略军实行在吐蕃人民的身上了,并继续占领到现在。中共土匪集团处决的想逃国外的吐蕃青年们有什么罪吗?回答是,他们没有做过任何违法的事情,没有做过伤害当局的事情。只是因为自己的家乡被外国人占领,而且吐蕃人的人身自由和所有都被剥夺,所以他们为了得到人身自由,不得不忍痛抛弃和离开自己的家乡去他国。这么一个容易理解的问题,成为处决这些青年的理由,是违反国际法的最野蛮和最恶毒的行为。

第十五章 尼木、边坝武装起义遭遇大屠杀

在拉萨举行的镇压尼木反帝运动的公审大会,拉萨青年被枪决

尼木起义中在拉萨被镇压枪决的爱国英雄

尼木起义中在拉萨被镇压枪决的爱国英雄

像以上我介绍的尼木那样,那曲管辖的索县、边坝、丁青等地区为了自由,民众也发动了武装起义反抗中共土匪集团。还有首都拉萨出现了为图伯特独立而奋斗、反侵略运动的不同的青年爱国组织。在这个问题上吐蕃著名作者唯色写作的《镜头下的西藏文革:四十年的记忆禁区》的书里说,参加反抗中共土匪起义运动的人里,既没有出身三大领主的人,也没有1959年参加叛乱的人。应该说是翻身农奴,这就是真实的情况。所以中共当局所说的,翻身农奴从三大领主的压迫和剥削下解放出来,却对人民解放军怀有如此之深的仇恨。为什么他们对所谓的恩情如海深的共产党怀有如此之深的仇恨呢?回答这个问题很简单。人民解放军让西藏百万农奴翻身、从封建农奴制度下解放的说法,目的是掩盖他们侵略、占领吐蕃国家的不可告人的目的。因此1969年在边坝,吐蕃人趁文化大革命的混乱机会来反抗中共当局,展开了大规模的运动,袭击解放军的军营。还有那曲的比如县和索县,丁青县等也展开了反抗中共土匪集团的起义运动。这个问题上，我的同事次仁洛桑是从丁青来的，曾给我说，他是因为参加丁青的反抗运动被关进监狱的。当时丁青和边壩地区的反抗中共的起义运动受到了中共当局派遣的人民解放军残酷和野蛮的镇压。在这场镇压当中，青壮男人都被杀害和关进监狱，所以当地没有男人，只剩下妇女、小孩、老人。他把真实情况详细介绍给我，比如索县的索德本·罗布次仁[2]、他的妻子和他们的十六岁的儿子都参加反侵略起义运动，而且起义运动的参与者把他们两个推选为起义运动的领导。可是他们两人和其他人一样，在共军最野蛮地镇压这个运动的时候，献出了最宝贵的生命。他们都是吐蕃人的英雄儿女。

我说到这里，我想介绍索德本·罗布次仁的简短的历史。索德本·罗布次仁是为了自卫对中共侵略军展开勇敢的战斗，他是不怕牺牲的有名的英雄。1959年中共侵略军占领整个图伯特的国土的时候，他带领自己手下的一部分人，不顾自己的生命，以一当百，一个人杀死侵略军几百个人，他的英雄的事迹和荣誉传遍了整个那曲。人们称赞说他是现代的格萨尔，人们普遍很尊敬他。所以1969年的六月份的尼木和边壩等地区出现的这些运动，是为了吐蕃自由和独立而反抗侵略的武装起义。

> 反帝硝烟燃遍吐蕃各地。
> 针锋相对侵略者的红汉军。
> 不怕切断自己的生命。
> 为了收回血肉欠债。
> 自己的生命献给吐蕃国。
> 叽叽喊声图伯特遍满。
> 不怕牺牲像个野鸭入莲池。
> 烧不死的是反帝精神。
> 永远生存继续继承。

---

[2] "索德本"是对索县地区的头人（德本，又译代本，藏军团长）的称呼。

第十六章

建立拉萨"争独立反帝爱国青年组织"

在拉萨出现了反帝爱国青年组织，和我上章讲的情况一样，争取图伯特独立组织的大多数成员被判处死刑。这个组织的大多数是拉萨北城区居委会地区的青年，还有拉萨水泥厂里工作的仁增旺杰和贡桑孜（贵族家庭名字）的旦珍斯塔、索朗顿珠等也建立了争取图伯特独立组织。他们很长时间被关在监狱。还有当时我们在拉萨南区，扎西、洛桑次培、强巴索巴、索朗列扎和我自己积极准备建立吐蕃爱国青年组织。当时我和很多我们的青年战友们经常关注中共和图伯特的形势，还抱着很大的希望。如有空的时候都用在讨论图伯特的新形势和新问题上。这时候我们渴望获得解脱、了解吐蕃人民的政教领袖达赖喇嘛的功业和流亡吐蕃人的状况。可是像白天找星星那样，我们很难有渠道知道这些新闻。有时候从很熟悉的吐蕃民族的邻国尼泊尔的一些人那里秘密地知道一些国外的吐蕃人的情况。如果当时中共当局知道议论国外吐蕃人情况的话，当局马上抓这些人审问追究。还会以造谣挑拨、国外的特务等罪名来把人关进监狱和判刑。当局审问追究，说，你们这些新闻从哪里听到的？谁给你们讲的？你们交代清楚，抗拒从严！所以很多人怕酷刑之下坦白牵连他人，为了不愿意牵连而自杀的也有。在中共土匪集团的统治下，吐蕃人说话的权利都没有，根本谈不上人权。当时我们议论图伯特的形势和新闻的时候，只限于我们都是确信的同志，我们没有办法和不熟悉的人一起谈论国外和图伯特的时事新闻。

当时中国和苏联之间在珍宝岛上爆发战争，图伯特各地也出现了图伯特独立的运动，所以我们认为这是我们开展争取图伯特独立

第十六章 建立拉萨"争独立反帝爱国青年组织"

运动的很好机会。当时谁听到最新新闻和事态的发展,就在我们之间分享和议论。我们认为苏联和中国之间大战继续的话,中国必定失败。当时我相信国外也是同样这样认为。我们认为,这样图伯特和中国的形势转变是我们争取图伯特独立运动的好机会。因此在相互信任的同志之间我们经常议论和探讨图伯特的形势和国外的形势。当时是1969年的六、七月份,我在拉萨的荡染收割水草切成砖形燃料(藏语名叫"拉马")。我和我的助手强巴索巴在一起,我们一方面做"打拉马"的工作是为了贩卖出去自己糊口,另一方面为了用做自己家里的燃料。做"拉马"的工作很艰辛,对身体危害很大。我去"打拉马",早上六点钟起床后骑自行车出发,七点半左右到工地。但是强巴索巴走路过来,路上花一个小时左右到达工地。

有一次强巴索巴很晚才到达工地。他给我说,德庆拉,我过来的时候路上碰到洛桑次培和扎西,他们两个叫我说,叫上德庆拉,你们来卡基林卡[1]聚会,大家乐乐。你们一定要来。我问什么时候,强巴索巴说,现在。我说,现在很晚了。他说,他们等着我们两个,所以我们两个一定要去西边的卡基林卡。卡基林卡离我们的工地很近。这里叫强达康穆斯林大清真寺。为什么穆斯林们说这里叫"强达康"呢?这就是七世纪的时候,喀什米尔回教传教者阿訇比亚来到拉萨以后,他经常去拉萨附近的扬尘下面的一个石头上祈祷,他石头上祈祷的情形被五世达赖喇嘛看到,就把现在的卡基林卡的地给他了。当时给他地的时候是用射箭到那里为界,所以穆斯林们说卡基林卡叫"强达康",吐蕃话里,"达"就是"箭","强"就是射程的意思。所以这个林卡是五世达赖喇嘛为了照顾穆斯林们,赐给他们祈祷和娱乐聚会的地方。这个林卡的规模也很大,我和强巴索巴到了卡基林卡的时候,洛桑次培和扎西已经到了那边等着我们。他们两个带着茶和吃的东西,所以我们一起吃和一起喝。这时候洛桑次培和扎西说,我们都是最信任的朋友,我们这里集会的目的是,我们提出一个建议,

---

[1] 卡其是称呼穆斯林。

我们想为了吐蕃国家恢复独立和自由建立起吐蕃独立的秘密组织。你们两个有什么建议吗？我说这个提议是很好，可是我们一定要深刻的考虑，首先组织的名字和目的确定好，特别是保守秘密，如果泄露出去秘密，当局知道我们的秘密的话，结局就是杀头和关进监狱。如果我们的事业成功以后砍头也值得，如果我们一件事也没有做，砍头是很遗憾的。所以我们考虑清楚和好好的定计划，这方面我们讨论了一、两个小时。最后我们同意两个星期后继续在罗布林卡后面的夹热林卡再聚会商讨。这前面我所说那时是1969年六、七月份，扎西、洛桑次培、索朗勒扎、强巴索巴和我在夹热林卡聚会。当时我们带来自己家里备的茶、饼子和其它吃的东西，我们一起共享。这时候讨论建立组织的问题上，我自己有了准备。可是首先邀请我们的洛桑次培和扎西根本不谈搞组织的问题，好像很不关心那样，我的心里我很奇怪。中共的统治下议论吐蕃独立和搞组织反对共产党是要杀头的，关进监狱是百分之百的。为什么今天不讨论建立组织的问题？所以我给他们讲，我们要讨论组织的问题，行不行？

这时候洛桑次培和扎西说，今天我们要快快乐乐，组织的问题下次我们讨论吧。我听到这个话我很惊讶和很不安心。我打砖坯和"打拉马"的时候经常带本书，我当时带来《格萨尔》的专辑，论霍岭大战[2]的书。这时候我说，那我来占个卦象。我祈祷莲花生大师和格萨尔保佑赐福以后，我把这个书从中间随机打开，打开的时候我看到的故事是格萨尔的堂弟、很有名的英雄囊武优达[3]。讲的是他和医生、卦象的人等，无法挽救五、六个人受伤的故事。真是让我心里不安，因为我们的朋友们的不寻常的态度和卦象的内容看，这次我们做的事情太疏忽大意。最后我们的结局是和卦象的内容一样的最残忍和痛苦的局面。事情我下面详细解释。所以这天我们不谈组织的问题，谈一般的生活的问题和吃吃喝喝，玩笑两、三个小时后，我们各自回

2　在《格萨尔传》里，格萨尔领导的吐蕃（Ling，岭国）与回鹘（Hor，霍尔）的战争。

3　囊武优达（Nenang Uda），格萨尔的堂弟。

第十六章　建立拉萨"争独立反帝爱国青年组织"

自己的家里去，这以后再没有继续谈关于组织的问题。

过了两个星期后，有一天我遇到了洛桑次培的时候，他对我说，上次我们在夹热林卡的时候，我和扎西不议论为了吐蕃独立建立组织的问题，主要是强巴索巴不可靠，所以我们两个不议论这个问题。我听到他们的话，我很吃惊，因为这个问题不是玩游戏，是要砍头、进监狱的。首先洛桑次培和扎西通过强巴索巴叫我的，现在他们两个说强巴索巴不可靠。听到这句话的时候，我感到很遗憾，可是现在太迟了，所以我给他们两个讲，你们不要担心怀疑强巴索巴，他是可靠的人，值得信任。可是洛桑次培对我说，有些人给我们警告和提醒。所以我们的事情暂时停下来了，这以后我没有联系洛桑次培和扎西。当时社会上的形势很紧张，因为图伯特的首都拉萨出现了反侵略的标语，写了"中共侵略者从图伯特滚出去"等口号。因此中共当局立即在全拉萨的学校里，找学生的字一个一个地对比，看和标语的字像不像。

还有他们在社会上查找会写字的人，一个一个地看他们的字迹，试图想找出写标语的人。而且各个居民委员会增加开会次数，召集成分不好人和他们的子女集中训话。会上居民委员会的人对我们说，你们是反动阶级的反动子女，如果你们有复辟思想的话，这是搬起石头，砸自己的脚。所以你们当中如果有背叛祖国的犯罪行为，或你们听到、看到、怀疑其他人的犯罪行为，必须立即报告政府，交代清楚。如果不这样，你们会受到沉重打击。他们就这样子威胁我们和压迫我们，这样的会每天晚上都要开，在恐怖和威胁下我们度过了数月。

第十七章

布丹拉山修公路遭遇怪事

　　局势仍然紧张。在上级的安排和计划下，拉萨市各办事处宣布修公路的计划。接着各居委会下达任务，落实修公路的人数，还说是为了国防修公路，是一个特殊的政治任务。修公路的地点是从山南地区的加查县到达布[1]的布丹拉山之间，主要做道路维修和拓宽。安排修公路的民工，首先点名剥削阶级的子女和他们家里的劳力。这是强迫性的。所以我们"剥削阶级"的家庭的成员没有权利不接受。各居委会要负责准备四十或者五十人，光靠"剥削阶级"的家庭成员和子女人数还不够。居委会还要鼓励动员群众参加。当时边疆修公路的时候不派四类分子（四类分子是领主、原噶厦政府的僧俗官员、代理、贵族的管家等，还有反革命分子，坏人分子是强奸和偷东西的这些人，后面的这些人当局不太重视，但有时候利用他们来破坏吐蕃人的团结，并监视前三类人）。可是四类分子的儿女经常被差派到修公路和修水库等工作。因为这都是去偏远的地方，在公家工作的群众大多数人不愿意去。这次居委会派我去修公路，这时候是1969年十一月份。

　　我正为修公路出发做准备的时候，强巴索巴来见我。这时候我们两个去外面散步，一边散步一边我们议论。强巴索巴对我说，我们上次的聚会是很不幸的事，现在我们两个人的一个脚进到监狱里了。我问为什么。强巴索巴说，德庆拉，就我们两个来讲，受苦受难一样的，受苦受难的时候可以顶住可以克服，不怕苦不怕牺牲。可是洛桑次培、扎西、索朗勒扎是生活上没有遇到过苦难、吃吃乐乐过生活的

---

[1] 达布又译塔布，是在今天西藏自治区的加查县和朗县接壤处，也是第十三世达赖喇嘛出生地。

第十七章 布丹拉山修公路遭遇怪事

人,所以遇到困难的时候顶不住、受不了。我也是有这样的想法,可是已经晚了,没有办法挽救的,遗憾后悔也没有用,就看天命吧!我给强巴索巴说,现在我们只能祈祷莲花生大师和至宝[2]保佑,还有最主要是看缘分。这样子我们两个相互鼓励和安慰,最后强巴索巴对我说,请你注意身体,一路顺风,希望再见!我也对强巴索巴说,你也注意身体,希望我再见到你!我们就这样分手了。我没有想到这也是我们最后的分手,现在想着都很遗憾痛苦。

  强巴索巴为什么说洛桑次培、扎西和索朗勒扎受不了苦难的生活,因为他们三个人的家庭的生活条件比我们好得多。他们平时的生活是吃吃乐乐,没有固定的工作,家庭生活上没有困难,所以遇到困难的时候受不了。1969年十一月中,我们去修公路的民工们从拉萨冲赛康出发。我们的管理机关也是军队。运我们的汽车队是哲蚌寺前面的军队运输队十六团的汽车队。一个汽车里面要坐二十五个民工,这些汽车不是公共汽车而是货运汽车。汽车里不但坐人,而且民工的铺盖、餐具、吃的东西和衣服等放在车箱里,民工们坐上面,汽车满满的,民工坐得很高,安全没有保障。修公路的民工是拉萨南城区、东城区、北城区管辖的居民委员会准备三、四百,还有蔡公堂和策觉林来的农民民工也很多,总共民工有两千多。我们出发的时候,自己家里的人来送行,我母亲和弟弟来送我,然后我上汽车。其他人抢夺前面的座位,我没有抢夺座位,因为都是熟人,所以人家都进去以后我自己才进去的。前面座位坐满了,我坐在车子后面。车子后面的座位不好,很不安全。开车的时候,车子后面摇动厉害,一不小心注意,车上的人容易摔到路上。还有坐后面的人从头到脚都是灰尘,不带口罩和眼镜的话,脸上全部盖满灰尘,因为当时的马路是全部土的,没有现代的马路。所以当时汽车开的时候,前面汽车扬起灰尘,后面的汽车看不到前面的车子。坐汽车后面的人还必须很警醒注意,不能打

---

[2] 作者用至宝,最高最上稀世之珍,山峰之意。通常可理解为至尊三宝:佛陀、佛法和僧团寺庙。

瞌睡。因为路很不平，有时候路上有坑和石头，汽车碰到石头的时候颠簸摇晃厉害。若不注意和打瞌睡，摔死在地上的危险都有。人们都很不愿意坐汽车车尾，去抢前面的位子原因就在这里。我们从拉萨出发通过曲水、贡嘎、杰德秀、扎囊、扎旗到了泽当，这里吃午饭后再出发。我们很晚的时候到了曲松县（拉加里），吐蕃王朝松赞干布的后代拉加里赤钦在这里有拉加里王宫。这天晚上睡在这里。

　　第二天早上很早起床，吃早饭后出发，两小时到了布丹拉山的山下。这里天气很冷。我们的车子继续开到了山顶，这里停车十几分钟的时候，山顶上有凛冽的风雪吹来，手脚都冻僵了。在开车去的时候，路况很不好，有些路只能容一辆车行，不能两车交错。如果对面来车子的时候，双方打个招呼，一个车子在路宽的地方停下，方便照顾其他车子过了以后才开车。从山顶往下面开车时候，危险得不敢睁眼看。因为从山顶开下去，路面很不好，所以我心里害怕，担心这个车子不要什么时候翻车。有时候，路很不好，民工都下车走路，到路好的地方再上车。这样子两三次，我们下车走路的时候，我们前面一个车子从路边跌到了山下。幸亏这段路不是险谷和还有很多树林，这些树林挡住，汽车没有翻车滑落掉下去。我们到这里的时候，人很多，几百个人一起用绳子来拉这个车子。大家用两个多小时，最后拉到路上。好在车子没有损坏，驾驶员也安全，人都平安无事。在开车和行走并举一个小时后，车子全部停在一个山腰的平地上。这里就是我们搭帐篷、修公路的地方。这里早有修公路的指挥部，指挥部已经安排好各个居委会民工的驻地，所以我们到自己住的地方搭帐篷。搭好食堂的帐篷后，小组安排好各自帐篷，搬运自己的东西。我们没有到以前，军队的工地指挥部已经搭好有几个帐篷。

　　这天我们吃饭后，发给我们每月的糌粑四十五斤。这个糌粑和原来我在工布米林修公路的时候发的糌粑一样有臭味。因为这个糌粑放的时间太长了，所以发臭的，对人的身体很不好。对这个糌粑臭味，群众里很有意见。第二天，我们修公路工作开始了。可是地都是冰冻的，所以光靠铁锹和铁铲没有用，因此为了炸冰冻，山上挖个小

第十七章 布丹拉山修公路遭遇怪事

洞,洞里装满炸药和导火线,这样一天要挖二十至三十个洞。这些炸药爆炸的时间是中午吃饭的时候和下午完工的时候,根据这些炸弹的导火线长短来计算安全撤离时间。这些炸药爆炸的时候,一个指挥员用红旗帜来指挥点火,这时候炸药点火人动作迅速点完火后,马上跑到隐藏的地方,爆炸的时候按次序来,像打仗打炮那样,山上山下都有爆炸的声音。我们的帐篷离修建公路不远,所以有时候冻土和石头打在帐篷上,民工的东西都砸碎了。炸药爆炸的时候,民工都躲得远远的,不准坐在帐篷里。有一次炸药爆炸的时候,碎粉石头打到拉萨雪居委会的一个妇女民工的头上,流血很多。她马上被送到医院抢救,叫我们去输血。可是我们到达医院的时候,这个妇女已经抢救无效死了。

民工群众在提意见上去,要求调换臭糌粑。有些群众装一点臭糌粑在信封里,送到拉萨的家里,要求给他们寄送没有臭味的糌粑。所以有些家长通过邮电局把没有臭味的糌粑送到工地以后,工地的指挥部知道有些民工装一点臭糌粑在信封里送到拉萨家里的事情,工地指挥部马上召集大会,主要内容是讨论臭糌粑的问题。在这个问题上大会的指挥部的干部说,糌粑是很好的,没有臭味。他们批评,说糌粑有臭味的人专门侮蔑党和国家,可是没有点名。但是还威胁说,你们自己接受错误写检讨。这时候修公路的条件很差,我们只有一个月发给臭糌粑四十五斤和酥油一斤半,其他菜等什么都没有,甚至吐蕃人的生活中不可缺少的肉一两都没有。所以群众里面抱怨呼声很大,可是当局不理睬,剥削阶级的儿女们在这方面谁也不敢吭声。以后出现了很多问题,首先拉萨北城区的三居委会的流丐旺庆夫妻从修公路的工地逃跑回拉萨。指挥部派军人追他们,把两人从布丹拉山下抓回来,在军队的监视下关起来。此后一、两天全体民工召开了大会,大会上批斗旺庆夫妻,说他们两个人背叛国家,还无中生有说他们准备逃跑国外。宣布把他们两个人送到拉萨、关进监狱,立即派武装军人把他们移送拉萨。事实上,他们两个人是没有钱财、没有固定工作的流丐。他们这些人平时不干工作,是要饭的流氓无产者,没有苦干的习惯。平时在拉萨的时候，人们叫他们流丐旺庆，所以他们两个人不是逃跑国外，而是回拉萨去的。可是修公路的军队的当权者没有证据说背叛国家的定罪，这只是一方面的怀疑，但他们没有证据任意强迫定罪，是为了威胁其他民工。

还有出现另一个事件，这就是饶塞居委会的年轻的领导突然发病了。和他一起修公路的其他同事马上去公路建设指挥部医务室去请医生，医生没有来看病人，他们去两三次还是请不来。请医生去的人当中有个贫苦阶级成分的年轻小伙子，他的一个眼睛瞎的，所以人们称呼他独眼龙。人家说他给军队医生吵起来了，可能准备动手。在这样的情况下，军队的医院马上把病人转移到加查县重点军营医院，在军队的看管下，一边病人治病但不准跟其他人联系，一边还把吵架的独眼龙年轻小伙子抓起来，关进重点军营的监狱一个星期。这个时间里，公路施工队给他送吃的东西，送饭派男人的话怕军队怀疑，所以饶塞居委会的公路施工队派桑颇•次吉小姐和其他女的送饭。这不是她们愿意去的，她们也没有这样的权利，因为次吉是桑颇家族领主阶级的子女，所以她没有选择的权利。一个星期后，山上分局指挥部的前面召开紧急的群众大会，大会场所布置带枪的军人很多，大会开始的时候，我们地区办事处的女干部布穷和当局姓马的干部开始讲话，他们说，现在阶级敌人翘尾巴，你们跳拔离间等，说了很多毫无根据、不实的虚假情况。威胁群众说，饶塞公路施工队的事件是严重的政治问题，还有攻击人民解放军是反革命的行为。说到这里，他说，把罪犯带出来。这时候关进监狱的独眼龙被两个军人抓住他的左右手带出来了，他手上戴着手铐。大会上讲话的当局干部点他的名，说，他攻击人民解放军，制造了严重的政治事件，所以宣布他从今天起关进监狱，大会期间他关在一个帐篷里，两个军人看管着他。大会继续开下去，大会上批斗次吉小姐，说阶级敌人欺骗人民，还有说次吉一定要承认自己的罪行和接受批斗。饶塞居委会的病人、公路施工队的队长大会上要做检讨。

可是这个事件根本不是这么严重，军队的医生完全有责任，因为

第十七章 布丹拉山修公路遭遇怪事

民工得了严重疾病，人们请医生医生不来。所以再请，再请也不来。因此绕赛民工队的这个年轻独眼龙，在没有办法的情况下，仗着自己成分贫苦对医生动手。可是为什么当局和为人民服务的人民解放军就这个小小的问题用凶恶的手段来打击贫苦群众呢？这是因为他们宣传的人民解放军是为人民服务、是人民的子弟兵的美丽言辞是欺骗广大人民的鬼话，事实上所谓的人民解放军是镇压人民的屠夫和架在人民头上的铁棍。还有中共土匪集团侵占我们的家园吐蕃国以后，对吐蕃人民血腥镇压和用最野蛮的手段来统治，夺去了吐蕃人民的千千万万的生命和夺去了所有的人身自由，所以只要图伯特有一点动静，当局者的心里马上认定这些都是吐蕃人民反对当局。出现小小的问题其实根本不是反对当局，可是他们马上上纲上线，说成是严重的政治事件，因为中共土匪集团作恶太多了，做贼心虚，所以处处都怀疑。当时图伯特的各地出现了武装起义，还有图伯特的首都拉萨出现反中共的违法统治的标语，形势很紧张。修公路工地上提意见和提具体要求，并非反当局的行为，当局也会坐卧不宁，认为这是反共产党的政权。然后批斗会议结束以后，军人押护戴手铐的年轻独眼龙送到拉萨。

当时是1970年元月份，这个时间是图伯特天气最冷的时候。还有我们在海拔五、六千米的山上修公路，山上冷风吹起来的时候相当冷，手脚都冻起来。早晚拉尿都会马上冰冻。这时候公路施工队里成分不好的要帮民工们到厨房挑水和找柴火。这也是下班以后要去。下午六点钟下班，冬天六点钟下班的时候天已经黑了，因此下班后吃晚饭以前马上去挑水和找柴火。找柴火是不太难，因为山上都是树林，可是山上有个树叫"大妈树"，这个树有毒，用作柴火会引起头疼，可是这个树很美，因为这个树冬天也开花的。还有挑水是很困难，因为水都冻起来了，所以拿铁棍和铁锹来挖洞，深到一点半公尺的时候才有水。有时候挑水来的时候，容易在冰冻地上滑倒，水都倒在地上，水桶里没有了，衣服到处都结了冰块，可是不得不克服困难，再去挑水。没有水的话没有办法交代，到了帐篷以后才吃饭，时候到了晚上九点钟左右马上睡觉，因为太晚了很冷。

　　挑水和找柴火是我们成分不好的民工们的差事，当时的生活很差，这时候没有到最困难的1960至1962的时候那样，没有到没东西吃饿死的地步，可是生活很艰苦。当局给我们的规定的粮食有些人胃口大吃得很多，这些人粮食根本不够。吃得少的人剩下一点粮食，吃得一般的人只能勉强够，不会剩下。干粗活的人一般吃得很多，还有没有营养的东西吃，一个月酥油只有一斤半，没有其他营养的东西，有很多患胃病的人病情恶化，因为吃的糌粑放的时间太长了所以有臭味。这个臭味的糌粑对胃有坏处和对健康不利，所以病情会恶化的。这以前我自己有工布密林去修公路的经验，那时候也是不得不吃臭糌粑，所以自己从拉萨家里出发的时候，带来三、四斤面粉和几个猪肉灌头。还有为了和农民换其它东西，也带来香烟、沱茶。我到了修公路的工地的时候，我带这些东西下山去农民家里，看有没有可能换点萝卜、酥油、肉和干肉松（"细酸干"）等吃的东西。

　　有一次我带了吐蕃的一、两个沱茶、香烟，看看有没有办法换肉和酥油、干肉松。当时我去山下的时候，我看到前面路上有马背上用的马鞯，我想我要捡起来。可是突然我的背后一个当地的老太太快步走到我的前面，捡起这个马鞯。如果这个老太太没有来的话，这个马鞯就归我了。我这样想的时候，我们的前面来了五、六个骑马的人，当时这个老太太马上退到路边，低头不敢看他们的脸，等这些骑马的人走完了以后才抬头。我想，这个老太太是个阶级成分不好的，也许是代理和富农或者带政治帽子的人。这些骑马的人不知道我是领主的儿子，所以我好好地打量了他们。他们穿的衣服和马的鞍鞯都很好，可以估计这些人是本地的领导人。他们人去得远远的时候，我赶快去到老太太的后面，我喊老太太的时候，老太太装着没有听见，加快地走。我也走更快到老太太的前面，我说老太太不要怕，我是从拉萨来的修公路的，我也是领主的儿子。我说了这些话以后，老太太才放心了，走路也缓慢些。我问老太太，刚才骑马的这些人是谁呀？他们来的时候，你为什么靠路边走，低头不敢看那些人呢？老太太才给

第十七章 布丹拉山修公路遭遇怪事

我说,我的成分是代理,所以地方的领导来的时候,我们不准看他们的腿以上,必需低头。特别是剥削阶级,就是领主、代理、政治上戴帽子、参加叛乱分子都得这样。为了图伯特独立参加起义的人,他们人在监狱里,可是社会上的他们家人是属于反动阶级,给他们政治上压迫和经济上剥削。他们在受苦受难,特别是农村地区的成分不好的人们受苦受难更是深重,因为拉萨是吐蕃宗教、文化和政治的中心地区,所以拉萨的人民见多识广,除少数人以外,大多数拉萨人民认识到中共土匪集团的真面目。但是在农村地区的人没有太多见识,而且文化水平差,因此当局给他们一点利益欺骗的时候,一部分人特别热衷欺压自己的人。所以我给这个老太太做了自我介绍以后,她的心安静下来对我说,您到哪里去?我答复她,我看这个地区有没有肉和酥油,或者换点其它东西。她给我说,下次你来我的家里,我们给你帮忙。

一个星期后,我带着沱茶和香烟去老太太的家里。我到老太太住的地区的时候,我问老太太的家,一些人盯着我。我知道这些人是在监视本地成分不好的人。到了她家,我看到她的家是破烂的房子,外面的冷风吹进屋里面来。这个情形让我很心酸和很痛苦。他们自己什么都没有,还有想帮我,我知道这就是一个民族同胞的感情。我很感动,所以我带来的沱茶和香烟给他们,我说我不要换东西,这就是我送给你们的礼物。因此她的家里人对我说,辛苦你了,首先你喝一点青稞酒。我说我从来不喝酒。他们又说,那你喝茶吧,给我倒茶。我再说,我到您们家里的时候有些人问我,你到哪里去,还有有些人盯着我,这些人是不是在监视你们?他们说是监视我们的,平时我们给其他人联系的时候,要报告地方的村居委会。说到这里,我给他们说,那今天我到你们家里来,是不是害了你们?我给你们找麻烦了啊。他们对我说,没有关系,因为现在到这里来的修公路的人很多,他们这个地方来的人也不少。如果问我们的话,我们回答他是修公路的人,我们不认识,他们会相信的。然后她和她的丈夫说,我们的处境很差,所以没有东西可换。可是我们这里不远的地区有我们的亲戚，他们的处境比我们好得多，那里的居委会的领导也好，他们对成分不好的人不会无缘无故欺压，所以你到那边去的时候，请你给他们说我们介绍你，肯定他们会给你帮助的。因此我也照他们所说那样找他们的亲戚去了。我到了他们那里，他们的处境比老太太好得多。他们是两个年轻夫妻，他们说他们有小孩，可是当时不在家。我给他们说，我去了老太太那里，老太太介绍我给你们，我做完自我介绍后，他们给我酥油和"细酸干"。我也给他们沱茶和香烟。然后他们说，下次你来的时候我们想办法弄到肉和酥油。可是从此我没有再去过他们家里。

当时修公路的工作很艰苦，当局管得太严。因为数月以前在拉萨连续出现了反对中共当局的标语，当局很怀疑在拉萨来的修公路的民工们，所以他们严加管理所有的民工。我们上下班的时候像军队那样点名排队。有一次下班的时候我们排队走路时，见到我的朋友索朗勒扎。他们也排队下班。这时候索朗勒扎很紧张的样子，来悄悄对我说，我们队里对我们成分不好的民工管制的很严。我们不准随便外出，如果要出外十分钟左右，也要请假。他们还派人背后监视我们，回来的时候要报道。他压低声音给我讲了这几句以后马上走了。索朗勒扎是我在拉萨卡基林卡里秘密讨论建立吐蕃爱国青年组织的一个成员，但是我在的南区的居委会的公路施工队里没有特殊的管制成分不好的民工们。可是索朗勒扎在的社区是北城区的三居委会，这个居委会的领导特别坏，他们对成分不好的领主、代理、他们的子女，还有参加为了吐蕃独立起义的家庭、戴反革命分子帽子的人管制太严，特别是政治上压迫和经济上剥削。这也是常常安排不给工钱的工作，这对他们来讲生活上带来了很大的困难。所以索朗勒扎的这番话我不太在意，而且我所在的队里对成分不好的人没有那么管得严，还有队里对自己的态度是很好，这也是因为我平时循规蹈矩和积极工作，前后一样的积极工作，工作上根本不虚假很积极，工作上我没有虚假和偷懒的习惯。我平时想，积极工作是对自己锻炼的机会和学会忍受艰难困苦，我什么工作都很积极，所以我们居委会的公路施工队

第十七章 布丹拉山修公路遭遇怪事

里，我这个成分不好的子女被选上了劳动模范，对我根本不怀疑。

有一天我请假去山下的时候，根本没有监视和追踪等。修公路的时候，和我一起还有我姨妈达布仲巴的小姐纳杰卓嘎。纳卓也是我的表姐，和我是很近的亲戚，她的妈妈和我的母亲都是琼让家的亲姐妹小姐。达布仲巴是拉萨城里的贵族家族大家庭，特别是在达布地区有很多寺院和贵族的庄园，而在那里达布仲巴和朗顿的庄园最大。现在中共当局讲的加查县是达布仲巴的庄园，加查县里的农田大多数是达布仲巴的农田，还有山上有很大的牧场。在加查县的山区有纳卓姐的保姆，我们叫妈妈拉。原来贵族家庭从好多佣人里选对主人有忠诚、对少爷和小姐有爱心的妇女做保姆，我们叫她们妈妈拉。纳卓姐的保姆对主人很忠诚，对纳卓姐很心疼爱护。她当时年纪很大，所以她写信给纳卓姐说，小姐你和德庆嘉措拉一起来见我吧，我很想念你们。她这样子写信和传话。她为什么说我一起来，因为她认识我。这也是1959年中共占领吐蕃国以后，他们搞民主改革，纳卓的妈妈拉住在我姨妈家，一起生活了两、三年。当时当局对妈妈拉说，现在是新社会，打倒了奴隶制度，你跟她们在一起过生活是不允许的，因为达布仲巴是领主阶级，你是奴隶，新社会解放奴隶，你一定要回你的家。在当局的压力下，妈妈拉不得不返回原籍。我经常去我姨妈那里，所以妈妈拉认识我，我们算是老熟人。因此纳卓姐和我向队里的领导请四天的假，说我们要去加查县见熟人，领导马上批准了。当时是1970年的二月份里，当时纳卓姐和我两个首先去加查县，那里有拉萨东方办事处的民工和拉萨周围的农村的农民民工。东方办事处的民工里有我的最好的朋友次赖嘉措和他的姐夫巴桑。我出发以前给次赖嘉措写了封信后，我们两个去加查县。因为走去妈妈拉的家需要两天的时间，所以我们当天晚上留在加查县。我住次赖嘉措那里，纳卓住她的女朋友那里。第二天很早起床和吃早饭后出发，当时这里没有现代的运输工具或公共汽车等，路上都是走路的人，路上开的车子全部是公家的或是军车，没有私人车子。当时城市里有公共汽车，可是农村地区根本没有公共汽车。农村的运输工具都是马和驴、牦牛，路上都是这些。纳卓姐和我整个白天走路，天快黑的时候到了保姆（妈妈拉）住的地方。妈妈拉住的地区是半农半牧的地区，这个地区是在山腰上，纳卓姐和我爬山的时候有点累。

　　到了妈妈拉的家，妈妈拉第一次看到我们两个的时候，她抱着纳卓姐忍不住大哭了一场，像母女相见那样。我也是很悲伤。然后她给我们备茶和很好吃的东西来接待我们。他们的家庭的处境一般，甚至不错。她的家大，能干的人多，所以比一般家庭条件好。但是妈妈拉既高兴又害怕，因为她的家庭成分是富农，而且他们地区搞建立人民公社的运动轰轰烈烈的，这个运动里清点私人财产，田地，母牦牛和公牦牛，马、驴、鸡，还有生产工具，积存粮食。为的是这些财产全部收回人民公社，全部变成集体的财产，私人剩下的是两只手，什么都没有了。这就是共产党显示出真面目的时候了，这也是他们所说的搞社会主义和消灭私有制，反对资本主义。所以这个地区在推动实行社会主义革命运动下，人心惶惶不得安宁。妈妈拉是一方面和自己的主人有很深的感情，和纳卓相见，像渴望获得解脱那样。她说如果今天没有见到的话，以后怕是无希望相见了。另一方面，她年龄大，图伯特地区内不准自由的往来，如果要去拉萨的话，要到自己住地的居委会、办事处或者公社和区、县请假拿条子。有了这个请假条子，自己去到任何地方，还要向这个地区的当局报道登记。妈妈拉既很伤心又很害怕地说，你们两个明天凌晨回去吧，因为你们两个来这里，当地领导知道情况的话，他们会说，你们跟领主阶级搞关系有什么目的。他们会找我们麻烦来的。当天晚上聊了很久，睡了两个小时多起床后喝茶。我们离开回来的时候，妈妈拉给我们四、五斤酥油和"细酸干"等。当时早晨三、四点钟左右，因为天上星星很多和周围都是黑暗的，我的心情也是悲伤的。我的心里自然想起来，这样的社会，人和人之间不准保持亲情关系，没有自由。如此的痛苦，是我们吐蕃人前生做了什么罪恶吗？这样子我们走路，太阳落山的时候到了加查县，晚上住在这里，第二天早上很早起床，回修公路的工地布丹拉山。

第十七章　布丹拉山修公路遭遇怪事

　　纳卓姐和我两个到了布丹拉山工地的时候听到了很坏的消息，今天突然来到了三、四个军车，以后来了很多军人。下车后直接去北城区的公路施工队的住所，他们抓捕了好几个青年。有些青年在山上找柴火，军队到了这里抓他们的时候，一个青年举起斧刀，一个军人开枪击中了他的腿，把他抓起来了。然后这些年轻的吐蕃人被捆绑起来，装到车子里带走了。我们的同事们说，抓走的这些青年们在你们两个人回来的当天带走的，你们路上没有看见吗？我们回来的时候根本没有注意，也没有看见军车里带人。我问我们的同事，抓的人当中有什么人呢？他们对我解释，里面有我的朋友索朗勒扎。这时候我的心里很不安宁，因为索朗勒扎在拉萨的时候，我们一起讨论过建立吐蕃爱国青年组织的事。如果当局对索朗勒扎审问时候用酷刑和吓唬的话，他会无法忍受，交代出我们讨论的内容。当局会对我问这个事情。我根本没有想过他们会立即抓我来的，从此后我自己感到很不安心。

第十八章

因反革命罪坐监狱

    我和纳卓姐从加查县回到修公路的工地七、八天后，1970年二月十六日星期一的早上，上班后大概一、两个小时，我们正在修公路，看见大概三、四部从拉萨来的军队车子、挂北京车牌的车子去山下的指挥部。汽车里面坐有两、三个六十多岁的军官。当时我们正在路面上施工，车子没有办法开快，我们可以看清车里的军官身子很胖。我给一起的一个年轻小伙子说，你看这些车子里面的人，个个像猪一样。我嘲笑他们。当天中午吃完饭后，我们刚开始工作，早上去山下指挥部的这些北京车牌的军车又回来了。我心想，这些军车大概是回拉萨的。当时我们公路施工队的领导岗珠拉着一个木板车来工地。可是他看见我却根本不理我。我想他为什么不理我呢？就在一个多月以前，岗珠对我们修公路队的木匠格桑曲增说，你想办法做个木板车。格桑曲增开始造木板车一、两天后，岗珠还对我说，德庆嘉措，这个车子造完了以后，我们两个一起用啦。我给他说，可以，队长。平时他对我的态度很好，因为我平时工作上很积极苦干，我的力气也很大。队里的领导和群众们对我的评价是：工作积极和肯干苦干，工作态度也好。这天木板车造好了，可是岗珠和另外一个人一起拉着木板车过来，他看都不看我。我心想，他为什么不高兴呢？工作上我也没有做过不对的地方。我的心理不太舒服。岗珠是我们居委会的共产主义青年团组织的书记，一般居委会的这些领导对我们成分不好的人随便欺压，他们自己不高兴的话，就在我们成分不好的人身上出气和行霸道。这样想也就想开了。

    下午休息时间到了，休息时间是三点钟。我在休息的时候，我们办事处公路施工队的暂时的领导、居委会的领导贫苦出身的鞋匠扎西坚赞，好像刚从我们这里的分局指挥部来。他叫我的名字，说，你跟我来吧。我回话就跟着他去了。可是他先叫了我名字以后，什么都不说，也看都不看我一眼。我跟着他通过树林，当时我心想，这次不是好事，他们肯定会审问我。我的帽子里面有很多修公路时炸药爆炸使用的雷管，我现在不扔掉，如果他们搜身检查，看见这些东西的话，他们肯定会给我扣帽子。我也没有办法给他们解释，解释他们也听不进去，所以我悄悄地把这些东西丢在树林里。扎西坚赞根本不回头，走到了分局指挥部，这个周围全部有军队。他带我去一个帐篷里后，他回工地去了。这个帐篷中间有桌子，围着桌子共坐有四个军官，就是早上去山下指挥部的这些军官。我到帐篷里的时候，一个军人拿来小凳子给我说，你坐在这里。我坐下以后，这些军官问我，我的名字、成分、年纪，上哪个学校，住在哪个居委会。我当时回答了以后，这些军官马上拿出来手枪大声地叫我，他们站起来说的时候，我的后面来了两个军人，马上抓住我的两个手，戴上了手铐。然后，他们宣读逮捕令，说西藏军区保卫组和西藏自治区人民保卫组传令，我的名字、年龄、成分等读了以后，说从今天逮捕现行反革命分子德庆嘉措。可是我的心里当时根本没有害怕和紧张，我心里想，他们对我怎么折磨都可以，我做的事不是我个人的事情，也不是为我个人的利益。我做的事情是为了吐蕃独立和为了吐蕃人民，现在无论何种不幸降临，我也毫无遗憾。这时候：

我也不知道为什么，
我的心里根本没有一丝恐惧。
雪山血统红脸儿女，
为了挽救吐蕃牺牲自己。
正对敌人吼出真理，
关进监狱不低头。
自己牺牲是为了别人，

珍贵佛教的神圣精神。

大事完成，要自己牺牲。

为了成佛之路服务雪城。

我关在这个帐篷里一小时后，两个军人来带我出去。帐篷外面到处都有军队，路边有各公路施工队的领导和指挥部的军队领导，还有我们南区办事处的干部布穷。布穷有个外号叫阿尼，她在拉萨的时候是中共当局的狗腿子，为了讨好当局、显示出她有革命觉悟，她经常欺压和看不起成分不好的人。我看到她的时候想到这些，我在好好地看她和嘲笑她。当时在工地有个穆斯林干部姓赵，我嘲笑的时候，他马上站起来对我说，你就是反动派，就是反动派，你还想嘲笑我们。他一边说，一边来打我嘴巴。我马上低头避开，所以他没有打成我的嘴巴，打到的只是我的帽子，帽子掉在了地上。我马上进了车子里，车子是等我送我去指挥部的军队的车子。我进车子以后，带我的军人对我们队的领导说，要拿我的衣服。所以我们队的领导找到我同一个帐篷里的同事宝石，吐蕃名字叫索朗顿珠，叫他把我的衣服拿来。他马上去拿我的棉大衣，也捡起地上的帽子给我。

这个北京号码的汽车驾驶员和护送我的两个军人送我到山下的指挥部。到了山下的时候，这里有个军队的电话站，他们停下车吃饭。吃饭的时候我在外面。他们轮流看我，不给我吃饭，继续给我戴着手铐。我衣服穿的很少，因为抓我的时候在工地上，没有多穿点衣服。我冷得要死，当时冬天二月份里图伯特相当冷。特别是修公路的山上和山下更是刺骨冷。周围有村民老人看我说，这个人太冷啊。他们互相议论，从他们的表情来看，他们想马上给我送点衣服保暖，可是军人看见吐蕃的这些老人的时候，气冲冲地赶他们走。他们只能同情，没有办法。这些军人吃完饭以后再开车送我到指挥部。我关在一个帐篷里，仍然戴着手铐，帐篷外面两个持枪的军人看管我。当时天黑了，可是帐篷外面的有些军人从帐篷的窗户看我的时候很惊讶，这些军人议论说，这个人很年轻，像个小孩一样，还说是反革命分子。

第十八章　因反革命罪坐监狱

他们的讲话我在帐篷里听得到,因为我听得懂汉话。这里一个小时以后车子再带我到加查县,移交给加查县公安处。县公安处的两、三个公安干部把我关在县的一个黑屋子里,依然手铐戴后面,也没有棉被,也不给晚饭,也没有垫褥,睡在地上。这晚上太冷了,没有办法,一晚上睡不着。房子外面有两个武警部队的军人看管我,他们两个人不时从外面窗户用手电筒来照我、查看我。这晚上看管我的武警两、三次换班。六、七点钟天才刚亮,房子外面锁打开了,一个吐蕃人的公安局的干部进来,他的一个手拿着有水的洗脸盆和一个手拿着报纸里装一点的糌粑,这些摆在我的面前说,你吃早饭吧。我准备用洗脸盆的水洗手的时候,这个黑心的吐蕃公安干部对我说,这是你喝的水,不是洗手的。这个糌粑是你要吃的糌粑。我一看这个糌粑不是人吃的糌粑,是给畜生的。我的心里想,这个吐蕃人的公安干部是畜生不如。他不知道自己的民族和自己的国家,我很遗憾和心疼。我对他说我不吃,他说你不吃的话没有饭。我说没有就没有吧,我没有吃他给我的这样的饭,所以他马上给我戴上手铐后就出去了。半个小时以后,这个公安干部再来了,他带我去县的院子里。这里有北京车牌汽车。他说,你进汽车里去。我进去,汽车里坐了一个民警、一个开车的司机,还有这个吐蕃人的公安干部,算一起我们四个人。我的旁边坐着一个民警。这个公安干部坐在开车的驾驶员旁边。汽车从加查县通过修公路的地方开去拉萨的,汽车的窗子是掩盖起来的,所以到了修公路的地点民工们没有看到我,汽车也开快了,大概中午两点钟左右,到了泽当(山南市南面)。这里有军队的兵站,车子停在这里,我被带到食堂里,一个民警看守我,公安干部和驾驶员进去买饭,他们两人回来的时候这个公安干部拿来两、三个干馒头和一杯水对我说,吃这个。从背后把我的手铐解开,手铐戴在前面,我吃了干馒头以后再随车直接去拉萨。

到了拉萨已是晚上九、十点钟左右,他们直接带我到桑益监狱,移交给监狱的管理人员。监狱的管理人员带我进监狱大门的时候,里面有个墙,墙上写下了汉文和吐蕃文的对犯人的纪律。监狱的管理人

员对我说,你读一下这个纪律。我读了一份,我心里记得下面这些内容:

所有行动听从看守所的指挥。

每个罪犯不准说话、讨论自己的罪行。

不准罪犯之间掩盖罪行和隐瞒罪行。

承认自己的罪行和揭发别人的罪行。

坦白从宽,抗拒从严。

将功赎罪,重新做人。

这就是监狱所谓的罪犯每个人的行为准则。这个读完以后,监狱的管教人员带我去一个小房间里,这就是我关在的监房。这里面有一个床,放了大小便桶,除此以外没有其它东西。然后他们给我棉被和枕头等,还有给我犯人的纪律准则的小书,这个准则书和我刚近来的时候墙上写的内容是一样的,这书里面把细节写出来了。然后管教人员把我的手铐拿下来,对我说,你对国家和人民犯下了罪行,所以你到这里来的,你好好想一想准备交代自己的罪行。监狱里不准乱叫乱动,你的行为准则这个书里面有,你好好学习和规规矩矩。他说完了这些话后,把监房锁起来后离去了。

这个小房间有小窗户,窗户后面有铁丝网,还有门下面有可以递进饭碗的小窗户。这是厨师送饭的时候用的。第二天早上八点钟,厨师拿两个碗,对我说一个是饭碗,另一个是喝茶用的,厨师倒茶和给我糌粑,糌粑大概有二两,然后我喝了茶和吃糌粑的时候,吃的好香。我感觉好像从来没有吃过这么好的糌粑,可是这个糌粑一下子就吃完了。我还想为什么当局不给社会上的人民群众那么好的糌粑,为什么当局给犯人那么好的糌粑。这天早上的糌粑我根本没有吃饱,而我觉得糌粑那么香和好吃的原因,是我在监狱里住的时间长了时候才知道的。当时我在布丹拉山被抓起来到我被带到拉萨的途中,到了泽当的时候给我两个馒头以外没有吃东西。所以这天早上的糌粑很香和好吃,这就是太饿了,也不是给犯人的糌粑比给群众的糌粑好。

第十八章 因反革命罪坐监狱

刚开始,我从工地被抓起来的时候没有给我饭吃,当天晚上我关在加查县的时候也没有给我饭,第二天早上我以上讲的那个吐蕃人的公安干部用洗脸盆装水和给我畜生食用的糌粑,糌粑里又有干草和其它杂质,所以我没有吃。然后去拉萨的途中到了泽当的时候,给我两个干馒头和开水之外,抓我的时候16日到18日里没有给我吃饭,所以我太饿,吃什么东西都是香的。

一九七〇年二月十八日早上大概十点钟左右,我被带去审问。当时文化大革命武斗刚结束,所以全图伯特建立起军事管治委员会,各单位派军代表管制。我被审问的时候,也有军代表和公安干部一起来。首先他们给我说,你为什么在这里,你做了犯罪的行为你知道不知道。我回答说,我不知道我做了犯罪行为。他们又给我说,坦白从宽,抗拒从严,你走什么路,你自己选择。我回答说,我没有反对党和国家的破坏行动。这个军官很气冲冲地对我说,抗拒从严,坦白从宽是我们刑法的政策,你懂吗?你没有被抓以前,我们把你的朋友抓起来了,他们交代了自己的罪行。所以今天你回去好好想一想,你要准备把自己的罪恶交代清楚。他们对我说的没错,我没抓以前一个星期,我们工地的索朗勒扎和好几个青年被抓起来了。后来我知道,布丹拉修公路的工地上索朗勒扎等抓的时候,在拉萨洛桑次培等也被抓起来了。然后审问我的公安干部送我到监房,我知道抓我的原因是前年,也是1969年的七月份在卡基林卡我和洛桑次培、扎西和强巴索巴我们谈论建立吐蕃爱国青年组织的问题。这也只是谈了一次,可是谈一次也好,反对中共侵略者和吐蕃独立的问题,说了一句话这就是反革命分子。这就是抓我的原因,是我可以估计到的。当时我自己为了自己的生活打砖坯和拉马,所以我没有参加秘密的组织,也没有发放传单。

然后第二次给我审问的时候,我承认卡基林卡里的事情。审问者给我说,你回去把你的事情详细地在纸上写下来,下次交给我们。我又被送到监房,所以我写下来卡基林卡里的事情,我承认并写在纸上交给监狱管理人员。从此几天后他们又带我去审问,审问者就是第一次审问我的军官和公安干部。他们两个人给我说,你有什么交代的事情,你一个一个地交代清楚,我再说出来我纸上写下来的这些事情,讲出来的时候他们不那么惊讶,因为这些东西他们已经知道以后,我才被抓起来的。可是他们最怀疑的是我们和国外的间谍有联系。他们断言,你们和国外的间谍有关系,这些一定要交代清楚。我回答说,这个问题我不知道,听都没有听见过,我也肯定地说,这个问题我根本不知道,不是我不交代。而且我的朋友和这些问题有没关系,我也不知道。我的这些回答,他们两个不相信。他们说,你这样说话还太早,你下去好好地考虑。我又被送回监房里。我心里发誓,我以后我谈卡基林卡里我们谈的这些以外,其它问题一个字都不谈,因为他们审问的时候经常对我们讲的是,你们一定要把自己的罪行交代清楚外,别人的反革命的行为和谣言,你听见、看见、怀疑的,都要报告政府,立功赎罪。可是我永远不愿意为了自己解脱,做拉别人下水的坏事情。我相信如果我揭发别人的问题,别人受苦受难的话,对我自己来讲,就是摧毁我的今世和摧毁我的来世。比如我关进监狱以前,我父亲经常讲圣者的故事,特别他讲米拉日巴的故事,而且他要鼓励我读米拉日巴的故事。还有我的母亲和姨妈达布仲巴很遗憾地说到琼让外公的遭遇的时候,我很心悦诚服地拥护外公的英雄精神,因为他知道他因公道的行为遭到迫害。为了避免国家遭祸而全部抛弃了自己的地位、家庭、钱财,在自私自利的腐败分子的面前不低头的忠诚的精神,令我很敬佩。所以我在心里宣誓,我在中共侵略者的面前,我永不做对不起祖宗的败类。因此我讲的都是他们知道的事情。这也是卡基林卡里的谈话内容外,其它有关系的内容我自己一个字都没有露出来。我坚持说,我的家里的生活有困难,所以经常去工作,没有时间和其他人一起搞关系。

有一次晚上很紧急的把我带去审问,审问的人士就是原来的军官和公安干部,他们两个很生气地对我说,你还没有把你的罪行交代清楚,你好好地想一想,交代清楚对你有好处。我回答说,我已经交代清楚了,我没有还需交代的问题。这时候审问我的他们两个露出凶

第十八章　因反革命罪坐监狱

恶的态度来，拿出手枪来拍桌子，还拿出来枪决吐蕃人的照片给我看，"你看这是什么？"我看了照片，这就是中共土匪集团枪决尼木的赤列曲珍为首的十八吐蕃人的照片，他们的脸上画有醒目的红叉，这就是枪决的信号。他们给我看这些，威胁我说，你要顽固的话，这就是你该走的路。你们的幕后策划人是谁，你一定要交代清楚。

我自己知道，我们没有幕后策划人，所以我给他们回答说，我根本不知道幕后策划人。我不喜欢共产党的原因是，共产党根本不给我们前途，所以我反对共产党，也没有人给我鼓励反对共产党，我的背后也没有人指挥和幕后策划的人。审问人又说，你那么年轻，还想复辟旧社会的思想从哪里来的？你的父母给你教的吗？或者其他人给你教的吗？他们这个问题上严肃地来问我，我再回答，谁也没有给我教和指挥我。我对共产党政府不喜欢的原因是，不给我们阶级成分不好的子女前途。我在旧社会里上过两年的学，大多数的时间是在新社会的民办学校和国立学校里上学的。我的习惯是读书和学习，我到哪里去都离不开书的。学校里抓紧时间努力学习，根本不用父母鼓励。学习对我来讲很重要的，我经常想我现在努力学习，今后我靠知识来生活。学校里我的学习成绩很好，但是小学毕业的时候，没有办法继续上学，因为学校当局说，阶级成分不好的学生不准去上中学，所以上中学不看学习成绩而看阶级成分。阶级成分好的话，学习分数不好的也可以上中学。还有对我们来说，比这个难过的事情是，没有办法上学，所以去找工作的时候，都要学校的介绍信。我去找学校的时候，好几次不给我们介绍信，而且我们学校的校长阿旺嘲笑我们说，现在贫苦出生的学生找不到工作，你们要介绍信不行。他这样子好几次拒绝，没有给我们介绍信。我的思想里，在共产党的统治下，对我们阶级成分不好的人们，有一种活路都不给的感觉，所以我对政府不喜欢。相反，谁也没有人教给和鼓励我反对共产党和政府，我这样不但口头上讲，还有交代材料里面也这样写了以后交上去。因此好几个星期没有再审问我。

然后有一天下午好像三、四点钟左右，我关进的监房外电线杆上一个喜鹊叫的很紧张的样子，它叫的声音让我的心都紧张起来，我感到很不安宁。这是很奇怪的事。中共土匪集团1959年非法占领图伯特以后大规模地杀了所有的鸟，所以在拉萨1959年以前有的老鸦、喜鹊、红嘴鸟、戴胜鸟等都消失好几年了，可是今天我首次看见喜鹊。今天我看见喜鹊的时候，它的叫声很急促紧张，扰得我心神很不安宁。我心里想这不是好兆头。然后可能十五分钟左右来了看守所的管教人员，他们打开关我的监房的锁，开门带我去审问。在审问房里有以前的军官和公安干部，他们两个的态度充满凶恶和怒气。他们两个对我说，你还没有交代清楚你的罪行。你想见阎罗王吗？他们还给我威胁说，你不注意的话，你会掉脑袋。可是我想，我一定要坚持原来讲过的，如果我乱说话，毫无疑问我会掉脑袋。我回答说，我的问题以前全部交待过了，我没有隐瞒罪行。然后审问者对我说，你给别人人肉和头发，你还想不起来吗？刚开始我听到这句话的时候，我很惊讶，我想他们说什么啊？难道说我杀了人？可是我仔细再一想，我才想起来了，这就是宗喀巴的遗体火葬的时候留下来的骨灰。文化大革命的时候，甘丹寺遭到全部破坏摧毁，宗喀巴的灵骨塔（金塔）被破坏的时候，有些忠诚的佛教徒在其他人不知道的情况下，把宗喀巴的遗体藏起来了。然后他们把宗喀巴的遗体火葬的时候，留下来了一点遗骸神物，还留下了宗喀巴的头发[1]。大家把圣物给一点自己相信有坚定信仰的人，我也拿到了一点。我最好的朋友次赖加措的叔叔江白把宗喀巴的遗体火葬的神物给了一点给我。因此我想起来了，我也给朋友一点宗喀巴的火葬的神物和一点头发。审问的军官和公安干部说的就是这个。如果我说出江白给我他们所说的人肉和头发，那江白进监狱是百分之百的，所以我不应该说真话。我给他们说，我们是信佛的，所以有些信徒在喇嘛的遗体火葬以后留下一点火葬的神物还有头发，所以在哲蚌寺我有个叔叔他给我的，他说这是喇嘛的神

---

[1] 藏传佛教有保留圣人的遗骸、头发等物（舍利子就更为珍贵），一般用来装塔供养。

第十八章 因反革命罪坐监狱

物。我给他们说清楚我的叔叔的名字。他们问我,现在你的叔叔在那里?我回答说,文化大革命武斗结束后他去世了。审问我的军官很生气的骂我。我再说,如果你们不相信的话,哲蚌寺有没有这个人,你们去调查,你们才知道真实。这也是很巧合,哲蚌寺原来真有我的叔叔。他年纪大了,在文化大革命革委会实行军管以后去世是真实的,因此我避免了一个危险。

还有我遇到了比这个更危险的一个事情,这是真正可怕的。审问我的人拿出来了一本书给我看,问:这就是你们反动派的誓愿吗?如果你不交代清楚的话,你是很危险的。我看这个书本的时候,我的心里真正很恐惧,可是我想一切办法让我不变脸色。这个书本上抄写的内容是达赖喇嘛亲自写的誓愿。那是1969年屠杀后,为中共土匪集团的最野蛮的统治下死去的吐蕃人民,达赖喇嘛写下的誓愿,这叫"真理祈请文"(藏语"典词默朗")。我在拉萨的时候,江白借给我达赖喇嘛写的誓愿(典词默朗)。我把它抄写在我自己的书本里。审问我的军官和公安干部拿来给我看,要我念读这个誓愿。我想,现在我得有什么好办法。如果他们知道了这是达赖喇嘛写的誓愿,我的头真会落地,而且会牵扯连累进去很多人。如果为了我自己脱险,交代真实情况的话,很多人会被抓起来关进监狱,还有更多的被追问审讯。审问的人会更加怀疑我们和国外的势力有联系。很多人会被关进监狱和很多人的头会落地,这样那麻烦太大了。为了避免不可收拾的危险,我首先必须想一切办法欺骗他们。某一天如果他们知道这个誓愿是达赖喇嘛写的,还要继续对我审问的话,而我为了我的战友和朋有下了牺牲自己的决心,所以我对他们说,这个誓愿是观世音佛的誓愿。审问我的人又问我观世音佛是什么,我说观世音是个头很多和手很多的一个佛。审问人还继续问我这个具体内容是什么。我回答说,内容是为了清净今世的罪恶和来世的好的结果所发的誓愿。当时我知道审问我的军官不会说土番话,吐蕃族的公安干部也不太那么懂吐蕃文,而且对宗教更不懂。因此,我如此回答和解释的时候,他们好像相信我的话,没有继续追究誓愿从哪里来的,根本没有追究谁给你的等等。我认为这就是真佛祖保护我的。可是这个问题上好几个星期和好几个月我都放心不下去，有点寝食不安。幸亏后来在这个问题上没有继续审问，所以我闯过了一道生死关。

第十九章

从单人监房到集体监房

一九七〇年，我关在的监狱是看守所。这里面的犯人都还没有判刑，分为三种：一种是1959年关进监狱的，他们是原噶厦政府的僧俗官员和参加武装起义的卫藏和康地区的一些首领等，另一种是1969年抓进监狱的我们那样的现行反革命的政治犯人，还有就是班禅事件的时候关进监狱的班禅拉章的最主要人士计晋美和班禅的老师恩久仁波切等。当时我们那样1969年逮捕的人还在审问期间，所以一个房间里关一个人，互相不能说话和互相不能见面。1959年逮捕的人有十个人一起关进一个房间里，白天他们在菜地里干体力活，晚上一个房间一个组学习。这个学习不是学文化，而是学红色观念，这也是毛泽东的所谓著作和所谓的国际和国内的大好形势。这个大好形势里面是天天、月月和年年讲的内容都一样，就是说帝国主义和一切反动派日落西山似地在衰败，社会主义的中国天天向上、国力强壮的内容。他们的颠倒黑白的宣传，要我们学习，并且和自己的思想结合起来改造自己的反动思想。这就是他们给我们威胁和强迫下的所谓的学习内容。

我们单独关进小监房里也好，或者一起关进大监房里也好，都是没有判刑的，所以监狱的管理人员经常对我们威胁说，你们在这里不好好改造，自己的罪行不交待清楚，还要欺骗人民政府的话，你们就是在屠场上等宰杀的羊，那我们就带你去见阎罗王。他们一方面威胁我们，一方面他们真带我们去见阎罗王，他们指的杀头。我们关在小监房里的人二十四小时不能外出，监房里放个便桶，大便、小便都拉这个桶里。刚开始这个粪桶早上带来其他犯人倒的，这是不准我们去外面倒的，为了避免外面人认出我们。我刚开始关的监房是很冷很冷，因为监房的窗户面向北，一整天太阳一点都照不到，整天坐在监房里，真的冻死了。所以白天穿了衣服，还又加棉被盖起来，不得不这样做，太冷了。在这个监房里，我被关了三个多月，这时候是图伯特最冷的时期。可是这时间里我一天也没有晒到太阳。后来我听到，长期关在这个监房里的犯人得了腰病和关节炎，甚至有些犯人成了残废，这就是因为人的身上得不到日光和长期身子太冷。还有有腰病和关节炎病人的病情马上恶化、甚至出现死亡。从大的问题来讲，这就是在中共土匪集团的眼里，我们吐蕃人不算人；从另一方面来讲，毫无疑问，这就是他们用来折磨我们犯人的一个手段。

这个监房的对面是原噶厦政府的僧俗官员和其他高层人士的一排监房，一排有十栋房子，一栋房子里有十个犯人。当时我窗户里看到的是一个得了重病的病人，其他犯人去菜地工作的时候，这个犯人被带出监房到外面晒太阳，我不认识他是谁。这个经常被带出来的犯人，有一个下午被两个犯人扶助他走出来了，看起来他的病情恶化了，因为他带出来的时候大声地啊啊叫起来，刺痛的样子。我估计他被送到了医院，从此以后没有看到他回来。跟他同监房的人后来说，当时他被送到劳改医院以后，不久他就死于胃癌。有一次他一人关在监房的时候，用刮胡子的刀割自己的脖子准备自杀，可是没有成功，但是流血很多，马上被发现后送医院抢救了。后来我知道他就是原噶厦政府的俗官哲玉，哲玉的太太和小孩在我们拉萨同一个地区和一个居委会。他原来没有参加1959年的武装起义，所以哲玉在所谓的西藏自治区的档案馆里面工作。这个档案馆在布达拉宫的下面，档案馆的主要工作是检查和分析原噶厦政府的全部档案材料，还把大量的档案材料拿回北京去。这里面的工作人员大多数是原噶厦政府的一些僧俗官员和寺庙里的一些格西。他们工作的时候管得很严，他们进去的时候全身检查和休息的时候外出的话又全身检查，下午下班的时候再严格地检查全身。工作的时间不准外出，因为当局怀疑这里的档案会泄露天机。当时外面人说，哲玉检查档案的时候，苏联共产

第十九章　从单人监房到集体监房

党缔造者列宁承认吐蕃国独立,哲玉藏起来了这些材料,所以当局逮捕哲玉。这是不是真实情况,我也没有证据。

三个多月后,我从最冷的监房转移到另一个监房里,这不是其他地方而是同一个院子里面,也是关一个人的单监。一排一排有很多监房,一排监房有十个小房间,一排房子的前后有门,大门紧锁。前、后门打开的时候,里面有十个小房间,各个房间也有门,门也锁起来的。这个门上面有两个洞:一个圆的小洞中间有玻璃和外面有盖子,这个洞是监狱的管教人员用作随时查看监房里面的犯人。还有门下方有个方形的小门,外面有盖子。这个门就是厨师送饭的时候打开送饭。这个监房里还有毯子和棉被,拉大便和小便的桶,早上七点钟打开监房的门,这时候倒屎尿桶。这时候监狱的管教人员打开门,一个房间一个房间地开门,就是一个监房的犯人倒屎尿桶回来以后关上门,第二个监房再开门。这样做主要原因是监房之间的犯人不准看见和避免互相认识。这个监房面向南,有大的窗户,所以监房里有一点太阳光照进来了,和我刚来时的监房相比没那样冷。这个监房的窗户上面有两层铁丝网,窗户前面有高墙院子,前后有锁起来的大门。我从窗户里往外看,只能看到院子的高墙和监狱后面的山。一排监房的周围有监听的管教人员,监房里面我们睡觉的毯子的方向由监狱管教人员来统一安排,我们不准随便睡觉。如果随便睡的话,监狱的管教人员看到,不仅会教训我们说,你们为什么不尊重监狱规定的规则,而且他们还随时准备殴打我们,说,你们的所有行动必须尊重监狱规定规则,如果违反这个规则的话,我们就惩罚你们。他们用这样的凶恶的态度来训我们。每天给我们送中共的《西藏日报》,也给我们毛泽东的著作和语录,他们教训说,你们要学习国内外的大好形势和毛主席的著作和语录,联系自己的反动思想,深挖狠批,早日重新做人,交代你们的罪行,立功赎罪,为了早日离开你们这个监房,继续努力。

我搬到这个监房以后,他们对我高强度的审问减少了很多。没有搬到这个监房以前的三个月里,我的思想很紧张和压力很大,是危险的一个时间。搬了监房以后，每次审问也没有什么新问题交代，自己只是把学习的想法和心得写在纸上交给管教人员。这样子一天、一个星期、一个月，自己一个人一个监房里的时候，心地狭隘和精神空虚，假如不能心怀宽大，神经错乱、疯狂和自杀等问题都容易出现很多。这个问题我下面要详细讲。我在家里的时候，我父亲经常教导我佛经里面的修行，所以对我来说，我从小对佛教很忠诚和有信心。我一个人关在单监的时候，对佛教的忠诚和信心帮助了我面对封闭、狭隘和空虚的心理环境。这时候我自己时常想起佛经里面的教导，对我的心理有很大帮助。我自己当时早上喝茶和吃糌粑后，我坐在我的毯子上，手里拿着毛泽东的著作或者《西藏日报》，摆出学习的样子出来。事实上我祈祷佛祖和莲花生大师，嘴里念佛祖和莲花生大师、观世音佛等的咒言，一天念三、四万遍，可是没有佛珠，所以算手指。我开始祈祷莲花生大师和念咒言以后，我的思想开始平静下来，消除了内心的紧张和恐惧。我一生的最好的一切青春，在受苦受难里面过去，特别是这次在监狱里，受到身心俱老的摧残是一方面；另一方面，当时的最险恶的环境对我来说，也是我自己前生做的罪恶今生发育起来的，我想我的生生世世里的作恶，现在是戒恶行善的一个机会，我祈祷念咒言。我在一个监房里三年的时间里，我念咒言千百万个，我想这对我的来生会有很大的帮助和益处。

一个人一间监房的犯人只提供早饭和晚饭，没有中午饭。一个月我们的粮食定量是十四斤，这也是七公斤粮食。我们根本吃不饱，所以经常忍饥挨饿。早上给我们的二两糌粑。早上这个糌粑吃的时候吃得相当香，可是根本不敢一下子吃完，而是留下一半给中午。我以上讲的，那时我感觉从来没有吃过这么好的糌粑，这不是糌粑好，就是我快饿死了。到了中午的时候，我吃早上留下的糌粑后，我不坐在毯子上，而是利用中午的时间，我站起来一个小时锻炼身体。如果整天坐在毯子上，突然有一天带到外面参加强迫劳动的话，我担心自己的身体吃不消。所以中午我在这个小监房里吃力地锻炼身体。中午十二点钟到三点之间，监狱的铁大门关门，关门的时候声音很大，我们都听得很清楚。这个时间里,除了各墙上有看守犯人的军人站岗外,监狱里面的管教人员全部去吃中午饭,监听和看管的人都没有了。在工作时间,各监房有监听的管教人员,还有其他管教人员经常像个猫一样,悄悄到我们的窗户前面来看我们在里面做什么。可是他们猫一样悄悄地来也好,我们马上知道他们来的声音,因为我们关在一个监房里关的时间太长了,一个人关进的监房周围太安静,很可怕的寂静,说话的人都没有。有时候有些人心神不定,情绪崩溃,突然大叫大闹。在长时间很平静、什么声音都听不到的时候,突然听到一个大声叫喊,不仅心理紧张,也会心烦意乱,心生恐惧。我们知道监管人员常常悄悄地来窗户前面偷看我们在里面做什么,有时候我们睡觉的话,他们会训斥我们。如果他们看到我们睡觉两、三次的话,管教人员会到监房里面来打我们、训我们,他们说,你为什么不学习,你不学习的目的是什么,你要写检讨。如果我们的写检讨他们不满意的话,夜晚的时候,他们继续训斥我们两、三个小时,不准我们睡觉。

每天下午我读《西藏日报》。《西藏日报》是政府的日报,本来当时日报都是公家的,没有私人的。这些日报的内容大多数是说假话,歪曲事实,这也是说中国共产党的领导是伟大的、中国的科学发达、经济发达,中国的国力无比强大,而且还说,美帝国主义为首的所有的资本主义深陷危机、走向衰败,人民没有办法活下去。他们这样颠倒黑白地宣传。可是我们不得不读这个报纸,因为他们经常问我们,学习以后,再和你们的反动思想联系起来以后,你有什么感想要给政府汇报。所以我写报纸学习感想的时候,这些报纸的内容要重复起来。自己在社会上的时候,根本不读毛泽东的书,更不会喜欢读毛泽东的书。可是在监狱里一人一间监房无事可做,所以开始读毛泽东的书。这个书我越读越有兴趣,因为我们对付敌人的时候,首先要了解敌人,了解敌人的战略和战术,敌人的目标和政策。我认识到,对付敌人,我们应该、必须了解敌人的一切。我在这个监狱里,我读的毛泽东的所谓著作,四卷本全部读了很多次。这对我认清反面帮助很大,等于我从一个很好的政治大学毕业了。

毛泽东的书不只是毛个人的思想理论，也是汉民族和与毛泽东一起打天下的所谓老革命家们的思想精华。它集中反映了对他们自己国家的忠诚军事家、政治家、外交家如何精通战争、擅于权斗、伪装正经、谋取私利、欺骗别人的各种能力。我认为对我们图伯特来讲，这些里面有很多方面可供我们学习和吸取经验教训。我这样说的目的不是要把我们的观点改变成红色的观点，而是认识到，我们不了解敌人的话，我们对付不了敌人。我们射的箭是打不准的。共产党的所作所为是嘴巴上讲得很正确、很漂亮，可是实行的时候是另外一套欺骗别人的把戏。这就是共产党的独裁政权的政策：好话说尽，坏事做绝。共产党的理论、法规、法律里面说宗教自由、言论自由、结社自由等，人类需要的自由都写上去了，可是现实行动中一个字都不执行，而是强化它的一党专制的独裁政权。比如共产党没有夺权以前和没有推翻国民党的统治以前，红军长征的时候，在1935年的八月五日召开的共产党的中央政治局会上通过的决议，说："中国共产党与中国苏维埃政府在少数民族中的基本方针，是在无条件地承认他们有民族自决权，即在政治上随意脱离压迫民族即汉族而独立的自由权。中国共产党与中国苏维埃政府应实际上帮助他们的民族独立与民族解放运动。"还重申，中国共产党的党员必须学习"马克思、列宁、斯大林关于民族问题的理论与方法，"必须执行党的关于民族的政策[1]。事实上，中共独裁政权根本不执行以上的文字上的漂亮话，所以我认为，这些欺骗国内和国外的心口不一的表演，就是违背人类的道德和丧失人性。今天中共当局说，图伯特的旧社会是封建农奴制度和有些人想复辟农奴制度等，并把各种各样的罪名强加给反抗中共殖民主义和非法独裁政权的吐蕃人民头上。中共土匪集团侵占图伯特快到六十年，1959年以前的当事人大多已经归天了，1959年出生的人现在也快到六十岁了，可是中共殖民主义念念不望地天天、月

---

[1] 见中共中央统战部，《民族问题文献汇编：1921.07-1949.09》，北京：中共中央党校出版社，1991年，第306-307页。

月、年年讲旧西藏是封建农奴制度、有些人想复辟农奴制度和把西藏从中国分裂出去。他们为什么这样子重复来重复去？周而复始其目的是掩盖他们非法侵占吐蕃国的真面目和害怕图伯特分裂出去的焦虑。可是今天的中共是红色新贵族们掌握了统治权，对广大工人、农民和普通百姓而言，是最野蛮、最反动、最黑暗的吸血制度。可是任何事物都有优点和缺点两面，全部优点和全部缺点的事物是没有的。所以，敌人的优点，我们要吸收；敌人的缺点，我们要抛弃。

监狱的管教人员还经常自己不厌其烦、扰人心绪不宁地对我们说，把毛泽东思想和你们的反动思想联系对照起来，是为了帮助你们重新做人。如果有隐瞒自己的罪行的话，必须马上对政府交代清楚，纸里是包不住火的。如果你们不交待自己的罪行和隐瞒罪行，有一天你的罪行被揭露的话，这时候你就知道，你搬起石头砸了自己的脚。他们常常这样威胁我们，所以我自己随时随地祈祷莲花生大师和至宝。我相信至宝，我经常想，我的一切至宝都知道的，我百分之百相信至宝和莲花生大师，这对我做到思想上坚毅、内心里平静很有好处。一个人一间监房里过的时候，思想上有很大压力和空虚，心地狭隘想不开的时候，如果思想上没有靠山依托的话，选择自杀的很多。1972 年我的朋友索朗勒扎快要释放的时候自杀了。我们的一个共同朋友洛桑次培自杀的时候，监狱的管教人员及时发觉以后，送他到劳改医院抢救、治疗了三、四个月。这件事是我们判决以后洛桑次配亲自对我说的。还有我们的朋友强巴索巴，承受太大心理压力而毫不退让妥协，加上中共当局给他服某种药，后来强巴索巴完全变成思维混乱、神志不清的人了。平时强巴索巴是在敌人面前永不低头，是勇敢的反帝爱国的吐蕃好战士和我的好战友。可是遗憾的是，这样勇敢的人最后变成废人了。还有大俗家族的女青年华小青遭遇同样命运。她因为试图越境逃离被捕。禽兽不如的管教人员强奸了华小青以后，她伤心至极，最后她选择了自杀。

前面讲的这些人是我的战友、朋友、熟人，我是这些真实情况的见证人。很多政治犯一个人一个监房里关的时间太长，受不了孤独绝望的折磨，最后心理崩溃，出现了自杀或变成了神志不清的人等。很多人变成了废人。我出来以后看到和听到这些真实情况。而我能够健康地活下来，主要原因是，对我恩深如海的父母经常对我们教导佛教的内容、解释大勇者的事业和功绩。我的父亲经常对我说，佛教的主要精神是抛弃自己的所有，要像米拉日巴喇嘛那样，做真正的大勇者。这些教导对我来说非常受用。我刚进监狱的时候，在我想死的时候，我就会想起这些教导。我时常一心一意地祈祷莲花生大师：我的这生好坏，无论发生什么，我相信莲花生大师，谢天谢地莲花生大师：

祈祷佛祖，
无论顺势逆缘，
不要忽略我的发愿。
父母的养育之恩，
我牢记在心，
愿佛祖听见我的祈愿！

以上的内容我记在心，对我很有帮助的，我经常想，我能脱离生命的危险，我仍然活在世上，是离不开父母的熏教和佛法的教导。

还有我在监狱的小监房里的时候，曾经梦到两个预言场景。这是1971年年初的一个晚上，拉萨的八角街的南面有桑颇的旧住宅。1959年以后中共当局用做工商局的办公楼，后来这个院子的旁边建了一个电影院。我在我的梦里看见：这个电影院里很多人一起准备看电影，电影院的舞台上放了桌子，桌子一边坐着毛泽东，另一边坐着林彪。毛泽东和林彪陷入争论，吵嘴以后，林彪突然下跪，跪在毛泽东的面前。我的梦很清晰明亮，这时我也睡醒了。当时我想这很奇怪，可是没有特别在意。但是四、五天后，我拿到发给我们的报纸，读到特别新闻，林彪反党集团背叛了党和国家，乘机逃跑的时候最后坠毁在蒙古人民共和国的温都尔汗。这以后政策全面地宽松了。当局对我们公开宣布，以前全面展开打击的运动里，错误地实行了左倾的政

第十九章　从单人监房到集体监房

策,是林彪反党集团歪曲了伟大领袖毛主席的正确政策。他们用这样的解释来把毛泽东的滔天罪行全部转嫁到林彪的头上。这就是毛泽东平时惯用的手法,也是中共独裁者养成的欺骗天下人的恶习惯。我讲一个事实,这也是我首次关进监狱和受审时,当局对我们威胁地说,伟大领袖、最高统帅毛主席和最高副统帅林副主席郑重地指示,要彻底贯彻执行"一打三反"(打击反革命,反对贪污盗窃、投机倒把和铺张浪费)运动方针,你们不好好交代自己的罪行的话,我们对你们将给予沉重打击。审问的人不仅这样讲,而且拿出中共土匪集团枪决吐蕃英雄——阿尼·赤列曲珍和拉萨青年们的照片给我看,威胁我说,你们不老实的话,这就是你们的下场。他们不仅威胁我们,而且他们杀了我们无数吐蕃的人。后来他们打击的对象太大了,到了不可收拾的地步,他们就把毛泽东的滔天大罪强加在林彪集团和"四人帮"的头上。真正来讲,毛泽东是罪魁祸首,林彪和"四人帮"是帮凶和执行者,这就是中共土匪集团欺骗人民的行为。如果没有停止"一打三反"运动,我想也许我的头也落地了。"一打三反"运动主要是强调"一打",就是沉重地打击现行反革命分子,包扩1959年逮捕的一部分吐蕃人和1969年血腥镇压各地反抗中共非法统治和争取吐蕃独立运动后逮捕的爱国吐蕃人。他们遭到了大规模的屠杀。最后最野蛮的滔天罪行强加在了林彪一个人的头上。这个滔天罪行并不是一、两个人的罪行,这个滔天罪行是整个红色的中共土匪集团必须要承担认罪。这个集团的每个人的手上都沾满了吐蕃人民的鲜血,以及新疆人民、蒙古人民、汉人民的鲜血。

一九七一年宣布周恩来总理的指示,文件传达给我们,说,从此以后,对监狱和劳动改造场所里改造的犯人,不准施行法西斯的手段、不准刑讯逼供、停止折磨审问、不准克扣犯人的粮食,要展开正面教育,不准推行反面的教育。《人民日报》还刊登了"扩大教育对象、减少打击对象"的新政策,这个内容也刊登在了《西藏日报》上。以后,这个看守所的管教人员对我们单人关押的政治犯宣布了这个政策。他们说,原来的政策是林彪反党集团歪曲了伟大领袖毛主席的正确路线。这当然是共产党极端狡诈的诡辩,但从此我们小监房里的政治犯和以前待遇不一样了,没事故意找麻烦的情况减少了很多,还有政治犯的生活改善了,有点天地之别那样的感觉。我1970年被逮捕后就没有吃过一顿饱饭,当时一个早上给酥油茶,隔天早上就没有酥油茶,不过这个酥油茶和没有酥油的茶也没有两样。粮食一个月十四斤,平均下来每顿不到二两。可是新政策宣布以后,每天两顿饭没有改变,可是早饭和晚饭多给我们一倍的量,每天给酥油茶,酥油茶里酥油很多,青菜里也加有很多肉。这样的生活当局执行三、四个月以后没有继续下去,但还是改变了以前那样吃不饱的情况。

一九七一年又一个晚上,我做了第二个很奇怪的梦。当时中共统治下的中华人民共和国还不是联合国成员国,联合国里的中国代表是台湾国民党政府。我的梦里也是出现我上面讲到的桑颇的旧住宅旁边建的电影院。这是1959以后拉萨的第一个电影院,梦里我好像在电影院,电影院里凳子很多,还有很多人。我在人群里,看到电影院的舞台上有世界各国的国旗,很明显的是中国的五星红旗。当时我看到中共的五星红旗和世界各国的国旗并挂一起的时候,我的心里很不高兴。我睡醒以后,我继续感到心里不舒服。一、两天后,《西藏日报》刊登了新闻:联合国正式承认中华人民共和国是联合国的正式成员国,中华人民共和国是中国的代表,不承认台湾代表中国,台湾被开除联合国。对中国当局这算是胜利的喜事。我们吐蕃的大多数人相信梦里有预兆,但是大多数梦不可能真实,可是我想有些梦真是有预兆的。

我刚进监狱的时候每天都很紧张,审问和写认罪信等,轮番轰炸一次又一次。过了两、三个月后,监狱的管教人员向小监房里的所有政治犯宣布了半年学习总结开始,布置了学习的内容。所以,我们关在小监房里的政治犯们互相之间不准见面、不准交友、不准说话。我们的监房窗户前面有院子,但是他们不许我们朝院子里看。年中总结开始时,监狱的管教人员来院子里对我们说,你们站起来到窗户前面。我们听从管教人员的命令走到窗前以后,他们宣读半年总结的学习内容。第一是学习国内外的大好形势。他们解释国内外的大好形势的时候说，在中国共产党的领导下，中国的经济、政治、军事、科学、文化等领域快速度地发展，西藏翻天覆地发展；西藏农奴制度是最反动、最黑暗、最野蛮、最落后的制度，在封建农奴制度下，一百万广大农奴过着畜生不如的生活；共产党是人民的救命恩人，毛主席和共产党给西藏带来了幸福的生活，等等，说了一大堆颠倒黑白的谎言。第二，在解释国内、国外的大好形势的时候又说，美帝国主义为首的资本主义国家和一切反动派国家都在衰败，社会主义中国是天天向上、翻天覆地地发展，中国的科学是世界首位，哪一个帝国主义的力量都比不上中国力量。谎言是社会主义中共独裁政权的官员们欺骗人民的一个政策，谎言的宣传方法到现在也没有变，这是很可耻的。学习的第三个内容是最主要的，就是联系国内外的大好形势和毛主席的思想，深挖自己的反动思想，改造自己的反动的世界观，争取重新做人。如果有隐瞒自己的罪行，一定要坦白交代，而且自己看见、听见、怀疑的反动的所作所为，都必须报告政府以求立功赎罪。这就是监狱里的年中（也通常是年度）总结的最主要的内容。

这个主要目的是当局制造政治犯之间矛盾，从矛盾里面当局想一切办法察觉反中共非法统治和反共产党的人和组织。如果发现任何蛛丝马迹，当局的应对手段是沉重打击，让你永世不得翻身。这也是他们所说的，以罪行大小来判定，死不改悔的政治犯判处死刑和立即执行。再下面是无期徒刑、二十年监禁和十几年监禁的最残酷的打击和镇压。对我们一个人一监房里的特殊政治犯来说，年中总结和年度总结没有什么区别，因为我们一个人坐一间监房里，不但没有其他犯人，而且我们之间看都没有看见过，所以没有什么新问题出现。但是每次集体关押的政治犯的年中总结和年度总结有很大的区别。

我一个人关进一个监房里三年左右，这个三年当中我的父母和姐弟们找我很辛苦，可是当局明明知道我在何处，却根本没有告诉我家里的人。对我恩重如山的母亲很操心，我的母亲到我关押的桑益监狱门前来问监狱的管教人员，我儿子在哪里？可是他们根本没有告诉我母亲。还有我母亲对我说，她为了找我，到拉萨的各监狱门前都去问，我的儿子在哪里？可是没有人告所她。所谓的西藏自治区公安厅、劳改局，拉萨市公安局很清楚地知道我在哪里，因为他们抓我和把我关进监狱的。可是这三年当中，当局根本不通知我家里的人，更不用说让家里的人探视。所以我的父母和我的姐弟们认为，中共土匪集团把我暗杀在监狱里了。因为三年当中我的家里的人在苦苦地四处找我，我们的熟人向我的母亲问起我的时候，我的母亲很伤心地掉眼泪，忧愁地挂念着我。我听到这些话，我的心情激动。我想到我们姐弟六个，母亲对我关怀最多和我最亲近。这不是母亲区别对待自己的子女，而是我们的父母最困难的时候，我来服侍照顾父母，对父母关心很多。文化大革命的时候，我的姐姐从西藏医学院毕业后马上结婚了。当时在家里最困难的时期，我姐不但没有能够帮助解脱父母的困难，而且我姐嫁入的这个男人的家庭是很霸道的，他们对待我姐像是使唤佣人那样。因此我们姐弟里面，在我父母最困难的时候，主要是我来服侍照顾父母。

当时我的工作是打"拉马"和打砖坯，打"拉马"和打砖坯是赚钱多一点，特别是春天打砖坯的时候手背和手指皲裂，裂纹里经常出血。我母亲看见这个情形的时候，掉下眼泪说：不必这样地苦干，你一定要休息几天吧！保重你自己的身体很重要！可是我一天都没有休息过，有时候砖坯卖不出去，我就去打"拉马"，把水荡里的水草挖出来打成方块晒干就成"拉马"。拉马是拉萨人用的柴火。因为拉萨人的生活里开销最多是柴火，市场里买柴火是很贵的。粮食是只能靠当局的规定给的粮食，随便买不到粮食。粮价钱是当局规定的，所以一个人一个月的粮食九块人民币就够的。如果从市场上买柴火，一百块人民币还不够。一百块人民币是当时政府官员的最高工资，民众干建筑工作的人一天的工资不到一块，是九毛钱（一块人民币等于十毛人民币）。所以柴火从市场上买的话，对民众来讲根本承受不起。我打"拉马"来解决家里柴火用钱多的问题。打"拉马"的工作是很困难，对身体有很不好的影响。我的父母家庭的生活上有很多困难，加

第十九章　从单人监房到集体监房

上中共土匪集团对领主阶级施加很大压力，还有居委会经常对阶级成分不好的人安排很多不付工钱的差事。可是，这时候没有办法讲我们在生活上有苦难。如果我们提出这样的要求，他们就对我们威胁说，你们剥削阶级不愿意改造你们反动阶级的世界观。所以每当我想起父母的这些困难，看到他们深受折磨，身心俱老，我的心很酸楚。我的父母，过去什么工作都没有干过，现在自己勤奋过生活却又不能。中共当局不给成分不好的人有工钱的工作，安排很多无薪劳务。在共产党的眼里，似乎成分不好的人不需要吃饭。还有每天晚上都要求成分不好的人开会，开会上经常讲的是一样的说词：你们一定要接受党和人民对你们的改造，学习国内外大好形势，改造你们的反动阶级世界观。还常提醒说，你们外面看到的、听到的和怀疑的问题，无论什么都要报告政府等。压力使得父母憔悴枯槁。看到父母的艰难，我在心里想，我很年轻，所以我为了减轻父母的困难，我可以苦干和多干一点来报答养育之恩。当时工作上有很大的困难，我的思想里根本感觉不到困难。比如"拉马"买出去的时候，我要背上几千个晒干的"拉马"运送到路边。自己一个人运到路边，这是最困难的工作，如果有其他人一起运送路边的话，我的收益会减少。所以我一个人来运送路边的。当时我的火伴是强巴索巴，可是打"拉马"的时候各自打各自的，谁要帮忙的时候互相帮助。比如我要卖出去"拉马"的时候，几千个拉马必须运送到路边，我早上六点半钟从家里出发，到了工作地的时候天还没有完全亮。当时我骑自行车去工作，还有我的自行车后面带个拖车，这个拖车是我从我的同学次赖加措的叔叔江白那边借来的。江白是东方合作社的管理员，所以这个合作社有很多拖车。江白在其他人不知道的情况下，把新的拖车借给我。江白叔叔很喜欢我和给我很多照顾，江白的家庭是一般的一个家庭。原来他是次赖加措的司膳侍从（梭本），他是一个忠诚的佛教徒。他日夜想念图伯特恢复独立，他对吐蕃的政教领袖达赖喇嘛充满崇敬、信心。我想起江白的时候，很伤感，因为现在他那样的品德高尚的人很少。

当时我到工地以后，晒干的"拉马"都运到路边，准备把"拉马"

交给卖主。最后自己家里用的三百个"拉马"装在拖车里。一般的话一个拖车里装一百五十到一百七十个"拉马",可是我拖车里装的"拉马"是自己家里所用的,所以装的满满的。我把自行车绑在拉马上面,以后下午九点钟左右我一人拉车,路上休息一下继续拉车,到了家里的时候大概都是晚上十点或着十一点左右。我的全身大汗淋漓,我洗头和我的背。我母亲帮我洗的时候,我母亲看到我的腰背上三个小球那样肿块,她对我说,德庆嘉措,你休息几天吧!不要干那么辛苦!她一边说一边掉眼泪。可是我的心里想,我为了给父母减轻苦难,我干多一点没有什么问题。我想起父母的苦难的时候,我的心里没有辛苦的感觉。我想我干多一点,减轻父母的苦难,是我对父母报答恩情。用佛教的教导来说,这就是福资粮,福德的资粮。我经常念读自在瑜伽者《米拉日巴传》。我看到米拉日巴和他的母亲白庄严母、妹妹瑟达三个人的遭遇的时候,我情不自禁地掉眼泪。弟子惹琼巴问米拉日巴的身事的时候,米拉日巴对惹琼巴说,我要说我的身事的时候,有时候想哭,有时候想笑。米拉日巴为了解脱自己的罪恶,他献出自己的生命来苦练的精神,看到他说的那样,我的苦干是算不了什么的,我的心里也没有累的感觉。当时我住的地区的人们说,杰德的这个儿子像个豹儿那样,这个形容是倔犟者和能干人的意思。可我不是倔犟和能干的。这就是社会把我逼练出来的。吐蕃有这样的说法,这就是,江塘² 上面驴子跑得比马快,这不是驴快,是驴背上的伤疼驱使。

一九七二年二月份我转移到集体监狱里,这里的大多数政治犯是原噶厦政府的一些高级官员。这些官员刚开始我不认识,后来我知道了他们都是谁,他们里面有我母亲家琼让的亲戚、原噶厦政府的官员拉加日·尺庆、纳杰加措、夏察·甘丹拜久、加日·洛桑朗杰、加扎·索朗群培(他也是我母亲的亲戚)、雪康·噶准·索朗达杰(他是我父亲的亲戚),还有吐蕃军队的代本四品官需归巴、四品官热色

---

2   拉萨西面一地名,曾译为江当,羌塘,藏语北方空旷之地。

加甘，僧官吐蕃军的司令洛珠格桑、四品官朗统、俗官加查、俗官纳吉，还有擦瓦·玛尼仁波切洛桑丹增、俗官噶西甘丹达杰、原边壩宗的秘书、五十年代反抗中共侵略的司令布顿顿，吐蕃军队的连长拉珠，拉萨警察部队的军人布桑，他是1959年到了印度以后接受过美国中央情报局训练的。还有原噶厦政府的中文翻译、回族马毅归等。还有十几个我不认识的人。这里我讲一个特别的事情。以上的政治犯当中有三个汉人，一个汉人的姓是洪，他是甘丹寺的格西；还有一个名字叫永童，我记不清他是色拉寺或哲蚌寺的；还有另一个名字叫杨霍军，他学佛经的水平高，他也是格西。他们都是原来国民党派吐蕃的三大寺庙里的特务。还有我到了印度以后知道的一个事实是，甘丹寺庙里很长时间隐藏的国民党派来的主要特务，他的汉族的名字我不知道，他有了吐蕃的名字叫旦巴伦珠，平时在吐蕃人的眼里根本没有感觉他是汉人，大家都认为他是吐蕃的安多人，他说话的时候有安多的语调，还有他的习惯是像个吐蕃人一样，平时他吃糌粑和喝酥油茶，还有吃肉等。所以在人们的认知里，根本不知道他是国民党的重要的特务。1959年他逃到印度后，他到印度的加尔各答办了一个吐蕃文的日报社，这个外表是日报社，可是事实上只是台湾中央情报局的分支。他的任务是收集吐蕃内的中共的情报和推动反共，在国外他的主要任务是破坏在印度的吐蕃社会团结。1959年以前也好，1959年以后也好，他们的任务是，一方面收集中共的内情的情报，另一方面破坏吐蕃的独立。这就是我们很遗憾地忽视的一个历史证据。以上他们这些人，有些是文化大革命以前逮捕的。这里面杨霍军是文化大革命当中逮捕的。原来我听到杨霍军在文化大革命以前在西藏出版社里工作，他和吐蕃族的一个女人结婚，这个女人是原来阿里日土王的女儿益西。他们两个有一个女儿，汉人名字叫赵平。我在吐蕃的时候，他们的女儿赵平和阿沛·阿旺晋美的一个儿子结了婚。国民党为什么往三大寺庙里送特务进去，因为三大寺庙有能力操纵噶厦政府和民众大会。

我转移到政治犯组里以后，碰到了很多新问题。首先说话的时候必须深思熟虑，如果说话不小心，在关押的人里面有多种多样的犯人，一些犯人受共产党的欺骗，把其他政治犯的一举一动记下来，然后秘密地告诉监狱的管教人员，为了自己受益让别人下水，这一举动对其他政治犯带来了很大的灾难和痛苦，甚至引起杀头的。这样的情况，我心里永不忘记的一个事情是，我转移到集体监房组里的时候，我的战友强巴索巴也在集体监房组里。可是我们两个不是一个小组，组里的政治犯白天被带到菜地里做工，菜地是监狱的院子，里外都有，外面菜地的周围有铁丝网。我到了集体监房的组里大概一、两月后，这也是1972年的七、八月里，有一次监狱管教人员安排我把院子里菜种子区分开来。和我一起做种子区分工作的有拉加日·尺庆·纳杰加措、热色加甘、杨霍军、雪康·索朗达杰等。我的战友强巴索巴戴着手铐和脚镣被带去监狱院子外面的菜地做工。强巴索巴戴手铐和脚镣的原因是，强巴索巴和我一样一个人一个监房里关了两年半多，他对中共殖民主义的野蛮的统治恨之入骨。他经常说，我不投降。他根本不愿意在中共殖民主义统治下苟活。他经常与监狱的管教人员辩论说，我不投降，你们杀我吧！吐蕃不是属于中国的，吐蕃是独立国家！当时文化大革命武斗红色风暴刚结束，还执行军事管制，各机关有军代表，因此监狱里也有军代表。我的一个监狱的同事给我说，有一次强巴索巴打军代表的耳光，平日监房组里学政治和讨论的时候，强巴索巴看到《西藏日报》上毛泽东的照片，强巴索巴吐口水，说，他是魔王，他是宗教的敌人。还有强巴索巴直言说，我们的领袖是嘉瓦丹增嘉措[3]而不是老毛。所以当局对强巴索巴戴上手铐脚镣，而且强制他劳动。这就是中共土匪集团惩罚和折磨他的一个手段。

当时我们监狱新来了从农村出来的年轻公安干部，此人对共产党盲信和盲从，是个积极分子。这天工作结束时，从农村来的新的公安干部把强巴索巴从菜地带回来的时候，强巴索巴和这个干部顶嘴，

3　第十四世达赖喇嘛的名字。

第十九章　从单人监房到集体监房

说，我怎么能快呢！？你看我的脚和我的手戴着什么？！强巴索巴还说，你拿枪顶着我，你杀我吧！我一直要求杀我，我不投降！你有杀我的权力的话，你现在就杀我！这样子一边走一边斗嘴。这时候我的旁边做工的雪康·索朗达杰和汉人杨霍军马上站起来对强巴索巴说，你对人民政府的干部回嘴是很不礼貌的，反动分子就是反动分子。一边说一边打强巴索巴。强巴索巴很愤怒，他双手戴着手铐，一起举起手打他们两个。强巴索巴摔倒在地的时候，索朗达杰和杨霍军准备去打强巴索巴，这时候来了公安干部，拉开他们、带走强巴索巴的时候，强巴索巴愤怒地大声说，雪康·索朗达杰就是你吗？雪康·索朗达杰就是你吗？这样说两次。还有强巴索巴说，今天的事情就是1972年七月份发生在桑益。强巴索巴还转过来对带他的公安干部说，你们杀我吧，我不投降，你们不要暗杀我，你们杀我的时候，在群众人会上公开宣布来杀我吧！强巴索巴这样子勇敢的大声地叫的时候，被送去监房里。当时索朗达杰和杨霍军来打强巴索巴，我很愤怒，气得全身抖起来。当时我想狠狠地打索朗达杰，可是我再好好地考虑了一下，我想，我可以打他，可是这样对强巴索巴和我们两个都没有好处，所以我要容忍。

　　当时的晚上各组学习开始后，这也是一个监房是一个组，这时候大概九点钟左右，我听到了另一个监房开门的声音，戴手铐和戴脚镣的一个政治犯被带走的声音。不到一分钟，又听到了打棍子的声音和疼痛难忍的"哎哟哎哟"叫声。我的心里可以估计到这就是监狱的管教人员在殴打强巴索巴，可是我没有任何办法帮他。第二天早上我们去菜地工作的时候，强巴索巴关在监房里，门是打开的，他睡在毯子上。我看一眼看到，他的脸和手脚都被打伤出血。这个情形我现在用诗来描述：

纯金遇到烈火焰。
真金颜色不会变。
黄铜混进纯金时，

纯金、黄铜好分辨。
真正面目显示出。
黑暗监狱折磨下，
圣人的精神不会变。
卑鄙小人为自己，
自己的父母也背叛。

第二十章

劳教期间的牢狱大学

我在集体监房里关押了两、三个月后，1972年七、八月份，我和强巴索巴、洛桑次培、商人扎西被带出监狱，接受正式判决。公告里说，洛桑次培立功赎罪，现在释放和恢复公民权；扎西是反革命组织的主要人物，判处十年监禁的徒刑；强巴索巴在关押期间抗拒改造、态度相当恶劣，判处十五年监禁；德庆嘉措是反革命一般成员，所以判处劳动教养改造三年。可是我们判刑以前关在看守所里两年九个月，这个时间没有算做服刑的时间。事事上，把我判了快到六年的徒刑。我们判刑的时候，爱国青年组织的一个成员索朗勒扎没有提及。后来我了解到，索朗勒扎参加了西藏独立青年组织，这个组织的大多数成员被判处死刑和立即执行，可是索朗勒扎没有判刑。还有他参加了我们的组织，我们判刑的四、五个月前，他在看守所里关押。后来看守所的政治犯厨师洛桑朗杰对我说了许多细节。当时监狱的管教干部好几次找索朗勒扎进行所谓的教育和了解情况，索朗勒扎经常哭啼。有次晚上，名叫本巴的管教干部和一个年轻的军代表巡逻，这个汉人军代表很喜欢喝酥油茶。他们两个对洛桑朗杰说，你做一下酥油茶。洛桑朗杰给他们做了酥油茶。他们两个坐下喝茶，两个一边喝茶，一边谈话，可能三个多小时后，去监狱里巡逻。他们两个人匆匆忙忙回来后对洛桑朗杰说，关进索朗勒扎的监房明天不要送饭。所以第二天早上，索朗勒扎的监房没有送饭。洛桑朗杰给我说：这一天快到中午的时候，监狱的管教干部叫我和其他政治犯带我们去索朗勒扎关进的监房，我们才知道这时候索朗勒扎已经死了。看样子，索朗勒扎是自杀的。他全身僵硬，手指都拉不开。管教干部带我们去把索朗勒扎的尸体埋在了看守所的墙外面的山脚下。

洛桑朗杰还对我说，这时候，索朗勒扎自杀了，强巴索巴也在看守所里试图自杀。管教干部知道后马上把他送到劳改医院治疗三个多月。强巴索巴后来神经错乱，提前五年释放。他回到家里的时候，似乎什么都不知道，人不像以前的强巴索巴，他已经不认识家里的人，他已经变成了废人，完全靠家里人来照顾他。强巴索巴的遭遇让我疑窦丛生。原来强巴索巴的身体很好没有病。身体强壮的一个人突然变成了废人，中共当局肯定对强巴索巴下了毒药，制造出神经错乱。如果不是这样，身体强壮和没有病的好好的一个人，不可能突然变成不认识家里人、而且失去了自我认知，变成了没有反应的废人。我们在判刑以前，强巴索巴和我一样，在身心两害的情况下，他根本不愿意在中共殖民主义的统治下过生活，他情愿选择死。他不屈不挠、针锋相对和敌人斗争的时候，他的神经没有问题。

我们被判刑以后，桑益监狱有看守所以外，还有两个监狱：一个是五支队，五支队是房子建筑队。另一个是一支队，一支队是汽车修理厂。我被安排在汽车修理厂。这里有汉人的劳动教养组，我被安排在这个组里。这个组里有三个汉族和一个吐蕃人，一个汉人的名字是杜导全（音译），还有一个名字是朱心愿，他们两个是中国上海的人，还有另一个的名字已记不清楚。吐蕃人的名字是曲陪，他原来在中央民族学院读过书，后来在《西藏日报》社的出版社工作过。他收听印度的广播，以偷听敌台罪行被判处三年劳动教养改造的惩罚。汽车修理厂里职工有汉人和吐蕃人，总共大概有两百多。这些劳改犯职工里面有三种，一个是戴政治帽子的反动分子，另一个是戴坏分子帽子的一些人，他们的罪行是偷东西和强奸妇女。还有人民内部矛盾的，这不是故意的，比如车祸和其它问题进到监狱的，这些人算人民内部矛盾受惩罚的人。最惨是政治犯，敌我之间的矛盾，他们受坏分子和人民内部矛盾的这些人的欺压和监视，甚至受到他们的打击，这就是监狱内外都一样的。

我被安排进汽车修理厂一个星期后，监狱的管教人员首次允许

第二十章 劳教期间的牢狱大学

我被探亲（他们说是"探监"）。1972 的八月份里，探亲时在桑益监狱的门口。监狱的干部带我到监狱的门房，探亲来看我的是我的最亲爱的母亲和姐弟们。对他们来讲，见到活人就感到很意外，当然也非常高兴，因为整整三年了，家里的人根本不知道我的死活。这段时间里，我母亲到处打听，苦苦找我。当局明明知道我的下落，可是不告诉我家人。我母亲在监狱问他们，他们说没有这个人。为什么他们这样讲呢？我估计当时，第一他们想暗杀我们，第二像尼木的英雄阿尼·赤列曲珍和拉萨的爱国青年组织的成员公开判处死刑那样，他们想判处我们死刑。可是爆发了林彪事件后，他们改变、放松了政策。文化大革命的所有的罪行强加给林彪的头上，所以我们侥幸逃脱了死刑的灾难。探亲的时候，母亲看到我，眼泪就掉下来了。我也忍不住掉下眼泪，我的心里对母亲和姐弟们想说很多话，可是监狱管教干部坐在我们旁边监视我们，所以谈父母和姐弟们的身体状况和工作问题。我的母亲和姐弟们一样有很多话想说，可是没有办法畅所欲言。我母亲带来了衣服和吃的东西，还有带来了香烟。我对母亲说，我不抽烟，不要香烟。母亲对我说，人家说监狱里人容易变得心地狭隘，难以排解，所以我带来了烟。你抽烟吧，没有关系。我对母亲说，我以前没有抽过烟，现在也不抽烟，我不要烟。我想对母亲说很多话，母亲也是想对我说很多话，可是在监狱管教干部的严密监视下，我们没有办法说心里话。这次探亲是在心疼的情况下结束的。

从此每个月一次探亲的时候，我母亲都来看我。劳动改造场所一支队有两个车间，一个是制造汽车新零件的车间，另一个是汽车修理车间。这两个车间一共有职工、政治犯和其他刑满人员四百多。他们把我安排在汽车修理车间，汽车修理车间有不同的工作小组，这些是：引擎修理组、铜工组（这就是汽车外表修理组），氧焊和电焊组、木工组、电工组等很多。我按排在铜工组，把我交给这个组的组长扬师父。从此，我就在这个劳动场所的修理车间进行所谓的劳动改造和思想改造。这个时候，老毛刚打败林彪，所以老毛把自己极端的一切罪恶都强加在林彪的头上，监内监外的氛围没有以前那样凶恶，政策相对宽松。这段时间里减少了政治犯判处死刑,可是这只是暂时性的,因为老毛很早就指导过,政策执行的时候必须要循环往复。

我在汽车修理车间里开始了劳动改造。这个劳改造场所有不同的三种人。一种是判刑时间没有到期的犯人(当然有许多所谓的反革命分子),还有一类是劳动教养的人,这就是没有通过法院而由公安部直接处罚的普通违规行为(包括政治宗教等活动)。事实上,这个劳动教养和犯人没有多大区别,劳动教养的人下午吃饭后监房门就锁起来,放假的时候不准回家,跟犯人一样。再下面就是职工,职工是服刑时间满了继续留在监外改造的人。我到了一支队劳改场以后知道一个事情,犯人(包括政治犯)是中共当局剥削劳动的对象和中共当局的制造经贸收益者,还有政治犯是政治和思想上压制和打击的对象,政治犯的生命是中共当局的玩具。我真心认为,来向读者做点解释是很重要的。

所谓的西藏自治区里有很多监狱,拉萨有三个大的监狱,一个是扎基监狱,关有几百个犯人和政治犯,他们的主要工作是缝纫,他们的缝纫厂制造西藏自治区管辖监狱里的犯人的全部衣服,也制造其它工厂的一部分衣服。这些收益上交给所谓的西藏自治区公安厅和劳改局。干这个工作的犯人给他们肚子饱一点就行了,不给他们工钱,对职工给一点工钱,这也是只能用做自己的饭钱和其它零花钱,和国营工人的工资比起来很低。当时桑益有两个不同监狱,里面有看守所,看守所关押的是还没有判刑的犯人。如上所述,一支队和五支队是两个监狱。一支队是汽车修理厂,有两个车间,一个是汽车新零件的车间和另一个是汽车修理车间,还有附属的汽车车队。这个汽车车队的大多数驾驶员是服刑时间结束后继续留在劳改场所的职工们,还有他们多是因车祸进监狱的,没有政治问题。汽车修理厂、汽车零件制造厂和汽车队的收益都是上交中共当局的。五支队是建筑大队,下面有两个大组。一个是建房子建筑大组,他们建公家的国有企业,如商店和公务员的住所等,他们里面有设计师和木工组、泥工组、打石头组,他们都是给当局创收的。打石头组大概有一百多、两

第二十章 劳教期间的牢狱大学

百人左右,他们都是服刑犯。他们打的石头卖出去给各机关和军队部门。打石头的地点是桑益监狱前面的石山,打石头的规模很大,卖出去的石头也很多,收益也很大。这些收益都是归当局的。

拉萨的东面有嘎扎监狱,比其它监狱犯人少一点。嘎扎监狱犯人的主要工作是种菜。曲水县聂当监狱里的犯人制造火砖。这些火砖都是卖出去的,也都是当局的收益。还有山南的桑耶,那曲,工布林芝,林芝(波密监狱),昌都等地区有很多大的监狱。图伯特的各县有中小监狱很多。山南的桑耶监狱的犯人的主要任务是种田,工布林芝的犯人的主要任务是种苹果和种田,昌都监狱的犯人的主要任务是建筑工作和种田工作。这些庞大的收益是属于镇压人民的公安机关的,所以中共侵略军的经贸的庞大收益来源是各大监狱。如前面所说那样,中共当局对犯人和政治犯克扣粮食,人家吃不饱饭,夏天和冬天只发给一次质量很差的衣服,不发内衣,内衣和其它用品要自己的家里人送来。可是当局在犯人身上用钱很少,但是从犯人身上赚钱很多,中共土匪集团一方面敲骨吸髓地剥削犯人的劳动力,另一方面他们残酷折磨和压制犯人、尤其是消灭政治犯的思想。

我在一支队的时候,夏天早上六点半起床,要去菜地浇水和施肥料等。干了一个半小时后回自己的监房洗脸、吃早饭;八点钟工厂上班,十二点半中午吃饭的时间,吃饭以后两点半又上班。中午吃饭以后没有休息的时间,两点半以前,监狱管教人员给我们安排很多零碎工作,两点半去工厂上班,到下午六点半下班后,马上吃完饭,然后还要去菜地工作到八点半,最后回到监房要参加各组学习。这个学习不是学文化,而是学红色的观点。这也是所谓的当前的大好形势和老毛的著作,联系自己的思想和改造反动观点争取重新做人,等。还有星期六晚上要开生活会,这个名字是很漂亮,可是事实上这个生活会是在犯人之间制造矛盾,犯人之间相互监督,犯人之间互相批斗。还有监管人员对我们说,你们自己过去一个星期里有什么反动言论和违法行为,你们看到什么、听到什么、怀疑什么,都汇报给政府。所以犯人里有好人,有坏人,中间的人都有,有些卑鄙人经常监听其他犯人说什么、做什么，甚至怀疑猜测，都悄悄地报告管教人员。还有些卑鄙的人，生活会上不提这些事，他们记在心里和笔记本上，到了半年总结和年终总结的时候，报告管教人员，揭露出来。这导致对吐蕃国家忠诚和有良心的一些政治犯献出自己宝贵的生命。比如原吐蕃政府的俗官顿康家庭成员朗杰1959年的时候，他参加反抗中共侵略的组织"四水六岗"，他参加很多场战斗并担任这个组织的粮台长官。顿康·朗杰的事迹是我在一支队的政治犯同事番伯·旦达说给我听的。朗杰随时准备牺牲自己，他深爱吐蕃国家，对图伯特忠诚坚定不移。他又不接受中共土匪集团的改造，最后1969年冬天监狱的年终学习总结开始的大会上，在几百个犯人和政治犯当中，朗杰站起来，手里拿着当局发给他的衣服，他直接走到大会的讲台上。讲台上坐的劳改局的官员。他把当局发给他的衣服扔到桌子上，告诉官员们，从此以后，我不穿你们给我的衣服，我只能穿自己家里送来的衣服。他大声地说，我不投降，你们杀我吧！从此以后，监房组里对朗杰批斗很多次，可是朗杰讲的一句话这就是：我不投降！你们杀我吧！什么时候给他批斗，他讲的就是：我不投降！杀我吧！最后1970年扎基监狱开个宣判大会，朗杰被判处死刑立即执行。判处死刑的还有贡德林·衮桑拉[1]。贡德林·衮桑拉是1959年三月在拉萨首次建立起来的妇女组织的创始人之一。她们的主要口号是图伯特是独立的国家，红汉从图伯特滚出去。朗杰被判处死刑的时候根本没有怕的样子，而且像个野鸭入莲池那样，表现出胆大英雄气派。旦达说到这里，他很惊讶，说，我看到判处死刑的政治犯很多，可是像朗杰那样根本不怕死的胆大政治犯看的少。旦达和朗杰以前在同一个监狱和同一个组里，他们很长时间在一起，是彼此信任的同志。

还有妇女里面也有像朗杰那样的女英雄。以前噶厦政府的俗官夏江的太太次旦尊吉的情况，我向读者们介绍。当时文化大革命以前，夏江老爷不在拉萨，他在不丹。可是太太次旦尊吉在文化大革命

---

[1] 衮德林是拉萨四大林之一。

以前返回拉萨。她是我母亲的亲戚，所以文化大革命以前我母亲带我去探见过次旦尊吉。从此文化大革命开始展开的时候，1966年中共当局将次旦尊吉逮捕，说她是外国的特务。刚开始带她去游行，然后把她关在桑益看守所里很长时间。她关在监狱的时候，念经祈祷达赖喇嘛万寿无疆。监狱的管教干部对次旦尊吉说，宗教是迷信，你必须放弃宗教和批判达赖喇嘛。次旦尊吉回应说，我不会放弃宗教，我也不会批判达赖喇嘛。如果要我放弃宗教和批判达赖喇嘛，你们枪毙我吧！当局试图说服她并威胁她，她的回应是坚定不移地说，我不会放弃宗教和不会批判达赖喇嘛，你们枪毙我吧！最后给她判处死刑缓期两年的判刑，两年后无期徒刑，终身监禁。1979年流亡政府的代表参观图伯特和中共推行改革开放的时候，所有的政治犯，包括次旦尊吉也被释放了。

但监狱里还有一些犯人为了个人的利益，找别人的毛病来为了自己提前释放。这些人把看到的、听到的、怀疑的都汇报给监狱的干部。所以监狱是一个分辨好坏的一个很好的场所。在监狱里，当敌人的屠刀放在自己脖子上的时候，圣者们为了自己的国家和民族，为了政治犯同事们和自己政治宗教领袖达赖喇嘛而牺牲。他们牺牲的时候显示出英雄气派。可是，卑鄙的人为了自己的一点利益出卖国家的利益，出卖自己的父母、亲属、朋友，这些人自私自利，敌人一点威胁就让这些人马上屈服。

我自己在一支队里劳动教养改造的时候，如我前面所说那样，我在汉族组里，所以各种各样的运动中没有碰到大的问题和困难，因为这个组里只有我和《西藏日报》社的曲陪两个吐蕃人，其他都是汉人。这个组里政治犯也就是我和曲陪，其他汉人都是强奸妇女和贪污国家的钱财等的问题，所以他们对这些运动不太重视。因为他们的罪行不是政治犯，特别他们是汉族，可是他们对我们两个人不仇恨、不虐待。加之他们听不懂吐蕃话，因此不会出现什么问题。我的同事曲陪人品很好，所以我在这些运动里没有遇到过麻烦和困难。

我在一支队的时候，主要工作是电焊和氧焊，还有汽车外表修理工作。电焊和氧焊是工业上广泛使用的,我的电焊和氧焊师傅是吐蕃人职工,名叫强巴。别人说他的父亲是蒙古人,母亲是吐蕃人,可是他的父母都不在人间了。他进监狱不是政治问题,说是人民内部矛盾。我从他那里积极学电焊和氧焊,工作几年后,我自己也精通了这个技术,尤其是铁、铜、黄铜等材料。可是我的技术精通也正好是中共当局技术剥削的对象。三年的劳动教养改造的时间过去了,1975年的年底我的劳动教养改造的判刑到期以后,我仍然留在职工队里。我刚被捕就被送到桑益看守所关了两年九个月。在这段时间里,当局对尚未决定要判处死刑或者留给活命的在押人员,用改造的名义来折磨和剥削他们的劳动力。可是判刑的时候,我关在看守所里的时间没有算进去。事实上,我在监狱里关了五年九个月。

我在看守所和劳动教养改造场所的五年九个月里,特别是三年劳动教养期间,我积极学习汉话和汉字。我在社会上的时候小学毕业,学习成绩很好。这里我需要说明一点,我的吐蕃文和数学、汉文之间差距相当大。当时我的吐蕃文水平可以达到中共办的民族大学的水平,可是我的数学和汉文只有小学六年级的水平。因为学习成绩很好,所以我有一点汉文的基础。把我安排在汉族组,对我来说我得到了学汉语和汉文的很好的机会。因为如我前面所说那样,监狱里外每天晚上有开会,开会的时候学习老毛的著作要和自己的思想结合起来,一定要讲自己的认识和理解,而且必须要讲汉语,因为我们组里除我和曲陪以外,其他都是汉族,他们吐蕃话一个字都听不懂,更不会说。所以我们两个不得不说汉话。对曲陪来讲,说汉话没有问题。他原来在北京中央民族学院学习过,他的吐蕃文和汉文水平好。可是对我来讲,刚开始我遇到了很大的困难,有时候学习讨论的时候,我请求曲陪做我翻译,可是曲陪根本不同意,他说,如果我做翻译,你就不会进步,所以你能讲多少讲多少,你错的时候我来纠正,这样子我说话错的时候,他来纠正,我不会的时候,他来教我。他对我帮助很大,我这样子一年比一年进步,最后我汉话讲的不是很标准和很好,可是学习和讨论的时候,在曲陪帮助下,用汉语来学习、理

第二十章 劳教期间的牢狱大学

解和认识,可以很好讲出来了。我现在都没有忘记他对我的帮助。我趁这个机会,我要感谢他,我可以说他是我的汉语老师。

一九七五年十一月,我的劳动教养改造的服刑时间到期以后,我留在职工队里继续改造,我在监狱里面幸遇学问高深的善知识,得到不易觉察的学习吐蕃文化、历史、宗教的机会。这对我来讲帮助很大,对我学文化的成绩进步影响深远。

我安排留在职工队里,我的工作没有变。从此以后,可以两个星期回家一次,星期天下午五点钟返回一支队。但在职工队,思想改造和劳动改造的双重压迫和过去一样,没有区别。和监狱不同的是,我有一点活动的空间,所以我得到了提高我的吐蕃文和学习进步的好机会。因为监狱里有很多原噶厦政府的官员、喇嘛、格西,在一支队职工里面有以前我在看守所的时候政治犯的厨师和当时职工的厨师洛桑朗杰,他在吐蕃的宗教、文化、历史知识上很有学问,所以我有空的时候就去他那边,请教吐蕃的语法、《三十颂》《音势论》和佛教。我积极地学历史,提高我的吐蕃文的学问,一般我从小学上学的时候,学习上父母根本不需要督促我,我学习上自觉性很强和很爱学习。文化大革命的时候,共产党对我们说,不准看反动书籍和宗教书籍。可是对我来说,我根本没有停止过学文化,有时间的时候读,也读《青春无比》、语法修辞书《三十颂》和《音势论》,班智达的《萨迦格言》,《水木论》(区星单曲),吐蕃的历史等。文化大革命以前和文化大革命以后,书店里如果有吐蕃的历史书,我马上就去买。这时候根敦群培(1903-1951)写的吐蕃的历史书是被禁的。后来在其他人不知道的情况下,我通过熟人从西藏大学得到了根敦群培写的吐蕃的历史。我得到了这个书以后,我自己抄了两次。我很喜欢读历史书,每当读到对吐蕃恩重如山的赞布时代的历史,自己心里就升起自豪、骄傲和热爱。可是强大的赞布的时代结束后,吐蕃走向崩溃。看到这段历史,自然扼腕叹息,遗憾和惭愧让我忍不住潸然泪下。

我在社会的时候,经常读修辞和语法的书。当时读到很有名的书《青春无比》,感到内容很难理解。我经常去请教我姨妈的儿子、我的大哥班旦次仁，他说这个修辞书的水平很高，写法很好。请你多看这个书。一旦领会，一定有好处。如果你有不懂的地方，你一定要问我。大哥的性格脾气很好，他这样的很亲切地教导我，《青春无比》的整部书他教我一遍。大哥的吐蕃文的水平很好，因为大哥学佛经、修辞和语法的老师是很有名的吐蕃文学家泽淇仁波切，他是我姨妈专门为大哥请来的老师。以前在拉萨大家族的贵族家庭专门为了自己的儿子请老师，老师的吃住薪水都负责。所以1959年中共土匪集团镇压吐蕃的起义以前，泽淇仁波切住在我姨妈达布仲巴家。我大哥第一次教我吐蕃修辞学和语法学的时候，我不太懂。所以我有空就去问大哥，他很耐心地教我。我现在都不会忘记早已去世的大哥的恩情。班旦次仁大哥经常期待早日见到吐蕃人民的政教领袖达赖喇嘛，期盼图伯特早日恢复独立。可是遗憾的是，我监禁服刑时间结束一年多以后，他只有三十多岁就英年早逝了。当时我感觉很遗憾和伤心，因为他日夜期待的图伯特独立没有实现。

还有我的另一个老师是吐蕃文学家洛桑旺久。洛桑旺久老师跟我一样，以前是政治犯后来转当职工的。可是我不直接认识洛桑旺久老师，而是通过洛桑朗杰介绍的。洛桑朗杰和洛桑旺久原来一段时间被关押在同一个监狱里，所以两人很熟悉。我在洛桑旺久老师那里学习修辞学和语法学。洛桑旺久老师曾对我说，我还会教你《佛经释义》。可是老师没有机会教我佛经。洛桑旺久老师书写反对中共侵略军的标语，重新被关进监狱。从此以后，我没有机会见到洛桑旺久老师。洛桑旺久老师不但是我的老师，而且他是一个吐蕃文学家和忠诚爱国的英雄。我羡慕敬仰老师的学问造诣和人生功勋。监狱是很高级的政治大学，是不收学费的学多种语言的上好学堂。监狱里有各种各样的人。原噶厦政府官员他们有很高的吐蕃文的学问，还有很多喇嘛和格西在佛经上很有学问造诣。他们是不要学费的良师。

第二十一章

中共领导排队见马克思

我在职工队里的时候，中共的许多重要领导人先后死了。毛泽东是其中为首的领导。

一九七五的年底和一九七六年这两年是一个中国共产党的转折点，一个衰败年。可这也是我们侵占地区被压迫下的吐蕃人民和中共独裁者压迫下的其他人民心生期待的一个时期。一九七五年十二月份，当时的中华人民共和国的代理主席，一九二一年中共建党第一次党代会上 13 名代表之一的元老董必武病死了。国民党的领袖、原中国的统治者蒋介石也死了。他们两个的死期只有一个星期的差别，两个人都是九十多岁。还有当时中共军队的十大元帅之一、前外交部长陈毅死了。陈毅的追悼会上，毛泽东带病前来参加。陈毅是第一个来图伯特参观的中共高级领导之一，他来的时候是一九五六年四月十六日，图伯特还没有被全面侵占，可是当时图伯特的形势已经很紧张危急。接下来是一九七六年元月八日，中共内政外交上最重要的人士周恩来死了。在中共老一辈革命家领导人里面，周恩来有学识、有能力，政治上很狡猾和很虚伪。他很爱他自己的国家，他很有政治远见、懂军事，是个政治家、外交家。他是一个被中共的党政军、甚至广大人民群众爱戴的中共最高领导人之一。文化大革命的时候，老毛动员指导红卫兵在全国搞打砸抢烧，和老毛一起搞革命的伙伴和同志一个一个被打到和关进监狱，或遭折磨，或被杀死，或试图自杀。当时周恩来想办法保护他们，比如中共的十大元帅之一贺龙，受到当时毛泽东的继承人、副统帅林彪派系和"四人帮"的直接迫害，他们指导红卫兵带贺龙游街和批斗关押。当时周恩来派人救了一、两次，可是最后林彪和"四人帮"派红卫兵把贺龙关在监狱,不给他饭吃,不给他水喝,病痛的时候不给他药,最后他饿死了。还有在图伯特文化大革命的时候,所谓的爱国人士全部都带去游街和批斗,但阿沛·阿旺晋美得到了周恩来的保护。

当时我在拉萨。有一次红卫兵说,明天我们要把阿沛·阿旺晋美带来游街和批斗。第二天红卫兵去阿沛的家时,阿沛·阿旺晋美早已不在了。原来红卫兵说他们批斗阿沛·阿旺晋美、带他游街的时候,当天晚上所谓的西藏军区的人来到阿沛的家里,直接把阿沛送到贡嘎机场前往北京。这个消息是我们后来听到的。还有听说是周恩来保护阿沛的。从此以后阿沛住在北京,直到死为止。对汉人来说,周恩来是一个热爱汉民族、对汉民族忠诚的伟大人物。为了汉国家和民族,他能抛弃一切。如果没有周恩来的话,伤天害理的文化大革命的大乱是无法结束的。就这个问题,研究文化大革命的很多著作都得出结论,认为周恩来是老毛的一生独裁存在的主要支持者,周恩来看到老毛的严重错误不抵制而且放任纵容。我认为,当时对老毛的大错特错抵制的人只有周恩来,因为周恩来的后面有中共的党政军的高级官员,他们大多数支持他和尊重他。还有周恩来在广大群众里威望很高和深受爱戴。所以周恩来的很多正面的做法是老毛和"四人帮"的绊脚石,因此周恩来无法公开被打到。周恩来得了癌症以后,老毛不择手段来干预、抵制周恩来的癌症治疗。周恩来遭受老毛和"四人帮"对他的心理压力,受折磨而死。最后快断气的时候,周恩来在遗嘱里对他的太太邓颖超说,他为了生存,对毛泽东的独裁政权给予了不适当的支持,他看到老毛的最严重的错误没有抵制而且放任,他很遗憾。以上的这些话在邓颖超的回忆录里面看到的,网上公开发表了。最后周恩来想尽一切办法支持邓小平,这对邓小平的政治生命产生了很大的正面影响。

接下来一九七六年八月份,中共的很有名的人物、十大元帅之首、红军总司令朱德死了。最后一九七六年九月九日,臭名昭著的吐蕃人民的公敌、屠夫毛泽东死了。当天过了中午,下午大概四、五点

第二十一章　中共领导排队见马克思

钟，我在一支队的汽车修理厂工作。我听到喇叭里面好像在播哀乐，我心里第一反应是：可能老毛死了。因为电视里面老毛接见外国领导的时候，他已经像个死人那样。看到这个情形的时候，我自己的心里很高兴，因为我们吐蕃人民的公敌快要死了。这时候，我好好仔细地听喇叭。中央广播电台的中文节目里宣布了毛泽东死的消息。我很清楚地知道了。当时不到一分钟，监狱的领导传达上级的命令，全场马上停工，要来开会。会上来了公安厅的领导，宣布老毛死的消息，还有宣读禁令：悼念毛泽东这段时间里不准唱歌、不准嘻笑、不准大声喧哗。汉人是处处悲观多疑，所以老毛死了以后，他们忧心忡忡怕内乱。可是对我们吐蕃人来讲，天天希望中共独裁者内部乱起来、这个殖民主义的政权垮台。我自己也是天天有这样的希望。

当时形势很紧张，监狱里面和监狱外面都抓得很紧。这时候常常开会，会上管教干部威胁地说，我们跟着党中央和中国的伟大领袖毛主席指引的革命路线，我们要团结在毛主席亲自选定的以华国锋为首的党中央的周围，齐心一致地向前走。你们要认清形势、认清自己的前途，不要选择错误。如果你们选错自己的前途，就会自己毁灭自己。到了晚上小组会上，监狱的管教干部说，毛主席去世的问题上你们有什么感想，你们说出来。还有外面造谣和传播反动的谣言，听到的、看到的和怀疑的，都说出来。又一场轰轰烈烈的运动搞起来了，如果这个运动当中不注意的话，会有不可避免的灾难。这时候我在职工队里，也是监狱外面，当时我母亲说社会上的形势也很紧张。平时有些人的脸笑嘻嘻的，有些人喜欢唱歌，忽然唱歌的人受到批斗和关进监狱了。有些人大声地叫，毛主席去世，他开心，结果受到指责和批斗。

我原来的牢友还告诉我一件严重的事情。他的名字我不方便透露，因为可能他现在还活在图伯特，所以披露没有好处。我在桑益监狱的一支队时，原来嘎扎监狱里的一个政治犯转移到我们这里，他也是刑满转成职工。他在嘎扎监狱的时候，知道了那里的一个死刑犯和他的故事。他告诉我：我们居委会有个吐蕃妇女在拉萨人民医院工作，她的丈夫是汉人。这个汉人在毛泽东画像的脸上画有一个醒目的红叉。老毛死了以后各机关和城市里突然开始大搜查，搜查队到了吐蕃女人和汉人丈夫这对夫妻的家。从这个汉人的垫褥下面，他们搜查到了画了醒目红叉的毛泽东画像。这个汉人马上被逮捕，关进了嘎扎监狱。当局说这个汉人在毛泽东画像的脸上画有一个醒目的红叉，罪行恶劣被宣判死刑，一个月以后执行判决。死刑执行以前，他一个人关在监房里。这期间他想吃什么给什么，给他最好的中华烟。可是当时他吃不下饭，也抽不好烟。他抽烟的时候，抽一口马上掉地上。他这样一个月里在紧张和恐惧中度过。因为这个汉人心里知道，自己杀头的时间一天一天就到了。一个月的时候他被执行死行后，他住的监房里到处都是抽了一截却没抽完的香烟。

这个汉人死刑犯被执行死刑的时候，首先在拉萨文化宫（文化宫是中共取的新名字，原来一九五九以前这个地方的名字叫需持林卡）的前面开公审大会。这个死刑犯汉人被紧紧地捆绑起来，押带出来以后，大会上宣读这个汉人判处死刑和立即执行。他被装到汽车里，带到布达拉宫的后面沙塘里枪毙的。这个汉人被枪毙的时候，军人用了九发子弹还没打死。后来军人去到他的前面，对着他的头上开枪打死的。这个枪毙的汉人当时从嘎扎监狱被带出来的时候，穿了很多衣服，有三、四层。因为中共土匪集团对判处死刑的犯人绳子捆绑很紧，所以手背都疼得厉害，让人气都喘不过来。这个死刑的汉人知道这个情形，所以他穿了很多衣服。这个详情是由当时枪毙的时候在场的我的一个熟人告诉我的。

周恩来、朱德和毛泽东死了以后，全中国举行了盛大的悼念活动和追悼会。在拉萨的文化宫，全拉萨的所有党政军机关和工厂、文化系统、中小学的所有学校，拉萨市的所有群众团体，甚至我们职工队的职工们都要带去参加追悼大会。毛泽东的追悼会是一九七六年九月十八日全中国统一召开的。追悼会议是强迫性的，人们必须参加，没有自由选择。我们职工们从桑益监狱一支队被带到文化宫的时候，那里很多人已经早到了。这些人的左臂戴了黑布和左胸戴上白纸花，这就是中共的官方表达悼念的方式。追悼大会开始的时候，到场的人们全部站立起来，全场默哀，没有声音，不准动。默哀三分钟后，人们开始慢慢地走。文化宫广场中间摆置着毛泽东的大画像，画像的左右摆着花圈，还分别有两个军人站立守护。军人左臂戴黑布和左胸戴上了白纸花。广播电台里播放着哀乐。我们参加追悼的人们排着队，缓缓步行走到老毛的大画像前面，人人都鞠躬三次后继续慢慢地走。当时我是很年青，可是脚和腰痛得很，我想马上坐下休息。我们到了文化宫以后，排队和慢步走到老毛的大画像前面，可能花了四、五个小时。走的时候必须走慢，不准走快，所以脚都麻木起来。这时候不准休息、不准坐下来。如果这时候坐下来或休息的话，晚上回到职工队里受到批斗是不用说的，所以追悼会队伍里很多人无法忍受昏倒下去了。为了应付这个场面，当局早已准备好医院的汽车和护士，他们带倒下去的人到医院救护车里让他们休息。有些人排队慢步走到了毛的画像前面，忍不住倒下去。当局认为这些人是因为伟大领袖毛主席去世而痛苦倒下去的，他们爱戴毛主席。可是事实上，他们倒下去的原因是四、五个小时，不休息、不准坐下。慢步的走年轻人都忍受不住，有病的、体弱的、年龄大的老人，就更不用说了，他们会忍不住倒下去的。在拉萨，像这样的盛大的悼念活动，中共当局操办举行是和周恩来、朱德死的时候一模一样的。我们职工们一样参加以上三场追悼大会。

当中共土匪集团最有能力、最有丰富经验、精通政治军事的老一辈革命家一个一个死去的时候，包括我在内的很多吐蕃人认为，这些人是创党和中华人民共和国建政的元老，中共党内内斗爆发和垮台的可能会出现。因为老毛的狗腿子、老毛的老婆江青和王洪文、张春桥、姚文元与中共的元老派革命家形成了相当严重和尖锐的矛盾。老毛在世的时候，"四人帮"想尽一切办法打击、陷害、迫害、折磨、暗杀中共的元老们。所以我们希望他们之间产生你死我活的尖锐的矛盾，内讧以后大乱起来。这不是我们吐蕃人喜爱内斗和喜爱大乱，这就是最野蛮的统治下的受苦受难的吐蕃人和广大汉民族的愿望，是推翻中共的新封建主义的独裁政权和争取自由的希望。另一方面，有扩张野心的中共统治者内部的矛盾尖锐的时候，为了转移他们内部矛盾的方向，他们也许可能挑起扩张战争。如果中共扩张主义真的挑起扩张战争的话，才真会"搬起石头砸自己的脚"。这就是世界上的最凶恶和强大的侵略者，最野蛮的所有反动派走的共同道路，而最后是会灰飞烟灭的。这就是世界上的最恶毒的扩张主义和帝国主义踏上的唯一因明路[1]。所以这就是在中共的凶恶的统治下，吐蕃人民如此希望的原因所在。

---

1 佛教的因明是指内在的因果逻辑，也有因果报应的内涵。

第二十二章

"四人帮"、华国锋、邓小平

可是毛泽东死了以后，中共独裁政权内部的尖锐矛盾像火山爆发，但并未灭亡。我们吐蕃人民自己的愿望和汉人民对自由的向往，并未如愿以偿。毛泽东选定了华国锋为继承人，这也是中共的宣传里说，老毛没有死以前亲自选定华国锋为他的接班人。老毛死后仅一个多月，1976年十月16日报纸上刊登了毛主席在世的时候，毛主席对华国锋说，"你办事我放心"。他的这个话刊登在了报纸上，中央广播电台宣传说，英明领袖华国锋为首的党中央采取果断措施，一举粉碎了"四人帮"。所以他们在全国各地召开群众大会，摇旗敲锣擂鼓举行大游行来庆祝胜利。还有把毛亲自发动、计划、操纵的中国历史上罕见的破坏和打、砸、抢、杀的臭名昭著的所有坏事推到"四人帮"的头上。可是事实上，"四人帮"完全是听从老毛的话和执行老毛的指示的狗腿子。"四人帮"的所作所为，后面都有老毛的支持。所以老毛在世的时候，人们不敢碰他们的一根毫毛。这也是法庭上审讯"四人帮"的时候，"四人帮"之首、老毛的老婆江青回答说，我是毛主席的狗，毛主席叫我咬谁，我就咬谁！这很明显地显示毛泽东是罪魁祸首。

可是老毛死了以后，中共迫不及待，马上打到"四人帮"。中共元老革命家、十大元帅里握有实权的叶剑英和一些元老们支持华国锋，策划秘密行动，突然把江青、王洪文、张春桥、姚文元这个"四人帮"和林彪集团的残余人员逮捕清洗。因为当时群众里面迷信老毛的人很多，老毛的影响还很大，毛的名字没有办法一下子除掉。所以他的所有罪行转嫁到了"四人帮"的头上。随后恢复邓小平的权力，邓小平复职不久，他和一些元老集体施加压力，迫使没有能力、没有政治基础的华国锋辞去党政军的职务。胡耀邦被选定为中共中央委员会的总书记，赵紫阳为国务院总理。邓小平把军事大权掌握在自己的手里后，政治上仍然继续执行共产党的一党专制，但经济上走资本主义的道路。在实行改革开放政策下，尤其在胡耀邦掌权期间，文化大革命中和文化大革命以前的冤假错案大规模得到平反。揭露假案，纠正错案，昭雪冤案，开始进行。比如文化大革命以前，几十万戴上右派分子帽子的知识分子冤案错案得以平反和纠正。

还有文化大革命期间的冤案错案大多数得到平反纠正，许多人恢复了职务，还有监狱里的政治犯全部释放了。在大规模的释放政策下，我们一支队监狱的制配车间的新汽车制造计划不得不停止。一支队有汽车修理厂和汽车零件制造厂。汽车零件制造厂规划设计制造新汽车，所以建了钢铁炼钢炉，还有磨床、铣床、锻工车间等生产汽车引擎及零件。这些不同的机器很多从中国内地买回来的，机器有很多。在这里制造新的汽车零件还缺乏技术员，所谓的西藏自治区公安厅联系中国上海各监狱里不同的技术员，二十名犯人和政治犯借调来一支队后，制配车间制造了很多汽车零件后试车成功了。很多零件生产出来，还有扎基监狱制造出汽车轮胎，所以当时有计划在不久的将来制造出西藏第一辆汽车。可是无罪受罚、冤屈坐牢的人大多数人得到平反以后，各监狱里的汉人知识分子和技术员大多数回到原单位。一支队的监狱里的很多人平反后返回原籍，所以一支队制造新汽车的计划变成了一个失落的梦想。

汉人有句话：螳螂捕蝉，黄雀在后。"英明领袖"华国锋利用军队发动宫廷政变逮捕"四人帮"后，为多年经营军队的铁腕人物邓小平复出铺平了道路。邓小平很快成为事实上的最高领导人，开启了所谓的"改革开放时代。"邓小平重新定调西藏政策，邀请流亡政府代表团访问。邓小平对尊者达赖喇嘛亲哥嘉乐顿珠（1928-2025）谈到图伯特的问题后，流亡政府的代表开始访问图伯特，到访时，人民哭诉中共侵略军的统治，万分渴望自己的政教领袖达赖喇嘛返乡归来。

第二十二章 "四人帮"、华国锋、邓小平

邓小平联系嘉乐顿珠，并带信说，如果不谈西藏独立的话，其他任何问题都可以谈。还有他邀请流亡政府的代表访问图伯特。1979年的年底第一次访问开始了。当时中共当局在他们的思想里以为，吐蕃人算说人话的畜生。他们说什么，吐蕃人就听什么。还有为了他们军事战略和汉人移民的需要，为了巩固中共殖民主义的统治，中共当局大规模地建设公路，建设房子和政府大楼。他们以为，因为这些建筑物，吐蕃人民会赞扬说，这就是北京带来的幸福和爱戴。但北京作出了错误的估计。当时中共当局召集群众开会，会上动员说，达赖喇嘛的代表访问西藏时，人民群众要讲过去封建农奴制度下受压迫和剥削的痛苦。但他们来的时候，群众们不要丢石头和吐口水，不准骂达赖喇嘛和他的追随者们。中央要让他们看中国共产党领导下解放了的西藏，和百万翻身农奴变成了国家的主人，他们获得了自由，过上了幸福的生活，把翻天覆地的变化给他们看。因此你们没有必要欢迎达赖喇嘛的代表，也没必要反对。还有如果他们给你们糖和其他礼物的话，不要拿。中共当局为什么这样讲呢？因为他们认为，共产党说什么，吐蕃人民就听什么。当局百分之百的相信，吐蕃人民是跟着共产党走的。

当时我也知道了达赖喇嘛的代表从北京来到图伯特的消息。我当时想，代表团正式到图伯特的时候，我们吐蕃人民会哭诉在中共侵略者最野蛮的统治下过着人间地狱的生活，在全世界人民面前揭露中共土匪集团的真面目。还有特别要表达吐蕃人民日夜想念政教领袖达赖喇嘛丹增嘉措，倾诉渴望获得解脱的心情。我们吐蕃人民兴高采烈地流出眼泪，高兴地迎接代表团，这将是我们吐蕃人民给达赖喇嘛的代表们的最大的礼物。如果我们吐蕃人民忍受心里的痛苦，悄然无声地掩藏伤口，那中共土匪集团的颠倒黑白的宣传就成了真理。所以这次，我即便再次进监狱，我也一定要在全世界人民面前，揭露吐蕃人民经受的不可忍受的苦难，揭露中共侵略者对吐蕃人民犯下的滔天罪行，让代表们了解真实情况。如果我们这次这样一个重要的事情都做不到的话，就会失去一次很好的机会。

所以我开始写信、争取交给吐蕃人民的政教领袖达赖喇嘛，还计划在大街墙上张贴大字报，内容是反对中共侵占吐蕃国和争取恢复吐蕃独立。我写这些的地点是我住职工队的住所，在其他人不知道的情况下开始写的。当时一个住所里有两、三个人，我的住所里我和一个叫旦巴（全名字叫旦巴达杰）的合住。他的家是在拉萨附近的番泊地区，可是他从小在拉萨长大，他也是因为参与反对中共当局的活动被关进监狱。当局以反革命的罪行来判刑，他在监狱里住了十多年后，和我一样转移到职工队继续改造的。

刚开始我没有给他讲我写什么。这时候他问我，德庆拉，你写什么？当时我想，我要倾诉吐蕃人心里的痛苦，表达再次夺回吐蕃独立愿望，报告吐蕃人民的政教领袖达赖喇嘛，我要写信和写大字报。把这个大字报贴到拉萨街道的墙上，揭露中共土匪集团的最野蛮的罪行，号召广大吐蕃人民起来反对中共的侵略行为和争取吐蕃独立。我想旦巴和我，我们两个可以互相信任。平时谈政治问题，特别是谈吐蕃独立问题时，他是一个可以信得过的人，他日日想念吐蕃独立和想念吐蕃人民的政教领袖达赖喇嘛。还有我想我们两个一起来完成这个事业，因此我告诉他信的内容和目的，我还给他说，我向达赖喇嘛写的这个信，在代表来到拉萨的时候，要想一切办法交到他们的手里。旦巴听了以后，他毫无犹豫地给我说，我全心全意支持你的想法和计划，信的内容你自己来写吧！对我来说，我没有什么文化水平，我只能简单写和读，我没有写作的能力。其他地方有什么我能帮你，我想一切办法协助你。所以我们两个，一个一心一意地写报告，另一个打听达赖喇嘛的代表何时到达何处。

我们听到消息说，代表团到达北京的时候，代表们参观了北京中央民族学院。该学院的吐蕃学生们很友好地接待和欢迎代表们，代表们继续参观康和安多地区。该地区的吐蕃的民众们知道达赖喇嘛的代表来到，他们的心情像是长久分别的亲人重新团聚，所以会面时眼泪掉下来，欢迎代表团的心情是悲喜交集。我听到这些，我很高兴。当时全中国改革开放，和改革开放以前的情况比较起来，那时当局在吐蕃的政策是很宽松的。我们的监狱里外也宽松很多。所以旦巴和我两人一方面探听代表们到了哪个吐蕃的地区，另一方面琢磨代表们到达拉萨的时候，我如何把自己写的报告交到代表们的手里。我们两人讨论这些问题。因为我们报告的是吐蕃人民在中共殖民主义的统治下，过着人间地狱生活的真实情况，和吐蕃人民日夜想念自己的领袖达赖喇嘛和早日实现吐蕃独立的愿望。这个报告没有办法公开交给代表们的手里。如果中共知道这个报告的话，我们没有办事完成以前，恐怕我们就有失败的危险。我们估计，代表们到达拉萨以后，他们肯定首先去布达拉宫和大昭寺参观。那时候，拉萨的很多群众肯定会来欢迎代表们。我们决定，这时候我们两人混进人群里，把这个报告包装在哈达里面，表面上献哈达，实际上把报告信交给代表们。

还有我想我们光递交信还不够，我们要有个行动。这也是我们为了恢复吐蕃国家的独立，为了吐蕃人民争取自由、反对侵略的战斗，建立起爱国组织是很重要的。所以我问旦巴，我这个想法怎么样，请你提出意见，把你的想法谈一下。旦巴回答说，你的想法是很好，我完全同意你的想法，我坚决支持你的想法和计划。可是他说，这个问题上我们一点疏忽的话，我们不仅没法完成我们的事业，还会招致失败。所以，我们一定要谨慎小心，采取周密措施。就建立反帝爱国组织的需求和意义的问题，我考虑过很久。当时这样一个组织是很需要的，因此我决定要建立吐蕃的反帝爱国组织。

第二十三章

拉萨爱国虎龙青年组织成立

流亡政府的代表团 1979 年九月 28 日抵达图伯特的首都拉萨。旦巴和我两个讨论如何把报告信交给代表们。但我觉得光交递交信还不够，我们还需要讨论如何展开一场运动。争取独立和自由是我们自己无法抛弃的责任，所以我们要珍惜抓住这次机会，反对中共侵略者和殖民主义，争取图伯特独立，就必须建立爱国组织。我们做出这样的决定后，我们两个又开始讨论组织名字问题。组织的名字是很重要的，名字一定要有政治意义和引起人们特别关注，所以我们确定组织的名字为"吐蕃爱国虎龙青年组织"。我们确认组织的名字有"虎龙"，原因是，虎是世上最凶猛的，龙的声音是世上皆知、类似天上很有声望的雷声那样的，所以吐蕃的爱国青年组织是想要个勇猛如虎那样的愿望。特别巧合的是，我的属相是虎，旦巴的属相是龙。当然，我们组织的名字不是从属相来取名，我们考虑的出发点是希望这个组织是有威名和勇敢的组织。

我们两个继续探听代表团的消息。我们知道了，代表们抵达拉萨的第二天，即九月二十九日，会去布达拉宫朝圣。可是当时旦巴和我两个都在劳改场所里，也是一支队里，还有工作。时间怎么办是一个问号。当时劳改场所里没有像原来那样抓的紧，还有旦巴是锻工车间的技术组长，我是汽车维修外表车间的大组长，所以我们两个工作上有一点的活动的空间。我们两个抓住这个机会，向自己的同事们说我去找医生看病。如果队里的领导问我的话，你们告诉领导我去看病的。因为我们一支队有诊所，这里小病他们给药。然后旦巴和我两个骑自行车去拉萨城内。

第二十三章　拉萨爱国虎龙青年组织成立

以前的计划是我们两个直接去布达拉宫。可是路上旦巴说,首先我们两个去他家。所以我们两个去他家的时候,他叔叔在家。他叔叔和我们是同路人,他人很好,他信任我们,所以我们两个对他的叔叔说,这次我们来的原因是,我们听到流亡政府的代表们今天去布达拉宫朝圣,我们两个想通过代表们转呈给达赖喇嘛一封信。这时候旦巴的叔叔对我们说,我听说这次代表团里有林周县澎波[1]的顷则,他的名字叫洛桑达杰,我认识他。(指着旦巴)他的义父住在古学东波(意为苹果树)里面,所以首先不要去布达拉宫。旦巴先去看他的义父,在那里问洛桑达杰来不来他的家。所以旦巴出去了,我在他叔叔那里等他回来。

可能过了一个小时左右,旦巴和和一个穿吐蕃衣服的壮年人一起回来了。他们到了叔叔家里的时候,旦巴介绍给我说,这个壮年人是流亡政府的代表团里的代表洛桑达杰。所以我对他以吐蕃的礼节来献给哈达和问候。随后,旦巴的叔叔对我们说,你们要谈什么你们谈,我们去门外像个晒太阳的样子,来察看情况。如有人来的话,我来发出信号,因为如果中共当局知道我们会晤的事情,那麻烦会很大。他们一定问我们,你们为什么秘密会晤,你们有什么目的等。旦巴也许可以说,洛桑达杰是老乡,可是我没有办法攀老乡,我们的历史当局知道得清清楚楚,所以风险很大。可是我们不怕风险,因为这不是我们个人的事情,这是吐蕃人民的争取自由和争取吐蕃独立的大事。旦巴的叔叔也一样对吐蕃的事业真心真意的,因为这次会晤当局知道的话,旦巴的叔叔脱不了干系。可是旦巴的叔叔和我们一样,为了吐蕃的事业抛弃自己的利益,是值得尊重的吐蕃的爱国老人。所以旦巴和我们在里面开始谈我们的事情。首先旦巴和我两个询问洛桑达杰,我们日夜想念的达赖喇嘛的身体情况和事业的时候,洛桑达杰说,达赖喇嘛的身体状况相当好,你们放心吧!达赖喇嘛日夜操心的是吐蕃国内人民的状况,为了吐蕃人民的事业,他休息时间都没

1　澎波是地名。澎波河谷是在西藏林周县,下属澎波区,1988年被撤销。

有。我们听到这些的时候,有高兴和有痛苦,心情触动特别深。

然后我们会晤的最主要的问题是,我们把献给达赖喇嘛的报告信交给洛桑达杰先生,还有我们给他解释说,我们会把报告写成大字报,这个大字报我们一定要在拉萨城市繁华热闹人群集中的街上贴到墙上去。洛桑达杰先生对我们两个说,请你们注意一下安全,你们必须特别注意。如果中共当局知道的话,你们会有很大的麻烦。我们回应说,这个问题上我们一定要注意。如果当局知道的话,即便我们马上不被杀头,他们也会把我们关进监狱,用刑折磨,这是毫无疑问的。这些问题上我们早就准备好的,因为我们的这个事业是为了吐蕃国家和雪域人民的大事业,不是我们私人的小利益,为了吐蕃人民的利益和吐蕃国家的利益而牺牲是值得的,请你放心吧!

这次我们贴大字报的主要内容是:

揭露外国侵略者违法地侵占吐蕃国,像大虫吃小虫那样吞掉我们的国家,而且屠杀我们的人民,饿死、折磨死等都罄竹难书。我们的宝藏、财物、矿物等无价之宝被全盘掠抢,千百万年的林海遭到滥伐,木材全部运到他们的家乡中国内地,吐蕃农牧场产品全部被抢夺运到他们的家乡,中国没有的、我们图伯特各种各样的珍稀药材全部被攫取运到他们的家乡。中共土匪集团抢夺吐蕃的宝藏财物全部运到他们的家乡,再拿出一点钱,说这是中央在帮助和支援西藏人民。我们要揭露共产党带来了西藏幸福生活的谎言,揭露中共殖民主义对吐蕃人民犯下的滔天罪行,呼吁不愿受压迫的吐蕃人民起来反抗中共侵略者,并展现出吐蕃人民的斗争精神。我们在人群密集的街道墙上贴上大字报,目的就是在受欺骗的境外人们的面前,揭露中共土匪集团的真面目。

我们把内容讲给洛桑达杰先生听,并请求他把我们组织的目的和特殊重要性报告给我们尊敬的政教领袖达赖喇嘛。我们为什么要把我们的所作所为报告给达赖喇嘛呢?因为我们吐蕃人民相信,观音菩萨转世的达赖喇嘛丹增嘉措是我们全雪山人民的今生领袖和来

第二十三章　拉萨爱国虎龙青年组织成立

世的大救星。达赖喇嘛为了吐蕃人民和吐蕃国家，他不辞辛劳、孜孜不倦地到世界各国宣扬吐蕃文化和宗教，争取吐蕃人民的自由和人权，争取世界人民的支援。达赖喇嘛的努力，让过去世上知之甚少的封闭的吐蕃国家和吐蕃人民，现在变成了世界各国都知晓的雪山上的吐蕃国家和人民。尽管这个国家被中共侵略军违法地侵占和吞并，但在达赖喇嘛的努力和领导下，吐蕃人民、吐蕃国家、吐蕃文化和宗教在全世界存亡继绝，吐蕃佛教寺庙在世界各国发扬光大。中共土匪集团几十年不遗余力破坏、限制吐蕃的宗教文化已被证明是徒劳。因为有吐蕃人民的政教领袖达赖喇嘛坚定不移的积极努力，中共土匪集团通过歪曲事实来毁灭独立吐蕃国的真相，他们的手段和目的都不会成功。达赖喇嘛是吐蕃人民的象征和代表，也是吐蕃统一和团结的象征和代表，这在流亡政府代表们朝圣大昭寺的时候再次得到公开印证。千千万万的吐蕃民众饱含热泪来到大昭寺门前，像父母和子女久别重逢，悲喜交加，长时间撒泪高喊，"噶哇丹增嘉措万岁，噶哇丹增嘉措万岁万万岁！"欢呼声像似春雷响彻圣城。老年人和青年人都抓住代表们的手，询问达赖喇嘛的身体情况。特别是代表里面有达赖喇嘛的亲哥洛桑三旦，吐蕃民众认为他是达赖喇嘛的亲骨肉，对他更是尊敬有加，把他抬到空中，纷纷触摸他的手，把他的衣服放在自己的头上摩顶，表达出吐蕃人民对达赖喇嘛深深的信仰和爱戴。

当时所谓的西藏自治区党委的中共代理人、党委第一书记任荣来到了大昭寺对面几堆巴的一座楼上，他看到了他想象不到的情景：吐蕃民众最热烈欢迎流亡政府的代表们。此时，他顿时心愧面惭，气得拍手顿足。这个新闻后来广泛流传开来。这就是他们自己的估计和事实是完全颠倒的。中共当局的愿望是，在流亡政府代表面前，吐蕃民众们应该会讲毛主席和共产党的恩情，吐蕃有了翻天覆地的变化，在毛主席和共产党的恩情下吐蕃人民过上了幸福的生活。可是吐蕃人没有这样讲，反而他们讲的是，中共侵占图伯特以后，在中共的统治下，吐蕃人民过的是水深火热之中人间地狱般的生活。人们哭诉的是忍受不了的痛苦生活。

因此我和旦巴给洛桑达杰先生说，请你汇报给达赖喇嘛，我们代表吐蕃人民，我们祈祷我们的政教领袖达赖喇嘛万寿无疆。我们发誓说，我们一心一意地服务我们的事业。如果这次我们的行动失败和出现不幸的结局，请你不要担心。我们已经决定牺牲一切，请你放心吧！然后我把写给达赖喇嘛的报告信和我的一张照片包在洁白的哈达里，交给洛桑达杰先生。这次的秘密的会晤是很成功地结束的。

我们的会晤结束后，我们的第一工作是我们要写大字报，把交给达赖喇嘛的报告信公布出去。信的草稿在我这里，可是写大字报没有办法公开写，所以我们要找隐秘的地点。旦巴和我两个考虑这个问题，当时我们两个都在劳改场所，所以不方便到其他地方去。最后我们想起汉人的俗语里有这样一句话，"最危险的地方，是最安全的地方"。我们决定在劳改场所我们两个的宿舍里写大字报。

当时实行改革开放的政策下，我们劳改场所里有政治帽子和其他帽子的劳教人员全部摘了帽子，转编成工人。所以不像以前那样抓得紧，没有天天开会的制度。我去买纸和墨水，晚上不睡觉，窗户全部用毛毯盖起来，外面看不到里面灯的光亮。我在四张纸上写完了大字报以后，我们两个用面粉做好浆糊，带上刷子，从劳改场所一支队早晨两点钟骑自行车到拉萨城里去了。地点是我们两个早就选好的，拉萨藏医院。藏医院是在马路的十字交叉口，人群集中和行人多的地方，墙上贴大字报最适合。我们到了这个地方，首先仔细观察有没有人。看到没有一个人后，我们两个轻松沉着地用"吐蕃虎龙爱国青年组织"的名义，把大字报贴上墙。贴上去的大字报加上了几个字，这是给达赖喇嘛的报告信里没有写的，加上去的内容是："我们明确地声明，1951年在中共的强迫之下被迫签订的《十七条协议》，噶厦政府和吐蕃人民坚决反对。这个协议不是噶厦政府和吐蕃人民同意之下签订的，而是在中共土匪集团的刀枪和大炮的威胁之下签订的。"我们贴上大字报以后，我们小心察看四周，确信没有人，我们两个马上返回一支队自己的驻地。在以后一、两天，我们两个注意打听外面的情况。我们的大字报在当天直到早上大概十点到十一点钟左右，当局的公安人员都没有注意到。很多人来到这里看大字报和读内容的时候，公安人员才来到。他们把这个大字报裁掉拿回去了。这个新闻马上在拉萨城里传开。中共当局非常关注重视，开始了调查。这就是图伯特的首都拉萨城里首次宣告建立反帝爱国、争取吐蕃独立的组织的大字报。

抛弃私人的所有利益。
为了争取吐蕃的独立。
声称虎龙爱国青年。
建立起吐蕃的先进组织。
尖端尖笔像个尖刀。
红汉的心脏刺进刀。
红脸的怒火冲天震惊世界。
真理的呼声广泛流传世界。

从此，旦巴和我两个很秘密地发展和召集组织的成员。召集成员的时候，首先我们决定联系平时信得过的忠实朋友，召集成员的办法是我们一个人找一个人单线来联系，不准多人同时相互认识。我们召集组织成员的时候，为了组织安全和永存，我们看重成员的历史背景，历史没有问题的人我们要召集。按照计划，成为一个成员的要求条件是，任何成员必须对吐蕃国家和人民忠诚，为了吐蕃国家和人民牺牲自己，遵守组织规定的原则和纪律，保守组织秘密。召集成员的时候除一对一外，不准其他成员一起认识，不准过问其他成员，不准召开集体会议，不准互相认识等。这些严格的规定是我们从亲自经历过的历史来吸取的教训。比如，我自己进监狱的原因是1969年建立吐蕃爱国青年组织。情况如本书第十四章里写的那样，当时扎西和洛桑次培给强巴索巴说，请你叫德庆嘉措拉，所以我们一起开会见面谈关于建立组织的问题。还有他们两个说，我们一起有索朗勒扎。最后关进监狱的时候，我们一个都没有逃掉，而且全部抓起来。还有当时拉萨另一个组织吐蕃独立青年组织的成员们都互相认识，一起开会谈组织的问题，最后1969年当局把组织的成员全部抓起来关进监狱，大多数成员被判处死刑。血腥镇压给了我们永远忘不了的鲜血教训，所以我们吸取了惨痛教训，规定我们的组织成员不准一起开会。比如你有十个人，可以联系很多人，可是你联系的时候，一个人一个人联系，不能互相见面和认识。这个办法是一个人一个组来发展组织，目的是维护、帮助和发展组织，对实现组织永存很有好处。从此旦巴和我两个联系到了一部分为吐蕃国家和人民献身的忠贞人士，通过上述联系办法给他们指导。随后我们寻找拉萨以外的各地区代表性的人物，希望他们在各自地区发展组织。我还写了一个简单的组织纲领，讲明组织的目的和纪律。这个纲领我给旦巴进行了仔细讨论。为了反对侵略和爱国宣传，我私人掏钱买个印刷机和墨水、纸张，以后我减少睡眠，开始大量写作，揭发中共侵略者歪曲历史、无事生非、无罪处罚、颠倒黑白地欺骗吐蕃人民的阴谋。我们还说明，我们开始做的事业和任务，目的是为了争取自由、民主、独立的吐蕃，而不是中共所诬蔑的那样，要恢复封建农奴制度。我们特别揭露了中共殖民主义宣传机器所炮制的谎言，即流亡在印度的吐蕃人民的政教领袖达赖喇嘛是在从事恢复封建农奴制度的活动。这只是为了欺骗吐蕃人民和掩盖他们自己的侵略行为。

  写完了宣传文章，遇到的困难是印刷和发行，首先要找到印刷的隐密地点。我的战友旦巴认识一位对达赖喇嘛信仰忠诚和日夜想念吐蕃独立的哲蚌寺僧人丹巴。我的战友旦巴说，他那边，我们完全可以放心。我同意这个意见，所以第一批传单在丹巴的哲蚌寺住所印刷。我们印刷传单和纲领整整忙了一天，旦巴和我两个想，我们以后传单印刷的地点就选在哲蚌寺的丹巴先生的住所。可是丹巴先生患有疾病，病得不轻。尽管我的战友旦巴给我说过哲蚌寺的丹巴身体不太好，我们两个去找丹巴的时候，他对我们两个说，我的身体不太好，可是为了图伯特的事业，我什么都愿意做。我回答他说，我们很高兴，谢谢你！出人意外的是，不到一、两个星期，哲蚌寺的僧人丹巴先生就去世了。我们很遗憾地失去了一个吐蕃的忠诚爱国的战友。

第二十三章　拉萨爱国虎龙青年组织成立

我们以沉重的心情来表达我们最悲痛的哀悼，我们没有想到在这么短短时间里，他匆匆地走了。他的去世是我们组织的一个损失，我赞赏他对图伯特的忠诚精神。

我们印刷完传单，首先在拉萨城内很秘密地散发。我和旦巴还把这些传单分别交给我们在拉萨雪的欧珠等几个组织成员。以前我为了安全起见，不曾正面见过欧珠等其他成员，他们也不认识我。可是他们参加组织的介绍人是认识我们组织的几个主要负责人，欧珠现在在国外，他是一个爱国忠诚的成员。然后我们这些传单从拉萨再向四面八方散发出去。

我们无论从事反帝爱国、争取独立的运动，还是从事争取自由和民主运动，首先必须搞宣传运动，以达到提高人民的觉悟、振奋人民的精神的目的。宣传运动是帮助人民认识自己的任务和认清敌我，通过揭露敌人的真面目，让他们无法欺骗国内和国外的舆论，这是对付敌人的强大的思想武器。通过不断宣传、发展、壮大、巩固组织后，我们通过先进的组织体系，一旦机会到来和条件成熟，我们就可能做到内外联系、团结起来反对侵略者，把他们赶出吐蕃大地的机会是可以到来的。当然，这样的任务和道路会是相当艰苦和漫长，也可能会要更大和很多的牺牲。流亡政府的代表们参观图伯特各地的时候，在中共殖民主义统治和压迫下的吐蕃群众没有自由来摇旗、敲锣、打鼓地欢迎代表们，可是吐蕃人民表露出的无价可贵的深情、无比兴奋的心情，用悲喜交加的热泪来欢迎达赖喇嘛派来的代表们。这样热烈的场面难以用笔墨来表达出来。当时吐蕃人民长期忍受痛苦的悲伤心情和见到代表们的无限兴奋的真情流露，是自己的内心深处最真实、朴素、宝贵的感情。表面上的、程式化的热烈欢迎是比不上这个珍贵的内心情感的天然迸发。无论中共怎么歪曲历史、抹杀事实，吐蕃民族一直保有强大的慈悲心、不屈的忍耐性，在受苦受难时刻的团结心。吐蕃人民有智慧和能力，划清敌我界限，认清侵占我们的国家、屠杀我们的父老乡亲同胞的凶手。吐蕃人清清楚楚地知道，是谁抢夺了我们祖宗留下来的所有文化无价之宝和所有自然宝藏。中共的所作所为就是奸诈狡猾和颠倒黑白,无端诬蔑达赖喇嘛。可是吐蕃人永远不会忘记达赖喇嘛,吐蕃人民见到达赖喇嘛派来的代表们的时候,一个血统的民族的情感像火山那样爆发出来。这意味着,吐蕃人民表现出来的民族尊严和团结一致的力量,是任何一个凶恶力量都破坏不了的。这也是对侵略者敲响的一个严厉的警钟。

第二十四章

秘见流亡政府代表团

第二个流亡政府的代表团访问图伯特的时候,我代表吐蕃虎龙爱国青年组织秘密地去宾馆与代表见面。

一九七九年年底,流亡政府的第二个代表来到图伯特。当时代表里有驻美国的流亡政府的办事处主任哲通·丹增朗杰,流亡在英国的吐蕃组织的代表平措旺杰,住瑞士的流亡政府的办事处主任次仁多杰,住日本的流亡政府的办事处主任白马杰布,流亡印度的吐蕃青年大会的会长洛桑金巴。代表团的团长是哲通·丹增朗杰。代表们和第一代表团一样,通过北京来图伯特各地参观的时候,受到吐蕃人民热烈欢迎。然后代表们到了图伯特的首都拉萨的时候,我们的组织讨论和计划我们如何能够和代表团取得联系,如何和代表们见面。关键是如何在不引起中共当局注意的情况下,秘密地建立联系。

首先我想到,我的母亲和达布仲巴姨妈过去对我们说过哲通和琼让两家的亲戚关系。代表团的团长丹增朗杰就是哲通家的少爷,哲通和琼让外公之间有亲戚关系,而且关系很密切。所以我决定以亲属关系的

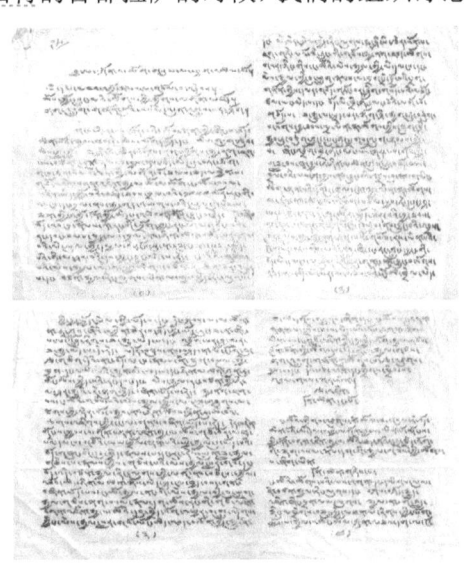

呈递给达赖喇嘛的组织报告信(1-4页)

名义去见丹增朗杰。这次我去见丹增朗杰的主要目的是，介绍建立虎龙青年组织以后我们的工作，汇报我们组织的任务、目的和纲领，赠送我写的相关书籍给我们的政教领袖达赖喇嘛。特别是报告讨论将来我们居者和行者（留住和流亡）全体吐蕃人，如何在我们的政教领袖达赖喇嘛的领导下，加强反帝事业，为争取夺回自己的家乡失掉的一切，以及自我牺牲的各种努力。当时中共当局安排代表们入住布达拉宫下面当局的宾馆，所以当时中午的时候我一个人去见丹增朗杰。在宾馆门外先要登记，我以丹增朗杰的亲属的名义来登记的。我是首次见丹增朗杰先生，所以我以吐蕃的习俗首先献上哈达，代表我们组织表达欢迎和敬意。然后我介绍了我们的外公爷爷之间亲属的关系，解释我今天来见丹增朗杰的主要目的是介绍我们的组织和图伯特的详细情况，还有交给他我们吐蕃爱国虎龙青年组织的纲领书，并请求他把这个纲领和我们组织的报告信赠送给达赖喇嘛。

下面是我当时交给丹增朗杰

呈递给达赖喇嘛的组织报告信
（5-8 页）

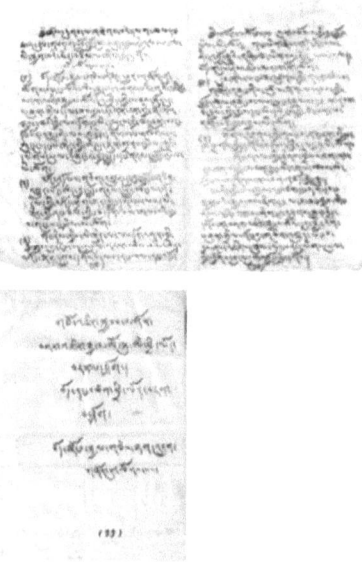

呈递给达赖喇嘛的组织报告信
（9-11 页）

的吐蕃爱国虎龙青年组织的纲领，全部内容如下：

祈祷师尊三宝。

祈祷本尊空行母。

我向护法神求帮助。

我求虎龙爱国青年组织的愿望实现。

雪岭地区环抱的大吐蕃国被最反动、最残酷、最野蛮、最邪恶的中共土匪集团占领。我们痛苦和无法忘怀的是，吐蕃人民敬爱的政教领袖达赖喇嘛在1959年为了吐蕃的事业不得不离开自己的国土流亡到印度，从此，吐蕃人民丧失了把自己的生命掌握在自己手里的权利，日夜过着无法忍受的人间地狱的生活。至今，我们可爱的祖国——吐蕃国没有美好日子和平静生活，却变成了社会大监狱。以中共土匪集团头子毛泽东为首的新老的中国统治者，推行帝国主义、扩张主义、殖民主义，血腥镇压我们祖国的人民。屠杀我们祖国的儿女犹如灭杀苍蝇蚊虫。在中共土匪集团的眼里，吐蕃人是供他们奴役的工具而非人。他们在侵略中杀死了千千万万的吐蕃人，还用饥荒饿死老幼妇孺。他们再用各种各样的刑讯手段把无数的吐蕃人折磨至死。他们屠杀了无数的吐蕃人，却还嫌不够，再用各种各样漂亮的的名义来征收苛捐杂税，剥夺千千万万的农牧民们日夜辛苦劳作的成果。

但是，他们却颠倒黑白，歪曲事实，欺骗人民说，在毛主席和党中央关怀下，西藏人民今天过着幸福的生活。他们曾经炮制出华主席对西藏人民关怀和恩情的宣传，可是农民食不果腹、牧民酥油和肉分配不足。总之，二十一年里（这也是1959-1980年，这也是我们组织的纲领发行的时间）吐蕃人继续在残暴血腥和伤心流泪中痛苦地生活。所以，吐蕃人民日夜期盼幸福自由，期望早日实现图伯特独立。

中共土匪集团的铁爪刺进了我们祖国母亲的身上，祖国已经深陷生死存亡的危急时刻。爱国忠诚的吐蕃儿女们，为了图伯特恢复自由独立，我们有不可推卸的责任。现在正是我们精进努力、奉献自己一切的关键时刻。所以我们建立起先锋队的爱国组织，吐蕃虎龙青年爱国组织。我们组织的纲领和纪律如下：

纲　　领

第一：我们的组织是图伯特三大地区、在大吐蕃国的政教领袖达赖喇嘛领导下的忠诚的爱国组织。

第二：我们组织的任务和目的是反对中共土匪集团的帝国主义、扩张主义、殖民主义，斗争到底直到把他们赶出我们的吐蕃国土，争取吐蕃独立，实现我们在政教领袖达赖喇嘛领导下建立起自由、民主国家的愿望。

第三：在最困难的条件下，我们要实现这个目标，我们要有久经考验的、用纯洁思想培养起来的，关键时刻愿意为了我们的吐蕃祖国和民族，在任何条件下，愿意献出一切，包括自己的生命和牺牲自己所有的吐蕃儿女。我们向吐蕃祖国和人民承诺，我们愿做爱国忠臣、吐蕃的民族英雄和吐蕃人民的好儿女。

第四：我们必须认清一个事实：我们的任务和道路是很复杂和艰巨的，可是我们的理想是有前途和有希望的。为了这个事业我们要努力。为了这个目的实现，我们全民族必须要团结一致，而不是搞危害团结的民族分裂的恶性的派系，比如，说你是康巴人，我是拉萨人，或者说你是博巴，我是康巴。你是安多，我是博巴，诸如此类的说法把小区域和图伯特全部对立是错误和有害的。很遗憾的，这个错误的思想是缺乏起码的历史知识。无论拉萨，康巴，安多，门巴，工布等，都是博巴地区的名称而不是各自独立王国。这些都是图伯特（Bod ཕོད་，博地）声称的归属雪山国家的吐蕃民族，这也是归属统一的六百万的大吐蕃国。

第五：我们吐蕃国家是有几千年历史的宗教发达的国家，所以我们维护宗教和努力发扬政教，为所有有情众生享受福利安乐而努力。

四个需要

第一，永远不能丧失信仰，必须毫无二心、真心诚意地相信三宝。

第二，永远刻苦学习达赖喇嘛的思想和熟练落实在行动上。

第三，你要争当雪山祖国的好战士，要抛弃骄傲，认真地看书和了解雪山祖国的历史。

第四，我们雪山祖国的所有战士们为了要战胜最恶毒和狡猾的中共帝国主义，我们要从失败吸取教训，学习文化，学科学，学艺术，学新战术和战略，掌握世界发展动态，了解敌我力量，建立起来永远击不垮的力量。

五个不准

第一，我们吐蕃爱国虎龙青年组织的成员们要团结在最优秀卓越的领袖达赖喇嘛的周围，一致和认真对待国家的事业，把人民的利益放在第一去努力工作，而不是为了小集团和私人名利的目的来进行活动和发表言论。

第二，为了统一指挥和统一行动，行动和言论听从上级的安排，不准任意主观推断和不允许违背组织原则的行动。

第三，组织的成员按照上级的安排和既定的计划去完成任务，不准自己主观推断和盲目行动，因为这就是失败的主要根源，如果有意见的话，下一次讨论决策时可以提意见。

第四，随时尊重组织规定办事，道德要高尚而不是像流丐作风；行为要端正，不准出现危害人民的行为。

第五，组织的秘密一定要保守，不准泄露出去。

如果违背上面所写的纪律，斟酌过失情形，依大小处罚。

我们的雪山吐蕃国要建设独立主权的国家和繁荣发达的国家，我们要在政教领袖达赖喇嘛的领导下，团结一致，不怕牺牲，为了实现自己的目标勇敢向前进。

我们的领袖丹增嘉措万岁！

图伯特独立万岁！

吐蕃爱国虎龙青年组织制订发行
一九八〇年一月一日

吐蕃爱国虎龙组织的纲领和纪律的稿子是我写出来以后，经由我们组织的主要人员充分协商讨论后，发给了我们的各个成员。几天以后，我再次去代表们的住所见丹增朗杰。丹增朗杰是我的母亲的亲属，所以我去请丹增朗杰到我家，得到了流散多年的亲属再相逢的机会。可是这个会见是当局不知道的情况下安排的，所以时间很有限，只有十五分钟左右。这就是那痛苦的岁月里，难以忘怀的一次见面。

在前来的几个代表团里面，第二个代表团是最活跃的，也令中共当局最头疼。比如，代表们参观甘丹寺（又译噶丹寺）的时候就出现了意想不到的场面。甘丹寺是黄教创始者宗喀巴·罗桑札巴创建的，是具有六百多年历史的神圣庄严寺庙。可是文化大革命时，在毛泽东的"破旧立新"的指示下，学习佛经和佛教文化的重点场所之一，也是三、四千研学佛经的佛教徒的住所，这个宏伟庞大的寺庙被彻底毁灭了。甚至一个整齐的住所都没有留存，留下的都是废土残石。拉萨的民众们为了接待代表们，自愿的去甘丹寺搭个帐蓬，安排礼佛供神，举行简单欢迎仪式来表达居者人民的心情。这里聚集了拉萨和拉萨以外的几千个吐蕃民众。他们见到达赖喇嘛派来的代表们的时候，兴高采烈，群众们很激动地呼喊，达赖喇嘛万岁！吐蕃独立万岁！声音像雷声震天响。吐蕃人民想念自己的政教领袖达赖喇嘛的激动心情，想要从敌人的手中夺回自己家乡的衷心愿望，让代表们激动不已，刻骨铭心。在这里，代表团的团长哲通·丹增朗杰对聚集的群众讲话的时候，见证彻底毁灭的甘丹寺的情形，目睹这里聚集的几千吐蕃民众，他悲喜交织、热泪盈眶。耳闻大家一起呼喊"达赖喇嘛万岁，吐蕃独立万岁！"他忍不住泪如泉涌，哽咽失语。代表团的另一位代表、流亡英国的吐蕃群众组织的会长平措旺杰接上来代表团长完成讲话。

聚集这里的几千的吐蕃人深刻地认识到，居者的吐蕃人民和行者的吐蕃人民是密不可分的，这种愿望和情形激动人心。当局的汽车驾驶员们在没有征得当局的事先允许下，运送吐蕃民众到这里。当时除了当局以外，私人根本没有车子或其他运输工具。流亡政府的代表们和吐蕃群众一起聚集，他们参观甘丹寺结束后，人们乘坐汽车回到拉萨桥的时候，当局已经派了很多公安人员阻拦驾驶员，查看扣下他们的执照。代表们来到那个地方，都受到该地区吐蕃群众们的热烈欢迎。代表们也从吐蕃民众听到各种想法，了解到图伯特的真实情况。代表们实地深入的观察和发生的一些事件，让中共当局很担心和生气。所以代表们参观的时间日程尚未结束，当局就提前驱散代表们，所以代表们不得不经过北京返回印度。

第三个代表团仍然通过北京去安多、康地区参观，而后到了图伯特首都拉萨。那时候拉萨人民和各地来的吐蕃人对代表们热烈欢迎，特别是代表团里有达赖喇嘛的亲妹妹杰尊白马。吐蕃人民对她特别尊重和恭敬，这也表示吐蕃人民对自己的政教领袖达赖喇嘛的爱戴，迫切想见达赖喇嘛、渴望获得解脱的心情。代表们到了图伯特各地的时候，居者的吐蕃人民报告和摆谈心事，都是受苦受难的悲伤的事情，而不是中共当局所说的共产党解放西藏和带来了幸福的生活。没有一个人重复共产党骗人的鬼话，甚至代表们到哪里，吐蕃人民就到那里状告中共土匪集团，揭露他们对吐蕃人民犯下的滔天罪行。民众们怒火冲天，这个情形让陪同代表们一起来的中共有关人员不敢相信，甚至大为惊骇。

我们虎龙爱国青年组织继续展开爱国运动。一方面我们加强宣传工作，另一方面加强扩大组织工作。我们工作的重点首先放在首都拉萨，然后我们计划在昌都、山南、那曲等地区建立起组织的分支。在昌都地区，为了推动爱国运动，我们联系到我原来的一个狱友次仁洛桑。他参加过1969年康区边壩的反帝爱国运动的事件，因此被关进监狱。他是一个忠诚的爱国者。我对次仁洛桑说，请问你愿不愿意参加我们的爱国虎龙青年组织？还有我给他解释说，我们的组织是反对没有认可权利的侵占。中共侵略者占领我们吐蕃国家，违法统治吐蕃国。我们是为了争取实现吐蕃国自由和独立的目的而努力奋斗的一个组织等。

我给了他我们组织的纲领书，并做了详细介绍后，次仁洛桑对我说，他发誓，他愿意参加我们的组织。我们首先加强在图伯特里面的宣传工作。当时次仁洛桑是在一支队的职工队里。改革开放的时候，当局对我们说，你们可以留在职工队里；有人想回原工作机关工作，如他们接受你的话，你们可以回去；或者你们也可以回到农村和牧区。所以我给次仁洛桑说，我的意见你离开一支队。你做一个商人的话，你可以去各地做买卖，在商人的掩护下，你可以秘密地联系很多人。你也可以亲自看到和了解各地的真实情况，还有可以展开爱国反帝运动宣传和发展我们的组织。所以我问次仁洛桑，你有什么意见？他的回答是，他其本上同意我的意见，可是他说，他拿不出来资金。这方面他有困难。所以，我无任何条件给他私人钱一千元人民币。我给他说，你什么时候有钱，还给我就行了。因此次仁洛桑答应我的请求，他离开了一支队，做个商人，来按照组织的使命去努力推进吐蕃的事业。

还有索夏钦·顿穷多吉仁波切[1]，我们是一个监狱而且一个工作组的狱友，所以我很了解仁波切。我建议仁波切参加我们的组织，仁波切答应我的请求。因此我详细介绍我们组织的目的和任务后，像我以上说明那样，我给仁波切谈我们组织的工作计划和要在那曲地区展开反帝爱国运动。仁波切也在这方面很努力去推动工作。还有我想特别介绍的是拉萨雪的青年欧珠，他是个为了吐蕃国家和人民不惜牺牲自己的有胆量的好战士。现在他在国外。他在图伯特的时候和或者在国外的时候，都很忠诚和努力地服务吐蕃的事业。还有山南和日喀则也都建立起了我们组织的分支。我在这里没法详述这两个地区我们组织的成员，更没法透露他们的姓名。为了他们在图伯特的安全起见，他们和我之间切断了联系好多年。他们现在在不在世上，我都不太了解。在图伯特首都拉萨，我们组织有很多优秀的青年男女成员，他们为了吐蕃的事业牺牲自己。我很赞赏他们不怕危险、积极展

---

1 索夏钦是指仁波切来自那曲地区索县的寺庙修行大德，"夏钦"（或霞钦）是佛殿之意，也可以指修行高人。

开反帝爱国运动的精神。他们是我们吐蕃国家的无名英雄，因为他们为了国家工作没有薪水，甚至他们的生命也没有保障，他们为了建立独立和民主的吐蕃国家牺牲了自己的一切。但是，为了他们的安全，没有写出来他们的名字，因为他们一部分仍然在图伯特境内工作。

第二十五章

胡耀邦视察图伯特，调整对藏政策

一九八〇年五月，中共中央总书记胡耀邦和国务院副总理万里等来到图伯特视察工作。可是这会带来什么好的改变，对此吐蕃人根本不抱希望，因为所谓的中央的领导人来西藏已不是第一次。比如文化大革命以前，所谓的中共中央政治局委员、国务院副总理、公安部部长谢富治带队的所谓的中央代表团来到图伯特；文化大革命结束的时候，所谓的中共中央主席华国锋也来到了图伯特做视察工作。可是在图伯特，中共殖民主义的残酷统治没有改变，而且越来越残酷和野蛮。因此吐蕃人认为，胡耀邦的到来，只是表面上对吐蕃人民表示虚情假意的照顾和关怀。比如胡耀邦到了图伯特实地考察，惊讶于图伯特普遍贫穷和落后的真相，他很生气。他在拉萨召开县级以上的干部会议，大会上胡耀邦讲话批评所谓的自治区党委领导，说，中央为了帮助西藏，给的几亿元人民币，可是你们没有用来建设西藏。中央给你们的钱，丢到了雅鲁藏布江里了！？他还说，少数民族不能离开汉人的帮助，汉人也不能离开少数民族，因为整个中国领土的百分之六十以上是少数民族的本土，可是少数民族的人数占不到整个中国人口的百分之十。

我们听到他的上述讲话的时候，心想这又是中央对少数民族关怀的漂亮骗人把戏，根本没有放在眼里。可是，当时胡耀邦为首的中共中央决定从图伯特撤出百分之八十五的汉人，而且这个决定正式实行的时候，大都数住在那里的汉人很不高兴，对这个决定持批评态度。从图伯特调走的大多数汉人不愿意回自己的家乡，这些汉人很痛苦。他们的痛苦和不愿离开图伯特，不是热爱图伯特，而只是因为他

第二十五章 胡耀邦视察图伯特，调整对藏政策

们在图伯特得到了在家乡得不到的利益好处。

第一，他们得到了政治上的利益和权力。汉人和吐蕃人的关系是统治者和被统治者的关系、压迫者和被压迫者的关系。中共在图伯特宣传的时候讲人民是国家的主人，百万翻身农奴是国家的主人，可是事实上，百万翻身农奴是中共的农奴，中共把百万翻身农奴当作是他们使用的工具和牲畜。在图伯特，中共的任命大小文武机关的第一把手都是汉人，从未任命过吐蕃人。中国的统治者是共产党，不是人民。所有国家机关里有党组织，党组织的第一把手是汉人，不是吐蕃人，党组织里有吐蕃人，可是通常担任副职而不是正职。比如，所谓的西藏自治区人民政府和西藏自治区人民大会的第一把手是吐蕃人，分别是白玛赤林和向巴平措，可是在所谓自治区党委委员会里，他们是副不是正。所谓的自治区党委委员会的第一书记，从中共占领图伯特以后到现在，都是中共中央任命和下派的。五十年代以来自治区党委第一书记先后是张经武、张国华、曾雍雅、任荣、阴法唐、伍精华、胡锦涛、张庆黎和陈全国，都是中共中央任命派下来的。这里面除了伍精华以外，都是戕杀千千万万吐蕃人的凶手，手里都沾满了吐蕃人的鲜血。白玛赤林和向巴平措，以前的阿沛·阿旺晋美，文化大革命期间的热地、巴桑等这些人，都是中共当权者的喉舌、傀儡政权的代理人、北京政权利用的工具和欺骗国内外人民的玩偶。这就是在所谓的自治区的漂亮名字下，"挂羊头、卖狗肉"欺骗国内、国外的假面具。

第二，经济上，住在图伯特的汉人享受了吐蕃人没有的特殊待遇，这也是不同年代他们得到了不同收益和赃物。首先，在吐蕃人民起义反对中共侵略者的时候，所谓的人民解放军武装镇压和占领了全图伯特以后，他们强取豪夺他们所说的参加叛乱的噶厦政府的官员、贵族和各寺庙、各拉章，地方的富家和吐蕃政府的金库的黄金等数不清的宝物，拿回他们的家乡去。其次，所谓的中央支援图伯特的钱财，都是在漂亮的支援名字下拨款，最后却被这些所谓的支援图伯特的汉人装进自己的口袋，全部拿回他们自己的汉人的家乡。这个问

题在本书前面我解释了，所以我不再重复。因此胡耀邦说，中央给西藏支援的钱，你们丢到雅鲁藏布江里去了。事实上，所谓的支援的钱财没有丢到雅鲁藏布江，这些钱财由中共的官员干部装在他们的腰包里了。最后，住在图伯特的汉人干部官员还有一个更大的收益：在图伯特的中共干部有高原补助，可是中共的吐蕃干部没有这个补助。比如中国的公务人员、工人、其他国家的工作人员的工资是全国统一的。一个干部的工资一个月五十人民币的话，就是五十人民币，没有其他补助。可是来图伯特的中共当局的汉人干部和工人有高原补助，这个高原补助大概等同自己的工资。当局给汉人干部还有另外的好处，比如，在图伯特的汉人干部一年里干半年的工作，其余半年时间里他们还可以回内地家乡休假，休假可长达四、五个月甚至六个月。他们坐火车、公共汽车、住饭店等，凭收据可以全部报销，在内地住几个月时工资照发。这些资金其实是中共当局发给西藏自治区的支援金。所以，他们有这样的权力和利益，特权之下他们怎么能回自己的家乡呢？他们根本不愿意回家乡。

但是中央规定百分之八十五的汉人撤出图伯特的政策实行以后，从图伯特返回中国的汉人忙着准备带回自己家乡的东西，各机关出现没有人管的状态。比如我所在的劳改场所一支队是修车厂，这里有做新的大车撑架的木工组，当时这个木工组的工作太忙，因为他们天天做所谓的公安厅和劳改局的返回自己家乡的干部的箱子和家具。他们作箱子不只是箱子，主要目的是他们拿走木料。因为中国木料的来源相当差，根本不够人们的需求。可是吐蕃木料的来源相当丰富，当时有规定，私人不准拿走木料，可是家具可以拿回去的，所以他们为了拿走木料做各种家具。这些所谓的箱子很大，板子很厚，大箱子里面套有两、三个小箱子。他们拿这些箱子回家乡，做棺材和做家具。内地的棺材相当贵，贫苦家庭的人买不到棺材。所以中共当局占领图伯特以后，图伯特的林海几十年里遭到砍伐，天天一车队一车队地运回中国内地去。

中共的官员和干部更是趁机抢夺吐蕃的宝物，纯金佛像和纯金

第二十五章　胡耀邦视察图伯特，调整对藏政策

的金灯宝物装在他们的箱子里带回家乡。我讲一个实事做个例子。当时拉萨市城关区的党委书记叫李峰。李峰书记也是调回内地的一个官员。回去的时候，他的东西装在大车里面的一个大木箱子里，有很多吐蕃寺庙和贵族的珍贵宝物。让人惊讶的是，一个纯金的金灯原是大昭寺的释迦牟尼像前面的。传说，这是隆多喇嘛仁波切献给大昭寺，立在释迦牟尼佛像前的。隆多喇嘛仁波切（1719 年至 1794 年）是很有名的一个圣者，所以人们用他的名字叫金灯——隆多金灯。这个金灯的长度是大概有一尺左右，这个金灯的形状很特别，是一个人下跪、两只手举起头上金灯。这个金灯下的人和金灯都是纯金。释迦牟尼佛像的前面其他纯金灯和纯银灯有很多，大的长度是一尺半，小的更多。可是文化大革命的时候，这些金灯和银灯全部没有了。现在释迦牟尼佛像前面有的金灯和银灯，都是文化大革命以后有钱好施者们和故人送的赠礼，都是重新做的。这些都有事实的证据。所以中共土匪集团官员们抢夺的吐蕃的无价之宝在世人面前展示出来，并说这些东西是汉人的。这样的说法只是揭露了冰山的一角。来图伯特的中共的汉人官员干部抢夺吐蕃的无价之宝的文物是数不清的。所以在图伯特的这些汉人有这么多政治和经济上的好处，他们怎么愿意离开图伯特呢？

胡耀邦没有决定汉人撤出图伯特以前，在图伯特的中共当局和所有汉人经常挂在嘴上说，他们是牺牲他们自己家乡的所有利益，为吐蕃人民服务、为帮助吐蕃人民而来的。他们说得很漂亮，可是事实上是颠倒黑白。吐蕃人从 1959 年开始，以流出血泪和丧失自己宝贵生命的牺牲对中共土匪集团说，我们不要你们的帮助，你们回你们的天堂去！中共侵略者对我们说，我们为了帮助你们而来。如果你们说我们要回去的话，那我们就用枪炮、装甲车和军机来打死你们。

所以胡耀邦从图伯特撤出 85%汉人的计划很快就停止了。住在图伯特的汉人干部不愿意回自己的家乡。特别是最凶恶的、继续扩张和大权独揽的邓小平和以他为首的老人顽固分子们，只允许经济改革，不愿意政治改革，来延续他们的共产党的独裁政权。他们反对胡耀邦

等愿意推动政治改革的官员们,对胡耀邦进行撤职和打击,反对对图伯特有好处的政策。大多数汉人不但没有从图伯特撤出,而且比以前还增多三倍、四倍的汉人进入图伯特,目的是恢复原来的汉化政策。

第二十六章

组织重要成员连续到印度

为了组织的发展，我们虎龙爱国青年组织制定了重要的工作计划，需要请示达赖喇嘛和流亡政府的有关部门，因此我们决定派遣我们组织的重要成员前往印度。住在拉萨雪的欧珠的父亲当时在印度，所以我们决定派遣他去流亡政府所在地印度。我们鼓励他以去外国探亲的名义打报告申请护照。欧珠同意我们的要求和建议，所以他打报告申请去探亲。有关当局批准了他的报告，他马上去了印度。几个月后，他从印度给我们写信来说，他到印度的时候，他的父亲已病，而且病情越来越严重，最后医治无效去世了。他父亲的太太、他的后娘有几个很小的孩子，他不得不留下照顾他们，所以他无法返回图伯特。他还说，他在流亡政府里工作。

因此1981年，我们再次派我们一个主要成员，以探亲的名义去印度。他打个报告申请去探亲，他的报告当局马上批准了。因此我交给他的任务是，向达赖喇嘛报告我们的工作情况，还有要联系流亡政府的有关机构，请示汇报我们的工作，请求一定对我们的工作予以指导。他离开图伯特去印度。这里为了安全，我没有写他的名字，因为他返回图伯特，我没来美国以前他仍在图伯特。我不清楚现在他是否活在世上。当时他到了印度以后去觐见达赖喇嘛，请示汇报我们的工作情况，并联系流亡政府的有关机构。他也了解到流亡吐蕃民众的发展状况，尤其他们在达赖喇嘛的领导下团结一致的精神，令他很激动。他全面了解各个方面情况以后，返回图伯特，并把他在印度了解的情况都告诉我。

我们认为，争取吐蕃独立和把中共侵略者驱逐出图伯特的事业，一定需要达赖喇嘛的伟大领导。只有在他的领导下，图伯特内外联系、团结一致，才能斗争到底。我们图伯特境内的人民继续反对违法的殖民主义的统治是我们的神圣的任务。在国外流亡的吐蕃民众们在国外宣传和揭露图伯特境内的真实情况，比如，图伯特国内的人民反对中共的违法统治，中共独裁者对吐蕃人民执行最残酷和野蛮的统治，中共破坏图伯特的所有无价之宝的文化，中共土匪集团口是心非，等等。流亡的吐蕃民众们为了吐蕃的独立和自由，还可以积极推动民主运动，争取国际正义国家和人士的支援。总的来说，国内和国外流亡的吐蕃民众有同一个目的、一个期望、一个理想，就是争取夺回自己的家乡，把中共侵略者驱逐出我们的国土图伯特，最后建立民主、自由、幸福的吐蕃国。我们确认，这就是我们矢志不移、决不放弃的最艰巨的、神圣的任务。

一九八二年我决定以探亲的名义，亲自去印度。我希望更进一步了解流亡吐蕃人的处境，请求达赖喇嘛指导我们今后的工作方向，并了解在国际社会中图伯特的地位。当时要去国外探亲，首先你去探望的人，父母也好亲属也好，一定要发出邀请信。在印度流亡吐蕃人当中，我母亲的亲属有哲通、萨迦卓玛颇章、霍康等。所以探亲的问题上我一定要争取父母的支持。我给父母讲，请你们一定要去印度探亲，见一见长期分离的亲戚们。现在改革开放的时候，要抓住这个机会，不要放弃这个机会，我也想要去。我父亲回答说不行，现在当局同意探亲，可是以后他们又会来找麻烦的，你最好也不去。我父亲心里不放心和害怕，因为中共的做法是口是心非，人们都不相信中共。他们整人的时候，会以各种各样的借口来整人。可是我的主要目的不是为了去印度探亲，而是为了公务去印度。我要想办法找到萨迦法王从印度给我写信。萨迦卓玛颇章写信给我母亲的表哥江热·堪穷·阿旺次拜，他对我母亲讲了写信的事情。萨迦法王在信里说，他询问江热·阿旺次拜的全家的生活和身体情况，还有在拉萨的其他的亲属们的状况。所以我给舅舅江热说，我想去印度。因此我请求舅舅伪造一个萨迦法王直接给我母亲的信。开头他很怕，所以不同意。我坚持和勉强的求他，还有我给他说，本来我也可以写的，可是我的字他们会认出来。所以我请求舅舅后，舅舅才答应我的请求。萨迦卓玛颇章大法王和我母亲是很亲的亲属关系，我奶奶和萨迦大宝法王的奶奶是大贵族江热的义父、义母的小姐，然后我拿江热舅舅写的假信和我去国外探亲的报告一起交给我所在的劳改场所的领导。

时间过了大概一个月左右，有一天我在汽车修理厂里工作的时候，办公室的人说，公安厅一处来了两个干部叫你，他们等着你，马上去吧。我心里想，他们又要找我什么麻烦。我的心忐忑不安，我走进办公室的时候，两个干部在等我。首先我给他们介绍了我自己，这两个公安干部对我说，请您坐下吧。他们不寻常的态度和礼节让我很惊讶。平时对我们领主阶级和一个政治犯来讲，中共基层的代理人居委会的领导和监狱里的公安干部的态度都是盛气凌人，任意欺压和侮辱。他们叫我们的时候，都很少有礼节地叫名字。平时叫我们的时候，都带有歧视和轻蔑的态度。在他们的眼里，我们不是人，只是供使用的东西。然后他们两个对我介绍说，他们是自治区公安厅一处的公安干部。还说，您打个报告去印度探亲，所以您的报告我们同意批准了。您和萨迦法王是亲戚关系，是不是？我说对，还有我给他们解释亲属关系的细节。他们两个又说，您和哲通也是亲属关系，是不是，我回答说是的。他们和我母亲有亲属关系。然后他们两个对我说了一大通解释，主要内容是说，现在我们党执行改革开放的正确政策下，您们也得到了探亲的机会，所以我们希望您也抓紧探亲的好机会，把我们党的正确的政策和西藏天翻地覆的变化解释给萨迦法王和哲通听。虽然文化大革命在西藏破坏性很大，但这不只是一个西藏的问题。这是全国性的，在内地破坏性一样很大。现在党中央关怀西藏，为了重建西藏的各个寺庙，给西藏拨出了很多的资金。同样，为了恢复文化大革命时破坏的萨迦寺庙，中央拨给七十万人民币。我们正在恢复萨迦寺庙的事情，请您汇报给萨迦法王，最好的话，请您邀请萨迦法王返回西藏。如果不放心的话，法王先来西藏参观，看一下西藏的巨大变化和大好形势，然后可以自由回去。总的来说，法王看看西藏的真实情况是有好处的,请您不辜负我们的希望。所以我回答说,我一定会做到,把您们教导的这些转告法王,还有,我也要给法王清清楚楚地解释,现在的西藏的大好形势和党的正确的政策。请您们放心吧!

我讲完这些话以后,他们又用威胁的口吻对我说,我们相信您会这样做的。如果你到了外国,你搞不符合你的身份的事,党的政策你是知道的,我们不必多讲。你监狱里改造了那么多年,我们希望你多考虑一点你自己,我们也相信你。然后我回答说,您们说的对,我在监狱和劳改场所进行劳动改造和思想改造很长时间了,我知道党的政策,坦白从宽,抗拒从严,所以我现在不能只顾自己,还要照顾别人。如果我在国外做对党和对人民不利的坏事,我知道后果会很严重,对我不利。特别是现在我不是一个人,我一定要考虑自己的太太和小孩,还有父母。我不得不考虑他们。最后这两个一处的公安干部对我说,我们相信你,希望你的探亲顺利。说完了以后,他们两个走了。

我去印度探亲报告得到批准,然后我去公安厅的发护照的机关去拿护照,他们给我五年的有效期时间。我准备好探亲的具体细节,向所在的工作场所一支队的领导请假后,1982年十月十三日早上十点钟,我从布达拉宫下面右边的公共汽车站卡暗同出发。我出发的时候,我的恩重如山的母亲和我的弟弟们送我。我母亲给我洁白的哈达来告别。我和我的一个同伴出发的一天前,我们要去海关,把自己带的箱子和大包给他们检查。检查的时候,不准带的东西还给我们,可以带的箱子和大包盖章后留在海关。我们出发的时候,留在海关的东西装在卡车里送到边界关口。我们到边界关口的时候,东西也到了,这里东西不检查了,因为他们检查以后他们自己带过来的。去印度的公共汽车从拉萨出发,到了日喀则以后,我们住一晚上。第二天早上从日喀则出发到了定日停车休息。我看到这个村庄的时候,我的心很震惊和绝望,因为,我们去一个农村的家,要求烧个茶。我们看到他们的状况相当贫困。这不只是一个家,大多数家庭贫困状况相当严

第二十六章　组织重要成员连续到印度

重,很多小孩在户外,他们的衣服破烂不堪,有些小孩没有穿鞋。这时候我们一起休息和喝茶。我们吃东西的时候,不但这个村庄的小孩,而且大人都盯着看我们吃东西。我看到这样的情形,根本吃不下去了。我和我们一起来的探亲的人们把剩下来的瓶子和吃的东西全部给他们,他们争着抢着地拿。特别是我们准备走进车子,一些人丢掉瓶子,这些农村的小孩拾起路上的瓶子以后再喝。请你们看,这就是中共当局所说的幸福生活和天翻地覆。这时候是1982年,中共土匪集团全面侵占图伯特已有22年了,他们口口声声说,百万翻身农奴变成了国家的主人,自身自由,过着幸福生活,西藏改变了,出现了翻天覆地的变化。我从拉萨出发前,公安干部也对我这样讲过,还说要解释给你的国外亲戚听。事实上,定日的整个村庄可以说是乞丐村,吐蕃人这时候食不果腹、衣不蔽体,可是中共当局欺骗国内外,说西藏人民过上了幸福的生活。

　　我们到了图伯特和尼泊尔的边境樟木口岸的时候,我们的行李已经到达。海关检查我们身上带的皮包和护照后,他们把行李带来,我们自己去找各自的行李,我们再去找搬运雇工帮助运送这些行李。这里有很多尼泊尔的雇工。我们找到身体好的,雇佣两、三个带着我们的行李去到尼泊尔的关口。尼泊尔的海关人员表面上很仔细地检查,事实上他们是等着要钱。海关人员明目张胆地抢夺中国制造的东西,他们还说我们要给多少多少钱,如果不给钱,他们会没收我们的东西。这些尼泊尔海关人员的做法不像一个国家的公务人员,像个做买卖的那样,甚至像个土匪。我们大家把钱凑起来给了海关官员以后才放我们出来。然后我们坐汽车去尼泊尔首都加德满都,路上也有很多检查站,到了这些检查站他们又要钱,不给钱的话他们不让我们走。到了一个个检查站的时候,他们抢夺我们的钱。我们坐的公共汽车里,我们探亲的吐蕃人有四、五个,其余大多数是尼泊尔国内的混血吐蕃人,叫卡扎拉人。我们探亲的护照上有尼泊尔大使馆的签证,还有我们带的东西里没有违法的东西,都是衣服和吃的东西。可是尼泊尔检查站的这些警察就像饿狼想吃血肉那样,像土匪那样,就是不像一个国家的警察。我们通过这些超乎想象的尼泊尔检查站以后，1982年十月十八日才到了尼泊尔首都加德满都，找到我们流亡政府的办事处。

我们到了办事处的时候，办事处为我们准备了住所。办事处的工作人员向我们介绍了流亡吐蕃人和流亡政府的情况，然后我找办事处的主任仁庆达罗请求他帮忙。我要去印度，需要帮手，因为我不懂印度语言和英语，所以请您帮个忙。他回答我说，我们看看去印度的人，你放心吧，经常去印度的吐蕃人很多。这段时间里，你去首都四周朝拜寺庙和上街看看。我找到以前来的我们组织的成员欧珠以后，欧珠前往办事处来见我。欧珠向我介绍流亡吐蕃人的情况，达赖喇嘛接见的时候他汇报组织的情况，还有联系有关部门和汇报我们组织的情况等。然后，我忙里偷闲，乘机朝拜首都周围的很宝贵的几千年历史的佛教圣地，特别是在吐蕃的政教历史上非常重要的满愿塔（嘉荣卡许塔）[1]。朝拜的时候，我在内心深处祈祷和发愿，这个塔就是师君三尊转世以前，他们三个出生在一户养鸡的人家。他们的母亲是养鸡的，母亲节衣缩食省钱抚养儿子们的时候，曾对他们说，你们一定要为我建立一个佛塔。所以后来儿子们按照母亲的愿望建起嘉荣卡许佛塔。佛塔建立完毕后，他们各个为了实现吐蕃的政教强盛祈祷，他们转世以后都到了吐蕃，吐蕃的政教发扬光大，国力强盛。当时赞布时代吐蕃的军事力量在亚洲地区无比强大。我当时在这个很珍贵的佛塔面前礼佛供神，我为吐蕃国家和吐蕃人民早日解脱中共的统治和实现恢复吐蕃独立而祈祷。

我在尼泊尔朝拜和逛街，大概一个星期后，流亡政府办事处的有关人员说，现在有从加德满都到德里去的吐蕃人，所以你一起去，路

---

[1] 满愿塔（Boudhanath Stupa）又叫"博达哈大佛塔""嘉荣卡许"（Jarung Kashor），嘉荣意为"Let it be done"，卡许意为 Slipped from his tongue。有这样一个故事：一位寡妇要国王给一块牛皮那样大的地建塔。国王爽快答应。但这位夫人把一块牛皮剪成一长条围出一块地，国王只得答应。这里的三尊是指赤松德赞，寂护（堪钦希瓦措，静命）和莲花生大师。

第二十六章　组织重要成员连续到印度

上他给你帮忙。你到德里以后，请你放心，从德里到达兰萨拉去的人很多。从加德满都到新德里去的这个吐蕃人是在印度军队里服役。印度有吐蕃人的一个军营，他就是第 22 军营的军人。他在吐蕃的家在哲蚌寺附近的村里。他坐飞机去德里，我自己是一分钟都等不及，马上就想去达兰萨拉。所以我和他一起飞去德里，当时是 1982 年十一月一日。我的心里很高兴和激动，我想马上到达兰萨拉见达赖喇嘛。我的心跳很急，心久久平静不下来。

第二十七章

觐见达赖喇嘛和萨迦大法王

一九八二年十一月一日的晚上我和同伴到达了印度首都新德里后,我们直接去拉达克-达兰萨拉的客栈,这里住一晚上后,第二天去达兰萨拉。同行的人叫曲宰,人家背后叫他曲宰杠脚,因为他的一个脚有毛病。他家就在达兰萨拉,所以我和他结伴而行。第二天早上九点半左右到了达兰萨拉。曲宰对我说,你暂时可以在我家住下。所以我住下以后,曲宰的家人叫我吃早饭。我和曲宰家里人一起吃完早饭,然后我在房间里睡了两、三个小时。睡醒后,我给曲宰说,请您帮个忙吧,您给流亡政府的安全部的秘书长强巴甘单汇报一下,我德庆嘉措已经到了达兰萨拉。曲宰把我的话转达给了强巴甘单先生,然后大概十二点钟安全部的分支的负责人、原吐蕃军队的连长格桑扎吨来迎接我。格桑扎吨先生来的时候问候我和曲宰,做了自我介绍。我也给格桑扎吨先生介绍了我自己。我说,我见到您们很高兴。当时格桑扎吨先生随汽车来的,所以我的东西放在汽车里,从麦克罗干吉[1]到刚坚吉雄[2],这里我见到安全部的秘书长强巴甘单先生。互相问候后,强巴甘单先生对我说,现在您太累了,好好休息。吃饭后我们再好好地谈。这时候格桑扎吨先生带我去公务员食堂吃饭后,流亡政府的经济客栈专门给我准备一套房间,所以我在这里休息。

---

[1] 第十四世达赖喇嘛驻锡地,西藏流亡政府(后改名为藏人行政中心)的所在地,英文 McLeod Ganj,又称上达兰萨拉。

[2] 英文为 Gangchen Kyishong,西藏行政中央的办公大楼,达赖喇嘛取名,意为幸福的雪域。

第二十七章 觐见达赖喇嘛和萨迦大法王

印度喜马拉雅山山麓的达兰萨拉

强巴甘单先生再来看我的时候，详细问我图伯特境内的现状和我们组织的情况。我都做了如实的介绍。我们的交谈很全面和深入。最后强巴甘单先生说，尊者达赖喇嘛现在在欧洲，几天后回达兰萨拉。那时候我一定要安排达赖喇嘛接见的时间。您放心吧！我听到这个话的时候，我的内心长期祈祷的、和我们吐蕃人民的政教领袖达赖喇嘛相见的梦想，现在快要实现了！我的心无法平静下来了。

一九八二年十一月十日，按照强巴甘单先生对我传达的达赖喇嘛接见时间，我去觐见达赖喇嘛。这一天是我的人生里最幸运的一个日子。达赖喇嘛接见我的时候，我汇报的内容是痛苦的惨剧，没有喜事。可是我报告达赖喇嘛，尊者也欢喜听的最重要的一个事情是，图伯特境内的人民在中共侵略者的最残酷的统治下，不低头，不屈服，吐蕃人民高举反帝旗帜，抛弃自己的一切，有前仆后继、踏着血迹勇敢前进的勇气。然后我报告我们组织的情况，流亡政府的第一批代表到图伯特时我给洛桑达杰先生汇报的组织的情况，和当时我们在拉萨贴大字报反帝、反违法占领图伯特的事。我通过洛桑达杰先生把大字报的原稿赠送给达赖喇嘛，还附有我的照片和洁白的哈达。我这次汇报情况的时候，达赖喇嘛对我说，这些都收到了。十一月十九日，我得到了第二个机会，觐见达赖喇嘛。

我在达兰萨拉，看到在达赖喇嘛的英明领导下，一个国家的机构，像个小小的独立国家那样，在这里建立起来。为此，我感到很高兴，很激动，很骄傲。我看到这些，更加感到，我们前辈们的功劳值得赞扬和纪念，因为如果没有达赖喇嘛领导下的前辈们打下基础，后续人们发展和完善就无从谈起。所以我认为，我们不应该忘记有功劳的人们，这是我们吐蕃人的神圣的传统道德。在图伯特，中共土匪集团破坏吐蕃的宗教和文化、摧毁和破坏各寺庙，可是在尊者达赖喇嘛的领导下，吐蕃的佛教在流亡社会得到恢复和发扬光大。这说明，红脸吐蕃民族的特征是无法毁灭掉的。对一个民族来讲，它的文化是这个民族的灵魂，没有文化的民族是没有灵魂的民族，没有灵魂的民族是无法生存下来的。所以中共土匪集团为了消灭吐蕃民族，他们想尽一切办法，有计划、有步骤地破坏和消灭吐蕃的宗教和文化。所谓西藏自治区的官方的文件都用汉语，不用吐蕃文，所以不懂汉语的话，好的工作和官方的工作都无法找到。因此，在图伯特内，吐蕃的语言自然都不受重视了。只懂吐蕃语言人自己没有办法过生活。还有中共当局千千万万的移民定居图伯特的大城市和乡镇各地，当局说汉人来西藏是为了支援西藏和帮助西藏，但是他们不可告人的目的是使图伯特地区汉化。历史上的最凶恶的帝国主义者们侵占别国，为了消灭这个国家的民族采用了最凶恶的各种各样的手段，可是最后是以自取灭亡来收场。比如，现代历史上的德国，希特勒在集中营里杀害了犹太人无数，试图灭绝犹太人。可是希特勒没有办法灭绝犹太人，而且犹太人在中东建立起了一个强大的犹太国家。还有第二次世界大战的时候，日本也遭遇同样的结局。

看中国历史的时候，满清侵占中国和统治中国两百多年，最后这个民族被汉人同化、消灭了。蒙古侵占和统治中国近百年，而且还同时侵占和统治了很多国家。可是最后的结局是，蒙古本身四分五裂。现在看到的蒙古只是蒙古的一部分——蒙古人民共和国。这就是历史上的帝国主义结局的证明。现在帝国主义和殖民主义的中共侵占

第二十七章 觐见达赖喇嘛和萨迦大法王

了图伯特、内蒙古和新疆后,中共土匪集团为了消灭这些地区的主人,也执行最残酷和最野蛮政策。可是,奉行殖民主义和帝国主义的中共独裁者,会和历史上的老帝国主义一样,避免不了自取灭亡的结局。这就是历史的法则。我到了达兰萨拉以后,我看到了希望,感到了骄傲。这就是在尊者达赖喇嘛的伟大的领导下,播下了恢复图伯特的种子,而且已经发出来了新芽。

流亡政府藏人行政中央院区人民议会前

十一月二十一,我去拉杰普尔(然加布,靠近著名的穆索里城)觐见萨迦卓玛颇章大法王。法王在这里建立了萨迦中心,成为萨迦法王在印度的主要驻锡地。在我的心里,萨迦法王是一个不可思议的很忠诚的仁波切、大师。他很关心图伯特的大事和挂念图伯特人民,特别是他很尊敬图伯特人民的政教领袖达赖喇嘛。我看到这些事实,我很高兴和我特别尊敬他。我住在萨迦中心一、两个星期的时间里,萨迦法王很关心图伯特人民的处境,问我图伯特国内的状况。他也询问我在图伯特内部的亲属的处境。我把知道的情况全部汇报给法王。对图伯特境内的处境,法王很伤感和操心。同时,他很高兴了解到了很多详细情况。在拉杰普尔，哲通的姨妈索白也住那里，我去见了她。在这里住了两天后，我回萨迦的路上，我见到了热孜巴[3]的太太赤列曲珍，她问我，德庆拉您什么时候到的印度？我回答我到印度时间，还有她说她和母亲大人在一起。赤列曲珍就是1959年以前图伯特政府的很有名和勇敢的司伦鲁康娃•泽旺饶登的小姐，她嫁给贵族热孜巴，中共执行改革开放政策的时候，她探亲来到印度见母亲大人的。她在拉萨的时候，我们是一个地区的，当局经常安排不给工钱的工作的时候，我们在一起，所以我们是老熟人。赤列曲珍给我说，您一定要来我们住所。我回答说，我有空的话一定要见您的母亲大人。我回到萨迦中心以后，大概一天以后有人转给我口信，说，鲁康娃的老太太邀请您到她家来吃饭。我不敢空着手去，我买了一点水果去见母亲大人。老太太问我您是琼让小姐的少爷吗？我回答说，是的，我是。她很高兴，因为我母亲和达布仲巴姨妈说，我外公琼让在世的时候，和鲁康娃关系密切。当时鲁康娃不是司伦，是孜本。然后我给她介绍当时的图伯特内部的状况，而且图伯特民众对司伦鲁康娃很尊敬和爱戴，图伯特人民认为鲁康娃先生不顾自己安危，为了图伯特独立对侵略者争锋相对斗争，是勇敢的好司伦。老太太很高兴，可是从她的表情来看，也显出伤心遗憾的情绪，所以我对老太太说，请不要遗憾，尊者达赖喇嘛对鲁康娃很尊敬，也有很高的评价。还有图伯特国内的大多数人民认为，司伦鲁康娃是个不顾自己的利益、在红汉敌人面前不低头、勇敢斗争的英雄，是吐蕃人民的好司伦。我给她解释了这些真实情况，对老太太说：请不要伤心。这时候，她对我说，谢谢，谢谢。

十二月四日我离开萨迦卓玛颇章返回达兰萨拉后，1983年元月十五日我再去觐见达赖喇嘛。我再次见到尊者，心里的感受和上次接见的时候一样激动。我把上次遗漏而后想起的情况再汇报给了尊者。达赖喇嘛很高兴，讲给我很多珍贵的教导。同一天，哲通•丹增格其

3　贵族名。

第二十七章 觐见达赖喇嘛和萨迦大法王

从外国返回达兰萨拉住所,所以我去见他。他租房子住的。丹增格其大哥当时担任达赖喇嘛办公室的主任,我经常去他家的时候,他问我图伯特境内情况,我给他介绍我知道的图伯特国内的悲惨状况,他很忧心悲伤。我在达兰萨拉的时候,常常去丹增格其大哥的家里吃饭。后来,我去新德里参观历史博物馆和重要历史景点。我看到印度争取独立的领导人甘地的丰功伟绩的时候,我的心里很兴奋。当时英国的实力在世界从鼎盛到受挫,非洲和亚洲很多的殖民地国家,从他们的国土上赶走英国帝国主义,纷纷独立。当然,印度和英国之间的人口和国土差别很大,印度的人口是世界第二,印度的国土比英国也大很多,所以从战略的角度来看,英国没有办法继续侵占印度。当印度人民从来没有得到的机会来到时,有了好机会,甘地领导印度人民不用武力而用和平的手段,从印度国土赶走英国帝国主义。我也参观了印度的有胆识、有远见的总理夏斯特里的功勋事迹展览。我深入地了解到夏斯特里总理是个对印度国家和人民忠诚无私的好总理,为印度人民服务的伟大的印度的领导,也是我们图伯特人民的最好的朋友。他知道图伯特的问题不是一个孤立的问题,也和印度的利益紧紧地连在一起。当时流亡政府驻新德里的办事处主任望秋·德旦·夏格巴曾讲过,一次夏斯特里总理把他叫到自己的住所,总理对夏格巴说,印度政府准备承认图伯特独立。当时夏格巴想是否听错了,再问总理,请问您刚才说,印度政府承认图伯特独立,是不是?夏格巴问了两次,总理回答说,是的,印度政府承认图伯特独立。夏格巴先生真是大喜过望。当时达赖喇嘛不在达兰萨拉,而在印度南部,所以夏格巴先生马上十万火急地赶到印度南部,把这个喜讯当面汇报给达赖喇嘛。以上夏格巴先生讲的事情在他写的《吐蕃的政治历史》里面写出了的。当时正值印度和巴基斯坦交战的时候,夏斯特里总理没有正式宣布支持图伯特独立以前,他为了巴基斯坦和印度的谈判去苏联,后返回印度的时候,在苏联的机场上突然去世。这让全世界人都预想不到和感到惊讶。这是印度人民和国家的不可弥补的损失,也是图伯特国家不可想像的损失。夏斯特里总理是有胆量、有远见,坚持真理,不屈服于敌人的威胁,他是敢于面对敌人的大英雄。为了印度国家和人民的利益,他能抛弃自己的一切,印度独立以后到现在,还没有出现过那么忠诚优秀和大公无私的伟大总理。他是图伯特国家和人民的最优秀的一个好朋友。到现在,我心中都充满遗憾,永远纪念他。

第二十八章

喜闻时轮金刚和再次觐见达赖喇嘛

一九八三年达赖喇嘛到喜马拉雅山地区的斯皮提山谷讲经的时候,我第一次得到了听达赖喇嘛讲经的好机会。

印度斯皮提的塔波寺(Tabo)和当地信众邀请达赖喇嘛讲经,传授时轮金刚。达赖喇嘛接受他们的要求,在1983年图伯特年水猪七月十三日、十四日、十五日三天在塔波寺讲经。我听到这个消息以后,我马上找流亡政府安全部的秘书长强巴甘单,请求他,我要去斯皮提的塔波寺听达赖喇嘛的讲经,"请您帮个忙吧!"所以强巴甘单安排我到达赖喇嘛的随行南捷扎仓的喇嘛和安全部工作人员的大客车里。我们一起的还有安全部分支的领导、原吐蕃军的连长格桑扎吨。在我们还未到斯皮提以前,我的心里就充满了喜悦,有很多感想、期盼和愿望。我们的大客车从达兰萨拉出发,通过古卢山谷、马纳利,路途中晚上住在军队的帐篷里。印度军队有一个特殊军营分支,叫第22军营,这些军人都是吐蕃人,所以我很高兴,他们有吐蕃人独特的深厚感情。第二天早上从这里出发,继续往斯皮提行驶,到了一个大桥。我看到这个大桥的时候,我的感觉是我已经到了图伯特境内,却没有感觉是在印度境内。这个桥到处挂有吐蕃的风旗。这个地区在吐蕃赞布王朝的时候属于图伯特的国土。这个地区的民族也是吐蕃人,也就是拉达克人。他们的语言是吐蕃语,宗教是吐蕃的佛教,他们读写的是吐蕃文字。我们还没有正式过桥的时候,这里也有印度的吐蕃军人,他们出来迎接南捷扎仓的喇嘛和流亡政府安全部为达赖喇嘛护送官员的大客车。这些军人已经准备了茶和点心来接待,所以在这里我们喝茶和吃零食以后再出发,傍晚的时候到了斯皮提。

斯皮提是一个很贫穷的地区，这个村庄根本看不到变化的迹象，可是这个地区是历史悠久的圣地，有大译师仁钦桑布建的古寺。大译师仁钦桑布是公元 958 年在阿里古基地区出生，后来成为很有名的新宁玛巴创始人（这是与莲花生大师最早建立的宁玛巴相对而言）。斯皮提塔波寺就是大译师仁钦桑布建造的。我到了斯皮提以后，达赖喇嘛的讲经会还没有开始。我去朝拜寺庙的时候，我的思想里有很多疑问：这个寺庙就是这样子？这个衰败破烂的寺庙里面，佛像都好像是没有人管，全部布满灰尘、凋零破旧，所以我问香灯师，为什么这里的佛像布满灰尘、破破烂烂？为什么不重修呢？他回答说，这些佛像重修要经印度政府的允许。没有印度政府的允许的话，重修是犯法的，所以我们没有办法。

为了准备时轮金刚，前面我解释的印度的第 22 军营里面的吐蕃军的一个连的拉达克军人一部分留下来做支援服务。我看到这些军人真心真意地服务喇嘛和为吐蕃人民服役的真实情况的时候，我的心里印象特别深刻。他们是真正为人民服务的人民军队。达赖喇嘛没有到以前，他们打扫这个地区，清理环境卫生，还为从图伯特境内来的听讲经的人们搭了军队的帐蓬。军队还办了食堂专门服务吐蕃境内来人。这里吃饭价格很便宜，因为这个地区的条件很差，如果外人要去外面买饭的话，饭店很少，根本供应不了那么多的人。所以图伯特境内来的人根本不用担心吃住。从图伯特境内到斯皮提听达赖喇嘛讲经，一共来了有两辆大客车的人。这些都是达兰萨拉的流亡政府帮助安排的。斯皮提的达赖喇嘛的时轮金刚的讲经，对我来说，是我听到的第一个最具神力、最圆满、最有福报的一个讲经会。听讲经的时候，我们图伯特境内来的人，座位是最前面的，最靠近达赖喇嘛。达赖喇嘛讲经台的前面全部玻璃窗都打开，周围坐着喇嘛和贵宾。面对讲台，一边是当地或外国人的座位，另一边是我们图伯特境内来人的座位。我的座位是第一排，和达赖喇嘛靠得最近。我在图伯特的时候，我天天祈祷早日见到达赖喇嘛。此时我的愿望实现了。而且讲经期间，很高兴满足地见到达赖喇嘛，专心听讲经，听到心明净、脑明

第二十八章 喜闻时轮金刚和再次觐见达赖喇嘛

亮的境界。这次听讲经是我的一生中难忘的一个幸运大事。讲经的时间是中午开始的,早上的时候达赖喇嘛修供。达赖喇嘛修供的时候,达赖喇嘛的侍读斯贡仁波切讲经,解释关于1964年12月8日在印度东南部奥里萨邦的钱德拉吉里(Chandragiri)对流亡吐蕃人的讲话。这个讲话的内容是,我们吐蕃人过去的很长时间里政教各个领域方面的失误的事实、总结和教导。斯贡仁波切解释这个讲话的时候,我伤心难受、双眼掉泪。斯贡仁波切解释这个讲话的时候也掉下眼泪。他说,你们不听达赖喇嘛的话,你们听谁的话?达赖喇嘛是真普萨和真观世音普萨。斯贡仁波切是一个很有学问的大德高僧喇嘛。达赖喇嘛讲经结束以后,斯贡仁波切留在斯皮提,几个月后他去世了。听到来自斯皮提的消息,我的心都碎了,深感遗憾悲伤。当时我在尼泊尔,我正快要回拉萨。可是我听他的讲经,是我的人生里的幸运和我最高兴的事情。当时斯皮提的时轮金刚的讲经结束时,我们从图伯特境内来的全体人员们献给达赖喇嘛长寿永生的祝愿。时轮金刚的讲经活动全部结束了。

自己回到达兰萨拉以后,我代表我们组织和图伯特境内的人民,通过达兰萨拉的安全部,写信给来斯皮提为达赖喇嘛讲经会提供各方面服务的第22印度军营的全体吐蕃军人。我说,你们忠诚于我们的伟大领袖达赖喇嘛和忠诚于吐蕃人民的精神,值得我们尊敬!让我向你们表达最深刻的感谢!当时我在心里想,如果过去我们有这样的军队,有数量多一点的话,我们吐蕃国家就不会沦亡到敌人的手里。

一九八三年,我决定回到图伯特。回图伯特前,一九八三年6月17日我去觐见达赖喇嘛,向他辞别致敬的时候,我请求达赖喇嘛,我要拿着达赖喇嘛的亲笔信带回图伯特。我赠送给达赖喇嘛黄布一尺,达赖喇嘛接纳我的请求,然后达赖喇嘛给我几个护轮、一尊时轮金刚的佛像。佛像前面是达赖喇嘛亲笔写的字,佛像后面有达赖喇嘛亲自按下的手印。这个佛像用两个黄颜色的哈达包起来给我的,还给我一条洁白的大哈达。达赖喇嘛教导我说,如果你有解决不了的困难时,你对着时轮金刚的佛像面前祈祷食团问卜(一种占卜法),然后达赖喇嘛对我亲切地摩顶。我心里很温暖,高兴地返回自己的住所。

我离开印度回图伯特的时候,达赖喇嘛给我最后的觐见,那是七月二十八日。这次觐见和以往不同的是,这次觐见是在达赖喇嘛的书房里。这个书房没有铺张豪华,干净书架上有很多佛经。达赖喇嘛坐在很普通的黄颜色的垫褥软垫上,前面桌子上有吐蕃文的佛经。首先我对达赖喇嘛礼拜后,达赖喇嘛说坐下,所以我坐了下来。以后,我对达赖喇嘛报告我马上要回图伯特后,达赖喇嘛叫梭本·班觉[1],说:给他茶和给我开水。达赖喇嘛对我说,你喝你的茶吧!我喝我的开水。我把达赖喇嘛给我的茶喝完了以后,我请求达赖喇嘛给我经文传承、六字真言(玛尼)和六字真言解释(陀罗尼咒)等。达赖喇嘛答应我的请求后,再交给我上次我请求的达赖喇嘛亲笔写的珍贵教导信,他的衣服的碎分和一点头发,最新的日本的手表一只,计算机一个,还有给我最珍贵的玛尼丸百灵药[2]。最后给我数珠十几个,我请求摩顶后,达赖喇嘛对我的接见结束了。这次的接见是我的一生中最幸福和最有神力的,我心里想,我现在为了吐蕃的事业,献出我的一切、甚至献出我的生命,我都毫无遗憾!我告别时,我的心情很愉快。

我请求尊者达赖喇嘛在黄布上给我写的亲笔书,是下面所示的。

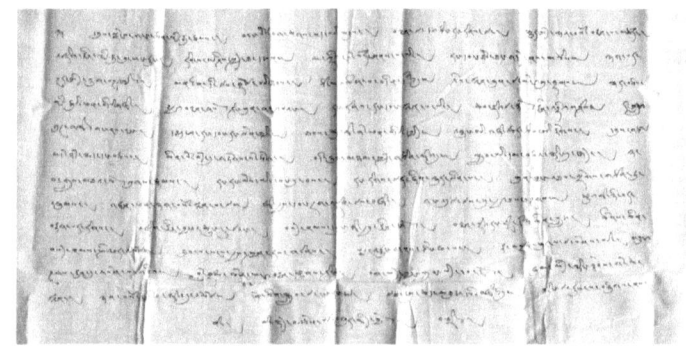

达赖喇嘛书写在黄布上的教导

---

1 梭本是达赖喇嘛寝宫内的司膳官。
2 解毒和多用途的玛尼丸,有褐色和黄色两种(Rinchen Ratna Samphel, Rinchen Tso-Tru Dhashel, Rin Chen Mangjor chemo)。

第二十八章　喜闻时轮金刚和再次觐见达赖喇嘛

住在雪域的人

吐蕃人以永恒不变之心，
怀着对珍贵佛经的敬意，
感谢给我们殊胜的境界。

今世族群民族文化迥异，
生活习性尚未融为一体。
自由人权却是共同希冀。

直面、挣脱未有过的苦难，
智者可以找到各种方案。
期望和平永远需要信念。

我们许多已经获得自由，
政治上来说是一大恩赐。
最终政教自由还需坚持。

吐蕃三区生命本为一体，
不同教派各得其法协力，
推进实现吐蕃众生利益。

利己利他可有和平方法，
配以非和平会所向无敌。
如佛陀教导把小事做好。

利他善行成全自己功业。
一贯佛陀、观世音菩萨、
莲花生大师、祖师宗喀巴。

佛陀慈悲为怀和平为上，
恶魔时常必须面对法力，

遭到严厉惩罚才会灭亡。

要成就大事业须有耐心。
即使失败九次永不放弃，
第十次奋斗会报以奇迹。

常诵丹珠尔、六字真言，
牢记真言和宗喀巴教导，
努力做到保持心平气和。

以大勇猛心、最至诚之心，
聪明伶俐礼拜佛陀菩萨，
继续精进，坚忍不拔！

  上面的达赖喇嘛的亲笔写的信上，为了安全起见，没有签名。当时觐见的时候，给我指明教导的内容和信上大概一样。

  还有当时流亡政府的安全部长达拉·平措扎西[3]请我到他家里吃饭，所以我去见他。平措扎西先生亲自为我返回图伯特饯行，他和我一起吃饭，并鼓励和教导我说，你们的忠诚、协作和努力，会得到我们的支持。而且今后你们继续前进，我们的吐蕃文明会万古长青。你们一定要记住达赖喇嘛的教导，保持吐蕃的精神。然后他给我护轮和他自己编写出来的吐蕃历史的书。我向他告别了。

  还有，我把我回图伯特的时间、今后图伯特内外联系、我们组织的工作等问题报告给安全部的秘书长强巴甘单先生。我从达兰萨拉出发以前一个下午，强巴甘单先生在达兰萨拉下面一个饭店里请客为我送行。请客的时候，当时的安全部的副秘书长洛桑金巴先生一起来的。我们吃完了饭以后，强巴甘单先生说，我们一起照个像，留作纪念。

---

3 达赖喇嘛的姐夫，汉名黄国祯，生卒年 1922-1999。

第二十八章 喜闻时轮金刚和再次觐见达赖喇嘛

1983年我和已故去的强巴甘单先生（中）
洛桑金巴先生（左）在一起

大概两天后我准备去德里时，强巴甘单先生对我说，他也要去德里，"我们一起去吧！"所以我们一起去德里后，这天晚上我和强巴甘单一起住在德里的达赖喇嘛办事处。一、两天后我找公共汽车去尼泊尔。当时是1983年八月中。到了尼泊尔的时候，我听到图伯特境内政策又收紧了。所以从尼泊尔到图伯特去探亲的很多人停下来了，不敢去探亲。没有人去探亲，因为传来了消息说，中共当局在图伯特各地抓人。因此，我也没有马上回图伯特。我在那里暂时停留，以便静观势态发展。

第二十九章

求助苏联无果，再回图伯特

我停留在尼泊尔的几个星期的时间里，为了吐蕃独立，寻找支持图伯特独立的事业，我试图联络苏联（1991年崩溃分解为俄国、乌克兰等15个独立国家），寻求苏联政府的支持。我决定去苏联住尼泊尔大使馆，向使馆有关官员寻求支持。我去苏联大使馆以前，我考虑过寻求美国政府支持吐蕃独立。我的很多朋友说，美国政府不会支持吐蕃独立，你去了也没有希望。以前美国政府曾经帮助训练吐蕃的游击队，在尼泊尔境内、图伯特边境建立吐蕃游击队军营，为图伯特的独立而战斗。军营的军事和经济都是美国提供帮助的。可是尼克松当上美国总统的时候，为了和中共独裁政权建立起来关系，尼克松去访问中国，面见毛泽东。他和周恩来总理讨论中美关系，最后发表《上海公报》，正式承认独裁的中共领导的中国政府是联合国唯一的中国代表，台湾的代表被赶出联合国。从此以后，美国停止支持吐蕃的正义斗争。所以我对美国没有给予希望，而我决定去苏联大使馆。

这不是我相信苏联的共产党制度，而是我希望利用中共和苏共的矛盾，来获得苏联的支援。苏联是中国共产党的真正发源地，也曾是中共的最大的支持者和指导者。可是1949年中共打败国民党政权、开始统治全中国以后，从五十年代开始，中共和苏共之间产生矛盾，相互之间批评和斗嘴，甚至互相辱骂。中共骂苏联是苏联社会帝国主义和苏联修正主义，矛盾越来越尖锐严重。最后1969年3月2日，两国之间在中国东北的边疆珍宝岛上爆发战争。他们之间的矛盾是你死我活的敌我之间的矛盾，所以我利用矛盾，争取努力拿到苏联的支援。

第二十九章　求助苏联无果，再回图伯特

　　在尼泊尔停留期间，我和我们组织的成员欧珠商量后，我们两个去到苏联大使馆。大使馆的一个工作人员带我们去接待室一个房间后，来了一个大使馆的官员，他问我们，你们有什么事情，请谈一下。我回答说，我从图伯特来，我们的目的是寻求苏联支援吐蕃人民的正义事业。吐蕃国家是有几千年历史的、有主权的独立国家，图伯特是地广人少的弱小的国家，可是1950年开始所谓的中共的人民解放军侵略吐蕃国家的时候，我们根本没有抵抗侵略的力量。最后1959年中共土匪集团侵占了我们的整个国家，这就是强国吞掉弱小国家的违法行为。从此以后，中共土匪集团以最野蛮的行为来统治吐蕃人民，但是吐蕃人民反侵略和反殖民主义统治的斗争从来没有停止，中共独裁者也没有停止过血腥镇压。所以，我请求贵国政府帮助我们，在文武方面训练我们的青少年和我们组织的成员。我再强调说，我请求贵国你们帮助和支援我们的正义斗争。

　　这个大使馆的官员给我回答说，这个问题我们没有办法马上回答你们。我们一定要请示莫斯科。我希望你们的愿望实现。我给他们说，谢谢，我一、两个星期后回拉萨。这以前我等你们的好消息。他又回答说，我们希望尽快传达，你等好消息。我最后再说，感谢你们。再见。

　　然后一个星期以后，我和欧珠再去大使馆的时候，再次见到了上次接待我们的官员。他给我们说，你们的请求我报告了莫斯科，上级还没有回答你们的请求。可是不要灰心，这次你回图伯特后，今后如果我们需要见你的时候，我们一定要通知你。你能不能再来尼泊尔？我回答说，如果你们接受我们的要求，在文武方面训练我们组织成员的话，叫我什么时候要来，我就来。然后我们两个离开大使馆，回到我们的住所。苏联大使馆的这个官员，从外表的表情来看有一点希望，因为我两次面见大使馆的官员的时候，他都没有拒绝我们的要求。他只能说，我们汇报了，莫斯科还没有回答你们的请求。苏联大使馆的这个官员的名字是维克多·普罗科罗夫（Victor Prokhorov）。这个名字是他的真名或假名，我不知道。然后我给欧珠说，我回去以

后你马上去达兰萨拉，向流亡政府的有关部门报告我们这次去苏联大使馆的情况。

此后，我为了我自己返回拉萨，试图打听图伯特的形势和拉萨的最新情况。我得知，中共当局在拉萨抓了一部分吐蕃人，这里面有大俗[1]的杰明桑布先生，热刚贡布素拿，还有贵族家庭的一个成人，所以我努力打听他是谁。从图伯特来尼泊尔的人说，他是贵族贡桑孜的少爷旦珍斯塔。旦珍斯塔的父亲和我的父亲有亲戚关系，旦珍斯塔的父亲是计布家里的少爷，他的母亲是贡桑孜家里的小姐，旦珍斯塔和我两个同是桑益监狱的政治犯。后来转为职工的时候，我们两个也是在一支队里。我们经常交谈不满中共当局的言论，可是我从来没有对他谈过组织的问题。还有我打听抓人的里面有没有我们吐蕃虎龙青年组织的成员。我知道了，我们组织和组织的成员没有任何损失。但是从尼泊尔去图伯特探亲的人吓得再不敢去图伯特。这不是中共不给签证，而是想探亲的人害怕中共的镇压行为，所以他们不敢去图伯特，更不敢去拉萨。我想找到去拉萨的人，可是没有人去拉萨。因此我到边境地区找雇佣的人，在尼泊尔有拉萨人经常找人送钱去的，欧珠认识这样一个人，他的名字叫旺堆。旺堆和在尼泊尔的台湾情报机构的人有关系，旺堆经常去边境地区送人。他用这个机会打听有关中共的情报和图伯特境内的情况。这也是收集情报送给台湾情报人员拿钱。我表面上装着不知道他任何底细那样，通过欧珠我给他尼泊尔的钱七百元，他帮我一起去边检地区。

我带回图伯特的东西里面有一部分与政治有关的敏感材料。我把这些东西放在其他普通东西里面，藏得很严密隐蔽。这些东西里面有过去美国中央情报局帮助图伯特的正义斗争、训练吐蕃情报人员和游击队的时候，美国人空中拍下了全部图伯特领土编制的地图。这也是吐蕃文字的。地图不是印在纸上，而是尼龙布上，不怕浸泡，可以水洗，很薄，整套有十一张的大纸那样。还有图伯特的两个狮子国

---

[1] 家族名。

第二十九章　求助苏联无果，再回图伯特

旗，还有大的达赖喇嘛的照片七、八张。还有我们组织的印章和达赖喇嘛亲笔写的布上的文字。我在达兰萨拉的时候，我考虑怎么把这些东西带回图伯特，我决定把棉被里的棉花揭开后，把图伯特的国旗和地图、达赖喇嘛布上亲笔写的字都放在里面中间后，再把棉被缝合起来。还有达赖喇嘛的大照片，我买两张照片一样大的厚纸，照片放在两个厚纸里面。然后做成存放大照片的纸筒、还有两边做了盖子，然后我买一些不同佛像放在这个纸筒里面。还有把箱子的一边揭开一点，放进组织的印章后再缝起来。然后箱子里公开放着一些达赖喇嘛和萨迦法王的照片、佛经，因为探亲回去的吐蕃人大多数带达赖喇嘛的相片和萨迦法王的相片，这样做他们不会怀疑我藏东西。我知道达赖喇嘛的相片被看到的话会被全部没收，如果达赖喇嘛的相片一个都不带的话，他们肯定怀疑找藏匿了东西。还有我带了一个录音磁带。我在达兰萨拉的时候，我请求当时的流亡政府的歌舞团团长嘉央诺布，"请你录一下图伯特的国歌和号召人民起来的歌，录在录音带里。"在录音的时候，磁带前面录一些图伯特的普通歌曲，中间录一下国歌和号召人民起来的歌。嘉央诺布答应我的请求，把这些歌录下来了。我预料中共的检查站检查的时候，他们可能听录音的，但前后不可能全部听。所以为了安全我这样做的。还有我在达兰萨拉的时候，看到流亡政府安全部里有日本和香港的一部分中国留学生们在天安门广场六四民主运动批评中共政权的文件。我给强巴甘单先生提出要求，我要这些文件，我到了中共的检查站的时候，我公开给他们。因为这样他们容易相信我。强巴甘单先生马上答应，他把这些文件给我，还有他给我图伯特的普通地图。

　　然后旺堆和我两个从加德满都出发，到了中共的检查站的时候，旺堆离开检查站去饭店。检查站的人员还没有检查我的东西以前，我首先给他们中国留学生写的批评中共的这些文件。我给他们解释说，我为了你们政府用这些文件做参考。还有这里有流亡政府编造出来的图伯特的地图。然后他们首先听我的录音带的时候，我的心里有点紧张。他们听了一，两分种左右，停电了。他们没有办法继续听。他

们看我给他们的文件以后,他们的脸色都变了。他们停止检查我的东西,他们说,你不准离去,你今天住在我们这里。我给他们说,我为什么不准离去呢?他们说,为什么带来这些反动的文件?我回答说,我为了政府参考有好处带来了,特别是我这些文件在你们没有检查我的东西以前,我自愿地给你们的,不是我藏东西里面你们检查出来的。但是他们说,你今天不准离去,你今天留在我们这里,我们调查以后处理你的事情。然后他们送我到饭店。当时旺堆不在这里。他去饭店以后,第二天他回到了加德满都。

我是当天晚上住饭店,准备睡觉的时候,大概十一点钟左右来了两个公安干部,叫我去他们的办公室。他们问我,你的这些文件从哪里来的?谁给你的?你拿来这个文件的目的是什么等问题。我回答说,我拿这些文件的时候,第一我没有想藏起来,第二你们把我的东西检查以前我自愿给你们的,当时我给你们讲这些文件带来的目的是对政府参考有用处。我带来这些文件的原因是,我从图伯特来的时候,我把探亲报告交给我工作的劳改场所的领导以后,自治区公安厅的两个公安干部找我来了,他们说:你的探亲的报告我们批准,我们同意你去印度探亲,你在这里改造了很长时间,所以我们相信你不会选择错的。你到外国的时候,你要向藏族同胞们解释我们党最近一段时间里的正确政策,文化大革命当中的破坏不只是一个西藏的问题,是全中国程度不同的破坏的问题。你应该解释清楚。这些教导我记在了心里。我在印度的时候,该讲的都讲了,还做了解释。我带来的这些文件在达兰萨拉很多,所以我想,这些文件也许对政府有参考价值,我就带来了。这些文件是我的东西检查以前我给你们的,如果我想这些文件用做反动目的的话,我不会交给你们的。我会藏起来的。我还有给他们说,这些文件我自愿交的和我藏起来以后你们检查的时候查出来之间有原则性的区别,我请求你们郑重地考虑吧。在这个文件的问题上,他们问来问去可能两个半小时,我坚持以上的话,重复了好多次。最后我给他们说,这次我返回图伯特是我相信党和相信政府才回来的。现在尼泊尔有很多谣言说,在西藏境内,中共抓了很

第二十九章　求助苏联无果，再回图伯特

多人，还有杀头的，人家都害怕不敢来探亲。原来想探亲的人们把送礼物的东西又都全部卖出去了。可是我想现在已经消灭了"四人帮"，所以政府不会随便抓人和扣帽子，我相信党和政府才回来的。最后他们说，你先回房间去吧，你不准回西藏。我听到他们的这句话的时候，我的心里很紧张。因为他们真怀疑我的话，他们肯定会很严肃认真地检查，我会再坐牢和受到折磨，甚至没有活的机会。所以我祈祷：三宝和莲花生大师保护我吧！

然后第二天早上我吃早饭后，快到中午也没有动静。突然来了一个人，他坐在我的对面，对我说，你好吗？我回答说，我很好。这个人对我说，你在想什么呢？我马上知道这个人是公安干部，我回答说，先生，我估计你是公安干部。很好，我的心里有很多遗憾，因为我在印度和尼泊尔的时候，我的亲戚和很多认识的人都说，你不要回西藏，你在西藏的时候很长时间里坐牢。一个坐牢的政治犯，共产党不会对你好。如果你留在国外的话，你的生活上不会有困难，因为在达赖喇嘛的恩情下，流亡政府会帮助你，我们也可以帮助你。可是当时我想，原来"四人帮"搞破坏和歪曲党的政策，欺压人民，但是现在"四人帮"已经粉碎了，再不会出现这样的情况。我相信党和政府，所以我回西藏来了。可是现在我的面前出现了一个这样的问题，真是我不可理解的。在没有检查以前，我把这个文件交给检查东西的政府工作人员，我想这个文件政府可以用做参考。这个文件又不是政府工作人员检查的时候查出来的，我相信自愿交东西和藏起来以后被查出来的，还是有很大的区别，这也是原则性的区别。可是现在根本不分对和错，还有扣帽子的行为，我感到很遗憾和很后悔。这时候这个公安干部对我说，我们的检查站的工作人员的行为是他们的责任，没有错，可是我们根本没有怀疑你，你现在可以回西藏，或者一、两天以后去也可以，随你的便。我们不会回到"四人帮"的行为，我们会执行党的正确路线。然后我给他说，谢谢你，请你帮个忙，帮我找回图伯特的车子。他说现在从加德满都来了一个车，他们去拉萨。你可以和他们一起去。我回答说，我去和他们一起走。加德满都来的这些

人是康区德格县林仓家族的茨敏夫妻和小孩,还有他的帮手六、七个人,这天他们一起去拉萨。

> 不得抛弃的义务,为了吐蕃的真理,
> 不顾一切私利,返回图伯特家乡,
> 原有自由的图伯特,请看现在的图伯特,
> 驱赶主人出门外,土匪侵占我家,
> 日夜恐惧状态,像个人间的地狱,
> 红脸的英雄儿女,全国团结起来吧!

这天大概中午的时候,我们到了日喀则。这时候日喀则正在开宣判大会。我们的公共汽车是第二天去拉萨,当时我们入住饭店吃完饭后,我去看宣判大会。这个宣判大会是判处死刑和有期徒刑的宣判大会,宣判的所谓的罪犯里面没有一个政治犯,这些犯人里面都是盗窃行为和女人与另一个男人勾结起来杀自己丈夫的杀人犯罪行为。在中共的刑法里,杀人行为的犯人通常等待的是宣判死刑。中共当局所谓的判处死刑、罪犯执法的时候开个宣判大会,并要求所有的公民要参加。宣判大会一般是在国庆节或春节等中共的所谓的节日以前开。宣判大会的时候一定有判处死刑、无期徒刑、有期徒刑的囚犯。中共当局在节日以前和全国人民代表大会会期以前开宣判大会,目的是威胁广大人民群众。他们说,你们不要反对他们的独裁政权和共产党,你们不要扰乱社会秩序,如果你们反对他们的独裁政权和共产党,扰乱社会秩序的话,我会杀你们的。他们这样做的另外一个目的是,国庆节、春节和开人代会的时候,他们为了阻止人们反对共产党,威胁到政权稳定,所以他们显示出共产党的独裁专政的政权来威胁人民和强化他们的权威。

我到日喀则的时候是1983年的九月下旬,这也是中共当局的十一国庆节快到了。这晚上我入住了日喀则后,第二天早上出发去拉萨。我到了拉萨以后首先我去见父母,我到了父母家的时候,我先看到的是母亲。母亲看到我的时候她很惊讶,我回来她不但没有高兴,

第二十九章 求助苏联无果,再回图伯特

而且她很担心地说,你为什么回来,我们托去印度探亲的人传口信,叫你不要回来,你留在印度。我们这里到处都听到,政府会抓你的,你没有收到口信啊?这个世界上哪一个母亲不爱自己的子女?我的父母,特别是我的母亲,对我相当疼爱,因此我这次返回图伯特后,中共当局再次抓我关进监狱的话,我的一生不仅还会坐牢,而且肯定会有想象不到的折磨甚至被暗杀的危险。所以,我母亲根本不愿意看到自己儿子遭受这样的险恶。但是我没有那么惊讶,我给父母说,请你们不要担心。我母亲对我说,你返回图伯特以前,我们这里谣言传出说,你和流亡政府的安全部有关系,还有说,你和强巴甘单有关系。现在贡桑孜·旦珍斯塔和大俗·杰明桑布已经被抓了,你没有返回以前,在拉萨到处都有人说,当局会抓你的,我们很担心。所以,我们托去印度探亲的人给你捎口信,你不要回来,如果你回来的话,会有危险,他们会抓你的。你没有收到我们的口信吗?我回答说,我没有收到口信,可是不会有危险。因为我留在印度的时间也太长了,快到了一年,从图伯特来的探亲当中有各种各样的人,这些里面有一、两个人给中共当局说,我和流亡政府的官员关系很好,而且我和强巴甘单的关系也很好。把这些话传话给中共当局人的人我可以估计到的,可是我不愿意点名,因为不需要的,原因是他们没有证据我和流亡政府的安全部有关系。比如我到了樟木检查站的时候,我和检查站的干部之间讲了很多次,这时候我想一切办法对付他们,所以他们没有办法惩罚我,最后他们信不信,我不太了解,可是口头上说,我们没有怀疑你,我们相信你。他们这样子对我关押后再放出来的,因此我对父母讲,请您们不要担心。我现在休息几分中后,我就去找自治区公安厅的白马厅长,给他把我的问题讲清楚。

所谓的自治区公安厅是西藏自治区的最高公安机关,它的行政最高官员是吐蕃人,可是中共统治下的国家,实权掌握在党的手里。中共的各机关里有党组织,因为共产党的国家里国家的干部必须要是党员,特别是领导干部必须要是党员,如果不是党员,他当不上有实权的领导。所以自治区公安厅的厅长不是公安厅党委会里的一把

手,而党委书记是一把手,全部汉人,没有吐蕃人。白马厅长是党委员会里一般的委员,他听从党委一把手书记和党委员会,中国的党政军的各机关的权力都在党委书记的手里,所谓的西藏自治区党委会里有一、两个吐蕃人的副书记,可是第一书记是中共侵占和统治图伯特以后任命的汉人,没有一个吐蕃人被任命为第一书记。所以见党的书记是不容易的,可是公安厅的厅长是吐蕃人,所以容易见。还有我从印度刚回到拉萨,我想厅长肯定会见我的。我马上去公安厅的时候,门口有接待室。我给他们说,我要见白马厅长,我是一支队的职工,我从印度探亲刚回来的,你请示一下白马厅长。这个接待人对我说,你等一下,我去报告白马厅长,他去不到半个小时左右他来对我说,厅长说,你可以进来。我进去的时候,白马厅长坐在他的小办公室里。我给白马厅长介绍我自己,说,我是一支队的职工,我最近去印度探亲刚回来,我到家里的时候我父母见到我高兴又担心地说,你在印度做了什么事?你没有回来以前很多人说,当局会抓你的,我们很担心,睡也睡不好。这样子我的父母很担心,我听到这些话的时候我很惊讶,因此我给父母讲,不要担心。我这样坐以待毙也不是办法,我说马上去公安厅找白马厅长,我汇报我的真实情况。现在不是"四人帮"的时代,我们有讲真实情况和有解释的机会,不要担心。所以我来这里汇报我的真实情况。

　　白马厅长听了以后,对我说,我们欢迎你回来。刚才你说的问题,你不必担心,你在国外探亲期间,你没有做损坏国家和人民的利益的事。至于其他人对你告状什么的,我们没经过调查不会抓人。还有去印度探亲的人当中有些人给流亡政府的有关当局说探亲里面的某某是中共的特务和某某是中共的狗腿子,还有探亲返回来的人里面也有些人给我们说,某某人和流亡政府有关系,某某人和流亡政府的有些人有关系。可是我们对这些话,我们会调查,不会马上相信。我们也不会无缘无故地扣帽子和打击。他还说,你去印度,你有什么感想和其他的什么问题,我们给你安排时间,你要给我们的干部谈谈。我们给你安排时间,通知的时候你按时到来。

第二十九章　求助苏联无果，再回图伯特

一、两天后公安厅通知我，一个早上，我按时去了公安厅。接待室里有两个公安干部，一个是汉人，另一个是吐蕃人。我到这里的时候，他们对我问好以后，说请坐吧。椅子是平起平坐，桌子上摆有吃的东西和茶水。他们给我倒茶，并说，吃东西吧。然后他们两人给我说，我们叫你到这里来，不是审问。我们之间谈谈事情，这也是你最近去印度探亲好几个月了，这个时间里你有什么感想，看到了什么，你有和什么人接触，碰到了什么好好坏坏的事情，希望你介绍给我们听听。前几天你去见厅长，所以我们安排时间，有了这次我们之间的谈话。当今政府允许你们去外国探亲，和你一样探亲以后返回的人很多。有些人返回以前，人家说这个人在国外污蔑国家和散布谣言，还有有些去探亲的人在国外说，这个人是中共的特务和中共的狗腿子。可是人家说的这些到底是真话还是假话，从我们来讲，我们一定要调查清楚的。我们不会一边听就马上扣帽子和打击。如果这样的情况果真属实，我们也不会放过。所以我们希望你一定要相信党和政府，讲实事求是。对你来讲，党的政策是很清楚的。你在改造场所里很多年改造，我们在这里就不用解释了。

所以，我想出计谋，用非常策略的办法给他们解释我的印度之行。我去印度探亲的亲属是哲通和萨迦法王，我住的自然也是他们的家。还有我到了印度的时候像个哑巴一样，比如我从达兰萨拉到德里，我去饭店吃东西的时候，我没有帮手根本没有办法。我在达兰萨拉的时候，住在哲通·丹增格其家，他是达赖喇嘛办公室的主任，我要去外面买东西和观光的时候，丹增格其的工作太忙，我不敢开口要他给我帮忙。因此丹增格其派其他流亡政府的干部，有空给我帮助，我不得不和他们在一起。因为我根本不懂印度语和英文，他们这里使用的语文是印度语和英文，我一个人出去，汽车票都不会买。我不得不和这些干部在一起。可是我和他们在一起的时候，我没有做过损坏国家和人民的事情。我可以断定，如果有些人报告我做出损坏国家和人民的行动和言论的话，我可以面对面地对证讲事实。特别是我的父母、太太、小孩都在拉萨，我也不得不考虑他们。我不可能搬起石头

砸自己的脚，特别是现在党的这样的正确政策下，我不必走老路。我这样表面上假装起来相信共产党。我们说来说去大概三个小时，他们最后给我说，我们相信你讲的这些话，对你来讲，如上面你所说那样，改造了很长时间，所以你知道选哪个路。如果有问题掩盖起来的话，党的政策你是知道的，纸里包不住火的。他们这样威胁我。

总的来说，我可以估计到的是，他们怀疑我在达兰萨拉的时候和流亡政府的官员有关系。我知道他们没有证据，因为如果他们有证据，我在图伯特和尼泊尔边境一天一夜拘留的时候，他们就会给我戴手铐逮捕我的。可是他们没有这样做。我从这里可以看到，他们没有证据，所以我没有被逮捕而且释放了。真实情况是，我去印度探亲是借口，我主要是为了要见我们的政教领袖达赖喇嘛，还有讨论我们的组织和流亡政府之间今后的关系。可是这些问题上，中共当局根本没有察觉。对自己来说，这次经历提醒了我，为了今后我们组织永存和我们组织的事业发扬光大，我还要更加小心谨慎。

然后我回一支队开始工作。这时候一方面我努力扩大我们组织的工作，还有加强反帝爱国宣传的工作。我们宣传的工作重点，不是光骂共产党和污蔑共产党，我们宣传的重点是共产党"挂羊头卖狗肉"的真面目，揭露出谁占领我们的国家、杀害我们的人民、饿死和折磨我们至死，在我们自己的国家里千千万万的吐蕃人无法自由自在地生活。所以我们要把中共侵略者的真面目揭露出来。还有中共侵略者歪曲我们的反帝爱国战斗的本质，说我们反对中共侵略者的斗争是复辟封建农奴制度。中共独裁者在图伯特内部划分阶级、挑拨离间，掩盖自己侵略的真面目，所以我们揭发他们的侵略的真面目和他们的阴谋诡计。我们动员全吐蕃人民要团结一致，认清饿杀我们同胞的屠夫，我们要跟侵略者斗争到底。我们的发动宣传工作的成绩也不少，我们做这些工作是面对艰苦的、最危险的环境，如果我们的敌人知道我们搞的运动的话，不用说我们随时会关进监狱，而且生命也会有危险。

一九八四年夏天的五、六月份，我们组织的成员欧珠突然从尼泊

第二十九章 求助苏联无果,再回图伯特

尔秘密地来到拉萨见我。我问了欧珠,你为什么来拉萨?他回答我说,苏联大使馆的有关官员请你来加德满都大使馆,有关官员想见你。所以他们派我来的。然后我首先想办法接待安排欧珠。这次欧珠秘密来到拉萨,所以他没有办法住亲戚家里。因此我考虑他的住所的时候,感觉最安全是我父母的住宅。我们的住宅是私人的,没有外人住。然后我给父母请示帮助欧珠的住宿。他为了吐蕃的事业从印度秘密回来,请父母允许他住几天。刚开始我父母听到我的这些话,很担心和很害怕。这也是很自然,因为,当局知道欧珠住我们家里的话,我关进监狱是百分之百的,还有两位年老的父母也是可能被关进监狱的。可是我给父母说,这个事情不是我们私人的事情,而是公事,也是为了吐蕃人民和图伯特国家。所以我们祈祷三宝、护法神保护我们。最后我的父母对我说,欧珠为了图伯特的事业不顾自己的安危,我们拒绝给他提供住所的话,我们是会愧疚的。我父母答应他住我们家里。我给他说,你住我们的家里。这里很安全。如果外人看到的话也不会认识你。如果你住你的亲叔家里的话,邻居的人认识你,这样子太危险了。所以你住我们家里。你的吃住各方面不用担心,我来安排。你需要什么,像在你自己的家一样,给我讲我来解决,你放心地住在这里。

然后我问他,你为什么这样秘密和紧急来到拉萨?他回答我说,苏联大使馆的跟我们有联系的这个官员派我来的,他请你马上来加德满都,他要会晤你。还有我问他,他们叫我和他们会晤,但是我们提出的要求他们答应了没有?他们没有说答应我们的请求,可是他们说,我要和你们讨论的问题上,一定要请他来和我们会晤。这个问题上我要我们组织的主要负责人之一旦巴和我讨论和研究。旦巴说,您一定要去尼泊尔会晤苏联大使馆的有关人员。这里我们一定要搞好我们的工作,您不要担心。我们现在最需要的是外国帮助我们训练文武方面的人才。这很重要。但是我这方面越考虑越产生矛盾,无法断定拿下主意。然后我再给旦巴讲,我从达兰萨拉快离开的时候,我觐见达赖喇嘛,达赖喇嘛给我几个护轮和一个金刚佛像,佛像前后面

有达赖喇嘛的亲笔字和亲自按下的手印。达赖喇嘛给我这个金刚佛像的时候，他教导我说，如果你有解决不了的事情的话，你对金刚佛像祈祷食团问卜。所以我建议，我们在金刚佛像面前做最忠诚的祈祷后，然后来做决定好吗？旦巴说这个意见很好，我们相信祈祷佛祖是没有问题，我们可以决定这样做。

然后我对欧珠说，你转达给苏联大使馆的有关人员，我几个月后一定到尼泊尔。然后我要安全地护送他回尼泊尔。我安排我们组织的另外一个成员帮助，护送他到日喀则，他说到了日喀则他就不需要帮忙了，他说自己有办法去尼泊尔。所以欧珠和我们组织的这个成员一起从拉萨出发，到了日喀则的时候他说，他自己可以回尼泊尔，所以我派的人返回拉萨。从此十几天后，欧珠送给我口信，他安全地到达尼泊尔。我很放心了。

然后我去不去尼泊尔的问题上，我和旦巴、还有另外我们组织的主要负责人之一在讨论的时候，旦巴坚决支持我去尼泊尔，继续联系有关国家，努力寻找支援我们的组织和在文武方面训练我们组织的成员。他还说了第二个理由：你在国外，如果图伯特内中共当局破坏我们的组织的话，你在国外的话可以继续生存，对我们的组织有好处。所以你一定要去尼泊尔。可是另外一个我们组织的负责人说，他不同意我去尼泊尔。他说，如果你去国外的话，我们国内的组织出现没有头的状况，这影响我们组织发展等工作。这个意见也是很重要，这样我们的意见不一致。最后我们就决定，在达赖喇嘛给我的金刚佛像面前祈祷食团问卜。

因此我们选好日子祈祷食团问卜。然后我和旦巴，还有另一个我们的负责人一起祈祷食团问卜，内容是有两个，一个是走的好，另一个是留下好，这两个内容在相同的两张纸上写下来，再包起来以后，祈祷莲花生大师和观音菩萨，选择一个。结果内容是走的好。所以我们三个人都同意和支持我走。我去尼泊尔的时候，我的计划是想带我的助手、边壩地区的次仁洛桑，可是次仁洛桑拉当时不在拉萨，所以我等了好几日他还没有来，最后我不得不改变我的计划。我问我们组

第二十九章　求助苏联无果，再回图伯特

织的成员索夏钦·顿穷多吉仁波切，问，请你为了工作，愿意不愿意跟我一起去尼泊尔？他同意我们一起去尼泊尔。可是去尼泊尔我们没有护照。本来我们两个都有护照，因为我们两个都拿护照去探过亲，可是回来以后护照都被当局收回去了。现在我们要去尼泊尔，没有办法公开去。我们只好在当局不知道的情况下秘密去。所以我和索夏钦研究我们从哪个边境地区去比较安全，我们考虑最好是以朝拜阿里的普兰县的冈仁波齐峰（笛色雪山）和玛旁雍错湖（又译玛滂湖，意为玉的颜色）名义来去尼泊尔很方便，因为当时和以前不一样的是，中共当局实行改革开放的政策，说宗教自由，可以去朝拜，所以图伯特境内大量佛教和苯教的信徒朝拜冈仁波齐峰和玛旁雍错湖。佛教的信徒相信冈仁波齐峰是金刚佛的花园，智慧圣尊上乐金刚的住处，米拉日巴在这里住过的圣地，佛教徒们认为玛旁雍错湖上有莲花生大师的脚印，也是米拉日巴和苯教的那若苯琼显神通的圣地[2]，所以朝拜雪山和湖的人很多，特别是印度很多人也朝拜冈仁波齐峰。印度教的人们认为冈仁波齐峰是大自在天的圣地，所以他们朝拜冈仁波齐峰。每年朝拜的印度人很多，特别是属马的年份，佛教的信徒们举行大规模的宗教仪式。这时候图伯特各地来的人很多，所以索夏钦和我两个决定趁这个机会，表面上朝拜玛旁雍错湖，实际去尼泊尔。做出这个决定以后，我给索夏钦郑重地讲，我们两个这次去尼泊尔的事情一定要保密，不准透露给我们的父母、太太和朋友，这就是为了我们的组织永存和不被破坏的保证。确保秘密是参加组织时候发誓的，所以请你保证恪守秘密。我给父母、我的太太、姐弟们说，我这次去昌都做生意。当时当局开放政策时候可以做买卖，还有他们鼓励做生意，这时候我们可以请假去朝拜和做生意买卖。因此我给一支队的领导请假，我要去昌都做买卖去一、两个月，索夏钦也去家乡请了假。

---

[2] 那若苯琼是苯教创始人幸饶弥沃旦（又名敦巴辛）的弟子，是苯教的始祖，苯教又叫敦巴辛教。参见：《米拉日巴大师集》，上卷，第22篇，"笛色雪山降伏外道的故事"，张澄基译，北京：民族出版社，2001年。

第三十章

尼泊尔的秘密使命

　　我和索夏钦为了图伯特的事业，秘密地离开图伯特来到尼泊尔。我们两个通过阿里去尼泊尔，首先找熟悉路的人。这方面索夏钦说他来找，最后他找到了去普兰做买卖的商人。所以我们两个跟他们一起去，表面上是去朝拜。

　　一九八四年十月十五日的下午八点钟，我和索夏钦从拉萨出发。当时我的心情很沉重悲伤。我不想离开自己的国土，因为图伯特是我们吐蕃人民的国家、我们的家园，拉萨是我的出身地和我们吐蕃人民的首都。今天为什么我们要偷偷摸摸地离开自己的家乡？可是这个答案是我们早就知道的，和平和自由的图伯特国家在中共侵占以后，我们的国家就变成了人间地狱。图伯特人民遭受了不堪忍受和不堪设想的苦难。所以，我们是为了摆脱这个灾难，夺回自己的国家而离开图伯特的。这次我们离开自己的家乡，可是什么时候再回家？在不知道答案的情况下，我的心情更痛苦。

　　十六日的中午三点半，索夏钦和我两人到达日喀则。十七日从日喀则出发以后到达22汽车站，晚上就住在这个汽车站。十八日从这个汽车站出发后，当天下午到达措勤，十九日从措勤出发后，同日下午到达改则。二十日从改则出发到达革吉县擦求。措勤、改则和革吉县都是干燥地区，地广风大。冬天的冷风更大。这个地区是辽阔的牧场，这里有数不清的绵羊和山羊。我父亲以前说过，这个地区过去有千千万万野生动物。我在本书前面解释很清楚，不再重复。可是这次我自己亲身来到这里，发现无辜的动物基本没有了。我们汽车五、六天行驶在这个辽阔的大地里，遥远的地方只有一、两个野生动物，没有看到成群结队的野生动物。如前所述,中共侵略军占领我们图伯特以后,在 1960 年到 1962 年期间在中国国内最严重的灾荒的时候,图伯特也受到灾荒的影响。进驻图伯特的中共军队和各机关抽调一部分人,配给枪枝,派到图伯特辽阔的阿里大地和北方辽阔的草原上打猎。图伯特在千年历史上绵延生息的无辜野生动物,遭到中共土匪集团屠杀,成了他们撑肠拄肚的佳肴。中共土匪集团毁灭性杀害了图伯特大草原上千千万万的野生动物,事实证明,图伯特失去独立后,千千万万的野生动物到现在百分之一都没有生存下来。

索夏钦和我两个晚上住在擦求。第二天早上从擦求出发,同天到达阿里地区的首府噶尔(狮泉河)。地区是中共的所谓的自治区下面的行政地区,狮泉河是阿里地区的四大水源之一。我们在这里住了二十二和二十三号两天后,二十四日从阿里区府出发当天到达门士区。这里有挖煤的机关门士煤矿。我们住了两天,稍作休息。这里有扎大布日的圣地扎达布日寺,我们去了那里朝拜。文化大革命的时候,这个圣地被破坏得相当严重。这里没有一个整齐的佛像。我们在这个圣地朝拜时,照顾这里的一个僧人说,传说朝拜冈仁波齐峰要首先朝拜扎大布日圣地,扎大布日是朝拜冈仁波齐峰的门。他还说,他原来是这个庙的僧人,可是文化大革命的时候,不准他拜佛和不准住庙里。

然后二十七日,我们从这里出发这天到了巴嘎。这里休息一、两个小时后,出发到达霍尔。这两个地区中共当局设置区,区是县管辖的行政地区,在下面最低的是公社(乡村)和城里的居委会。这些最低的行政区的领导都是图伯特人。就他们来讲,他们没有什么权力,而是执行上级的命令,监督自己的图伯特民众,欺压自己的民族。我们到了霍尔的时候,拿着自己的行李,带上包袱行走。表面上朝拜玛旁雍错湖,从这里到湖要行走一天的时间,我们走几个小时后天已经黑了。可是我们两个继续走,快到了湖的时候有个羊圈,这里就是我们的宿营地。当时图伯特年九月底和十月初(西历年是 10-11 月),天气很冷,特别是整个阿里地区和湖的附近相当冷。索夏钦和我两个带来了一瓶汽油,这是那个带我们两个的商人告诉我们的。他说,你们一定要带一瓶汽油,现在天气特别冷,烧茶的时候一定要点火。如果有汽油容易点火。这时候我们两个去找牛粪,找不到牛粪就用羊粪。我们找来了羊粪、木材,然后我们在羊粪和木材上倒汽油点火。一下子还点不着,我们倒一点汽油在纸上,这才点着了火。因为一方面天气太冷,另一方面地形很高,我们两个烧茶、喝茶、吃东西以后,准备睡觉却根本睡不着。全身暖和不起来,浑身发冷。早上快天亮的时候睡了一点觉。

二十八日,我们很早起身,出发后到了玛旁雍错湖边上的一个寺庙,我们两个在这里住下来。这个寺庙属于直贡噶举派[1],名叫斯瓦龙寺,位置在玛旁雍错湖的东边。湖的东南有萨迦的泥果寺,南边有格鲁巴的楚果寺,西南有宁玛巴的果促寺。索夏钦和我两个住的寺庙是朝拜湖的第一朝拜的寺庙,这里有一个僧人照管。我们到了斯瓦龙寺的时候,天已经黑了。这个照管寺庙的僧人对我们说,冬天吐蕃年十一月份整个湖冰冻了,这时候冰冻的湖上可以走路通行。马和牛,样样都走。还有图伯特年二月中和二月底,冰冻都破了,冰冻不是逐步破裂的,而是一晚上之间突然全部破裂。这时候,我们问照顾这个寺庙的僧人,我们要去鲁米(Limi)走哪个方向?他给我们指明,你们不要去继续转湖,直接去湖的左边的山,两天的时间你们可以到鲁米。然后索夏钦和我两个二十九日早上从这里出发,爬山越岭。途中我从山上看玛旁雍错湖的时候,这个蓝色湖的中间波浪翻腾八、九尺高,湖上面水禽随心飞翔,早上太阳照亮湖上,波光粼粼,美丽无比。

早上的太阳照亮了湖面。

如绿度母姿态优美,百看不厌。

蓝色清澈透明的湖波联上天空,湖禽湖鸟竞赛。

湖心高得看不见边,像似天和湖连成一片。

四大河的水源,世界级名望。

---

1 这是噶举派内的八小派之一。

为了朝拜八功德水[2]的玛旁雍错湖。

苯教和佛教信徒各自信仰朝拜。

湖的颜色翠绿，人们叫它玛旁翠绿湖。

礼佛供神、清澈透明的圣湖。

如果索夏钦和我两个公开走山谷的话，中共的边防军队看到，我们就有被抓的危险。所以我们两个通过爬山后走山谷，快到天黑的时候，在山谷没有人烟的地方住下来休息。这晚上吃一点东西，喝冷水。我们没有烧水烧茶，这样如果附近有人来的话，就不会看见我们。山谷冷风吹的相当厉害，这晚上比上次湖边住的时候还冷。晚上根本没有睡着。三十号的早上，我们两个继续出发，行走到达一座长满青草的小丘。从这个青草的小丘上，我们走两、三个小时后，天已快黑，我们两个人终于到达了鲁米的牧场。我们这才放下了心。

因为这个地区是尼泊尔国家的国土，所以我们摆脱了危险。事实上，鲁米是历史上吐蕃的领土。这个地区的民族是图伯特人，风俗习惯、宗教、文化、语言等统一都是图伯特语言。他们说话都是图伯特语言，不是尼泊尔语。他们的宗教是图伯特的直贡噶举。索夏钦和我在鲁米的牧场住了两天。十一月二日从牧场出发，三日到达鲁米村庄，又在这里住了三天。这时候我们听到了一个很不好的消息，这就是印度的总理英迪拉·甘地被刺杀。鲁米的头领桑觉说到，印度的女王被刺杀了。我刚听到这个消息时，我有点迷惑了，因为印度是民主国家，哪里有女王？所以我问桑觉，这个女王的名字叫什么？他说，英迪拉·甘地，我才明白他是说印度总理英迪拉·甘地。这个坏消息让我们心里很不是滋味，有点忧心忡忡。

这个地区有直贡噶举的寺庙，没有戒行清净的僧伽。照顾寺庙和参加宗教活动的时候，村庄里的男性家长参加组织宗教活动。我看到寺庙的门口杀牛和羊的时候，心里很不是滋味和感到很伤心。这个地

2　八功德水：具备"凉、香、轻、柔、清、净、饮之不损腹和饮之不伤喉"等八种特性。

区是尼泊尔统治下的,没有限制宗教,宗教是自由的,可是自己招来失误和没落。这个地区是丘陵地带,没有什么资源。过去中共没有侵占图伯特以前,当地的主要特产是叫"堆拉埗",这就是有名的木头做的碗。我到了鲁米的时候才知道,这个碗是鲁米村庄生产的。还有很有名的叫"杂埗"的碗(用特别的树根做的碗,有夜光)也是这个村庄生产的。我想,这些生产碗的木料从哪里来的呢?所以我问他们,你们生产碗的木料从哪里来的呢?他们说,木料从印度运来的。过去他们的经济来源最主要一部分是他们生产的木碗,这些木碗在普兰物资交流会上卖出去。他们的木碗在图伯特各地享有好名,大家很喜欢。他们有少量的牛,可是没有草地,所以每年都请求中共的地方当局借个草地,准许他们的牛放到玛旁雍错湖旁边。冬天的时候,大雪封路,鲁米的人们没有办法去玛旁雍错湖边去放牛,也没法去加德满都。

索夏钦和我两个十一月七日从鲁米出发,三天走路后到达尼泊尔的扎子(Thehe)县。这里我们两个借住在尼泊尔的扎子县的县长的房子里。我们等待去加德满都的飞机。扎子很明显的一看就知道是尼泊尔的国土。这个地区的人都是尼泊尔的民族,他们的风俗习惯、穿衣服、语言都是尼泊尔的,他们的宗教是印度教。我们两个人没有护照,我们在鲁米的时候认识了鲁米的头领桑觉,他介绍我们给扎子的尼泊尔县官。当时我们一起有桑觉的儿子让桌,所以我们通过他来送钱财给尼泊尔县官。如果我们不送钱财的话,这个县官随时可以把我们两个交给尼泊尔警察。我们这里等飞机半个多月后,十一月29日我们乘坐飞机到达尼泊尔赶子(Ghandruk)。这天在赶子住下来后,三十号我们坐公共汽车出发,十二月一日到达尼泊尔的首都加德满都。这里有索夏钦的熟人,我们就在他们家里住了下来。

然后我们见到我们组织的成员欧珠。我们讨论苏联大使馆对我们的援助方面的进展,欧珠说,他从拉萨回到尼泊尔以后,去了苏联大使馆。有关大使的官员好几次见面的时候,他问我,你来了没有。还有他们问图伯特境内的新情况。可是他们不提对我们的援助问题。

第三十章 尼泊尔的秘密使命

现在你来了,你见他们的时候,他们也许可能谈真实情况。这时候我决定先去图伯特的流亡政府所在地达兰萨拉,从达兰萨拉回来后再去苏联大使馆去见有关人员。所以,我休息几天,等待去印度的公共汽车。十二月十日坐公共汽车去印度首都德里。十一日下午到达德里。当天晚上坐公共汽车去达兰萨拉。这次我再来加德满都是为了争取图伯特独立。我试图寻找支援,我联系苏联大使馆提出支援我们争取图伯特独立的事业,提出要求帮助我们的组织成员、培养文物双全的人才。

在苏联大使馆有关官员的要求下,我再来加德满都,而不是在流亡政府的有关要求下来的。可是,尊者达赖喇嘛是我们图伯特人民伟大的政教领袖,我们的任何事业向达赖喇嘛汇报就变得很重要。我到达达兰萨拉的时候,马上去觐见达赖喇嘛。我汇报我再次来的原因是应苏联大使馆的有关要求下来的。这时候达赖喇嘛问我,现在你留在这里吗?我汇报达赖喇嘛说,这次苏联大使馆派欧珠到拉萨请我到加德满都,他们想要见我,所以我来要见他们,听他们如何回答我们提出的要求。因此,我暂时留在加德满都,继续联系他们。这时候达赖喇嘛对我说,这样的话,我们的安全部需要人,你留在安全部工作怎么样?达赖喇嘛又说,你还有什么计划和意见?我汇报给达赖喇嘛,我的计划是我想留在加德满都,因为在图伯特有我们的组织,我留在加德满都因为离图伯特很近,我和我们组织之间联系方便。可是我不敢说我要挑选做这个或做那个,我请尊者达赖喇嘛安排,什么我都愿意做。这时候达赖喇嘛听到我的回答以后,马上对我指示,很好,你属于安全部下属,你留在加德满都。这细节你和强巴甘旦讨论吧!觐见达赖喇嘛结束后,我马上去安全部见秘书长强巴甘旦。我报告强巴甘旦先生达赖喇嘛对我的指示和教导,然后强巴甘旦对我说,你按照达赖喇嘛的指示,你属于安全部的工作人员。你留在尼泊尔,有图伯特境内的新情况和新问题等,随时联系我们。还有我和强巴甘旦讨论今后我们组织和安全部之间的关系、我们组织的现在的工作任务和今后的计划。苏联大使馆和我们组织之间关系、我给苏联政府提出对我们组织的援助方面的要求等问题，我也解释给强巴甘旦先生，我请强巴甘旦先生提出宝贵的意见和指示。

然后十二月十五日和十六日，我从德里出发返回加德满都。到了加德满都以后，1984年十二月二十六日，我们组织的成员欧珠、一个图伯特人英文翻译和我三个人去苏联大使馆。安排是大概晚上十一点钟去见有关人员。这次和我见面的苏联大使馆的工作人员不是以前我见面的官员，是一个新的工作人员。我问这个官员，我以前见过面的官员在哪里？他回答我说，以前官员已经返回莫斯科，你们的问题我全知道。你们的问题给我讲就行了。我们两个之间介绍后，我们开始谈正式的问题。首先，就我们组织的目的，我给他做了适当的解释。还有我说，这次来见你们是你们的有关官员要求，派我们组织的成员欧珠到拉萨请我来的。我以前向贵国政府提出要求援助我们图伯特独立事业，同时在文武方面帮助训练我们组织的成员。他回答我说，这个问题我们汇报给了莫斯科，中央政府还没有回答。可是我们希望你们实现自己的愿望。

这晚上我们谈图伯特的问题达三个小时，然后他们给我们准备饭菜和水果来招待我们。这天晚上的谈话结束了，还有第二天继续要讨论。他们说照今天的时间，按时到大使馆。我也接受他们的要求。这时候四天的时间谈图伯特的问题。我对他们介绍，图伯特不是中共所说的"不可分割的中国领土的一部分"，图伯特是有几千年的历史悠久的主权的独立国家。几百年里图伯特人重视宗教不重视国防，所以外国侵略我们国家的时候，我们根本没有抵抗的能力。1950年中共侵略军以解放的漂亮名义来开始侵略图伯特，侵占了我们的国土。1959年图伯特人民在无法忍受的情况下，全图伯特人民站起来，首都拉萨人民游行反对中共的侵略。他们的口号是，汉人从图伯特滚出去！图伯特是独立的国家！尽管这是和平起义，可是中共侵略军血腥镇压图伯特的和平正义起义，而且非法地占领图伯特全国。在这种情况下，图伯特人民的政教领袖达赖喇嘛带领一部分政府官员流亡到印度，从此以后图伯特人民在中共土匪集团最残酷的统治下，经历了前所未有和闻所未闻的苦难。我把这些真实情况解释给他们,1959年中共侵占和统治图伯特到现在,他们屠杀、饿死、酷刑杀害、自尽的吐蕃人民总数达一百万。这个数字是现在六百万图伯特人民的六分之一。我们知道这个数字是相当高。可是无论中共土匪集团用什么手段来镇压和屠杀图伯特人民,图伯特人民的反帝和恢复独立的精神没有被打倒,图伯特人民的反帝爱国的运动到现在没有停止过。他们前赴后继、英勇战斗的真实情况可歌可泣。我向他们介绍了这些,和提出我们的反帝爱国运动需要培养文武的人才。我们提出苏联政府帮助培养我们组织的成员的要求等。

我们提出这些重要议题后,苏联大使馆的官员回答说,这个问题我们将详细汇报给中央政府。我希望有好的结果。这个官员说,第二天我们还照今天的时间继续联系。我对这个官员说,希望苏联政府给我们经费支持和经济援助。但是这个官员没有明确回答对我们的援助。这方面我一点不放心,这以后几个月里我去苏联大使馆好几次,可是他们对我们的真正问题和我们提出的要求,根本没有明确的回答。这个问题上我的感觉是,很明显的,他们对我们的立场有所改变。我们几次见面的时候,他们问我们图伯特境内的中共的军事设施和中共的各政府的机关,图伯特当时形势有什么变化,有什么新闻等问题,根本不谈对我们援助和训练。事实上我们是他们的新闻提供者。他们不愿意援助我们的态度很明显。所以我给苏联大使馆的官员说,我这次再来的目的是希望你们为了我们图伯特的正义斗争施予援助,我不是因为私人生活过不了日子而请求你们的帮助。如果你们的政府对我们正义斗争援助有困难的话,请你明示,我也不愿意浪费我的珍贵时间。从此以后,我自己断绝了与他们的关系。可是我给欧珠说,如果他们叫你的话,请你继续去听听,看他们对我们的态度有没有转变。可是他们没有答复我们的请求。

第三十一章

西藏自治区成立二十周年的抵抗运动

一九八五年九月九日所谓的西藏自治区成立二十周年。中共当局计划在首都拉萨举办盛大庆祝活动，我们的组织决定展开破坏活动。他们准备邀请自己国内新闻记者和香港、国外的新闻记者以及很多国家的贵宾，参加这项活动。趁此机会，中共当局又铺天盖地地重复自己颠倒黑白的宣传，继续宣称，图伯特是中国历史上不可分割的一部分领土，图伯特人民在祖国的怀抱里过着幸福的生活，图伯特人民拥护爱戴中国共产党和政府。中共试图通过大规模的宣传，欺骗世界的舆论，蒙蔽支持图伯特人民的各国。

我们的组织为了揭发中共的真面目，戳穿他们蒙蔽世界舆论和世界人民的行为，决定在图伯特境内展开秘密反对行动。我们组织联系了在尼泊尔的流亡图伯特人强巴。他和我的关系很好，他有时候去图伯特境内做买卖，所以我给强巴要求他完成一项很重要的任务：你去一下图伯特境内，把我的一个好友秘密带回到尼泊尔，你的开支我全部支付，还有我给你加工资。他答应了。所以我们给组织的副领导旦巴传个口信，我也用化学药水写了信。信里说，我们派尼泊尔最能干和忠诚的成员强巴联系你，请您和他一起到尼泊尔，路上各方面强巴帮助，请你放心。旦巴知道解读化学药水书写的字的办法。我以前教给过他。所以强巴用尼泊尔护照于1985年的二月，假装成商人去拉萨后面见旦巴，强巴把我的信给旦巴，也传达了我的秘密口信。旦巴派我们组织的最得力的一个成员，三月底随强巴到达尼泊尔。我接待从图伯特到来的我们组织的这个成员，安排他住在我住的房间后，我们开始讨论图伯特境内情况。我们讨论，这次中共当局在拉萨庆祝

第三十一章　西藏自治区成立二十周年的抵抗运动

所谓的西藏自治区成立二十周年的时候，我们组织必须展现出图伯特人民的真正想法和愿望。如何搞这场运动，我们达成了统一意见。然后我们的这个成员待在尼泊尔两个星期后，四月五日从尼泊尔秘密出发返回拉萨。他有强巴帮忙，我委托我们的成员带口信给旦巴：一定要想一切办法给我写信汇报这次运动的情况，运动的过程中一定要小心谨慎，最后表达问候致意。我们的成员到了拉萨以后，他给我写信说，他通过很多艰难险阻、长途跋涉后于1985年八月十二日安全地抵达首都拉萨。

我在加德满都的时候，天天打听图伯特境内的形势和新闻，以及我们组织策划的行动过程。我们仍然听到中共当局为了所谓西藏自治区成立二十周年准备轰轰烈烈地庆祝。举行庆祝典礼的当天，我很注意打听最新情况和形势发展，可是根本没有听到什么。当时没有现在这样新闻网路发达。对我们来讲没有国外的支援和秘密的电报机，条件很差，了解即时的情况非常困难。

庆祝典礼结束一、两天后，我躺在自己房间的沙发上快到睡着的时候，房子突然震动，甚至窗户玻璃都响起来。突然我警醒起来，我左右看房子里有什么动静，然后我去门外看的时候，什么也都没有。我再上楼去看，发现一个秃鹫在楼上，它的嘴巴衔着肠子和肉。我一看很惊讶和感到不安，因为我们图伯特的风俗习惯说，秃鹫下到城市，特别是下到房子的屋顶上的话，是很不吉利。所以我很不放心，我马上写信给强巴甘旦先生，请求他就这个不祥之兆请教一下仁波切或喇嘛。后来，强巴甘旦先生回信说，他询问了热多仁波切，热多仁波切说没有问题，请你放心吧。然而一、两个星期后，从拉萨传来了很坏的一个消息，我们组织的第二把手旦巴自尽身亡了。

旦巴的全名叫是旦巴达杰，他为什么自尽呢？不幸的是，正式庆祝的时间快到一、两天的时候，中共当局怀疑图伯特人民组织反帝运动，所以图伯特境内全面地严加控制。以前计划邀请很多国外的记者和贵宾全部取消了。庆祝典礼的时候，只能有中共当局和亲中共的香港的一些记者参加，没有其他国外的记者。庆祝典礼的地点也突然改变了。平时中共的国庆节的庆祝典礼、体育会和运动比赛，或者屠杀图伯特人的宣判大会都在伯林卡召开，伯林卡在1962年改建成了拉萨体育运动场，还有建造了主席台和左右有贵宾台。当时西藏自治区成立二十周年的庆祝典礼都一切准备好了，要在伯林卡举行，可是突然庆祝典礼的地点改变了计划，他们搬到布达拉宫前面的文化宫，这里原名叫霞持林卡，文化大革命期间改叫了现名。当局在这里建造了一个电影院，可是这里没有观看典礼的主席台和贵宾台。所以当时情况紧急，当局给承包的包工队下命令，一个晚上一定要建造主席台和贵宾台，当局给了包工队很多钱。当局的原来的计划是搞成一个轰轰烈烈的所谓西藏自治区成立二十周年的庆祝大会，并趁这个机会推出他们颠倒黑白的政治宣传。可是这个目的没有达到，而且他们的这个庆祝大会搞得戒备森严和紧张兮兮，在高度恐慌的气氛中完成的。

虽然我们组织搞的反帝爱国运动没有成功，可是对中共来讲，影响和阻碍了他们的庆祝活动。我们没有实现以前的计划，我们也查找为什么我们的运动失败的原因。在调查的时候，我们发现，这个秘密行动有泄密的情形。旦巴抚养了一个他的亲戚的女儿，是旦巴的同出亲生父母的姐姐的女儿。他的姐姐有两个女儿，他的姐夫在中共的监狱里死了以后，他的夫人、旦巴的姐姐也痛苦地去世，留下了两个女儿。这两个年幼的女儿很痛苦，生活和各方面困难相当大。所以，旦巴想了一切办法，把一个女儿的户口转移到拉萨。户口转到拉萨难度很大，可是旦巴通过当局的层层的机关和托关系走后门，才把户口转进拉萨。其中一个女儿的身体不好，她有关节炎，因此她根本干不了农村的重活，所以旦巴决定帮这个女儿的户口转到拉萨。这个时候我还在拉萨，这也是八十年代。当时这个女儿好像十五、十六岁，表面上很安静和守规矩。可是旦巴和我两个谈组织工作问题的时候，除了参加讨论的我们组织的成员外，在其他亲属和朋友面前根本不谈。我这里谈我们组织的问题时，为什么谈旦巴的姐姐的女儿的情况呢？因为这个女儿和旦巴一家，可是我们组织策划自治区成立二十周年反帝反中共的侵略行为的行动时，旦巴姐姐的女儿是不会知情的。可

第三十一章　西藏自治区成立二十周年的抵抗运动

是她生出了怀疑。当时中共当局用什么手段来骗她,我不清楚,可是后来这个女儿变成了忠诚的中共土匪集团的狗腿子。所以,我怀疑这个女儿把她听到的、看到的、和怀疑的都汇报给了中共当局。所以中共当局及时加严安全措施,监控图伯特人民动静。他们已经怀疑旦巴参与了这个行动,所以旦巴最后在1985年八月27日自尽的。这以后还有旦巴的一个亲属和我们组织的一个成员被关进监狱,可是没有全面的破坏我们组织,因为如本书前面解释的,我们发展组织的时候决定,一对一联系,不准其他成员互相认识和一起开会,这个决定极大地帮助了我们组织生存。

从拉萨传来的消息是,后来中共当局派旦巴姐姐的这个女儿到北京学习。这女儿变成了侵略者的忠诚狗腿子。一个同族的人不分黑白,在折磨杀害自己父母的凶手的利用下,破坏自己国家的伟大事业,这不仅不可思议,而且令人遗憾、寒心和伤心至极。另一个不解是,旦巴对她像对自己的女儿一样养育和关怀,她却是非不分、恩将仇报的做法,导致了我的最忠诚的战友旦巴自尽这个悲惨结局。

我认为旦巴自尽,一方面是牺牲自己、维护组织,另一方面,他清楚再次进监狱的话,中共当局会在人不知、鬼不觉的情况下对他屠杀,或者用最残酷的折磨方式来屠杀。所以,旦巴不愿意被凶恶的中共当局杀害,而是认为最好选择自尽。我为了我的忠诚爱国的战友英雄,在此表达最悲痛的纪念和最崇高的敬意!为了恢复图伯特的独立,在爱国反帝的烈火中牺牲自己生命的英雄们,他们的贡献和荣誉永远记在图伯特人民的心中!我们永远不会忘记的!

我忠诚的战友、爱国者旦巴达杰

我在尼泊尔的时候，发生了两件大事：我被选派国外学习训练和我被任命为流亡政府安全部的正式公务员。

一九八六年流亡政府安全部安排选送我到国外学习和接受训练。这次的学习和训练对我来说，眼界大开，见识大增，特别是对我的工作方面有很大的帮助。然后1988年两年的学习训练结束后，我回到印度达兰萨拉，继续留在加德满都，主要关注图伯特内部的工作。所

在国外进行特工体能训练

以我在满愿塔（嘉荣卡许）景区里面开了小饭店和小商店，可是这就是主要掩盖自己的工作，这个小饭店和小商店赚不到钱，只能够维持房租钱和利息钱，因为我没有办法照顾这个饭店和商店。我经常忙自己的主要工作，也经常要去达兰萨拉，所以我找一个帮手来看饭店和商店。一个饭店和商店，如果主人不亲自来照顾的话，哪有不亏的话？赚钱是根本谈不上。可是我为什么赚不到钱，还要继续开饭店和商店呢？因为在加德满都中共的特务和狗腿子很多，因此如果没有工作还经常来回印度和加德满都，会引起其他人，特别是这些中共的特务和狗腿子们怀疑。所以我表面上有商人的角色是很重要。当时我来回往返印度和加德满都的时候，我携带商品，我的这个做法在人们的眼里我就是商人，人们不会觉得我是流亡政府安全部的工作人员。当时中共当局开放探亲的情况下，从图伯特探亲来的人很多，从印度

和尼泊尔去图伯特探亲的人也很多。在人们的面前，我装扮成商人对我继续工作和工作安全都有很大的好处。

一九八八年十二月二十八日流亡的噶厦政府任命我为八级的安全部正式公务员。这个任命书寄给流亡政府驻加德满都的代表处，由代表处转交给我。这个任命书里指出，1989年元月二日正式转为流亡政府安全部的公务员。可是我的任命书是没有公开。我任命的事情知道的只限于噶厦、安全部和公务员选任委员会。

在印度达兰萨拉加入流亡政府安全部的证件照

第三十二章

打通尼泊尔秘密通道

为了和图伯特境内的我们组织保持秘密的、经常性的联系，能够顺利、即时完成任务，我计划开辟秘密的路线和建立内部基地，我亲自秘密地潜入图伯特内部好几次。

当时我继续留在尼泊尔，为了我的各方面的任务积极地去工作。从加德满都到图伯特内部，我们的组织为了创造经常性的联系渠道和秘密工作的线路，1988年我交给流亡政府的安全部部长阿拉·晋美仁波切[1]一个计划。这个计划里面，我写了三条主要内容：第一，我亲自秘密地去图伯特境内调查和了解详细情况，第二，接触我们组织的主要负责人，讨论今后为了图伯特境内和外面联络，开辟创造出秘密的线路，第三，我们组织今后的任务和继续发展的主要内容。关于这个计划，安全部长阿拉·晋美仁波切、安全部顾问和前安全部部长拉姆次仁和我一起讨论了很多次。拉姆次仁外面人叫他尧西·仲尼·拉姆次仁，因为他是达赖喇嘛父亲尧西家族的，也是达赖喇嘛家族的秘书（仲尼意为管家）。他在争取恢复图伯特独立战斗事业里立下了很大功劳和积累有丰富经验。他的人品好，特别是在安全部的情报工作的指导上是很有经验的。所以对我来说，我得到了请教、学习他的丰富的经验、获取各方面指导的机会。直到他去世，拉姆次仁先生和我之间都保持了很好的关系。流亡政府安全部研究了各方面的情况和存在的各种风险困难后，1989年六月才决定批准我的计划。我准备秘密地进入图伯特境内工作。我们在图伯特境内没有秘密通

1　阿拉是安多发音"喇嘛"的意思。

道和基地，所以境内外联系的时候，没有办法保障完成任务，经常面对很大的危险，常常失败的经验教训有很多。

一九八九年的年初，我从尼泊尔出发到图伯特的边境地区进行秘密的考察。这不仅涉及这些地区的地形，尼泊尔和图伯特边境地区行程有什么困难和危险，而且也包括中共殖民主义独裁统治下边境地区的图伯特人民的真实处境、思想状况和立场、中共当局的边境地区政策松紧，这些地区能不能建立起秘密的路线和我们的基地等问题。我亲自去秘密地考察和了解。

一九八九年年初我开始从尼泊尔出发去图伯特边境地区的绒辖。这时候我还只是暂时留在尼泊尔，而行走边境地区需要尼泊尔国家的证件，所以通过以前一个熟人用钱来准备好尼泊尔边境地区夏尔巴村民的证件。我用这个证件来旅行。

我第一秘密地去尼泊尔和图伯特边境地区，目的地是日喀则市聂拉木县措夏木。1989年我从尼泊尔首都加德满都出发，我去到了尼泊尔边境地区，首先了解措夏木的地形。

在尼泊尔-图伯特边界，1989年年初去措夏木

1989年夏在尼泊尔-图伯特边界山区

1989年夏行走在措夏木地区的索桥上

第三十二章 打通尼泊尔秘密通道

　　这个边境地区过去都是图伯特的国土,地区的地名是图伯特的名字,住这个地区的村民都是图伯特人。好像这里有十几户家庭,还有两个寺庙:一个是噶丹曲瓦竹番林,另一个是夏尔巴的宁玛寺庙。噶丹曲瓦竹番林庙是1959年中共全面侵占图伯特以后建造的一个小庙,原来旧庙是在绒辖地区,现在是在中共统治下的定日县境内,所以1959年没有人看管这个寺庙。当时庙里的几个老僧人把寺庙里贵重的佛像和其它宝物偷运到现在的措夏木,并建起这个小寺庙。

　　中共搞民主改革的时候,绒辖寺庙的僧众都被下放到各个地区,中共的军队所谓的解放军进驻这个寺庙。文化大革命结束时,军队迁房到其它地区后,这个空寺庙没有人看管,凋零破败,最后全面倒塌了。绒辖这个寺庙原来是噶举的寺庙,这也是九百多年以前,绒辖有个爱财如命的格西,他的名字叫格西·杂扑瓦(操普博士)。格西·杂扑瓦试图用很毒辣的手段来毒死杰尊米拉日巴 [2],他把毒放在牛奶里,交给他的情妇说,你给米拉日巴送去这个牛奶,她说我不敢去,米拉日巴会知道的。格西说,他不会知道的,他是假喇嘛。最后格西许诺给她贵重的大碧玉后,这个女人才去给米拉日巴有毒的牛奶。到了的时候,米拉日巴对这个女人说,你拿到了这个贵重的碧玉吗?这个女人怕得要死,她马上跪下来对米拉日巴说,请您不要喝这个牛奶,这里面有毒的。杰尊米拉日巴说,我知道这里面有毒的,可是我此生的自、他、度生事业都已圆满,涅磐的时候已到,再说你的贡品也伤害不了我。只是今后你门两个不要干这样伤天害人的事情,切莫再造罪业。在米拉日巴深刻的教育下,格西·杂扑瓦和他的情妇心中深感罪恶和悔恨,所以格西决定把所有财产送给米拉日巴,可是米拉日巴说,我在世的时候,我不需要财产。我去世以后,财产有什么用?米拉日巴没有接受格西·杂扑瓦的财产,可是米拉日巴去世以后,米拉日巴的信徒门看管这个庙,庙的名字叫曲瓦庙。公元1642年五世达赖喇嘛统治图伯特以后,这个噶举巴的庙改成了黄教的庙,

---

2　杰尊是对宗教领袖或圣人的尊称。

庙的名字也改了叫噶丹曲瓦竹番林，过去这个庙的堪布或者长老是从定日县协格尔的曲德寺派来的。

措夏木这个地区山的一边是有大一点的河道。当时没有水，因为这时候春天季节。夏天和秋天的时候这个河道里不但有水，水很大。这时候，水猛烈的，不用说人，家畜都走不了，所以你要去河的对面的话，要靠绳索桥来运送。当时我住在这儿几天后返回加德满都，我没有去中共管辖的绒辖。措夏木靠近尼泊尔，离尼泊尔的检查站走路大概一个小时左右可以到。措夏木是去绒辖的大门，这个地区的地形是左右是山林，中间有水道。水道里冬天没有水，夏天有水，可是不大。秋天的时候水相当大。这里有小桥，这时候也被水冲走了，只能用绳索桥来拉人和家畜等。因为绒辖的好多小溪水汇聚到了措夏木的沟里来，水变成很大和凶猛。措夏木村庄的周围都是山林，水从山林上流下来形成众多瀑布，远远望见的时候很美。为什么此地叫措夏木（措夏木是图伯特语"湖泊的下面"的意思），因为措夏木的位置是在绒辖的下面。绒辖地形高，措夏木地形低。绒辖山区有很多湖泊，这些湖泊流到措夏木，所以我认为叫措夏木，这是我的猜测。可是就措夏木的名字的来源，我没有看到历史的资料，我知道措夏木是去图伯特境内的很重要的地点。我在措夏木住了两天以后，返回尼泊尔的首都加德满都。

我第二次去措夏木是以探亲的名义，经过这里，我正式去到图伯特境内。1989年七月三十一号我坐公共汽车从加德满都出发后，当天晚上到了尼泊尔的咋日果村庄，租借住宅。从这里继续往前没有汽车的公路，所以八月一日我从这里走路出发，三天后八月三号我到了措夏木。我在措夏木住了三天后，八月六号早上从措夏木走路出发，两天一路上都没有住所，所以找一个合适的地方晚上过夜。

第三十二章　打通尼泊尔秘密通道

1989年8月从尼泊尔出发进入措夏木途中

1989年夏在措夏木河谷

八月七号早上,天还没有亮,我起身继续走路。这天晚上到达了中共统治下的绒辖曲(在绒辖乡内)。我第一次到绒辖乡的时候看到了这里有两个村庄,左不德村和陈塘村。我去这个村庄的时候有宽度不大的河,可是这个河水很湍急凶猛,因为这个水是从地形高的山上往下流出来的。这个河上有小桥,小桥过了以后往山上走的时候首先到的村庄是左不德村。

1989年夏去绒辖乡左不德村

我到了这个村庄的时候,中共的边疆地区政策正好开始收紧。这个地区以前政策放松的时候,从尼泊尔来的客人不需要登记,现在它们恢复登记规定。所以我找当地领导去登记和这天晚上在左不德村夜宿。左不德村上面还有一个村庄叫陈塘村,然后我了解绒辖乡情况的时候,绒辖又是中共当局规划区,区就是县的管辖下的一个底层的行政机构,区的下面有两个乡和四个村。左不德村和陈塘村这两个村庄规划到了一个乡。这里的图伯特群众大多数怀有崇拜佛法之心,特别是他们对图伯特的政教领袖达赖喇嘛最崇拜和爱戴。这些群众的家里都有达赖喇嘛的照片,我在这些地区的时候,我去好几个家里都有看到达赖喇嘛的照片。这个村的领导名字叫贡桑,这里群众介绍说,他的家庭成分是贫农,也就是过去的乞丐。可是他具有最崇拜佛教之心,他的家里到处都有达赖喇嘛的照片。对从图伯特秘密地逃出来的人,他也都是视而不见,放这些人走。他对自己的人很有感情,是个好人。我去他那边登记的时候,我给他达赖喇嘛给我们的六字真言、珍贵的图伯特的玛尼丸等神物的时候,他很高兴。

绒辖乡左不德村

然后八日我从左不德村出发,去绒辖区的群布尖。这天下午我到了绒辖区群布尖,群布尖里还有叫达仓的村庄,这两个村庄是中共政府最低层次的管制人民的基层群众机构。群布尖村庄的群众的思想观点差一点,这里共产党的影响大一点。我到了这里以后,我马上去乡机构登记。这里的乡领导对我说,原来这里客人来不必登记,可是现在是政策收紧,所以任何客人必须登记。可是我们这里不能办理登记,你一定要去区里登记。然后我去区里登记。我登记的时候,我陈述准备好的伪造历史,说,我住在加德满都,我这次来探亲,找我的亲人。我这次来登记,请你们给我介绍信。这里的绒辖区的区长阿王甘旦对我说,你去探亲不行,现在我们的政策收紧,外国人不准去这些地区,我们不允许给你介绍信。如果你写信给你的亲人的话,我们给你帮忙,你亲自去那边是不行。还有他说,可是你的亲人是谁,你写详细的信,明天再来吧。当时阿王甘旦好像喝了酒,有点醉得迷迷糊糊的。

我回住宅后我问当家人,阿王甘旦他喜欢喝酒吗,当家人说他很喜欢喝酒。我给当家人说,请你帮个忙带我去区的商店。因此当家人带我去商店,我们到商店发现,这个商店很简陋,商店里没有什么东西。这里有三、四瓶白酒。我说,这些酒我全部要。你还有没有多几瓶?这里看管商店的人对我说,就是这些酒了,没有更多。我还继续看东西的时候,有件衬衣,我买下来这件衬衣。我还问,还有没有其它东西。他说没有,县里还没有送新货来。我在这里买了三、四瓶白酒和衬衣,带回住宅。第二天早上我吃完早饭后,我带酒瓶和衬衣马上去见区长阿王甘旦,我见他的时候,我首先问候他后,把我的亲戚的名字、驻地、我探亲的原因内容信交给了他。我送给他几瓶酒和衬衣作为礼物后,我给他求情说,区长,我的探亲的要求一定要批准一下。刚开始他给我重复昨天讲的这些话,他还说,你的礼物我们不准收。我给他说,我给您的这些礼物不是贵重和有价值的礼物,您是一个吐蕃人,我也是吐蕃人。我们图伯特的风俗习惯是远方来的人和人之间送礼物是礼节,不带礼物是不懂规矩。如果您不给我介绍信,您也不收这些礼物的话,我的心很不舒服,这是我的心意。这是我们国外的西藏同胞的心意,您一定要接受一下。而且我还说,请您考虑下我的要求,您不要放我空手回加德满都。当时对我的请求,他没有马上回答我。他去门外两分钟后,回来对我说,你可以去,可是来回只有六天的时间,还有五百元人民币留在我们这里,还要你的房东来担保你。你能保证这些条件的话,你可以去并按时回来,那时候我们退还给你你的五百人民币。如果按时不回来和出现问题的话,你自己去面对很大的麻烦。我听了这些话以后,我回答说,六天的时间太短了。你们当地人走路,这来回最起码要六天的时间,我们城市人更不用说。还有我不是搭车去的,我是走路的,因此来回路最起码要六天的时间,所以我要最短的要十天的时间。最后他答应我的要求,他给我的介绍信里写了十天的时间。

我在群布尖住了三天后,八月十一日走路出发到绒辖区的最后村庄达仓,我到达仓的时候是当天下午。这个村庄是绒辖区里面人民生活好一点的,而且这个地区的民众对达赖喇嘛尊敬和爱戴。这个村的领导叫嘎玛旺杰,是爱戴达赖喇嘛的,所以我给他达赖喇嘛给我们的六字真言和珍贵的玛尼丸等神物的时候,他很尊崇和高兴。这天晚上我给嘎玛旺杰简单地介绍在国外流亡的吐蕃人民和学校等的的状况。还有我知道日喀则管辖的绒辖区之外,其它区全部被撤销,变成了乡和增加了乡的数目。因为绒辖是边疆地区和关口,绒辖区没有改变。以前区里有派出所,派出所的干部从日喀则派来的。可是毛泽东死了以后,改革开放了,特别是胡耀邦来图伯特视察的时候,看到图伯特的处境,他很惊讶,所以他考虑给民族地区多一点自治,决定从图伯特撤出百分之八十的汉族人员。该政策正式执行的时候,县管辖的区的行政机关撤出后,区里的公安机关派出所也撤出。可是我到绒辖的时候,因为中共开始严加管制的政策,加强边疆地区的行政机关,绒辖区恢复了公安机关派出所,原来派出所的干部由日喀则派出来,这时候派出所的干部从绒辖区自己区里面的人选出安排。

我去拉萨的原计划需要重新考虑,因为为了安全,我拿去绒辖探亲的介绍信,它只有十天的有效时间。还有,我的房东是我的担保人,为了担保五百块人民币留给区长,他们还要我保证按时返回,如果我违反我的承诺去拉萨的话,第一,我从绒辖来的时候我的担保人房东会受牵连,第二,还有对我帮助的当地一些朋友会受牵连,第三,今后这个地区我已经建立的工作基础会被破坏,让我无法再来。我决定按时返回绒辖。八月12日早上我从达仓出发,通过普孜拉山去目的地和还有途中过夜,然后十五日到了我的目的地。我和要想见的人会面后,我给会面人讲我们的主要任务和今后的计划。为了图伯特的真理而斗争，我们需要图伯特境内和国外的正常和密切的往来交接，特别是及时掌握、了解新变化和新问题，推动图伯特的内外的组织配合协力，所以确立立即执行工作和采取行动的要求和指导。

既然当时我没有办法执行我去拉萨的原定计划，我交待任务给我们的工作人员，要求他去拉萨接触我们的组织的人员。当时我们的工作人员马上答应我的要求，对我说，为了图伯特的工作和任务，我一定要接受自己是图伯特人，我会积极地完成任务。您给我指明拉萨的接触人的地点和姓名，还有交代我任务的内容。所以我密写详细的计划和工作，交代清楚他和拉萨接触的人和地点。我也知道了，我还没有出发以前，我的接触地点已经接到日喀则给管辖的全部各县区、特别是绒辖区传达上级的文件，文件的内容是：当前达赖集团鼓吹西藏独立、分裂祖国的行动，他们派遣特务搞破坏，所以人民群众要严加注意。如果有看见、听见、怀疑的各种人和事，要马上给政府汇报，政府对有功劳的人发给奖金；西藏独立是百日做梦，不会实现的，以及其他各类宣传。我去的地点原来是行政区，我到这里的时候，这个行政区改成了乡，乡是农村地区最低的地方机关，各乡的负责人是当地人，原来的区的干部全部撤销返回县，因为区的干部是县派来的。除群布尖以外，日喀则、定日县和绒辖区在三个乡都已经分发了边疆地区的身份证，以加强边境控制。当时的时间是1989的七月份。可是这个地区没有安置军营，像我以上解释那样原来1959年以后，绒辖区安置了军营，可是改革开放政策执行后，这个地区的军营撤销。还有去定日公路的扎玛地区原来有军营，可是这也是改革开放以后撤销了，以后再没有安置军营。

我十五日到了目的地以后，在这里我住了两天。十八日早上，我返回绒辖的时候，我和当地一个游牧部落的迁往水草的家庭一起，途中过夜。我们一起有二十、三十岁的几个年青人和年纪大的老爷爷。我们到达过夜地点，可能是晚上十点钟或十一点，天已全部黑了。年青人马上搭好帐篷后，老爷爷在帐篷里休息，年青人出去照顾牛群。帐篷里现在只剩下我和老爷爷。刚开始，老爷爷一个人念经，根本不理我。他不跟我说一句话，我也不好意思先开口。所以我想我给他玛尼丸，看看他的态度。我给老爷爷说，老爷爷我有玛尼丸，你要不要。刚开始他不愿意回答，那样哎，好像听不太懂那样。我再给他说，你要不要达赖喇嘛给的玛尼丸。这时候他的耳朵也灵了，很有精神的给我说，我要谢谢你，谢谢你。老爷爷这时候才开始很高兴的给我说话。他说，我很多年前去印度的主要佛教圣地，听达赖喇嘛的时轮金刚的讲座。那时候我得到好机会亲自见到达赖喇嘛。可是从此以后到现在，我没有机会再见达赖喇嘛。他这样子一边说，一边流出来了眼泪。他还有说，为了达赖喇嘛的长寿仪轨，我每年放生一头牛和三、四只羊。现在我年老了，在我没死以前，我的愿望是我很想见一次达赖喇嘛。可是现在我的身体不好，又年老，我担心见不到达赖喇嘛。他这样子又敬信又伤心地给我讲出了心底话。我听到老人家的这些话，我也忍不住流出眼泪来。我对老人家安慰地说，你不要担心，达赖喇嘛的身体很健康。你对达赖喇嘛忠实信仰，你再能见到达赖喇嘛，你放心吧，你好好祈祷！我这些话讲完了以后，我送给老人家达赖喇嘛给我的玛尼丸（红色的玛呢日布和赭褐色的堆子其闷）。老人家心情激动地对我说，你喝茶吧！他又拿出来肉、牛奶、糌粑，他怕我不吃，他拿出来他所有的吃的东西，都来招待我。这时候我想起来，很有名的善知识说过一句非常有价值的一句话，这就是我在印度达兰萨拉读根敦群培（1903-1951）自传的时候，他说："其他国家统一是用枪和炮来完成的，可是我们图伯特要统一的话，很容易。我们不必用枪炮，我们用达赖喇嘛的圣物玛尼丸。所以我们靠达赖喇嘛的圣物和玛尼丸，全图伯特就可以统一。"因此，他的这句话可以从老人家的所作所为来得到证明。不用说我到绒辖的时候，我去到每一个吐蕃人的家里，知道他们都在想念达赖喇嘛。每家每户里的佛堂里挂着达赖喇嘛的像，以示感戴其恩。这些真实的经历证明根敦群培大师上述的短短一句话，这话很有意义，是一个伟大的真理。

在图伯特的城市和村庄、农村和牧区，百分之九十九以上的图伯特人想念、敬信、热爱达赖喇嘛。达赖喇嘛是图伯特统一的力量，也是吐蕃人团结的无比力量的象征。因为中共土匪集团占领全图伯特以后，他们搞了各种各样的手段来诬蔑达赖喇嘛。批判达赖喇嘛的运动持续了长达半个多世纪。在这些所谓教育人民的运动里，他们把自己对吐蕃人民犯下的滔天罪行嫁祸给达赖喇嘛，可是他们的颠倒黑白的所作所为并未得到好的结果。他们得到的只是，现在图伯特很多地区一百六十来位年青人高呼图伯特自由，允许达赖喇嘛返回图伯特，和反对中共政府暴政的口号，并为自由事业点火自焚。如此之多的人为自由事业自焚殉难，是迄今为止，人类历史上少见的。这证明，达赖喇嘛的慈悲心是力量无比的。这个世界上没有打败这个力量的武器，因为中共手里的原子弹、导弹、战斗机、核潜艇等这些武器没有办法改变人的思想，只会播种仇恨的种子，制造出来更多反对自己的仇敌。

在19日早晨，我很早起床。我感谢牧民老人家和他的儿子们在路上带我一起赶路并帮助我。我还给老人家说，你会有机会见到达赖喇嘛和听他的讲经，而且我希望祈祷我们再见到。再见后我一个人继续走路，通过普孜拉山回绒辖，这天快到日落的时候到了达仓。达仓的乡长嘎玛旺杰此前曾对我说，你回来的时候，你一定要到我家来。所以这次我去到他家，他很高兴地接待我。而且当时他收到了日喀则的信，嘎玛旺杰看信以后，他故意大声地在我的面前念了一次这个信，信的内容是，他一定要参加地区上的会议，还有开会的内容是，加强边疆地区的安全，提高边疆人民的思想觉悟，学习中央的文件，提高农牧生产等。他大声念这个信的目的是为了我知道这个信的内容。这天晚上我住在他家。二十日早晨我很早出发离开此地，当天下午我到达群布尖后，二十一日我休息一天，也去找区的领导，我解释我按时返回，我拿回担保的钱后于二十二日从群布尖返回左不德村，这里我住一天后于二十四日早上凌晨去尼泊尔。

我和另一人结伴返回尼泊尔。当时是雨季，水最多的时候。这时候和我刚开始从措夏木到达绒辖区的时候很不一样了。路上的小桥都被水淹没或冲跑了。因此我不得不爬上很险恶的山路。一般的话，从左不德村到措夏木走路需两天的时间,没有雨的时候中途随便找干燥的地方过夜后第二天继续出发。当时雨季对我和同路人返回的时候带来了很大的困难,路上根本找不到干燥的地方,晚上不得不继续行走。当时我们两个抓树爬山来继续前行,这时候大概晚上时间十一点或十二点左右,我们快到了措夏木的对面,可是从山上往下面看的时候,河水是恶浪滚滚。这时候天也黑了,周围看不太清楚。我用嘴巴咬着电筒来光照指路。两个手抓山上的树,一步一步走的时候,不幸的事发生了:我手抓的树切断了,所以我掉了下去。好像有四、五层楼高从上面掉到山下。这时候发生了什么,我事后什么都想不起来了。然后我一起来的同路人马上下山来救助我。我站起来的时候,我看周围我掉下来的地方是很险恶的,旁边水流掀起很大的浪潮,我的衣服全部湿淋淋的。我跌落的地点旁边三、四公尺就是凶浪恶水。如果我跌落到凶猛浪潮里去,我的生命也许就从此结束。

这时候我嘴咬住的电筒已经变形,我的一个牙也切断了,口里都是血。我同路人帮我取下背上的包袱,他来拿着。他还扶着我走路半个小时,来到了尼泊尔的一个非常小的村庄。他带我到一户人家,可是这些家的人都睡了,当时是凌晨一点钟左右,天也完全黑了。我的同路

1989 年八月在噶丹曲瓦竹番林庙和管家喇嘛德瓦喜热合影

人经常在这个地区做买卖,熟悉人多,他熟悉这个地区大多数的尼泊尔人。所以他当时又敲了一个家的门,这里面的主人马上起床,拿个油灯来开门。他带我们进到他家里,马上给炉子点火。主人说你们坐炉子周围,我们可以晒干湿湿的衣服。主人给我们端来茶。我喝了茶,全身开始暖和过来的时候,才开始感到全身疼痛。我的脖子转不起来,身子一动就很疼。我的胫骨和膝盖伤了很大一片,出血很多。胫骨上和膝盖上的伤疤,现在都清晰可见。这一跌倒伤了我的脖子的神经,好在没有切断我的颈椎骨髓,因为这个山上有很多树所以我掉下来的时候,一边掉下来却有树一边阻挡。如果没有这些树的话,我跌落的时候恐怕就没有生机了。我的生命这时候也许会结束的。这时候我的伤很重,我的心里很紧张忧虑。我想,如果我的伤好不起来的话,我如何返回加德满都。然后我想到河的对面有噶丹曲瓦竹番林庙,所以我给我的同路人说,你明天回去的时候,给对面庙的管家喇嘛德瓦喜热传我的话,一定要派两个僧人帮忙,送我过河。

噶丹曲瓦竹番林庙

第三十二章 打通尼泊尔秘密通道

噶丹曲瓦竹番林庙对面的宁玛庙

噶丹曲瓦竹番林庙下面的村庄

噶丹曲瓦竹番林庙下面的村庄

这时候我没有办法睡在毯子上，靠上墙端端儿坐着，想方设法睡觉，可是无法入睡。睡着全身疼痛。三、四个小时后天亮了，这时候我的同路人已经回去了，对面的桥被水冲走了，因此过这个凶险的河，必须用索桥。这时候我的同路人到了对面，他告诉对面寺庙的管家我受伤的情况和需要僧人帮助。所以寺庙的管家德瓦喜热立即派两个僧人辅助我，他们把我装进索桥上的箱子里后把我送到了寺庙。这时候是阳历八月二十四日，星期五（图伯特年历五月25日）。当时我过了河到寺庙以后，没有其他人帮助的话，我无法独自走动。我从山上跌落的时候伤得很厉害，我全身一转动就很疼，根本无法转身。我的脖子一样疼得无法转动。我的整个全身就像僵持干木一样无法转动。寺庙的管家德瓦喜热对我关心地说，你不要担心，你放心好好地养身体，你的身体好了以后你再走。还有他安排寺庙的楼上有小房间做我的住所。他还说这里没有人来的，所以外面的人不知道你在这里，我给寺庙的僧人们说，你们不要对外面说德庆先生在这里。你不要担心，你好好地养病。

第三十二章 打通尼泊尔秘密通道

一天以后，我的身体也没有朝好的方面转变，我根本动不了。我的心里很紧张，所以我问寺庙管家德瓦喜热，这个地区有没有医生？他回答说没有。我又问他，尼泊尔的西医有没有？他回答说，我们这里没有。尼泊尔的关口有西医，可是如果尼泊尔关口的警察知道你在这里，他们会抓人，把你送到中国关口的警察，这是太危险。可是他说，我们的村庄有个老兽医，他平时治牦牛，他不是治人的医生。他有时候用灸医的方法来治人的病。灸医，或针灸是一种中医的治疗方法。我听到他的话我马上回答说，如果他用灸医来治病的话，你马上请他来治我的病吧。因为对我恩重如山的我的母亲有关节炎，她膝盖有好几个伤疤，我母亲说这些伤疤是灸医治疗的伤疤，所以我知道灸医治人的病。因此管家说，首先我来卦象，行不行？我说可以，卦象里说什么我就按照这样做，主要我要祈祷三宝，特别是祈祷莲花生大师。我相信三宝和莲花生大师，结果无论好坏，我也不后悔。然后德瓦喜热卦象后说，卦象里说没有问题。当时我说，请你马上请兽医吧，我决定要灸医治疗。然后德瓦喜热请来兽医医生。兽医老人家来了以后，他详细地检查我根本转不动的脖子和全身，他看我的背后和我的脖子，测量了尺寸，在我的脖子的脊椎骨的正中间放块像个手指那样粗的棉花，然后他点着火。这个棉花快烧完的时候，我的脖子上疼得厉害，可是不得不忍耐。然后老人家用一个铜碗，铜碗里放着纸，点火后把有火的铜碗放在我的背上，这样在我的背上重复两、三次。

老兽医没有给我什么药，但是我知道一般的病吃什么药。我在拉萨的时候读过很多治病的书，还有我出去外地的时候，我经常带图伯特的药，小病我自己吃药解决。当时我带着治经脉病的药，所以我吃治经脉病的吐蕃药，因为我知道伤了我的经脉。一、两天后，我的脖子可以动一点，我的心里非常高兴。我把伤好转的好消息告诉寺庙的管家德瓦喜热，他听到这个消息的时候，他很高兴地说，这就是佛菩萨的大德深恩。现在我很放心，你好好地休息，一、两个星期后我们这里有人去加德满都，到时候你随他们一起去，路上他们会给你帮助。我听到这话很感动。我对他说，谢谢你们给我帮这么多的忙。这时候我的心很快平静下来了。我在这个寺庙治伤两个星期后，我随这寺庙的僧人一起去加德满都。这时候是公历九月十三号和图伯特年七月九号。我在边疆地区的这个寺庙里养伤十五天，这个时间里寺庙的管家德瓦喜热为首的僧人门帮助和照顾我，我很感动和深深铭记在我的心里。我记着你们的恩情，特别是寺庙的主持和管家德瓦喜热对我的照顾，我放在心里，我永远纪念他！虽然他已经去世，我还是要说，感谢你，你们对我这样的帮助和照顾显示出，为了图伯特，大家积极配合的一个伟大精神。

第三十三章

三闯图伯特被俘

我两次去绒辖的时候，我的计划是为了图伯特事业进入图伯特境内，可是我没有达到深入去到图伯特境内的计划，只能去图伯特的边疆地区。我决定从加德满都通过昆布冰川和定日关口，第三次潜入图伯特境内。这次我第三次去图伯特境内的开始，这时候是1990年五月十日，当时我从加德满都机场坐去陆拉（Lukla）的小客机，这天我到了陆拉机场，这个机场在山上，是土路的机场。这个机场飞机降地的时候，尘土飞扬，四面八方都看不见人。这天晚上我住在夏尔巴人（或译雪巴人）的饭店，十一号我找带路的人，给他一天两百块尼泊尔钱，走路去那沃其（Namche）。我到了那沃其的时候，这个村庄是一般大一点，这个村庄里有很多外国的爬雪山的登山运动员。他们是爬昆布冰川的人，我到了陆拉和那沃其的时候，这个地区的民众是夏尔巴族的人。这些人完全是吐蕃人，根本不像尼泊尔人。

这个地区的人的衣服、语言、宗教、风俗习惯等都和吐蕃人根本没有什么区别，房子上面挂风旗，神香，寺庙，佛塔等都是吐蕃人一样的风俗习惯，没有尼泊尔人的一样的东西。这个地区的很多民众是1959年中共侵略者占领图伯特的时候，图伯特的定日地区等的图伯特的民众流亡到这个地区而定居下来的。这个地区的民众对尼泊尔人叫"绒巴"（Rongpa），他们认为自己是吐蕃人，这个地区很久以前是图伯特的国土是毫无疑问的。

陆拉机场附近的旅店

1990年五月投宿在陆拉机场附近的旅店

第三十三章　三闯图伯特被俘

尼泊尔的那沃其村庄

然后我准备从那沃其出发，为了爬很危险的昆布冰川雪山，我找带路的雇工人，给他工钱尼泊尔钱两千五百块。所以十二日下午出发。这天晚上我在卡然（Khusum）过夜，这里有个尼姑庙。五月十三日早上两点钟起床出发，两个小时后这里有尼泊尔的小关口。我们悄悄地过了这个关口以后，中午的时候到了一个当地村民家里休息吃东西喝茶。这时候外面来了一个人说，警察来了。警察是追我来的，这因为我们路上碰到了夏尔巴的两、三个小孩，我怀疑他们报告了警察。当时我休息的村民家是夏尔巴族，可是他们事实上是图伯特人，这个家的人对我说，其他人看见你们，所以他们报告了警察，可是不要怕，我们村庄深谷的对面有叫周从（Thokchambo）的村庄，我们的亲戚家在那里。你们给我们的亲属家说，我们派你们来的，他们可以照顾你们两个，放心吧，那边你们躲一、两天，警察回去以后我们马上告诉你们，所以我们两个在这里躲起来两天。

1990年五月去昆布冰川雪山路上休息吃东西

1990年五月去昆布冰川雪山路上

第三十三章 三闯图伯特被俘

1990年五月靠近昆布冰川雪山路上

昆布冰川雪山途中

昆布冰川雪山

昆布冰川雪山

第三十三章　三闯图伯特被俘

昆布冰川雪山山顶尼泊尔-图伯特边界分界处

以后，警察没有找到我们，他们离去了。所以五月十五日早晨从这里出发后，昆布冰川雪山下面有个地方叫咋散八（Ngozumpa），有雪有乱石，山岭没有避风的地方，我们在这里烧水吃东西和过夜。这里相当冷，可是我们不得不住这里，如果继续前去的话，晚上看不见雪山上有很多裂开的缝，雪盖起来看不见，所以到处都有生命危险，因此不得不在这里过夜。这天晚上根本没有睡着，太冷了，全身都冰冻了一样，希望快点天亮。十六日早上太阳出来的时候，我们开始爬上很险恶的昆布冰川雪山。爬雪山三个小时左右的时候，我们两个到了雪山的山顶，这里有供神石堆和挂着风旗。

我的带路的人对我说，这个供神石堆和挂的风旗是图伯特和尼泊尔的边界标志。边界的这个标志是中共侵占图伯特以后中共当局划了界线。边界的问题上，我愿意讲一下真实情况和我的感想。我到了实地，感觉到这个地区是原来图伯特的国土，因为从加德满都到陆拉村庄没有公路，所以任何物资运的时候使用小运输机，这个小运输机里面可以坐十多个乘客。我到了陆拉去那沃其的时候也没有公路，只能走路和靠马和牛等。走路快到那沃其的时候，通过两座山的中间有桥，这个桥很短，可是没有这个桥的话根本没有办法去那沃其，因为两个山中间的沟壑很深，所以地方的人传说，很早时候这个小桥的两边是图伯特和尼泊尔的边界。我到了那沃其的时候，发现这是很热闹的小村庄，有很多外国的爬山运动员和外国客人。供应运动员需要的小商店也好几个。住这个地区的大多数村民是图伯特人，他们的信仰是佛教，这个村庄的中间有很旧很旧的佛塔。我到了山顶的时候，为了纪念我自己照了像，然后继续下山的时候到了图伯特第一个村庄甲热（Chá iau），可是这个村庄里没有一个人住，全村庄破烂像一个土堆。

一九五九年中共侵略军占领图伯特的时候，这个村庄的一半的村民离开自己的国土流亡到尼泊尔，其余一半的村民搬迁到邻居村庄定日和牌株，所以这个甲热村庄变成了土堆。这天我过了甲热村庄后到了叫斯曲（Sequ）的地方。这天晚上在这里过夜，八日早上很早就约好的我们的联络员按时来到这里见我。然后我给他未来的联络计划和秘密的联络路线，要把组织长期发展的问题和我们的计划告诉他和听取他的意见。我从印度带来了达赖喇嘛尊者获得诺贝尔和平奖的录音带四、五个，还有达赖喇嘛的自传，图伯特爱国虎龙青年组织的新纲领等很重要的文件。我有一个不小的袋子交给我们的联络人，我告诉他这个重要的袋子，你交给这里的我们组织的负责人；还有你告诉他这些文件和录影带分给我们的有关人士。

这天晚上我住他家。我们再讨论我这次去拉萨的行程，通过定日关口和日喀则的细节。研究定日关口的检查有没有公安人员，我们通过定日关口的时候，如何避开当局的检查人员通过这个关口。我们了解和讨论了路线和地形。

第三十三章　三闯图伯特被俘

甲热村庄废墟

五月十九日的夜晚十二点钟，我和约好的我们的联络人一起出发，整个夜晚通过牌株村后到了甲午山（觉悟吓峰）山下的时候，天开始亮了。这时候是早上五、六点钟左右，然后爬山五个小时到了山腰。这时候我们两个在这里停下了，这里有牧羊人休息的围子。我们两个在这里烧茶后喝茶和吃糌粑。这时候我们两个坐的围子的石头上来了一个喜鹊鸟，它叫得很厉害，也很紧张的样子。我们两个在这个喜鹊鸟的下面很靠近，可是这个鸟根本不怕人，还是继续叫，叫得相当急促紧张。当时我心里很不放心，因为根据喜鹊鸟和老鸦鸟的叫声大小和他们叫的时候的位置东南西北，它们会提前给人传达好、坏消息，比如来客人和送来了好事，还有发生不愉快的事情，还有遇到敌人，或者发生灾难，等等。我对我一起来的联络人说，这个喜鹊鸟的叫声让我的心很乱，我不放心，我要做卦象。我拿起我的佛珠来祈祷莲花生大师做卦象，可是从我的卦象来看不太好。我对我的联络人讲我的卦象不太好。他对我说，他来做一个卦象。然后他说，他的卦象不太坏，不会出事情。我的心还是放不下来，可是我的这次任务是为了图伯特的事业，我在心坎深处祈祷莲花生大师，你对我保佑，对我们的图伯特事业保佑，还有守护神来保护我和我们的事业。然后我们两个继续爬山，这个山又高路又长，我们再爬山两个小时到达山顶，我为了纪念照个像。我从山顶看下面的时候，我看到了通向定日关口的路。

山顶上休息几分钟后，我们两个开始下

甲午山（觉悟吓峰）山顶

山。一边看下面的情况，一边停下来注意察看，看不到人的影子。在这里停下来一个小时后，我决定我一个人去，我给我们的联络人讲你回去吧，我们两个分开来。这时候1990年五月二十日下午六点钟左右，在距离定日中共当局的关口一个小时的时候，我通过一条小河绕过关口到了路上。这时候中共的武警部队看到了我，马上来了两个警察，手里带了冲锋枪大声地叫，站住，不停的话开枪。一边大声地叫，一边追上我，我没有办法藏躲，被中共的边防警察抓捕。遭遇最危险和不幸的情况，幸亏我带来的很重要的文件包不在我身上，我早就交给了我们的联络人。这也是很危险的证据不在我的身上。我被抓的时候，这个关口有武警部队的一个班，也是十多个警察，他们的领导是一个连长，一个年轻很恶毒的汉人。他的手下好像是一个图伯特人班长，年龄五十左右，还有图伯特人的警察五、六个和汉人警察五、六个。刚开始抓我的时候，来了两个图伯特人的警察，里面一个年龄大一点的警察问我，你从哪里来的？我回答说，我从定日来的。他说，

第三十三章　三闯图伯特被俘

你不是定日的人，你是拉萨的人。他一边说，一边用脚踢我。另一个年轻的图伯特警察根本不打我和不骂我。这些警察是大概年龄二十多岁的年轻人，对我殴打的人大多数是这些汉人警察。他们打的时候，朝我的要害部位殴打，比如，他们打男性生殖器和腰子，他们恶毒的目的是要损坏我的身体。相反的，图伯特人警察不但不打我，而且对我明显表现出相当的同情。这些图伯特人的警察里有些是拉萨和其他卫藏地区的人，这些汉人警察检查我的行李的时候，这里面有达赖喇嘛对欧洲议会上五项和平建议的讲话的文件和《世界人权宣言》的一些小书，图伯特的小国旗几个，国旗的徽章几个。这些汉人警察看见这些的时候说，这个人是分裂分子。这些图伯特的警察看到了我的这些东西的时候，显出很惊讶和同情的态度来。汉人警察打我的时候，他们还流露出很不高兴的态度。还有这些图伯特的警察给我安慰地说，请坐吧。他们还拿开水给我，说，喝开水吧！他们看到行李里面有圣物玛尼丸和其它圣物的时候，这些图伯特警察悄悄地问我，这些圣物是不是达赖喇嘛的？达赖喇嘛身体好吗？他们还有说，你见到了达赖喇嘛？我回答说，这些圣物是达赖喇嘛给我们的，达赖喇嘛的身体很健康，还有在世界上达赖喇嘛的威望很高，他的事业发扬光大，我们在国外的图伯特人，人人都见过达赖喇嘛，没有见过达赖喇嘛的人没有。这时候他们悄悄地说，我们没有见过达赖喇嘛。还有他们对我关心地说，你为什么这样来的呢？还有问我，你有没有后悔呢？我回答说我根本不后悔，还有我给他们安慰地说，达赖喇嘛的身体很健康，事业继续发扬光大，有一天你们可以见到达赖喇嘛。他们听到这些话的时候，都坐在我的周围，想听这样的话像个渴望获得解脱那样。他们对我关怀地说，你肯定饿了想吃东西。他们对汉人警察说，这个人可能饿了，给他吃东西吧。这些汉人警察同意给我吃东西。在这里定日关口附近有图伯特的饭店，这里有两个年轻的女孩，他们两个看到了武警警察抓我的事情。图伯特的警察对这两个女孩说，从你们饭店把酥油茶和糌粑带来。这两个女孩不到十分钟就带来了酥油茶和糌粑，糌粑里有放酥油和糖、奶茶。她们对我很同情和安慰地说，先生不要担心，也许没有那么严重。我看到她们的表情里，她们知道我已经落到了最野蛮的中共手里，我自己看到了自己同胞的同情的表情的时候很感动。这时候我自己又伤心和又感动地对图伯特的警察和年轻的少女们说，你们这样的图伯特的年轻人，让我自己看到了我年轻的时候，我很高兴，我深深地感谢你们！当汉人警察查我的行李的时候，图伯特警察想办法拿圣物玛尼丸。

这些警察里一个是家在拉萨鲁布，和我一个地区。他们带我进到他们的办公室。这里有警察的头子，他问我，你干什么来的啦？我说我回西藏。他又问我，你为什么带来这些国旗和像章，还有这些书呢？我回答说这些东西我从加德满都来的时候商店里买来的，还有我看我的儿子、老婆和父母。然后他说，你不说真话。他又带我到一个小房间里。这里全部是汉人警察。他们很恶毒地乱打我的时候，突然外面来了一个警察，他悄悄地用汉话说：这个人是个重要人物。如果这个人不交代出上级的话，我们会受处分，我们都完了。这些警察听到这个话的时候，他们很紧张，他们马上停止打我，而且他们带来开水和药给我。可是对我来说，我没有感觉伤害和疼痛。事实上这些警察打我的时候，打我的身上的要害部位上，他们要我站起来，脸对着墙后，在我的背后打我的腰和腿脚，用手打我、用脚踢我，目的是打我至残。对我来说，也许莲花生大师和观音菩萨、护法神会保护我的，我也不知道、没有感觉疼痛。这些警察他们打我的时候，他们自己倒打疲累了。他们说这个人的功夫很好。可是几个小时以后，我的脚趾很疼，我看我自己的脚趾，脚趾肿胀，颜色都变了。后来我的脚趾化脓，再后来整个脚趾都掉了。

这天晚上我被关在定日关口，这时候是五月二十号。第二天早上，二十一日的北京时间九点钟左右，打我和讯问我的汉人民警排长和其他好几个民警来把我送进汽车，带到日喀则武装警察大队。我被移交给了日喀则武警大队，接管我的人是武警大队的一个图伯特武警干部。这个干部表面上看，他是很温和和有民族情感的一个人。他把我带到他的住房，问我一般的问题，根本对我不严厉。他还问我，

第三十三章　三闯图伯特被俘

你在定日关口的时候，这些民警殴打你了没有。他这样子问我两次，我回答说，图伯特的这些民警根本没有打我，可是这些汉人警察打得很厉害。他又问我，打你的这些汉人警察的名字你知道不知道？我回答说，我不知道他们的名字，可是这些汉人都打我很厉害。他听到了我的回答以后，对这些汉人警察，他显出很不高兴。还有他给我说，你可能口干了吧？你喝青稞酒吗？我回答说，我从来不会喝酒。他给我茶，茶上面放酥油，还有他给我疏菜和鱼一起炒的菜，说：你放心地吃吧。我也喝茶和吃糌粑，可是我从定日关口抓了以后，他们把我移交给日喀则武警大队的这段时间里，我的内心里想到我已经完了，我想来想去还是选择自杀，因为，首先图伯特爱国虎龙青年组织的重新整理纲领文件书我带来了很多，这些文件我是不是交给我们的联络人了，还是在我的行李里，我记不清楚了。第二，我带来图伯特境内的我们的一部分同志和爱国人士的名单，我写在布上，这个布我塞进去我的裤子的腰的两个布夹层中间。如果这些中共的警察和特务认为，我是很重要的情报人员、顽固分子、分裂主义者的话，他们肯定仔细地检查我的衣服和行李，甚至我的衣服拆开检查的话，他们会找到我的这些很重要的名单。如果发生了这样的情况，很多同志和爱国人士会受害，甚至有掉脑袋的危险。所以我想我一个人死也值得，因为可以保护很多同志和爱国人士。

可是我的死期没有到，或者守护神还保护着我。我被送到日喀则武警大队，当着我的面检查我的行李的时候，图伯特虎龙青年组织的重新整理的文件书没在我的行李包里。这说明我已经把这个文件和其它文件放在我们的联络人的行李包里，我这才放心了。这天晚上我关在武警大队的一个小房间里，门锁着，门外两个武警战士看管我。这时候我在夜晚好像两、三点钟左右，我悄悄拿出原先放进裤腰里写有相关人士的名单的布，放进嘴里，咬来咬去、嚼得稀烂以后，丢在垃圾桶里，这样以后我很放心了。我想，现在我要想一切办法活下去，战友和组织没有危险的情况下，自己结束自己的生命是损害组织和个人。欺骗敌人和争取活下去，继续要为了图伯特独立而战斗是我们的任务。所以敌人审问我的时候，必须善用欺骗的技巧，想办法逃离开敌人的魔手。这天晚上，我想来想去，整晚上没有睡着，思考着对付敌人的计策。

天亮了，吃早饭的时间到了，一个图伯特人的武警打开了关我的房间的锁。这个武警是我被送到日喀则武警大队的时候接我的武警干部。他带我到一个年轻的图伯特人武警的住所，他给这个年轻的武警说，你去食堂买馒头和稀饭给他吃吧。他马上去食堂买馒头和稀饭给我，他说请你吃吧。当时只有我们两个人，没有其他人，这个年轻的武警抓紧没有人的机会，他问我，你从哪里来的呢？我回答说，我从尼泊尔来的。这时候，他问我定日关口年轻图伯特人的武警们问我的一样问题，你有没有见过达赖喇嘛？我回答说，我们在国外的图伯特人都见过达赖喇嘛，而且见过好多次。这个武警很遗憾的给我说，我们根本没有见过达赖喇嘛。他还说，西藏独立能不能实现呢？我回答说，我怎样解释呢，现在世界上达赖喇嘛的威望很高，而且世界上关心图伯特问题的人越来越多。我听这个武警的口音像是拉萨周围人的口音，我问这个武警说，你的家在哪里？他回答说，他是拉萨人。我又问他，你拉萨哪个地区？他的家在堆龙。中共的所谓的人民解放军里这些吐蕃军人，在他们思想里可以看到很名显突出的吐蕃的自尊心，他们的民族情感很强和很深，他们想知道图伯特能不能独立，而且他们很不习惯汉人的统治，可是很明显的看到吐蕃人和汉人之间的矛盾很深。这个事实说明，中共统治集团用大民族主义的手段来压迫吐蕃人民和少数民族的手法，是罪恶毒和最野蛮的殖民主义政策的结果，这是毫无疑问的。更不用说的是，吐蕃民众对达赖喇嘛的爱戴和尊敬也是毫无疑问的。可是特别值得注意的是，中共国家军队里吐蕃人的新一代年轻的军人当中，在中共的殖民主义统治的强大压迫下，他们想念自己的领袖达赖喇嘛，完全是像个渴望获得解脱那样的情形。我看到这样的民族自尊心的时候，我自己的心里悲喜交集。我亲身感受到，中共土匪集团无法消灭吐蕃民族。

然后吐蕃人的警察干部又来了，他给我说，请问你吃完了没有？

第三十三章 三闯图伯特被俘

我回答说，我吃完了，谢谢你。他又问我，你喝甜茶吗？我回答说，我喝甜茶。他马上叫一个年轻的图伯特警察，给他说，你马上回去，做个甜茶拿回来吧。可是不到三、四分钟，这个图伯特民警干部很遗憾地对我说，对不起，茶做好了，可是日喀则公安局的人接你来了，没有办法，你马上要去。这时候这个院子里来了一个北京牌照的汽车和一个公安干部和驾驶员。这个公安干部对我说，你上汽车吧，我要送你去日喀则公安处。当时是五月二十二日，我到了日喀则公安处后，我被交给一个图伯特的公安干部。这个公安干部带我到他的办公室后，他给我说，你首先老老实实地交代你的问题。还有他问了我的名字、拉萨的住所和出身地点、父母的名字、阶级成分，同母同父的姐弟的名字，工作，年龄。还有他问我，我回来的目的和国外的工作等。他问清楚，并都做了笔记记录。

面对这些问题，我很有经验，因为我坐牢十几年的痛苦积累了丰富的经验。我给他回答说，我在国外做买卖为生，我离开了我的父母、我的老婆和儿女六年多了，所以我去驻尼泊尔的中国大使馆申请探亲签证好几次，可是都没有给我签证。因此我没有其他办法。还有，你们取消了拉萨的戒严，所以我越过边检为了探亲，看望我的老婆和儿女，还有年老的父母。还有，我听到你们宣传党的政策宽容和正确，人民的生活比以前改善，如果这样的话，我就留在拉萨不回国外。还有他们问我，你为什么带来西藏的狮子旗和徽章、小册子？目的是什么，是谁给你的，有什么任务，你必须交代清楚。我回答说，谁也没有给我任务，我自愿回来的。我回来的时候，思想里有两种计划，如果在西藏有平安的话，我留下；西藏还不平安的话，我要回国外。这些狮子旗和徽章，达赖喇嘛对欧洲议会上五项和平建议的讲话和《世界人权宣言》等这些小书，我在拉萨悄悄地散发。这些都是我自己的计划，谁也没有给我任务。他问什么，我继续重复讲以上的回答。审问我的这个图伯特人的公安干部是日喀则地区的人，他根本没有吐蕃民族的感情。

第三十四章

再陷囹圄，生死未卜

在日喀则公安处，两个公安干部审问我以后，带我进到挂着北京牌照的轿车里。我被交送日喀则的娘如监狱关押。我无法预料当下和未来，我的处境会是凶多吉少，也可能会面对生死危险。

我在日喀则娘如地区的监狱被收监，这是1990年五月二十二日。这个监狱看管的大多数被关押的人还在审问期间尚未定罪判刑。这也是他们叫看守所的监狱。然后看守所监狱的干部接管我以后，他们给我解释监狱里的纪律。他们给我说，在上面来的审问你的官员面前，为了你的前途，把你的罪行交代清楚，重新做人。如果你继续顽固的话，你自己吃亏的。这就是他们的老话重复给我以后，他们锁起了监房的门离去了。这个监狱有三堵墙，外墙，中墙和内墙。墙的高度有五、六米，墙上面有日夜监视在押犯的军人，到处安有大灯，墙上全部铁丝网。我关进监狱进去后的第二个房间，这个房间里已经有四个被关押的人。他们当中一个是汉人。他是日喀则汽车一队的队长，他被控贪污了人民币两万的罪行。他经常骂共产党。还有两个是吐蕃人，一个年龄大概在十八岁左右，他是日喀则城里的学生，他的罪行是集体奸淫女孩。还一个是日喀则附近的人，他的年龄是四十多岁，他的罪行是他和亲人及其他帮凶一起杀了一个安多的商人，以抢夺物资杀人罪，已经判刑十四年监禁。还有一个是日喀则检查院的公安干部，他的枪走火打死了朋友，他的罪行不是故意犯罪。这个监狱前后两个院子，里面有两排房子，大概关有五十多人犯。这些人犯大多数是杀人犯、盗窃犯、奸淫犯、贪污犯和非法买卖的商人，政治犯有三、四个。

第三十四章　再陷囹圄，生死未卜

　　这个监狱的情形和我自己 1970 年到 1984 蹲过的拉萨监狱很不一样，变化很大。很明显的，我看到中共当局的威望下降了很多。无人严格遵守监狱各种纪律，监房里犯人之间公开说自己的所谓的罪行，一起吃饭、抽烟等。这些都违反给犯人规定的监规，可是犯人当中没有人汇报这些违反的行为。还有监狱里说学政治，每天发给《西藏日报》，可是没有人像从前那样吃晚饭以后学习《西藏日报》和毛的著作。我关进一、两天后，日喀则公安处一处的名叫多杰的科长和他的助手来审问我。我给他们讲的还是以前讲过的，这些我重复给他们讲。他来了两次审问我，最后他给我讲，你有任务的，谁给你任务的，你必需要讲清楚。你的从前到现在的所作所为的文件在我们的手里，现在问题不是你交代或者不交代的问题。你以后可以知道的，所以你现在好好考虑你自己的问题，我们会再来。说完这些，他们离去了。

　　几天后，从拉萨专门来了西藏自治区公安厅一处的处长刘文忠。和他一起的还有位姓王的汉族助手，一个汉族驾驶员兼助手。三个人都穿着公安的正式制服。一处是公安厅里众多处级单位里面很重要的一个处，这个处专门侦办涉及国外情报工作的案子。大概六十岁左右的刘文忠审问我的时候很狡猾。他表面上礼貌地称呼我，德庆嘉措先生。他说话的时候温声细语，讲了很多道理。在审问我时，他还问我说，达赖喇嘛说什么？流亡政府有什么计划？你去国外训练了吗？国际上支持西藏独立的是一些组织和一些议会以外的人，没有人支持西藏独立的真实情况你自己很清楚。我不用解释。因为你留在国外好多年，所以你自己知道的，西藏内部分裂主义者也只是一部分人，这也只是拉萨里面一部分，大多数藏族人民反对分裂主义，群众的生活很显著的改善了。人民群众拥护政府，分裂的行为不会有好结果。所以坦白你的问题。交代的话，你有前途；如果你坚持顽固的话，你自己很清楚。他说了他们经常讲的教育宣传类一大堆话以后，又说，你好好考虑。说完他们离去了。

　　第二天，他们又来审问我，我的回答是重复上次讲的这些。他们又问我，你在拉萨的联络人是谁？有什么计划？你在国外靠什么生活？你住所在哪里？你在国外的亲属这些是谁？我回答说，我在国外生活是做买卖，主要是我从加德满都买香港的衣服去德里卖，还有这次我来这里的主要目的是探望我的太太和小孩，我的两个年老的父母，还有我想了解拉萨的情况。如果拉萨的情况好的话，我就留在拉萨，和家人一起过日子等的回答。他们又问我，流亡政府的安全部的前秘书长强巴甘单和现任秘书长罗桑崔臣，还有点出几个前任噶伦的名字说，他们有什么任务等。审问我大概半天后，他们说，你回去以后好好考虑你的问题。我们会再来。说了以后他们回去了，我被送回监房。

第三天，所谓的西藏自治区公安厅一处处长刘文忠手下的王姓年轻干警来审问我。他连续来了几天，我回答的仍然是重复前几天回答的这些。这时候他再给我说，你不要这样讲，你的过去和现在的所作所为，罪行都在我们手里。到时候我们把你的这些罪恶摆在你的面前，那时候就太迟了。比如我给你讲一些问题，1979 的时候，拉萨藏医院墙上的大字报是你贴的吧，是不是？你们虎龙组织的问题也要等你讲一下。他这样审问我大概持续了七天左右。

他一次一次来的时候，不断提醒我的过去的爱国反帝的一、两件事来，想得到证实和清算我。他还有提起，1985 年所谓的西藏自治区成立二十年的庆祝活动的时候，我们组织发起"反对中共殖民主义违法统治图伯特人民的行为运动"的事情，这个运动当中我的最亲密的战友、我的助手和组织副领导旦巴达杰为了正义事业献出了自己的生命，还有忠诚和有胆量的我的战友扎西被关进监狱，发生了遗憾和痛苦事情。我上面提起过的旦巴的姐姐的女儿把自己看到和怀疑的事情汇报给自己的敌人——中共的公安系统，这对我们组织有损坏的，中共当局才知道当时的这个反帝运动的背后操纵者和领导是我德庆嘉措，爱国虎龙青年组织是我搞的。可是他们不知道我们组织的成员，这是因为，我创建图伯特爱国虎龙青年组织的时候明确规定，发展组织成员的时候，你自己发展三、四个人，一对一认识，不准集体认识和开会。这个办法对我们组织的生存帮助很大，作用很好。所以前面的他们所说的，给我对证的罪恶不承认顽固的话有什么作用，或者想一切办法维护组织和战友们的情况下能不能欺骗的策略问题上我慎重地考虑，我知道中共当局很想利用我。我分析的原因有几点：

第一，中共当局对我的判断是，他们认为：我的罪行很大，1969以前到1990年之间我未停止过分裂的运动，可是流亡政府没有把我放在眼里，所以我和流亡政府之间产生矛盾，我会对中共当局低头。还有审问我的年轻公安干部审问时，他很想在审问中显示出他的业绩成就。他给我说，这里只有我们两个人，所以我提醒你一部分过去的所作所为，因为我为了你好。你也该为我考虑下，因为你坦白你的问题，对我的前途和提拔也有好处。

第二，他们认为我被派往国外学习训练，所以流亡政府安全部安排我工作。可是在这个问题上我根本没有承认。我给他说，学习训练结束后返回达兰萨拉，在工作安排方面，我和安全部的前任秘书长强巴甘单和现任秘书长罗桑崔臣产生了矛盾和争吵，特别安全部的前任和现任秘书长都很不习惯贵族，从西藏来的贵族后代男女青年根本没有安排到流亡政府各个部门，流亡政府也没有给我本人安排工作。我这样回答的时候，我装出给他们看的失望态度。我还给他们说，他们没有给我安排工作，可是我要生存，所以我在加德满都办了一个小餐馆和店铺，靠做买卖过日子。我这样讲的时候，他们的表情上看出来有点相信我的话。当时我是流亡政府安全部的正式工作人员也是干部，可是我的正式工作人员身份没有对外宣布。我也没对任何人讲我的真实身份。还有我办小餐馆和店铺，表面上作生意买卖，当时从图伯特来印度探亲朝拜的的熟人和拉萨邻居问我，你在国外流亡政府里工作吗？我回答说没有，我做买卖工作。我这样回答的时候，大多数爱图伯特国、爱流亡政府、爱达赖喇嘛的图伯特人对我很不满意，还来教训我。可是他们的教训不但没有让我不高兴，我的心中感到很亲切和愉快。我的餐馆和店铺是用来掩护我的事业和我的真实身份，它们根本没有收益，只是收支平衡。因此我的这个买卖工作让中共的公安干部没法确定我是流亡政府安全部的工作人员。还有他们错误地断定，我和流亡政府安全部之间有矛盾，所以他们想利用我。

第三，他们利用矛盾来对我讲，流亡政府里从头到尾对贵族看不起和仇恨对待，是不是？比如，嘉乐顿珠对霍康和优多、法拉那样有名的贵族进行各方面打击，他们无法在流亡政府里生存，各自离开达赖喇嘛跑到欧洲各国去了。这个问题我们不必多解释，你很清楚的。可是我们党执行正确的政策，西藏的上层阶级们、也是贵族们，无论过去他们有多大的罪恶，我们给他们宽大处理，而且给他们安排工作。比如很多贵族现在担任全国政协和自治区政协的副主席和委员等职务，他们的子女以自己的能力在政府各部门做经济管理工作。所有这些，你都亲自可以看到的。他们试图这样教育我，说服我，最终目的是利用我。

第四，贵族的亲属大多也都是贵族，所以在图伯特内和国外的亲属大多数是贵族。比如，哲通是我的母亲的亲戚，而且哲通的少爷们不但在流亡政府里工作，而且担任很高职务，所以从这方面他们企图得到他们想要的流亡政府里面的内情。

第五，中共当局知道我的父母和我的太太和子女在拉萨，所以他们认为，我们感情很深，我肯定无法抛弃他们。一次他们对我说，请你好好地考虑你的家人，如果，你和我们一起共事的话，你的家人、太太、子女的前途都有好处，他们的工作我们可以帮助安排。这不只是我们说的，这是上级的想法，上级对你很关心。

以上的五点方面，他们错误地估计了我，所以他们想方设法拉拢我。他们想，他们可以成功拉拢我，我肯定会和他们一起共事。在这样紧急情况面前，我想我怎么对付敌人的阴谋，怎么想办法摆脱我的危险处境。我首先必须考虑的主要是在拉萨前线我们组织的战友和爱国战士们安全。他们在第一线和敌人战斗。在不损坏和不破坏我们组织的情况下，我承认我创建了图伯特虎龙青年爱国组织，因为他们

第三十四章 再陷囹圄，生死未卜

已经知道，图伯特虎龙青年爱国组织的创建人是我。我也承认组织的领导人是我。我还承认组织的文件和传单是我写的。还有组织纲领文件已经到了他们手里，所以我承认组织的纲领也是我写的。他们问我，你的组织有多少人和核心组织人员？给我们交代吧！我给他们介绍说有旦巴（旦巴在反帝运动中牺牲了）还有扎西（扎西被当局第二次关进监狱，他们知道扎西是我的帮手），还有在国外尼泊尔的欧珠和索夏钦·顿穷多吉仁波切，我们一共五个人。他们再给我说，你肯定知道旦巴的事情，你不可能不知道旦巴的事情。他们继续说1985年，你们的反政府的运动被我们打败了。可是这时候的反政府的运动对国内外的影响相当坏，特别是全拉萨的大多数人都知道这个事情。在印度，当时是达赖喇嘛时轮金刚讲经的时候，所以从西藏特别是拉萨去印度听讲经的人很多，因此旦巴的问题你不可能不知道。可是我坚持说我不知道旦巴的事情，我根本没有承认。如果我承认知道旦巴的事情的话，旦巴已经牺牲了，所以我没有办法解释我这次是来联络旦巴的。

　　我坚持给他们说，我这次来的目的是了解拉萨的情况，如果像政府所说一样的话，我计划会留在西藏，停止政治活动，和留在国内的家人一起过日子。如果拉萨的情况不像政府所说那样形势大好，而且形势对我不利的话，我联络旦巴和扎西讨论西藏独立运动事务后，我就返回加德满都。就这个问题，我被审问很多次，可是我坚持以上的答复。

　　还有他们问我过去关进监狱的经历。这个问题他们很清楚的，这也是1969年在拉萨我们五个拉萨青年讨论图伯特独立的问题。这也是我和强巴索巴、扎西、索朗勒扎、洛桑次培我们五个人会晤。我们说，图伯特是独立的国家，达赖喇嘛是我们的领袖，所以我们要组织图伯特爱国青年组织。这次我们只是讲讲而已，没有行动过。大概五、六个月以后，中共当局逮捕洛桑次培和索朗勒扎以后，我们全部被捕。我给他们简短地介绍了这个事情。还有问我印度流亡社会里的很多情况。一般的问题上我实话实说，可是重要的问题上我说，我不在流亡政府里工作，所以我不知道。我们说来说去反复很多次以后，这些审问我的公安头子们一般相信我说的以上的话，以后对我说，你的思想里有很多复杂的问题和愿望，这就是你在国外流亡很多年的关系和影响，所以我们也没有希望你一下子把这些东西除掉。如果我们这样提出要求的话，是不合适的。你可以逐渐知道，现在我们执行的政策和人民的思想觉悟、生活，整个社会，都在进步。

还有审问我的姓王的公安干部对我说，你的交代，这些一般的问题，你是坦白的。可是重要的问题上，经过指点以后，你交代对你也是有好处的，我也有功劳。所以我给上级领导请示的时候，我可以为你说好话，主要是我这里写什么材料是很重要的，我可以帮助你。这就是我们两个都有好处。他这样的目的是，他一方面想影响我的思想，另一方面他是想从对我的审问捞得功劳，很想往上爬一层级别。他审问我的时候，我看得出来他不是真心真意地审问我。他是为了他自己审问我，这对我来说带来了很多帮助的。

五月26日再提审我的时候，来人包括首先审问过我的所谓的西藏自治区公安厅的一处处长刘文忠和经常审问我的姓王的公安干部，还有驾驶员和公安干部。这次还多出一个人。他穿一般干部的衣服，看上去近七十岁，我好像以前看见过那样的人。当时他们介绍他，说他是西藏自治区公安厅党委书记和副厅长，他是公安厅职位最高的领导，也是姓王。他当时是第一次来见我的。他和拉萨公安厅一处处长刘文忠、年轻的王姓干部等一起，是西藏自治区专门建立的一个专案小组来审问我和处理我的问题来的。对我的问题，他们有百分之百的处理定夺的权力。这个老人很狡猾，吃人的那种狡猾。当时我到了他们的面前的时候，王书记马上起来，笑嘻嘻的对我说，德庆嘉措先生请坐吧。他们把已经准备好的茶倒进茶杯里给我，说，请您喝茶吧。很狡猾的王书记以恭敬的态度就一般的问题给我谈话后，他问我以前审问过的一些事情，再次仔细地问我，我坚持和重复解释原来说过的话。最后他们给我说，过去党的政策和策略上有犯了很多错误，所以带来了很多人悲观失望的局面。但是现在的政策是比以前更好，群众有了宗教自由，群众的生活得到照顾等。你亲自可以看到的。就你自己来讲，从头到尾搞很严重的分裂运动，可是你可以和我们一起共同合作。如果你相信我们的政府，悔过自新，立功赎罪的话，我们政府不追究你过去的罪行，对你来讲，过去你所有的罪恶的证据文件等都在我们手里。比如，扎西等他们我们早就逮捕了，一般问题你也清楚交代了。我们给你适当的机会，我们再次把你放出外国的话，比如，现在你在尼泊尔你的钱财要处理，还有你想见你的子女等，所以你有什么打算？你有什么实际行动来立功赎罪呢？现在你不是正式被捕，你还只是拘留教育，所以我们同意决定让你返回国外。我们的意见是，首先你大胆地回拉萨，你说你探亲来的，还有你说看你的太太和小孩。这时候肯定有些分裂分子会来看你，你也可以发展你的组织，可是首先给我们联络和报告所有的问题。然后你去国外处理你的钱财后，你光明正大地拿探亲的护照来拉萨，你给我们继续联络。我们这个意见你自己考虑下，这就是我们的意见而已，不是规定，主要我们听你的意见。

他们的意见和办法是送我走上绝路，我无法接受。我慎重地考虑这个问题后，为了逃避他们的危险计划，我说服他们，我这次必须秘密地进行，不应该公开去拉萨。我这次公开去拉萨的话，我今后无法为你们工作。我经常高调公开来往的话，人们会对我产生怀疑等。

我说服他们后，他们对我说，今天你回去监房后好好地考虑这个问题，你明天拿来你的意见和计划。这天晚上我回监房，我要逃避他们很阴险的所谓的意见，我慎重地考虑的时候，我一个晚上没有睡着。还有他们给我说，你需要什么条件我们给你，你可以提出要求给我们，我们也会给你。我慎重地考虑以后，我给他们提出我的计划：这次我去拉萨的时候我不应该公开去，谁也不知道的情况下秘密地去，因为这次我在返回尼泊尔后，明年要再回西藏，所以短短的时间里两次来探亲的话，现在国内外来往不太方便的情况下人们容易对我产生怀疑，还有我的工作不是这一次结束的，以后继续为国家和政府服务，我的路会被堵住的。所以我这次不和任何人搞关系和联络，可是我这次来到了这里，我请求这次我秘密的去拉萨见我年老的父母和我的太太，在拉萨住几天以后，我再秘密地返回尼泊尔。在我的能力的范围内，我愿为国家和政府在三大事情方面做贡献。我的计划如下：

第一，我在印度的时候，国外学习训练结束返回印度后切断了我和流亡政府的安全部的关系，所以我可以努力恢复这个关系。请你们给我创造一些条件，政府考虑一下给我一、两份过时的一般的机密文件、现有的监狱里和死去的部分藏人的名单，如果我有了这样的条件，我可以拿这些东西恢复我和流亡政府安全部的关系。如果这个工作顺利，我可以知道一些流亡政府的打算，有什么计划后我即可汇报给你们。

第二，我探听在尼泊尔有多少流亡政府的工作人员。

第三，明年适当的时候我完成以上的任务后，我拿探亲的护照和公开的探亲的名义来拉萨。我给流亡政府安全部汇报这个问题的话，他们肯定欢迎。我要求流亡政府安全部给我在西藏的一些联络人的名单，所以我也会积极地联络分裂分子，争取立功赎罪。这就是长期的我的工作计划，可是这些合适不合适请领导过目和请求指导。

最后他们被我的迷魂阵骗了。他们同意我的以上的计划，给我说，今天你回监房吧，我们明天再来。第二天，监狱管教人员叫我去办公室的时候，和前天一样来了西藏自治区公安厅的最高领导人党委的王书纪和公安厅一处处长刘文忠，还有他们的助手年轻的姓王，还有来了一个新人，日喀则公安处的副处长班旦。刘文忠介绍我给班旦。班旦向我问好的时候，刘处长给我们照个几张相，然后他们给我说，我们同意你的计划。你今天返回日喀则，找个客栈休息一两天后，你可以去拉萨秘密地探望你的太太和你的子女，时间是一个星期，你好好地过你的探亲日。还有问，日喀则里你有没有认识的人。我回答说我没有。他们说，如果这样的话，日喀则你去找旦增，客栈住这里可以，日喀则住这段时间你可以小心地去看这里的寺庙和城市建筑，还有你住客栈的时候晚上有城市里检查巡逻，如果遇到的话，你没有证件会有麻烦，因此班旦处长给我他的电话号码，说，告诉他们：你们打电话给班旦处长，班旦处长知道我的事情。还有王书记和刘处长给我说，今后工作的联络等的工作方面，班旦处长来负责，所以你给他联络。还有他们说，你去拉萨好好地休息后，我们还需要见面。一个星期以后你给我们打个电话。刘文忠给我他的办公室的电话号码和他的私人的电话号码，这就是刘文忠电话号码一个是26010 和 24449 公职公安厅一处处长姓名刘文忠，他还说这些你记在心以后这个地址号码烧毁，还有说，我们问你，去拉萨的汽车你自己来找吗，还是我们帮助你找。为了打消他们的怀疑，我说，我请求你们给我帮忙找汽车吧。班旦给我回答说，你放心吧，我来帮你找汽车。然后他们给我倒茶和谈一般的问题后说，你回日喀则，现在去好吗，或者晚上去？你自己好选择。我给他们说，我现在去日喀则也没有问题，因为这个地区我没有熟悉的人。所以他们和我一起来监狱拿我的行李，放在他们的车里，送我去日喀则。

1990年佛诞日我在日喀则的扎什伦布寺

当时是1990年六月七日，我从定日关口五月二十逮捕后整整十八天关在他们的监狱里。我到了日喀则的时候，他们介绍给我的客栈主人真名叫旦增,是多俗家族的少爷,他有商店和客栈,我入住了他的客栈。这一天是图伯特的藏历四月十五日,是佛教很重要的节日——佛诞日,所以这天我去扎什伦布寺朝拜。

当时我住日喀则两天后,六月九日按计划,班旦处长为我找汽车。客栈派了一个公安干部带我到路边,他挥手示意路上开上来的一个大车停下。这个公安干部对驾驶员说,你去不去拉萨。驾驶员回答说,对,我去拉萨。这个干部说,你去拉萨的话,你带他去拉萨吧。驾驶员对公安干部回应说,是。当时日喀则出发的时间是上午十一点半左右,这天下午八点三十分,这也是六月九日,我到达拉萨。这时候离太阳日落还有一个小时左右,天黑以前我无法进家里,因为拉萨是我的出身地和成长的地区,所以我即便换了衣服和化装,我们的邻居看见我的话,也会马上认出我。在拉萨我认识的人和朋友很多,为了避免被熟人看见和认出,离我家一个小时左右的距离,我给驾驶员说,师傅,我要这里下车,车子停一下吧。驾驶员说这里可以吗,我说可以,谢谢你师傅,再见。我在这里下车。这个地区是拉萨河边,过了小桥有个小岛名叫甲马林卡。平时夏天拉萨的群众在这里游泳、沐浴和洗衣服,尤其是藏历七月(公历的 8-9 月)有七天的沐浴周,在河里沐浴可以祛病消灾。还有些人上带好吃的东西,在林卡里欢喜会面、唱歌跳舞。我去林卡里的时候快到日落了,林卡里人很少。我小心地察看周围,看有没有认识我的人。我到了没有人的地方,我去洗脚洗手。我等待日落天黑后,我穿上农村人的衣服和帽子,去到我拉萨城内的家。到了家的时候,我轻轻地敲门,开门的是我的恩重如山的母亲。我母亲意外看见我的时候,母子突然相见的高兴的同时,很快变成了没有人身自由的恐惧。我母亲担忧地问我,你为什么这样危险的时候来啦!现在完了!她这样子很担心我的安危,从这个方面显示出拉萨的社会仍然是大监狱。我安慰母亲说,不必怕。

我进家的时候,我的父亲也在。等到大家都平静下来以后,我给父母详细地解释了事情的经过,我这次回来的时候遇到过的各种事情。我的父母不太放心地对我说,这个中共当局是很狡猾奸诈的。这次表面上释放了你,可是他们还会对你用人不知、鬼不觉的手段,我们还不放心啊!我对父母说,我平时一心一意地相信三宝和莲花生大师,相信护法神,经常祈祷他们。可是这次发生了这样事情,我在这样危险的时候安然无恙,可以证明他们是在保佑我的!对我自己来讲,我抛弃自己的利益,一心一意地为图伯特的独立和自由服务,所以他们仍然还会保护我。我不会有事的。如果真有不幸的事发生的话,这就是我的前生因果、无法避免了。不必担心吧!我们的政教领袖达赖喇嘛为了图伯特的正义事业和为了众生日夜不停地工作,如果我们无所事事、坐享其成,是说不过去的。把这些事实解释以后,我的父母开始放下心了。

1990年六月回到拉萨父母家中,和侄儿在一起

然后我对父母介绍国外的达赖喇嘛的事业、功勋和流亡的真实情况后,我的父母很高兴地说,达赖喇嘛身体健康,我们就有希望。我们经常祈祷达赖喇嘛身体健康,万寿无疆!

我到了拉萨四天后，我给公安厅一处的处长刘文忠打电话，提出我想要回尼泊尔的要求。因为我用欺骗的手段来与他们周旋的，我并没有讲真实的情况。所以时间多一天，就是多一份风险。因此我没有离开拉萨。这段时间里，一天天都很紧张和心放不下。他们安排我十八日早晨去和他们见面。到了会见的时间，我按时去的。他们带我到了拉萨周围的米住桥的东南地区一幢不显眼的、被高墙围住的房子。表面上看，它像个破旧的、城市市民居住的一个房子，大小是适合一个家庭居住的。事实上这个房子是专供情报人员联络的地点。我进到房子的时候，我在日喀则的时候来的西藏自治区公安厅党委的王书记和一处处长刘文忠已经到了，还有日喀则一起来的年轻的公安干部，还又来了一个新的人，他也姓王。他说他是康区理塘的人。我看他是三十多岁的年轻人，可是他们介绍给我说，他是一处的副处长。

这天谈了一般的话，他们给我说，我回去的问题和工作的问题，交由日喀则公安处来负责。他们给我介绍了当今西藏的一些情况，还说，你上次提出的一般的一、两份机密文件和人员的名单的要求，我们的意见是，这次首次带这些是不合适的。比如人的名单的问题，我们公开宣判了一部分分裂分子，这些我们都登在《西藏日报》上，你自己可以从报纸上抄来这些名单，文件这次也不要带。下次你来的时候带的话比较合适。还有，他们给我解释拉萨的真实情况，可以说拉萨的军事管制结束了，可是管制很严，但是，不搞分裂行为的话，政治和经济政策很宽大，人民的生活很好，搞分裂的人是少数的，大多数藏人反对分裂、反对动乱。特别是农牧地区的人民，是很积极反对分裂和动乱的，他们拥护中央执行的西藏的政策。这些都是真实的情况，所以你调查的话有可靠的证据。

公安厅的王书记和刘处长交给我的任务，政治宣传里面主要是上面这些内容。这天主要是为了欺骗利用我精心安排的招待。桌子上各种各样的菜有二十种，还有白酒、啤酒、甜茶。我不喝酒，所以我喝甜茶。吃喝完了以后，他们给我说，政府对你表示了很大的关怀和期待。这次你回到国外以后，我们希望你为了国家和人民做出贡献！

第三十四章 再陷囹圄，生死未卜

他们用这些话来收买我、鼓励我。我也回应说，请你们放心吧，我争取在自己的能力范围内，积极做好工作和完成任务。我在国外也好，国内也好，我的性命、我的老婆和子女都在你们的手里，所以现在我也不得不考虑他们的安危和前途。他们在心里也一定认为，现在我的命运掌握在他们的手里。在天没有黑以前，我无法回家，因为邻居看一眼马上就会认出我的。所以我要等到天黑了以后，我才回家。这时候他们带着我，在小车里他们说，你需要看看拉萨的建筑和发展！他们带我看了整个拉萨城里。快到天黑的时候，我回家的路上下起了大雨。他们定下来我回尼泊尔的时间是六月二十二或者二十三。他们还说，那时候公安厅专门派汽车，刘处长亲自和他的助手王干部送我到日喀则。最后我从拉萨出发的时间正式定在了1990年六月二十二日。

当时我住拉萨十三天的时间里，拉萨的局势相当紧张。这不久以前拉萨还执行军事管制，但是四月三十号夜间解出军事管制，拉萨白天已经没有人查证件。军事管制的时候堆龙德庆、曲水，进拉萨的路口和拉萨市内的十字路口、加油站，还有拉萨水泥场的西南和八一农场的西面的十字路口检查车子和证件的军队已经撤了，可是还是管制很严。他们加强了各种各样的镇压人民的工具。比如以前有的所谓的维护治安的武警大队（武装警察部队）和公安部队上还有新的治安部队建立起来，这就是国安厅。这个机关不必听从所谓的西藏自治区的权力机关的命令，它是中央直接管辖的直属机关。这个机关的干部的条件要求大学学历或者至少高中毕业生，共产党员，自己和家庭成分要好，还要查三代的成分。这个机关的任务是监视他们所说的国外的达赖喇嘛、他的流亡政府和国内的分裂分子。当时这个机关的地点是西藏自治区劳改局的旁边的，也是拉萨的北面。

还有新建立的镇压人民的另一个机关是防暴队。这个机关听从西藏自治区公安厅和拉萨公安局的命令执行完成任务。这也是辅助武警部队一起镇压人民的。城市各居民委员会建立起治安人员制度，这些治安人员晚上经常盘查旅客。公安厅的分局机关运输机关和拉萨公安局一起搞运动查驾驶执照，这个运动从晚上九点钟搞到十一点钟，这个目的是压迫和限制图伯特人民的自由。早上和晚上围绕拉萨城转经[1]的人说，晚上十点左右到快到天亮的时间，两、三个大车满满的军人巡逻拉萨城市。即便在这样严厉的监视和限制下，英雄首都拉萨的人民没有屈服，精神没有被压倒，特别是各寺庙年轻的僧人和尼姑们在敌人最凶恶的压迫下，不怕困难，不怕牺牲，继续反对压迫，争取自由。他们是真正高举维护宗教自由旗帜的图伯特的英雄儿女。中共当局派工作组进驻各寺庙后，很多僧人尼姑被赶出寺庙。哲蚌寺赶出年轻的僧人三、四十，这些僧人都是学习佛经成绩优秀的。当局决定从寺庙驱逐那么多的僧人后，留在寺庙的全体僧人团结一致地说，那么多无辜的僧人被赶出寺庙，我们也不留住寺庙，我们也要回家。当局通过教育来鼓励规劝他们留在寺庙，可是全体僧人不听当局的教育和劝留，坚持要回家，如果他们也不住寺庙而回家的话，寺庙就变成了空房。所以当时哲蚌寺里德高望重的朗仁喇嘛出面劝和，要求僧人们不要回家，继续留在寺庙。这些僧人不得不听朗仁喇嘛的劝告和要求。哲蚌寺那么多的僧人被赶出去的原因是，中共当局在寺里搞了哲蚌寺民主管理委员会，其主任单增塔庆，家乡康区嘉荣，他陷害和出买自己的人，对中共土匪集团溜须拍马，他是图伯特人民的败类和中共土匪集团的狗腿子。他为了中共土匪集团的利益，打击爱图伯特国家和人民的寺庙里的僧人，中共当局从寺庙赶出僧人和他有很大的关系。

可是色拉寺庙只赶出了三个僧人，据说是这个寺庙的民主管理委员会主任是对自己民族感情很深的好人。人们对他评价很好。还有甘丹寺多少僧人被逐出寺庙，我不太清楚。据说，也是很多僧人被赶出寺庙的。人们也说，这个寺庙的民主管理委员会主任也是一个民族的败类和中共的狗腿子。

---

1 拉萨有三种范围大小、距离长短不一的转经路线："朗廓"是最小的，是在大昭寺里围绕释迦牟尼佛殿转；"林廓"是最大的，意为"外域"，围绕整个布达拉宫和拉萨城，全长约10公里，时间可长达三小时。"八廓"是介于其间，围绕大昭寺转经。

还有仓空寺、米穷日寺、噶日寺、修色寺很多尼姑被赶出寺庙。可是由于时间的关系，多少尼姑被赶出寺庙的确切数字我无法了解到。还有当局说，区桑寺是僧人的寺庙，不是尼姑的寺庙，不允许留住尼姑。所以这个寺庙里只允许丈夫过世出家的年龄大的一些老年妇女居住。

还有山南杰德的雪顿颂热林的六个僧人是在1989年三月被逮捕的。我在拉萨的时候，他们在扎基监狱里，他们关进监狱的原因是他们搞图伯特独立运动和建立组织。这个寺庙的仁波切已经流亡到印度，当时他在色拉寺或者哲蚌寺里学佛经。

在最野蛮的侵略者中共的统治下，图伯特首都拉萨的英雄人民为了图伯特国家、民族和自己的政教领袖达赖喇嘛，不怕牺牲，这种大无畏的精神不断地提醒我们的敌人——中共侵略者和他们的狗腿子、图伯特人民的败类们，图伯特人民是不怕牺牲和不怕压迫的，图伯特人民永不低头。拉萨是图伯特千年王朝的历史发源地，是宗教、文化、政治、经济和军事重镇，是图伯特三区人民集中并心向神往的圣地。面对最凶恶的中共土匪集团的血腥镇压，英雄拉萨城市的人民是爱国斗争和反帝运动的领导者和带头者，在这个城市里，到处可以看到民族自尊心和听到图伯特爱国主义的动人事迹。

比如，拉萨的很多居民们去看望监狱里和住院的自己的同胞。他们带去食品和用品，并照顾落难受伤的同胞。拉萨的居民们根本不分是否是自己的子女和亲属，凡是为了图伯特的事业进监狱的同胞，他们就去看望和照顾他们。拉萨城市的居民不顾自己的利益冒险去照顾和帮助自己同胞的精神，对监狱里饱受折磨的爱国同胞们，在精神上给予了很大的鼓励，在思想上给予了许多安慰。在实际帮助上，拉萨还做了很多。例如，当时当局驱逐仓空寺、米穷日寺、修色寺、噶日寺、区桑寺等寺庙的尼姑。被赶出去的尼姑们没有返回自己的村庄，他们仍然留在拉萨从有钱家庭那里化缘。他们拿到捐助的钱除了维持自己吃穿以外，大多数钱用在买食品和用品，送去照顾家不在拉萨的从农村来的被捕的爱国僧人和尼姑。这些年青尼姑们，还只是在十七岁到二十岁的年龄段，就树立了这样的好榜样。

在我记录的这段历史里面，我们看到了首都拉萨人民的崇高的爱国精神和反对侵略者的大无畏精神。他们朝思暮想的是自己的领袖达赖喇嘛归乡和图伯特独立。图伯特的人民一分钟也不想在没有自由、没有人权的中共殖民主义统治下过活。有了机会，他们会公开和不公开地组织各种各样的行动，反对中共土匪集团的非法殖民主义占领和统治。他们以行动已经谱写了很多英雄的传奇。我应该详细把他们写在我的这个历史叙述里。可是，许多忠实的爱国人士仍然生活在图伯特境内，时间和条件还未成熟，假如我仔细书写的话，不但没有好处而且还会伤害他们，所以我暂时不得不在此停笔。

我在拉萨住的十三天的时间里。我根本没有联系我们组织的任何人，因为拉萨的公安厅知道我在拉萨，所以我的所作所为都在他们全方位的监视下。他们在我家周围布控监视我的人，我的职责应该是要提高百倍的警惕。任何草率和盲动都会给我的朋友们和战友们带来巨大的损失和伤害。

按照安排，我从拉萨返回到日喀则，一路有一处处长刘文忠、他的助手王干警，还有开车的干警驾驶员。我们是在六月二十二日早晨刚天亮的时候，该是北京时间早上七点半，从拉萨正式出发的。我们到达日喀则的时候是下午四点半。他们带我到日喀则公安处的院子里，这个院子有前院和后院。后面院子是日喀则公安处一科的办公室。这里没有人，所以他们安排我住在这里。一科的科长名叫多杰，他是日喀则地区的人，负责来招待我们。中共当局似乎很信任他，他也很忠实于中共土匪集团。我们吃完晚饭后，来了一个日喀则公安处领导，是个书记名叫边巴。书记是共产党组织的主要领导，有很大的权力。我在拉萨的时候，自治区公安厅叫他来拉萨专门参与讨论我的问题。我从拉萨出发的时候，他又乘另一个车子从拉萨返回日喀则。中共当局对他很信任，所以他是日喀则公安处的一把手领导。当时我和公安的一处处长刘文忠和他的助手王、驾驶员在一起，刘文忠介绍边巴书记给我，还说，今后你的工作主要是你给边巴书记和多杰科长联系，这次你返回尼泊尔方面的安排他两个来负责。第二天休息一天。第三天，刘文忠他们一行人返回拉萨。时间是六月二十四日。

六月二十六日，日喀则公安处的边巴书记和多杰科长，安排名叫旦巴的普通公安干部送我到边检。他们一起来到我住的公安处的办公室。他们安排午餐为我送行请客。他们喝啤酒，我不喝酒，所以他们给我甜茶。他们说庆祝一下，要我和他们照了很多相，说了一般性的话。还有我返回尼泊尔的路线，规划从聂拉木到樟木检查站去尼泊尔。为了路上不引起其他人注意到我，他们对我说，你也穿公安服装和戴眼镜。还有我们的两个公安干部送你到边检。为了路上顺利，我们给你聂拉木居民身份证。

所谓的西藏自治区公安厅一处的处长刘文忠返回拉萨以前，委托我，你回去以后主要任务是，第一，流亡政府里有什么人事变化安排，第二，流亡政府和安全部在西藏今后有什么计划，你一定要了解清楚。这两个方面就是你这次的主要任务。为了安全，你不必在小问题上考虑太多。这就是刘文忠给我的最主要的两个任务。然后日喀则公安处的边巴书记告诉我，今后我给他们送情报的时间安排。他说，十二月十日至二十日之间，地点是樟木检查站的友谊桥的西藏那边有休息站的地点。以上的时间内，边巴书记或者多杰科长都可以到的。如果有紧急情况的话，你马上来樟木检查站，找樟木的公安局的局长。你给他说，你是边巴书记的亲属，请你给边巴书记打电话，这样子你通知我见面。还有他说，如果有很紧急的话，你去找尼泊尔的中国大使馆，你告诉他们，请你们打电话给日喀则公安处的边巴书记或者多杰科长，以上这些托付的问题你一定要记在心。这样子他们给我明确的计划任务。

第三十五章

虎口脱险，尼泊尔凯旋

一九九〇年六月二十七日，按照西藏公安厅和日喀则公安处的安排，我穿了公安服装从日喀则出发去聂拉木的樟木关口，二十八日的晚上住在此地旅馆。我们一起有送我的人多杰科长，一般的干部旦巴，驾驶员，我们三个一起住的。他们都是日喀则人。然后二十九日的早上人们上班以前没有人的时候，多杰和旦巴送我通过樟木关口到友谊桥，从这里我一个人去到了尼泊尔的关口的时候，拿出聂拉木居民的身份证给他们看，可是他们给我罗嗦很多，不让我走，其实他们想要钱。所以我给他们多一点钱以后，马上允许我走。然后我马上找我从这里设立的流亡政府的接待室，接待室的主要工作是接待帮助从图伯特脱离中共的野蛮统治流亡国外的图伯特人。我马上去找接待室，提出请求帮助我回加德满都。接待室里有年轻的图伯特人，他说你放心吧，这里等一下，我马上去想办法。我在这里等半个小时后他回来了，他对我说，如果你有紧急的话，有出租汽车，可是他们工钱要尼泊尔钱四千块卢比，如果你给四千块的话，从这里顺利送到首都加德满都。我马上同意，我给他说谢谢你，我从这里出发到加德满都的时候是二十九日，当时路上很多检查站，检查站查东西的尼泊尔这些警察像个狼一样。这些都是出租车驾驶员认识的，所以驾驶员掏钱。一个个检查站的警察人员拿了钱以后，他们看都不看，什么都不吭，他们挥手可以放行。这样的检查站很多要给钱。二十九日晚上八点半我到达了加德满都。这时候我自己的感觉是，我高兴得像是逃脱了牢笼的鸟儿。这次我行走图伯特的计划没有成功，可是在观世音菩萨神力和护神的帮助下，我的爱国战友们没有受到一点损失，我

第三十五章 虎口脱险，尼泊尔凯旋

自己也是胜利地返回尼泊尔。最主要是三宝给我神力和护佑我！所以，我伏地磕头无数，祈祷和感谢三宝！

待在加德满都一个星期多以后，我于七月十一日从尼泊尔出发返回印度，去达兰萨拉流亡政府所在地，向安全部长阿拉·晋美仁波切和安全部的顾问拉姆次仁汇报这次穿行图伯特的情况，和这次行走受到了挫折的详细问题。

我汇报和请示安全部长阿拉·晋美仁波切和安全部顾问拉姆次仁，我说现在中共当局不知道我是安全部的正式干部和情报工作人员。他们知道我去国外留学，可是他们不知道我国外留学的真实情况。还有中共当局知道我是贵族的儿子，所以他们给我说，过去流亡社会里，嘉乐顿珠对贵族恨之入骨，所以很有名的贵族们无法留在流亡政府里，他们一个个地离开达兰萨拉流亡到欧洲等地区。这个问题我们不用多讲，你们自己很清楚。他们这样的宣传是试图在我和流亡政府之间制造矛盾。我报告了中共情报当局利诱我的情况。还有我给安全部长说，今后我怎么去面对这个问题和反间谍情报的问题，有什么指示请明示我。安全部长说，这个问题我们深入仔细考虑以后，我给你答复。几天以后，安全部长阿拉·晋美仁波切叫我到他的办公室，说，这次我们搞反情报的运动的话，所谓的西藏自治区的情报组织早晚会知道，你是流亡政府的工作干部和情报人员。所以这对你的安全构成很大危险，暂时按你的计划，你去美国留学去吧。我也就开始做准备去美国留学。

一九九一年二月初我到美国，开始我的留学生活。我去美国留学的学费来自在美国的图伯特基金会的帮助，时间是两年。当时我根本没有英文基础，必须从头学英文。我学习英文两年以后，我想再学两年。我向我的工作部门流亡政府安全部打报告，请求我再学英文两年，继续请假两年时间。我的请求安全部批准了，这个两年的学费和吃住都自费的。两年过去以后，我再打个报告，向安全部请假，再加两年。可是安全部给我的回答是，流亡政府的正式公务员，告假只能批准两年的时间。如果再请假的话，就等于是退职和请长假。所以我决定请长假，自力更生。我在美国申请了政治庇护。现在我已是美国的公民。我现在在美国首都华盛顿的《美国之音》图伯特组从事播音和记者工作。

1991年到美国后在首都国会山前留影

1998年秋在华盛顿美国之音藏文部办公室

第三十五章　虎口脱险，尼泊尔凯旋

我从一九九一年到了美国，到现在2016年整整二十五年。可是我日夜想念的是我的国家图伯特，我的出生地拉萨，我的恩重如山的父母，我的姐弟和我的子女。可是我知道我现在无法返回我的国家图伯特，所以我请求我的父母和任何姐弟来美国探亲。我的前妻弄增拉对我的母亲说，把我的大儿杰美接到美国的要求。我母亲打给我电话，对我说，你一定要接你的大儿子去美国，因为这里弄增拉一个人无法照顾三个子女。我很高兴听到母亲的这些话，我马上答应把我的儿子接到美国。接我儿子的第一步是首先拿到中国护照。当时九十年代正在开放的时候，图伯特境内的人可以去国外探亲。比如，我的同事里面有九十年代以后来美国的，他们都去了图伯特境内探亲。他们的父母和亲属来美国探亲，来回很多。我的同事里也有1959年流亡到印度后再来美国的，他们也去了图伯特境内探亲好几次。我自己无法去图伯特境内探亲，可是我想我的儿子来美国是不会有问题的。为了我儿子来美国，他母亲为了拿护照，向自己所在的单位当局请示和打报告，可是很长时间没有消息。我们的同事探亲来回很多次，我的儿子等一、两年或者三、四年还没有消息。我打电话给我的母亲的时候，我经常问，我儿子的护照拿到了没有？母亲经常给我说，我们正在这方面努力，你放心吧。可是我等了很长时间还没有消息。有一次我给母亲打电话，接电话的是我父亲，我再问我的儿子的护照问题。我给父亲说，我们的同事去图伯特好几次探亲，他们的父母和亲属来美国也是好几次，可是我儿子的护照为什么拿不到呢？我的父亲在西藏政协担任委员，他对我说，儿子，我们很关心你的儿子，我们为了你儿子的护照，都到处找各级领导和单位。拿护照最主要的是他所在单位西藏自治区政协的允许证明，没有这个证明拿不到护照。所以我找到政协副主席金中·坚赞平措[1]，他给我说，你的儿子在国外干什么你知道吗？我们不会批准你的孙子的证件，所以你不要指望你儿子接他到美国。我说完了。他马上挂掉了电话。

1　金中（泽准）是五品级官员。

金中·坚赞平措这番话的主要意思是，我德庆嘉措在国外搞反对中共政府和分裂活动。我父亲马上挂掉电话是无法详细解释内容，因为中共当局在偷听电话，所以电话马上挂断。国外来的电话中共当局全部偷听，所以无法谈真实的情况和心里的话。如果我们说真实情况的话，当局会找家里的人麻烦，甚至扣政治的帽子和定罪。我父亲以上讲的这些话，是在我很多次问我的儿子的护照问题后，早就想讲可是不敢讲的话。这次在无法遮掩的情况下讲的。可是我想当局不给我儿子护照也好，当时我的父亲和母亲年老，我很想念他们，很想和父母见面，所以我对父母说，我邀请您们两位来美国探亲，行不行？我母亲很想见我，她说，可是我的身体不太好，所以不行。我给母亲说，请您不要担心，现在从中国到美国坐飞机一天时间就可以到的，到了美国，我来机场接您们。很方便不要担心。母亲听到我的这些话以后，她很高兴地答应我的请求。我父亲说，我可以来，我的身体没有问题。他很高兴地马上答应我的请求。然后两位父母开始办理来美国的手续，等了很长时间，可是中共当局根本不批准两位老人的护照。很遗憾，我没有任何办法。

中共当局不给我的儿子和两位父母护照，原因还是我没有按他们的计划办。他们没有达到自己的目的，所以这次很明显的显示出他们对我很恨，他们的所作所为是仇恨报复。还有我的姐弟们很想念我，所以他们想来美国探亲。可是他们怕中共当局找他们的麻烦，不敢申请来美国探亲。这样时间过了三、四年，五、六年。公历2006年、图伯特年元月十三日，对我恩重如山的我母亲大人没有大病安心地去世了。从此两、三年后，我的父亲大人也是没有病痛折磨安然去世。特别是我母亲去世的时候，我的弟弟丹增赤列在她身边。我母亲对他说，我要水。我弟弟给母亲喝水以后，她很安心，好像入睡了。她没有疼痛，安安静静地去世了。她的去世像在我的心脏扎了一根针一样痛苦。

我安心释然的是，我母亲去世的时候根本没有疼痛，安安静静地离开了人世。生、老、病、死的痛苦是众生都要走的路，可是在这个

第三十五章　虎口脱险，尼泊尔凯旋

无法避免的问题上，我们众生的前生和今生可以做善业，善行的结果就是善果。如果一个人前生和活着的时候作恶多端、害人害人类的话，结果是得恶果。有些人死的时候是很痛苦可怕的。死前病了很长时间，还有疼痛的痛苦，照顾自己的亲人也疲劳沮丧、同受痛苦。死的过程伴随疼痛折磨、呻吟甚至惨叫，死的时候充满恐惧和惧怕。毫无疑问，死亡关前不同的经历和心境，这些都是自己的前生和我们活着的时候自己做善恶的结果。所以如果我们做不到众生的事业，可是我们可以做到为别人做好事、考虑到别人，认识到别人有了好处也对自己有好处，自不待说。我们的今生和来生的归依者观世音转世的达赖喇嘛教导我们，为了图伯特的事业努力是和学佛教没有区别的，因为我们为图伯特的事业努力就是为了众生的幸福。这就是达赖喇嘛对雪山上的众生慈悲和关怀。这个问题我这个书的前面讲得很清楚，所以我不再重复。

当图伯特国家在我们自己手里的时候，图伯特独立的时候，天上的各种各样的鸟类和飞虫，地上的爬虫和走兽，水里的鱼虾没有受到人类的伤害，它们可以自由自在地生活。可是中共土匪集团占领我们的国家图伯特以后，他们最野蛮、最反动的殖民主义统治杀害了千千万万的图伯特人民，图伯特变成了人间地狱，变成了一座社会大监狱。图伯特的天上飞禽和地上的走兽，爬虫昆虫，水里的鱼虾，只要目所能及的东西，全部都要被杀掉和吃掉。他们这样杀尽了我们图伯特北方草原上的千百万的野兽。现在整个图伯特的草原上基本上看不到畜生和野兽，天山飞的鸟类里很多鸟已经绝迹消失了。这就是没有宗教信仰的中共土匪集团宣传无信仰、无业果、无因果的必然后果。我们图伯特人民恢复图伯特独立和争取图伯特独立，争取图伯特的自由民主的事业，不但是为了我们图伯特人民的幸福，也是图伯特为了众生的幸福所从事的无上光荣的、伟大的事业和善业。所以我们为了这个万古长青、永存不败的事业，我们需要鼓起干劲，以前赴后继的精神来向前进。

第三十六章

结尾和总结

　　中共土匪集团侵占了我们热爱的图伯特国家，到现在已经过去了五十三年。在这么多年的时间里，为了争取图伯特的独立和民主，我们图伯特千千万万的英雄抛头颅、洒热血，鲜血浸染了图伯特大地。痛苦的哭声短不了，可是我们以仁慈和慈悲的心态来面对我们的施暴者：他们杀害千千万万的吐蕃人和我们的父母、亲属，侵占了图伯特国和抢夺了我们的所有。但对中共侵略者，我们放弃了仇恨的心态和放弃了暴力的行动。图伯特一百多个从老年到青少年的男女呼喊图伯特要自由，允许达赖喇嘛返回图伯特，绝望地燃烧自己来自焚。这样最极端却又未攻击他人的手段来展示自己的愿望，并以最决绝的方式呼吁中共当局。这样的上百人来自焚自尽的事件是世界历史上绝无仅有、闻所未闻的。一、两个人自焚自尽，在中国自己的国内发生过，在世界其他国家也发生过的。可是，一个民族为了自己的正义事业，上百人燃烧自己的自焚自尽事件是人类的历史上没有发生过的，这是一个令人忧心的事实。这显示出流亡的图伯特人民和图伯特国内的人民已经处于绝境和无可奈何的时刻了。面对图伯特险恶的处境，中共当局惯用的手段依然是一手拿着屠刀杀人，另一个手拿钱欺骗收买。即便搞点老瓶装新酒，依然标明出他们坚决执行把图伯特的整个国家汉化、消灭图伯特民族的老旧的目的。

　　世界各国的领导、国际组织的领袖、各国的国会/议会代表，甚至中国国内的很多有名的民主人士和知识分子，都认为，达赖喇嘛的中间道路不仅对图伯特人有益，而且对中国民主运动的前景都有好处。他们呼吁中共的领导会见达赖喇嘛，解决图伯特的问题。可是中共土匪集团的领导们不但不听正义的呼吁和良善的劝告，他们却对达赖喇嘛进行无中生有的、卑鄙无耻的批评、攻击和抹黑。他们说达赖喇嘛是搞分裂和推动恐怖行为的，这样的指责是颠倒黑白、极端狡诈的说法，让有正常思维的人们感到不可思议。达赖喇嘛不但没有追求图伯特独立，而且达赖喇嘛说，图伯特要在中华人民共和国的宪法的框架下实现整个图伯特三区的、名副其实的民族自治。

可以理解，许多图伯特人民不接受达赖喇嘛的这个建议。他们认为图伯特在历史上是纯粹的独立的一个国家。在1959年中共侵略者占领以前，图伯特的主权是在吐蕃人的手中。图伯特自己有了一个国家的全部条件。例如，图伯特有人数不多但属于自己的军队和警察。图伯特有自己的钱币，钱里面有五、十、二十五两银藏钞和各种铜、银币。它建有自己的邮电局，并在公元1912年发行第一套面值七分五厘的十二枚整版邮票。还有自己的度量衡制度。有国家的国旗。图伯特国家的最高领导是政教领袖达赖喇嘛，下面有总理或者大臣，政府最高机构噶厦政府就是图伯特的中央政府。噶厦政府里有三个俗人和一个僧人担任噶伦，这下面有扎萨和台吉[1]，再下面有四个仲译钦莫和四个孜本，他们承担领导全图伯特的内政、税务机关、检查机关、法院工作。最高法院有法官，这就是米本，各县有县官兼任法官。还有国防部，这也是军队的总司令部。总司令部有总司令和有关军事官员，各军区有达本（就是军官），这下面有营长、连长、排长、班长。以上的这些国家军队的组织阶层、国家政府的阶层都完全具备。图伯特的当时的政治制度，如达赖喇嘛讲过的，是半封建和半民主的制度，这也是图伯特政府的一半官员是俗官、一半是僧官。俗官是来自贵族家庭的，这也是封建制度必须需要贵族家庭的人。僧官里面也有贵族家庭的人，因为贵族家庭有很多男孩出家，当僧官的也有，但僧官大多数是从一般群众家庭、甚至穷人里面来的。噶厦政府是图伯特国家的中央政府，此外还有议会，这也是有两个会议，一个是全体

---

[1] 扎特和台吉是格伦下面的三品官。

会议，一个是精简会议，这就是现代各国都有的上议院和下议院的形式。可是它们还不是全民来选举产生的，也不是中共的全国人民代表大会那样，是一个没有权力决定国家事务的像个小孩玩具那样欺骗人的工具。当时的图伯特民众大会权力相当大，它有权决定国家的大事和国家的命运。所以当时我们的图伯特国具有完备的国家机器，它是两千多年前建立到1959年之前，享有完全自治管理全面事物的一个独立的国家，其它认何国家都未统治过我们图伯特国家。

不幸的是，我们图伯特在赞布时代结束以后，国家在各个方面逐渐衰弱，最后没有能力抵抗外国的侵略。所以强大的帝国主义的侵略者到了我们家门口的时候，我们根本没有反抗侵略者的能力。我们的国家沦于敌手，雪国的人民自己变成了敌人的奴隶。雪国人民当今的悲惨状况严重到我们想象不到的地步。我们回顾过去，我们要正确地总结过去失败的经验教训，仔细周全地考虑未来，设想出今后的发展路径和愿景。

达兰萨拉已经成为全球藏人的新圣城，因为达赖喇嘛住在那里。

统治图伯特的首位赞布、也是第一国王聂赤赞布开始了赞布的时代。建立起强大图伯特的有名的三个赞布，首推的当是第三十三代松赞干布，他统一了当时的图伯特的大大小小的地方王国，大多数小国在赞布的统治下联合建立了大图伯特国后，图伯特的政治昌明，推动发展军事、法律、统一度量衡、经济和文化等。他建立了强大的图伯特国和强大的图伯特的军队。松赞干布的功勋和声誉广泛流传、达及周围的各国。邻居的大国印度和强大的唐朝，大食或者波斯（即现在的伊朗）的国王也不得不恭敬松赞干布。著名知识分子根敦群培写的图伯特历史书里面是这样讲的：

所向无敌的松赞干布，
功勋卓著，周边国家臣服。
历史大书特书，
真实彰显图伯特政治治理记录。
我这个写书人有了骄傲，
精神举世瞩目！

索 引

（以拼音字母为序）

A

阿拉·晋美仁波切，282，335
阿底峡，15，86
阿杜，76-77
阿里，10，44，52-53，185，248，267，268-269
阿里日土王，185
阿妈德庆，124-125，129-131
阿尼·赤列曲珍，139-140，167，179，191
阿沛·阿旺晋美，22，101-102，185，200，229
阿旺，96-98，113-114，167
阿王甘旦，290
"爱国人士"，74，85，86，101-102，121-122，200，313
安全部，240，247，249，252，257，261，273，280-281，318-319，320，324，333，335

B

巴桑（监狱长），77
巴桑，229
白玛赤林，229
白马杰布，219
白马厅长，261-262
白庄严母，184
班禅喇嘛曲吉尼玛，17，80，82
班禅·额尔德尼·确吉坚赞（十世班禅喇嘛），79，81，85，108，135
班禅拉章，79，81，83-84，85，136，171
班旦（日喀则），324-325，326
班旦次仁，89，198
边巴（日喀则），332-333
比兰德拉，65
碧秀嘎玛，104
边壩起义，139，141，142-143，225
伯林卡，74，77，93，278
波密监狱，193
布达拉宫，109，137，202，209，210-211，220，236，278，330
布丹拉山，148，150，151，159
布顿顿，185
布穷（女干部），152，162

C

擦绒（格伦），89
擦瓦·玛尼仁波切洛桑丹增，185
差任监狱，33
查克拉瓦尔蒂·拉贾戈巴拉查理，71
昌都监狱，33
仓空寺，331
陈全国，229

陈毅，199
陈永贵，37-39
尺尊公主，62
赤门·罗布旺杰，12
赤列曲珍（高音），133
赤列曲珍（鲁康娃女儿），244
赤松德赞，1，104，238，
次丹，90，99
次旦尊吉，194-195
次赖加措，95，99，114-115，157，168，183
次仁洛桑，143，225-226，266
次仁桑珠，18
次仁央宗，3-4，18，181-182，184，191，337-338
"除四害"运动，42-43
措夏木，283-287，294-295

D

达布仲巴，5，17-18，20，25，86，89，103-104，110，128，133，156-157，166，198，219，244
达拉·平措扎西，252
达赖汗，1
达赖喇嘛，第五世（阿旺·罗桑嘉措），1，2，105-105，145
达赖喇嘛，第六世（巴嘎曾巴·伊喜嘉措），1，2
达赖喇嘛，第六世（仓央嘉措），1
达赖喇嘛，第七世（格桑嘉措），2
达赖喇嘛，第八世（绛白嘉措），73
达赖喇嘛，第十三世，2，6，11，15，16-17，20，24，40，44，56，85，87，127，148

达赖喇嘛，第十四世，13，15，25，29，30，41，62-63，72，81-82，84-85，88，95，98，99，102，109，112，121，123，144，169，183，186，195，198，206，207-208，209，211，212-214，216，217，218，220-224，225，233，234，238，239，240，241，243，244，245，247，248，249，250-252，257，259，265-266，273-274，288-289，291，293-294，311，314-315，317，319，320，321，327，329，331，332，339，340，341，342
达兰萨拉，3，4，5，6，49，127，239，240，241，242，257，258，263，264，265，273，280，281，293，319，335，342
达扎摄政，13，14，17
大饥荒，29，32-33，45-47，49，52，73
大吉岭，6
大马，40，41
大昭寺，60，62，63，65，98，99，104，105，126，132-134，209，213，231，330
丹巴（哲蚌寺），216-217
旦巴达杰，208-209，210-211，214，215，216，265，266，276-277，278-279，318，321
旦巴伦珠，185
丹吉林拉章，16
丹增赤列，18，55，338
丹增顿珠，18，55
旦珍斯塔，144，256，261
《丹珠尔》，104，107，252
德瓦喜热，295-296，298-300

德吉央宗，18，19，20，23，40，41，55，191
德木·阿旺洛桑·赤列绕杰，16，17，99
邓小平，92，105，109，127，135，200，205，206，207，231
邓颖超，200
第 22 军营，239，247，248，249
弟普巴，60-61
"典词默朗"（真理祈请文），169
定日关口，308，310-312，313，314，325
丁青，142-143
顶波切庙，58
洞波·顿珠旺杰，1，2，3
杜导全，190
堆巴堪布·坚赞森格，8-9
顿康·朗杰，194
多杰（日喀则），317，332-333，334

E
恩久·董忠，VIII
恩久仁波切，83，84，171

F
番伯·旦达，194

G
嘎玛旺杰，291，294
噶丹曲瓦竹番林，285，286，295，296，297，298
噶次旺绕登（策旺那布坦），2
噶伦布，3，20，41
噶玛赤林，4，18，19，20，23，55

噶日寺，331
噶西甘丹达杰，185
噶雪·曲吉尼马，9-10，12，13，14，99-100，101
嘎扎监狱，76-77，87，193，201，202
甘丹颇章，1，2，3，33，44，105
甘丹寺，59，107，109，168，185，224，330
《甘珠尔》，104
敢堆加查·边究拉，86
刚坚吉雄，240
冈仁波齐峰（笛色雪山），267，269，
岗珠，116，160
戈尔斯坦，6，13
《格萨尔》，103，143，146
格桑（女书记），129
格桑曲增，160
格桑扎吨，240，247
格西·杂扑瓦，285
根敦群培，197，293，343
根沃饶，110-111
工布林芝监狱，33，50，193
贡德林·衮桑拉，194
贡嘎嘉措，89
共松共赞，62
谷察监狱，33
固始汗，1-2，104-105
郭金龙，108

H
贺龙，123-124，199-200
红卫兵，58，93-94，96，97，100，101-105，107，110，122，124，127，128，133，135，199-200

胡锦涛，229
胡耀邦，206，228，230，231-232，291
虎龙青年组织，210，214-215，219-220，233，256，308，313，318，320-321
华国锋，65，201，205-206，228
华小青，177

J

寂护（堪钦希瓦措，静命），15
计晋美，81，83-84，85，171
古搜·讫卡燃，28-29
加巴桑培，85-86
加查县，148，152，157，158，160，163，165
加德满都，237-239，257-259，265，272-274，277，280-281，282-283，286，289-290，296，299-300，301，307，312，318，319，321，334-335，337-338
甲马林卡，326
嘉乐顿珠，206-207，320，335
夹热林卡，146-147
嘉央千孜曲格罗卓，20
嘉央诺布，257
加扎·索朗群培，184
坚塞·土登贡培，127
江白叔叔，95，168-169，183
江措林，102
江青，123-124，134-135，203，205
江热·堪穷·阿旺次拜，234
杰尊白马，225
杰比·克里帕拉尼，71
杰德·丹增顿珠，2，3
杰德·索南嘉措，1-2.

杰德家族，1，4，21，51
杰德庄园，21-22，50
杰明桑布，261
金中·坚赞平措，337，338
酒泉监狱，34，49
觉日·坚赞索朗，21，22
军区监狱，33

K

卡基林卡，145，156，165-166
卡久寺，19
卡扎拉人，78，237
康生，134
昆布雪山，53，301，303-307

L

拉达卡其，111
拉加里赤钦，150
拉加日·尺庆·纳杰加措，184
拉鲁·次旺多杰，14，28，111
拉敏·益西楚臣，81
拉姆次仁，282，335
拉燃巴·勒丹，29
拉萨第二小学，41，52，74，91，121
"拉萨革命造反总部"（造总），122-123，124-127，132，134-135
拉萨河，88-89，103，104，110，111，119，122，128，326
拉萨市人民政府，40
拉萨雪，40，126，137，151，217，226，233
拉萨藏医院，133，214，318
拉桑汗，1-2
拉乌达热·土登丹达，7，14，
拉宗卓嘎，127-128
扎拉鲁固寺，109

朗达玛（赤达玛·乌东赞），104
朗顿·贡嘎旺秋，54，85
朗顿旺堆，85
朗开宁布，19
朗统，185
李峰，231
李特曼，62
莲花生大师，19，62，149，174，177，178，259，267，299，309，310，312
莲花生八相，20，62
林彪，124，178-179，191，199，200，205
林芝，40，50，117，119
林芝监狱，33，50，193
"六七事件"，132-133
刘少奇，73-74，92-93，136
刘文忠，317，318，322，324，325，328，332，333
柳霞·土登塔巴，46，52
隆多喇嘛，231
龙厦·多吉次杰，12
鲁谷广场，27-28
鲁康林卡，111
鲁康娃·泽旺饶登，8，244
鲁米，271-272
罗布林卡，31，40，56，98，121，128，146
罗睺罗，50，131
洛珠格桑，185
罗桑崔臣，318，319
洛桑次培，144-147，148-149，165，177，189，215，321
洛桑次旺，41
洛桑旦巴，99，114
洛桑达杰（澎波），211-212，214

洛桑朗杰（加日），84，86，184，189，190，197，198
洛桑金巴，219，252-253
洛桑念扎，52
洛桑三旦，213
洛桑旺久，198
洛扎县，4，19-21，22，31

M

"妈妈拉"，157-158
马尔巴，21，60-61
玛旁雍错湖（玛滂湖），270
玛尼丸，玛呢日布，堆子其闷，250，289，293，311
满愿塔，238，280
芒妃墀江（猛萨赤姜），62
毛泽东，33，38，63，73，91-93，94，99，100，102，104，108，122-123，125，127，130，133，135，136，137，170，174，175-176，177，178-179，186，199，200-203，205，221，224，254，291
美国之音，336
米拉日巴，15，21，60，61，103，166，178，184，267，285
《米拉日巴传》，21，184
米穷日寺，331
民主改革运动，27-29，58，97
默朗节，19
穆斯林，73，75，77-78，111，145，162

N

纳杰卓嘎（纳卓），104，157-159，160
纳金电厂，120

那洛巴, 15
那曲监狱, 33, 193
那塘监狱, 33
那沃其, 301-302, 308
南捷扎仓, 247
南区民办学校, 41, 52
囊武优达, 146
内蒙古, 39, 48, 122, 243
尼赫鲁, 66-67, 70
尼木起义, 139-142
娘如监狱, 316
聂赤赞布, 343
聂当监狱, 33, 193
"农业学大寨", 37-38, 39

O

欧珠, 217, 226, 233, 238, 255, 256, 264-265, 266, 272, 273, 274, 275, 321

P

平措旺杰（巴塘）, 136
平措旺杰（英国）, 219, 224
彭德怀, 92
彭康赞拉, 111
"破旧立新", 91, 110, 135-136

Q

七万言书, 79, 81-82, 83, 135-136
其美仁增, 4, 18, 19, 21, 23, 40, 55
恰巴顷则, 87
恰巴·格桑旺堆, 74, 86
恰日巴·洛桑朗杰, 84
强巴（尼泊尔）, 276-277

强巴甘单, 240, 241, 247, 252, 253, 257, 261, 273, 277, 318, 319
强巴林, 58
强巴索巴, 144-145, 147, 148-149, 165, 177, 183, 186-187, 189-190, 215, 321
强奸, 127-128, 148, 177, 195
钦绕诺布, 87-88
《青春无比》, 103, 197, 198
琼让·顿珠嘉布, 5-10
琼让·仁增南杰, 25-26
琼扎老爷, 43
曲陪, 190, 195, 196
区桑寺, 331

R

惹琼巴, 61, 184
热地, 229
热堆·赤琼仁波切, 86-87, 89
热罗杂瓦（热罗·多吉扎）, 60
热色加甘, 184
热振, 8-10,
人民公社, 32, 33, 35, 36-37, 73, 92, 158
仁庆, 88-89
仁钦桑布, 248
仁增旺杰, 37, 144
仁珍卓玛, 40-41
任容, 213, 229
日喀则, 260, 315, 316, 325-326, 332
绒辖, 288-292
儒泳萨·甲莫尊, 62

S

萨达尔·瓦拉巴伊·帕特尔，71
《萨迦格言》，103，197
萨迦中心，243
萨迦卓玛颇章大法王，234，235，243，257
三宝，49，259
"三大领主"，27-28，63，97，142
"三反和双减"运动，27，42
"三家村"，91
"三面红旗"，33，73
《三十颂》，89，99，197
三尊，238
桑结嘉措（第司），1-2，
桑颇·次吉，152
桑耶监狱，33，193
桑益监狱，33，77，85，120，163，181，190，192，256
桑珠曲宗，50
瑟达，184
色卡古托寺，21
色拉寺，59，185，330，331
社会帝国主义，VI，137，254
神灯点滴，60
十七条协议，14，22，82，214
食团问卜，249，266
石子避谷术，29
水猴年遗嘱，11-12
《水木论》，103，197
斯贡仁波切，249
四类分子，148，154-155
"四人帮"，124，135，179，200，203，205，206，259，262
"四水六岗"，31，194
死刑，64，75-77，139，144，181，189，191-192，194-195，202，260

松赞干布，62，343
苏联，68，137，144，254，265，273-275
赎买政策，31，55，105
索德本·罗布次仁，143
索朗顿珠（宝石），162
索朗顿珠（拉萨水泥厂），144
索朗勒扎，146，149，156，159，165，189，321
索拿曲配，86
索南曲杰，2，3，4，55，337
索夏钦·顿穷多吉，226，267，268-269，270，271，272，321
索县，142-143

T

塔波寺，247
台湾中央情报局，185
童波，30
图伯特独立青年组织，138，144，159
图密·桑布扎，67，103

W

往生夺舍，61
维克多·普罗科罗夫
唯色，99，107-108，142
文成公主，62，104
文海，16
文化大革命，35，38，54，58，59，60，63，65，86，87，91-102，104-111，115，118，120，121-122，124-125，127-128，130，135-136，142，165，168-169，182，185-186，191，194-195，197，200，206，224，228，

229, 231, 235, 258, 269, 278, 285
沃巴林事件, 75-78
"无产阶级大联合革命总指挥部"（大联指）, 122, 123, 124, 125-126, 127, 128, 132, 135
伍精华, 229

X

习沃·洛桑达杰, 49, 111, 127, 128
喜马拉雅山, V, 241, 247
西藏公安厅, 115, 182, 192, 201, 206, 230, 235, 236, 258, 261-263, 317, 318, 322, 325, 328-333, 334
西藏军区, 33, 102, 126, 132, 134, 161, 200
西藏日报, 68, 91, 99, 113, 173, 174, 175, 179, 180, 186, 190, 195, 317, 328
西藏自治区, III, VII, 1, 40, 55, 74, 76, 79, 85, 93, 94, 108, 111, 115, 122, 127, 148, 161, 172, 182, 192, 206, 213, 229, 230, 242, 261, 262, 276-278, 318, 322, 324, 328, 329, 333, 335, 337
夏尔巴, 283, 285, 301, 303
夏江, 194
夏札·班觉多吉（伦钦）, 6
夏扎·甘丹班觉, 16
夏格巴（夏克巴）, 6, 16, 80, 295
夏斯特里, 245
向巴平措, 229
小昭寺, 65, 104, 107
修色寺, 331
需归巴, 184
《虚字论》, 89, 99
雪康·噶准·索朗达杰, 184

Y

雅鲁藏布江, 38, 117, 228, 230
央坚卓嘎, 40-41
杨霍军, 185-187
"一打三反", 179
1959起义, 24-25, 121, 172
益西, 185
阴法唐, 229
《音势论》, 197
裕钢, 16

Z

扎大布日, 269
扎基监狱, 33, 192
扎模监狱, 33
扎什伦布寺, 326
扎西, 318, 321, 323
扎西顿珠, 40
扎西坚赞, 161
糌粑, 32, 118, 163, 164, 165, 174, 293, 309, 311, 313, 发臭糌粑, 118, 150-151
泽猁仁波切, 198
曾雍雅, 229
张国华, 94, 229
张经武, 229
张庆黎, 229
樟木口岸, 237, 261, 333, 334
哲蚌寺, 28-29, 33, 59, 86, 87, 116, 149, 168-169, 185, 216, 239, 330, 331

哲通（宅同），6-7，219，234，235，244，320

哲通·丹增格其，244，263

哲通·丹增朗杰，219-220，224

哲玉，86，172

自杀，57，110，111，123，177，190，275，277，279，312

殖民主义，VI，VII，24，25，27，29，30，37，40，45，46，49，53，55，57，63，67，68，72，137-138，176，186，190，201，207，209，210，212，216，217，221，222，228，234，242，243，255，283，314，318，332，339

至宝，149，177

直贡噶举，270-271

仲译钦莫·多波，8

仲译钦莫·阿热嘎布，44

赵平，185

周恩来，101，123，179，199-200，203，254

宗喀巴，107，168，224，251-252

朱德，200，202，203

朱心愿，190

www.ingramcontent.com/pod-product-compliance
Lightning Source LLC
Chambersburg PA
CBHW060548080526
44585CB00013B/489